LA
BIBLIA
EN UN AÑO

CHERI FULLER

UN AÑO DE REFLEXIONES y ORACIONES con la BIBLIA

365 DEVOCIONALES

LA
BIBLIA
EN UN AÑO

CHERI FULLER

UN AÑO DE REFLEXIONES y ORACIONES *con la* BIBLIA

365 DEVOCIONALES

EDITORIAL
UNILIT

Sepa

Dedicado a la memoria de
FLO PERKINS,
fiel intercesora, mentor de la oración y amorosa amiga

Publicado por
Editorial Unilit
Miami, Fl. 33172
Derechos reservados

Primera edición 2007
© 2007 por Editorial Unilit
Traducido al español con permiso de Tyndale House Publishers.
(Translated into Spanish by permission of Tyndale House Publishers.)

© 2003 por Cheri Fuller
Todos los derechos reservados.
Publicado en inglés con el título:
One Year®Book: Praying through the Bible
por Tyndale House Publishers, Inc.
Wheaton, Illinois, U.S.A.

Traducción: *Ricardo Acosta*
Edición: *Rojas & Rojas Editores, Inc.*
Tipografía: *A&W Publishing Electronic Services, Inc.*

Las citas bíblicas señaladas con RV-60 se tomaron de la Santa Biblia, Versión Reina Valera 1960 ©
1960 por la Sociedad Bíblica en América Latina
Las citas bíblicas señaladas con LBD se tomaron de la *Santa Biblia, La Biblia al Día*
© 1979 por la Sociedad Bíblica Internacional.
Las citas bíblicas señaladas con NVI se tomaron de la Santa Biblia, *Nueva Versión Internacional.* ©
1999 por la Sociedad Bíblica Internacional.
Las citas bíblicas señaladas con DHH se tomaron de *Dios Habla Hoy, la Biblia en Versión Popular*
por la Sociedad Bíblica Americana, Nueva York. Texto © Sociedades Bíblicas Unidas 1966, 1970,
1979.
Usadas con permiso.

Producto 496779
ISBN 0-7899-1230-9
Impreso en Colombia
Printed in Colombia

Categoría: Inspiración/Motivación/Devocional
Category: Inspiration/Motivation/Devotional

CONTENIDO

12. El Señor cuidará de ti
13. Apoyo en las palabras del Señor
14. Un clamor sincero
15. Voluntad de Dios a su manera
16. He visto al Salvador
17. Devoción sin reservas
18. Al amparo de sus alas
19. Tranquila espera
20. Mejor que la vida misma
21. Asombrados de Jesús
22. Confianza en la oración
23. A desobstruir las tuberías
24. Jesús, amigo de pecadores
25. Alégrate en la presencia de Dios
26. Heredar viento
27. Destruye al enemigo
28. Buena tierra
29. Una fe viva en el Dios vivo
30. Transmítelo
31. Misión posible

ABRIL

1. Roca de mi corazón
2. La cosecha está aquí
3. Un corazón de alabanza
4. Única obra verdadera
5. Cabeza y no cola
6. Ponme en mis cabales
7. Zapatos de talla doce
8. ¿Estás preparado?
9. Los brazos eternos de Dios
10. Obediencia ciega
11. Una mentalidad de competencia
12. ¡No me digas qué hacer!
13. ¿Eres un buen administrador?
14. Consejo piadoso
15. Peregrinación
16. A través de los ojos de un niño
17. Solo tú eres Dios
18. A buscar y a salvar lo que se había perdido
19. ¡Las piedras no tomarán mi lugar!
20. Honor al Hijo
21. Cartas de Dios
22. Señalar el camino
23. Nuestro hogar
24. Jesús te necesita
25. Obediencia total
26. Cantad un cántico nuevo
27. Todas las probabilidades en contra
28. Oración que el Señor contesta
29. Preciosas promesas
30. Dios revelado

MAYO

1. Carácter constante de Dios
2. Súplica por los atributos de Dios
3. Amor sin límites
4. Belleza creativa de Dios
5. Extensión de las buenas nuevas
6. Planes que no fallan
7. Ningún otro Dios como tú
8. Un corazón que escucha
9. Nuestra poderosa ayuda
10. Pan de vida
11. El Hijo de Dios
12. Entre los pueblos
13. Nuestro liberador
14. Un corazón obediente
15. Memorables maravillas del Señor
16. Transmite el fuego
17. Un corazón contento
18. La voz del Pastor
19. Cuando estoy afligido
20. Esperar con esperanza
21. El Señor está conmigo
22. Todo para la gloria de Dios
23. Con poder para seguir
24. Que guarde tu palabra
25. Un regalo de paz
26. Recordar para bendecir
27. Misericordias divinas
28. Oración por unidad
29. El camino de la vida
30. ¿Dónde está nuestra esperanza?
31. Tengo sed

JUNIO

1. De vuelta al hogar
2. Una manera diferente
3. El Señor es tu guardador
4. Orar por un desbordamiento
5. Aferrados a Dios en oración
6. Vigilemos nuestras palabras
7. Verdadera seguridad
8. Entreguémonos a la oración
9. Si el Señor no edifica. . .
10. Una oración por las familias
11. Dios cumple su plan
12. La gloria de Dios
13. De vuelta al Señor
14. Bernabé, un alentador
15. A tono con Dios
16. Gracias por la provisión de Dios
17. Un Dios que actúa
18. Poder que obra maravillas
19. Ministerio importante
20. Preciosas promesas

RECONOCIMIENTOS

Cuán maravilloso es que aunque «de él, y por él, y para él, son todas las cosas» (Romanos 11:36), ¡el Señor nos da la oportunidad de participar en sus propósitos! Agradezco a quienes me han acompañado en este proyecto. Gracias, Peggy y Earl Stewart, Suzie Eller, Treasure Frosch, Lisa Cronk, Phama Woodyard, Kendra y John Smiley y a Vickey Banks por sus oraciones, su apoyo, su amor hacia la Palabra de Dios y sus contribuciones a este libro.

Un agradecimiento especial a Jon Farrar, Susan Taylor y al equipo de Tyndale House por todos sus esfuerzos a favor de *La Biblia en un año* y de este libro devocional, y por su propósito de ayudar a que la Palabra de Dios cobre vida en personas de todo el mundo.

Gracias asimismo a Janet Page y Jo Hayes por sus continuas oraciones, y también a quienes han orado por mí y me han animado en todo el viaje.

Mi gratitud y amor para mi esposo Holmes, quien me ha apoyado, ha sido mi constante intercesor y me ha dado ánimos de muchas maneras.

Pero por sobre todo, gracias a la Palabra Viva, a Jesús, por entregar su vida para que lo pudiéramos conocer y por regalarnos la querida Palabra de Dios.

El escritor francés del siglo XVII François Fénelon dijo en cierta ocasión: «Escucha menos tus propios pensamientos y más los pensamientos de Dios». Al volver a relacionar mi corazón con el Señor de manera renovada y duradera cuando tenía casi treinta años —y dejar de escuchar mis propios pensamientos y enfocarme en los de Dios— crecí a pasos agigantados en mi valoración de la Biblia, la carta de amor del Señor para nosotros. A medida que la leía y la estudiaba. Todos los días, me asombraba de la verdad y la gracia que encerraba.

Al comenzar a leer cada 365 días *La Biblia en un año*, encontré innumerables versículos que podía orar por mis hijos, por mi esposo, por mi propia vida y por quienes intercedía con regularidad. La Palabra de Dios empezó a moldear mis oraciones y descubrí que era el mejor manual de oración que muestra cómo orar y qué orar, y sobre todo a través del Espíritu Santo suministra constante inspiración a nuestras oraciones.

Mientras oraba con la Palabra de Dios en los labios, me llenaba de confianza y fe en la capacidad que Él tiene de responder y actuar, debido a que mis oraciones no procedían de mi entendimiento o imaginación, sino del corazón del Señor y sus intenciones y anhelos para nosotros, su pueblo. Mientras oraba con la Palabra de Dios, desaparecían el temor, las dudas y el desánimo, y su paz me renovaba el corazón. Descubrí que la Biblia contenía promesas relacionadas con los planes del Señor para nosotros, nuestros hijos, nuestros seres amados y el cuerpo de Cristo, provisión que Él ha dispuesto y que tiene almacenada para nosotros tanto en esta vida como en la venidera. Él desea que oremos con estos ofrecimientos y versículos en los labios, que meditemos en ellos y que confiemos en la capacidad del Autor de hacerlos obrar a nuestro favor.

¡Qué fabulosos obsequios nos ha dado Dios en la Biblia y la oración! Qué misericordiosa invitación nos hace de llevar nuestras más profundas preocupaciones y nuestras más grandes necesidades a

Aquel que nos cuida con tierno amor y dedicación. Y qué provisión increíble de poder se libera cuando oramos. La oración debe ser nuestro *primer recurso*, no el último, y nuestra cuerda de rescate en momentos de incertidumbre, en los mejores momentos y en los peores. La oración es la influencia más maravillosa que podemos dejar a nuestros hijos, y el mejor instrumento que Dios nos ha dado para influir y hacer brillar su luz en nuestros hogares, nuestros vecindarios, nuestros colegios y nuestro mundo. Watchman Nee, un teólogo clásico de la oración, dijo: «Nuestras oraciones ponen los rieles sobre los cuales puede llegar el poder de Dios».

Cada devocional en *Un año de oraciones con la Biblia* resalta un pasaje de la lectura de ese día en *La Biblia en un año*, y contiene un pensamiento devocional, una oración extraída de esos versículos que actúa como trampolín para tu comunicación con Dios, y una cita esclarecedora de un cristiano clásico.

Ya que el libro *Un año de oraciones con la Biblia* se ha de usar junto con *La Biblia en un año*, podrías decidirte a leer los dos en el mismo momento del día. Sin embargo, si hacerlo así pudiera parecerte un tiempo de obligación para el que no estás preparado, considera entonces leer en la mañana la lectura diaria de *La Biblia en un año* y en la noche *Un año de oraciones en la Biblia*, lo que te ayudará a profundizar más en la parte que leíste en la mañana. Otra opción es leer el devocional en la mañana y luego *La Biblia en un año* por la noche, para consolidar en tu mente la idea y el contexto de tu lectura matinal.

Cualquiera que sea el método de lectura que escojas, oro que a medida que lees y oras por medio de *La Biblia en un año* y este devocional, te acerques a tu Salvador, que escuches su voz y que experimentes en tu vida la presencia y el poder de Dios. Que tu corazón se llene de esperanza y fe, y que tu vida de oración se eleve al orar junto con las oraciones de Pablo, Isaías, Ana, Nehemías, Jesús y otros de las páginas de la Biblia. Que Dios te permita regocijarte en Él y adorarlo en nuevas maneras mientras recitas plegarias en que pides ayuda y alabas. . . como hizo David en los salmos. Que tu vida se rinda cada vez más al Señor, para que Él pueda vivir en ti, y amar a otros por medio de ti. Además, a medida que la Palabra de Dios dé forma a tus oraciones, deseo que lo conozcas, que lo sigas, que confíes en Él y que le sirvas con gozo. . . no solo durante este año ¡sino toda la vida!

Cheri Fuller

Árboles fructíferos *árboles*

Este salmo, en el cual se contrastan los malvados con los píos, siempre me lleva a orar tanto por otros como por mí. También es la fuente de una oración ideal para el nuevo año: que nos deleitemos en hacer la voluntad del Creador, que su Palabra esté continuamente en nuestros pensamientos, y que llevemos fruto en el año que comienza y en toda época de nuestra vida. Nada de esto ocurre estando alejados del Espíritu y del poder de Dios que obra dentro de nosotros. Pero dar fruto es consecuencia inevitable de abrir el corazón y nuestra existencia al poder de la vida de Dios en nosotros. Cuando perseveramos en Jesús y en su Palabra, nuestras raíces se profundizan en Cristo, y nos acercan a él, como las raíces de los árboles que se plantan junto a los ríos penetran en el agua para que sus hojas permanezcan verdes y no se marchiten. Y cuando oramos, el Espíritu libera ese asombroso poder que nos acerca a Dios, nos arraiga en él con más profundidad, y hace que nuestra fe se desarrolle. Puedes estar seguro de la promesa del Señor de que si hoy y todos los días en este año te acercas a él, él se acercará a ti (Santiago 4:8).

SEÑOR, por medio de tu Espíritu, acércame al río de tu amor. Haz que mis raíces penetren profundamente en tus corrientes de aguas, y haz que prospere todo lo que yo haga. Dame el anhelo de leer tu Palabra y de meditar en ella de día y de noche. Por sobre todo, dame el poder para hacer lo que ella dice. Y por el fruto que se produzca en este año te daré toda la gloria.

UN HOMBRE SIN ORACIÓN ES COMO UN ÁRBOL SIN RAÍCES.
Papa Pío XII (1876-1958)

En la ley de Jehová está su delicia, y en su ley medita de día y de noche. Será como árbol plantado junto a corrientes de aguas, que da su fruto en su tiempo, y su hoja no cae; y todo lo que hace, prosperará.
Salmo 1:2-3

Las lecturas para hoy de *La Biblia en un año* son
Génesis 1:1 — 2:25; Mateo 1:1 — 2:12; Salmo 1:1-6
y Proverbios 1:1-6.

LA BIBLIA EN UN AÑO

reverencia

Veneremos a Dios

El principio de la sabiduría es el temor de Jehová; los insensatos desprecian la sabiduría y la enseñanza.
Proverbios 1:7

Al ver el estado del mundo que nos rodea, lo que ha sucedido en el pasado y lo que podríamos enfrentar en el año que tenemos por delante, hay mucho que temer. ¿Aterrorizará un francotirador a nuestra comunidad como ha sucedido en otras regiones? ¿Se derrumbará la economía? ¿Estará en peligro mi empleo? ¿Habrá violencia en el colegio de mis hijos? El temor de posibilidades como estas puede consumirnos, y aumentarnos el estrés y enfermarnos. Sin embargo, el versículo de hoy nos dice que a lo único que debemos temer es a Dios. Este temor no es un miedo nocivo que lleva a arrastrarse uno y ocultarse como hicieron Adán y Eva después de haber desobedecido a Dios. Más bien es un reconocimiento humilde y sincero de la belleza, soberanía y preeminencia de Dios para que adorarle y servirle sea lo principal en nuestra vida. Es una sana reverencia que conduce a intimidad y a comprender que el poder del Señor que reside en nosotros por su Espíritu es más fabuloso que el poder de nuestros temores o de nuestro enemigo Satanás. Una profunda sensación de sobrecogimiento respecto de quién es Dios nos dirige al verdadero conocimiento y sabiduría que desesperadamente necesitamos en nuestras existencias, tanto hoy día como en el año que tenemos por delante.

SEÑOR, desarrolla en mí una profunda reverencia hacia ti que produzca vida, sabiduría y mayor intimidad contigo. Abre mi corazón para ser dócil y recibir de buen grado tanto la corrección como la enseñanza. Concédeme que te tema, Padre, pero que no tema las circunstancias en el presente ni los cuestionamientos del futuro. Que tu amor me llene tanto que tu fe reemplace mi temor.

AUNQUE POR UN LADO NO DEBEMOS PERDER LA LIBERTAD DE ENTRAR POR FE CON VALOR Y GOZO EN LA PRESENCIA DE DIOS DURANTE NUESTRA VIDA EN LA TIERRA, TAMBIÉN DEBEMOS APRENDER A REVERENCIAR AL SEÑOR EN NUESTRA RELACIÓN CON ÉL. ... NO PUEDE HABER INTIMIDAD SIN RESPETO.
John White

Las lecturas para hoy de *La Biblia en un año* son **Génesis 3:1 — 4:26; Mateo 2:13 — 3:6; Salmo 2:1-12 y Proverbios 1:7-9.**

Dios es mi escudo *escudo*

¿Has sentido alguna vez como si alguien anduviera tras de ti, como si te rodearan personas que quieren dañarte de algún modo? Cuando David escribió este salmo clamaba a gritos a Dios mientras a toda prisa salía del palacio, perseguido por enemigos leales a su hijo Absalón, quien a la fuerza intentaba derrocar el reino de David. Cuando el rey pronunció esta oración centrada en Dios estaba ejercitando su confianza en que en esta situación el Señor se revelaría como un escudo protector, que para David era «*mi gloria, y el que levanta mi cabeza*». En medio de las voces de quienes le decían a David que no había esperanza, que todo estaba perdido, él tenía esperanza. Pero la fuente de su esperanza no estaba en sus poderosos guerreros ni en la habilidad de otro ejército que lo protegiera. Su esperanza radicaba en el carácter de Dios. Aunque David estaba rodeado de enemigos, confiaba en que el Señor lo oía cuando le clamaba. Tenía confianza en que Dios era su escudo de protección, que cuidaba de él y que lo liberaría.

SEÑOR, eres mi escudo y mi protector eterno. Cuando esté en peligro o angustia, ayúdame a confiar en tu carácter. Sé mi gloria y quien este día levante mi cabeza. Alza mi mirada y mi corazón de todas las cosas en esta tierra hacia ti, quien reina sobre todo. Gracias por contestarme desde el cielo y por actuar a mi favor cuando te clamo. Glorifícate en mi vida.

LA ARMADURA ES PARA LA BATALLA EN ORACIÓN. LA ARMADURA NO ES PARA PELEAR, SINO PARA QUE NOS PROTEJA MIENTRAS ORAMOS. LA ORACIÓN ES LA BATALLA.
Oswald Chambers (1874-1917)

¡Oh Jehová, cuánto se han multiplicado mis adversarios! Muchos son los que se levantan contra mí. Muchos son los que dicen de mí: No hay para él salvación en Dios. Mas tú, Jehová, eres escudo alrededor de mí; mi gloria, y el que levanta mi cabeza. Con mi voz clamé a Jehová, y él me respondió desde su monte santo.
Salmo 3:1-4

Las lecturas para hoy de *La Biblia en un año* son
Génesis 5:1 — 7:24; Mateo 3:7 — 4:11; Salmo 3:1-8 y Proverbios 1:10-19.

seguridad

Seguros en el Señor

Sabed, pues, que Jehová ha escogido al piadoso para sí; Jehová oirá cuando yo a él clamare... Muchos son los que dicen: ¿Quién nos mostrará el bien? Alza sobre nosotros, oh Jehová, la luz de tu rostro. Tú diste alegría a mi corazón, mayor que la de ellos cuando abundaba su grano y su mosto. En paz me acostaré, y asimismo dormiré; porque solo tú, Jehová, me haces vivir confiado.

Salmo 4:3, 6-8

David proclamó en este salmo su fe en la capacidad de Dios de responderle cuando lo llamaba, y de protegerlo cuando sus enemigos lo perseguían y lo calumniaban. Las experiencias de David con el Señor le habían enseñado que para alabarlo no debía esperar hasta que estuviera disfrutando mejores tiempos. Aunque David se encontraba cansado, y quizá había pasado la noche en una cueva escondido de sus enemigos y no conocía las consecuencias del peligro en que estaba, su confianza le producía un gozo mayor que el que experimentan quienes festejan una gran cosecha. David también se acostaba y dormía en paz, porque sabía que Dios lo mantendría seguro. ¿Qué situación o problema te puede robar el sueño, la paz y el gozo? Clama al Dios viviente, quien responderá cuando lo llames. Recuerda que puedes cerrar los ojos y descansar porque los ojos del Señor nunca se cierran. Quien nunca duerme se interesa personalmente por ti y te cuida.

SEÑOR, te agradezco por habernos apartado a cada uno de nosotros para conocerte, y por contestar cuando te llamo. Permite que la sonrisa de tu semblante brille este día en mí. Dame gozo en Cristo y paz en tu presencia, incluso antes de que llegue un cambio o una cosecha. Y cuando caiga la noche, haz que me acueste y duerma en paz, porque solo tú me guardas seguro.

EN ORACIÓN CUÉNTALE AL SEÑOR TODOS TUS DESEOS, TUS PROBLEMAS, Y HASTA DEL CANSANCIO QUE SIENTES AL SERVIRLO. ÉL NO SE MOLESTARÁ PORQUE LE HABLES CON MUCHA LIBERTAD Y TOTAL CONFIANZA.

François Fénelon (1651-1715)

Las lecturas para hoy de *La Biblia en un año* son **Génesis 8:1 — 10:32; Mateo 4:12-25; Salmo 4:1-8 y Proverbios 1:20-23.**

El favor del Señor *favor*

A este salmo se le conoce como la Oración de la Herencia, y expresa una doble bendición: la primera es que somos receptores de gran favor y gran legado. Y la segunda es que los justos —aquellos con derecho de estar con el Padre en virtud de la muerte y la resurrección de Cristo— son herencia del mismo Señor. Puesto que le pertenecemos y somos sus herederos, Dios bendice nuestra vida con liberación, dirección y acceso continuo a su presencia. Debido a su inagotable amor por nosotros podemos entrar en su trono y recibir su gracia. Cuando le rogamos que nos diga qué hacer, Él nos muestra en qué camino girar y siempre nos guiará por la senda correcta. Como si esto fuera poco, el Señor nos encierra, o nos rodea, con el escudo de su amor, lo cual significa que nos cubre con su favor y con el visto bueno que confiere a los justos. Esto es algo maravilloso para elevar al Señor una petición a favor de tus seres queridos y de tu propia vida. Recita estos versículos hoy y en los días siguientes, no solo antes de tomar decisiones y antes de entrevistas de trabajo, sino en las relaciones comerciales y circunstancias del ministerio y la vida.

PADRE, gracias por el regalo de poder entrar cada día en tu casa y adorar en tu templo. Te pido que me lleves por los senderos adecuados y me muestres qué camino seguir. Gracias por protegerme de mis enemigos. ¡Tú y solo tú me libras de ellos! Gracias por rodearme con el escudo de tu amor y tu favor.

NO MIDAS EL AMOR Y EL FAVOR DE DIOS POR LO QUE SIENTES. EL SOL RESPLANDECE CON TANTA CLARIDAD EN EL DÍA MÁS OSCURO COMO EN EL MÁS BRILLANTE. LA DIFERENCIA NO ESTÁ EN EL SOL, SINO EN ALGUNAS NUBES.
Richard Sibbs (1577-1635)

Está atento a la voz de mi clamor, Rey mío y Dios mío, porque a ti oraré. ... Mas yo por la abundancia de tu misericordia entraré en tu casa; adoraré hacia tu santo templo en tu temor. Guíame, Jehová, en tu justicia, a causa de mis enemigos; endereza delante de mí tu camino. ... Porque tú, oh Jehová, bendecirás al justo; como con un escudo lo rodearás de tu favor.
Salmo 5:2, 7-8, 12

Las lecturas para hoy de *La Biblia en un año* son **Génesis 11:1 — 13:4; Mateo 5:1-26; Salmo 5:1-12 y Proverbios 1:24-28**.

Oremos por nuestros enemigos

[Jesús dijo:] Oísteis que fue dicho: Amarás a tu prójimo, y aborrecerás a tu enemigo. Pero yo os digo: Amad a vuestros enemigos, bendecid a los que os maldicen, haced bien a los que os aborrecen, y orad por los que os ultrajan y os persiguen; para que seáis hijos de vuestro Padre que está en los cielos, que hace salir su sol sobre malos y buenos, y que hace llover sobre justos e injustos.

Mateo 5:43-45

Hay ocasiones en que nos malinterpretan, nos maltratan o nos persiguen, y es difícil que ante tal trato no reaccionemos contraatacando o rechazando a quienes actúan así con nosotros. Esa sería la manera natural en que reacciona un mundo irredento. Sin embargo, Jesús dice en estos versículos que debemos brindar una respuesta radicalmente distinta: debemos amar a nuestros enemigos y orar por ellos; en otras palabras, debemos responder con la fuerza de la oración y no con la fuerza del odio.

Este enfoque confirma un cimiento básico de nuestra fe: que Dios es amor, que su amor es para toda persona —ya sea amiga o enemiga—, y que su anhelo es que nadie se pierda, sino que todos lleguemos a la vida eterna. Cuando oramos por nuestros enemigos, no solo estamos acompañando a Cristo en sus propósitos redentores, sino que nos volvemos más como nuestro Padre celestial. Pídele a Dios que te dé un versículo bíblico específico para orar por tus «enemigos» siempre que estos lleguen a tu mente. En vez de pensar cosas negativas acerca de ellos, desecha todo pensamiento negativo. Al orar con el corazón de Dios por alguien, pronto se producirá un reflejo del amor del Señor en tu corazón.

SEÑOR, llena mi corazón de misericordia por [inserta los nombres]. Ayúdame a orar por ellos y bendecirlos, no maldecirlos. Puedo hacer esto solo cuando te veo como mi ejemplo. Gracias por morir en la cruz por mí para que yo pudiera reconciliarme con el Padre. Permite que mi corazón actúe con mis enemigos como el tuyo, que se entregó a favor de ellos.

NUNCA DEJES DE AMAR A UNA PERSONA NI TE DES POR VENCIDO CON ELLA, PORQUE INCLUSO EL HIJO PRÓDIGO QUE HABÍA CAÍDO HASTA LO MÁS BAJO SE PUDO SALVAR. EL PEOR ENEMIGO, ASÍ COMO EL QUE FUE TU AMIGO EN EL PASADO, PUEDE VOLVER A SER TU AMIGO; EL AMOR QUE SE HA ENFRIADO PUEDE AVIVARSE.
Søren Kierkegaard (1813-1855)

Las lecturas para hoy de *La Biblia en un año* son **Génesis 13:5—15:21; Mateo 5:27-48; Salmo 6:1-10 y Proverbios 1:29-33.**

Valor de la oración en privado

Jesús es nuestro modelo y ejemplo de oración, no solo al darnos el Padrenuestro, sino también en el modo en que Él mismo practicó la oración durante su vida en la tierra. A menudo dejaba las multitudes y a sus discípulos, y se apartaba para orar a solas con su Padre celestial. No lanzaba una simple oración elocuente hacia el cielo para impresionar a sus seguidores; pasaba horas a solas con Dios, hablando con Él y escuchándolo. En este pasaje, Jesús nos anima a hacer lo mismo. Nos dice que no oremos como los fariseos, cuyo objetivo era impresionar a otros con sus oraciones, sino que nos quedemos a solas con el Señor y «cerremos la puerta» detrás de nosotros. Eso significa hacer a un lado nuestras labores y tareas, separándonos de nuestra familia, del cónyuge, y a veces hasta de nuestros compañeros de oración, para tener conversaciones íntimas con nuestro Padre en el cielo. Entonces Dios, quien ve y conoce todos los secretos, promete recompensarnos.

SEÑOR, mi corazón añora oír tu voz como la oía Jesús. Ayúdame a alejarme de este desesperado y atareado mundo para estar a solas contigo. Ábreme los ojos para ver lo que deseas mostrarme, y los oídos para oír lo que anhelas decirme. Entonces, y solo entonces, sabré qué orar en secreto cuando respondo a tu corazón.

DE TRES A CUATRO CADA MAÑANA… ESE ES MI HORARIO. ALLÍ NO TENGO INTERRUPCIONES NI TEMOR A TENERLAS. CADA MAÑANA DESPIERTO A LAS TRES Y VIVO UNA HORA CON DIOS. ESTO ME FORTALECE PARA TODO. SIN ESTO ME ENCONTRARÍA TOTALMENTE INDEFENSO.
Toyohiko Kagawa (1888-1951)

Cuando ores, no seas como los hipócritas; porque ellos aman el orar en pie en las sinagogas y en las esquinas de las calles, para ser vistos de los hombres; de cierto os digo que ya tienen su recompensa. Mas tú, cuando ores, entra en tu aposento, y cerrada la puerta, ora a tu Padre que está en secreto; y tu Padre que ve en lo secreto te recompensará en público.
Mateo 6:5-6

Las lecturas para hoy de *La Biblia en un año* son
Génesis 16:1 — 18:15; Mateo 6:1-24; Salmo 7:1-17 y Proverbios 2:1-5.

LA
BIBLIA
EN UN AÑO

Sigue pidiendo

*[Jesús dijo:] Pedid, y
se os dará; buscad, y
hallaréis; llamad, y se
os abrirá. Porque todo
aquel que pide, recibe; y
el que busca, halla.*
Mateo 7:7-8

Dios busca personas que se entreguen en oración ferviente y perseverante. Jesús nos enseña en estos versículos a orar por lo que deseamos no solo una vez o dos,
sino a llegar reiteradamente ante Él como hizo la persistente viuda de Lucas 18 —pedir y seguir pidiendo, buscar y seguir buscando, llamar y seguir llamando— y
recibiremos, hallaremos y tendremos las puertas abiertas. Si nos arrodilláramos, pidiéramos lo que queremos,
obtuviéramos al instante aquello por lo que oramos y
volviéramos a nuestras actividades, nuestra vida espiritual y nuestra interrelación con Dios serían superficiales
e insignificantes, y experimentaríamos poco crecimiento. Es en los lugares en que debemos perseverar en la
oración que aprendemos a persistir orando, que recibimos la mayoría de las bendiciones, que vemos fortale-
cerse nuestra fe y que más glorificamos a Dios. Es
cuando persistimos en oración que Dios prepara a una
persona, o que obra entre bastidores en el problema por
el que estamos orando.

  ¿Hay algo respecto de lo cual sientes que el deseo
del Señor es que perseveres en oración hasta que llegue la respuesta? ¡Escríbelo y pídeselo hoy y todos los
días hasta que te sea concedido!

*SEÑOR, gracias por tu promesa de que quienes piden
reciben, y de que cuando buscamos hallamos. Concédeme la
gracia de perseverar, para continuar pidiendo, buscando y
llamando hasta que llegue la respuesta. Gracias por el poder
y la gracia de tu Espíritu, el cual me fortalece para
perseverar en oración, aunque me encuentre en mi momento
más débil y listo para darme por vencido.*

NO ES SUFICIENTE COMENZAR A ORAR, NI ORAR DE
MANERA ADECUADA; TAMPOCO ES SUFICIENTE
SEGUIR ORANDO POR UN TIEMPO; DEBEMOS
CONTINUAR ORANDO CON PACIENCIA Y
CONFIANZA HASTA QUE OBTENGAMOS UNA
RESPUESTA.
George Müller (1805-1898)

Las lecturas para hoy de *La Biblia en un año* son
**Génesis 18:16 — 19:38; Mateo 6:25 — 7:14;
Salmo 8:1-9 y Proverbios 2:6-15.**

Conozcamos a Dios

David fue un hombre que conoció al Dios que servía. No solo había oído hablar del Señor; sino que había caminado con Él. Por eso lo amaba y podía agradecerle con todo su corazón en momentos buenos y malos.

«Conocerlo, conocerlo, conocerlo —dice un antiguo cántico acerca del amor romántico— es amarlo, amarlo, amarlo». No confiamos en quienes no conocemos. En toda la Biblia el Señor nos deja entrever su carácter mientras se revela al obrar en la historia, en su pueblo y en especial por medio de sus muchos nombres: nombre por sobre todo nombre, Jehová Jireh (el Señor nuestro proveedor), Jehová Shalom (el Señor nuestra paz), Dios nuestro refugio y Torre Fuerte, nuestro Pastor, y en este salmo, «refugio del pobre, refugio para el tiempo de angustia» (v. 9).

Es fácil dirigir nuestra mirada a lo que sacude nuestra vida y a las dificultades que prueban nuestras almas, y olvidarnos de quién es Dios. Aunque con nuestras mentes finitas nunca podamos sondear las profundidades de la naturaleza del Señor, sí podemos proseguir en una búsqueda de por vida para conocerlo. Entonces su promesa en el versículo de hoy —que Dios nunca ha desamparado a quienes lo buscan— se cumplirá en nuestra experiencia.

En ti confiarán los que conocen tu nombre, por cuanto tú, oh Jehová, no desamparaste a los que te buscaron.
Salmo 9:10

BENDITO DIOS, concédeme el anhelo más profundo de mi corazón: conocerte y que me conozcas. Recuérdame las maravillas que has hecho por mí para que yo pueda contarlas a otros. Gracias por llenarme de gozo porque tu presencia está cerca de mí, y porque tu Espíritu mora en mí. ¡De hoy en adelante cantaré tus alabanzas! Te doy gracias de todo corazón.

¡CUÁN DULCE SUENA EL NOMBRE DE JESÚS AL
    OÍDO DE UN CREYENTE!
¡ALIVIA SU TRISTEZA, SANA SUS HERIDAS Y ALEJA
    SUS TEMORES!
John Newton (1725-1807)

Las lecturas para hoy de *La Biblia en un año* son
**Génesis 20:1 — 22:24; Mateo 7:15-29; Salmo 9:1-12
y Proverbios 2:16-22.**

búsqueda

Busca el entendimiento de Dios

Fíate de Jehová de todo tu corazón, y no te apoyes en tu propia prudencia. Reconócelo en todos tus caminos, y él enderezará tus veredas.

Proverbios 3:5-6

Estos versículos de Proverbios pueden ser una oración diaria, continua y de por vida para que oremos por todos los que amamos, ya que nuestra tendencia natural es apoyarnos en nuestra propia prudencia y hacer las cosas a nuestro modo, en vez de depender de la sabiduría y de los caminos del Señor. Mientras más vivo, más comprendo que todas nuestras responsabilidades, todo lo que Dios nos ha llamado a hacer, están más allá de nuestra capacidad humana. Nada hay que yo pueda hacer separada de Dios. En todo —sea en ser madre; en mis relaciones con mi esposo, hijos, nietos y amigos, en mi trabajo del ministerio, en mis escritos o en mis enseñanzas— debo depender de Dios, buscar su más elevada prudencia, su sabiduría y su voluntad, y después confiar de todo corazón en su guía. Al hacer esto me convierto en receptora de la maravillosa promesa del Señor en Proverbios 3:6 —de que Él enderezará mis veredas— ofrecimiento este respaldado por todo el honor de su nombre. Aunque parezca que no hay salida, cuando hemos llegado al confín de nuestras limitaciones o a un callejón sin salida, Dios nos guiará y hará un camino para nosotros.

SEÑOR, ayúdame hoy a confiar en ti con todo mi corazón. No me permitas depender de mi propia prudencia limitada. Ayúdame a confiar de todo en ti. Deseo buscar tu voluntad en todo lo que hago hoy. Gracias por la promesa de que enderezarás mis veredas para que pueda caminar de tu mano, depender de tu prudencia y buscar tu voluntad en todo lo que hago.

PUESTO QUE A NUESTRA PRUDENCIA LE FALTA IMAGINACIÓN... ES HUMANA HASTA LA MÉDULA... LIMITADA... Y FINITA... FUNCIONAMOS EN UNA DIMENSIÓN DEL TODO DISTINTA DE NUESTRO SEÑOR... QUIEN NO CONOCE TALES LIMITACIONES. NOSOTROS VEMOS AHORA. ÉL VE POR SIEMPRE.

Charles R. Swindoll (n. 1934)

LA BIBLIA EN UN AÑO

Las lecturas para hoy de *La Biblia en un año* son **Génesis 23:1—24:51; Mateo 8:1-17; Salmo 9:13-20 y Proverbios 3:1-6.**

Dios, aumenta nuestra fe

La tormenta que surgió esa noche infundió terror en aquellos experimentados pescadores. ¿Naufragarían? ¿Morirían? Se dejaron llevar por el pánico y dudaron de que Jesús estuviese consciente, o creyeron que a Él no le importaba que perecieran. Igual que los discípulos, a veces nos metemos en problemas que sentimos sumamente abrumadores, tormentas que rugen con tanta furia, que creemos que nuestra barca está a punto de zozobrar y nos ahogaremos. Nos podría parecer —como a los discípulos en los versículos de hoy— que Jesús está durmiendo, que no le interesa nuestra súplica o que no es consciente de ella, y clamamos: «¡Señor, sálvanos!». Cuando estamos aterrados y agobiados, Jesús nos hace la misma pregunta que hizo ese día en el Mar de Galilea: «¿Por qué teméis, hombres de poca fe?».

   Aunque las tormentas seguirán llegando, Jesús siempre está con nosotros, y está obrando en nuestro interior a través de esas experiencias para desarrollar una fe que pueda soportar todo sufrimiento tumultuoso, toda oleada de dificultad.

SEÑOR, olvidamos que estás con nosotros en la barca y que tienes potestad sobre el viento, las olas y las tormentas de nuestra vida. Aumenta nuestra fe para que incluso en medio de gran turbulencia no entremos en pánico, sino que confiemos en que tú nos cuidas. Permite que nuestro espíritu pueda descansar en todo momento porque tu presencia siempre es más grande que cualquier circunstancia tormentosa que enfrentemos.

LA FE ES LA QUE DA PODER, NO SOLO DEBEMOS ORAR, CLAMAR Y LUCHAR, SINO QUE DEBEMOS CREER, ATREVERNOS A CREER LA PALABRA ESCRITA, YA SEA QUE LA SINTAMOS O NO.
Catherine Booth (1829-1890)

Entrando él [Jesús] en la barca, sus discípulos le siguieron. Y he aquí que se levantó en el mar una tempestad tan grande que las olas cubrían la barca; pero él dormía. Y vinieron sus discípulos y le despertaron, diciendo: ¡Señor, sálvanos, que perecemos! Él les dijo: ¿Por qué teméis, hombres de poca fe?
Mateo 8:23-26

Las lecturas para hoy de *La Biblia en un año* son
Génesis 24:52—26:16; Mateo 8:18-34;
Salmo 10:1-15 y Proverbios 3:7-8.

Buena medicina

Al oír esto Jesús, les dijo [a los fariseos]: Los sanos no tienen necesidad de médico, sino los enfermos. Id, pues, y aprended lo que significa: Misericordia quiero, y no sacrificio. Porque no he venido a llamar a justos, sino a pecadores, al arrepentimiento.

Mateo 9:12-13

Cuando Jesús comía con recaudadores de impuestos ocasionaba un revuelo en toda la ciudad. Muchos eran individuos de mala fama que abusaban de su poder sobre sus conciudadanos al cobrarles de más, conservando en sus arcas la diferencia. Los fariseos pensaban que si Jesús fuera de veras el Mesías, no buscaría a estos hombres viles, sino que por el contrario, comería con los justos. Cuando los fariseos confrontaron a Jesús al respecto, los calló desafiándolos a descubrir el verdadero significado de la misericordia, definido por el ejemplo que Él mismo les estaba dando. En vez de esperar que el incrédulo llegara a la iglesia, Cristo llevó un evangelio vivo a los umbrales de sus casas.

El reto no es menos imperioso hoy día. Afuera de los muros de nuestra iglesia local hay personas en busca de respuestas. Son quienes necesitan restauración, quienes están solos y quienes quizá otros han vilipendiado en sus comunidades. Tú tienes la buena medicina para brindar: un mensaje del evangelio que sana, que cambia vidas y que reconcilia pecadores con un Salvador misericordioso.

DIOS, gracias por mostrarme tu deseo de que yo sea misericordioso en vez de que te haga sacrificios. Tú viniste para quienes sabemos que separados de ti estamos enfermos, y no para quienes creen que están bien pero que en realidad están enfermos en sus corazones. Gracias por ser mi Gran Médico y porque nunca estás tan ocupado como para no atender mis necesidades o heridas. Guíame al brindar con gozo a otros la buena medicina que derramaste sobre mí.

DIOS NO ESTÁ SALVANDO AL MUNDO, LO CUAL YA ESTÁ HECHO. NUESTRA LABOR ES LOGRAR QUE HOMBRES Y MUJERES LO COMPRENDAN.
Oswald Chambers (1874-1917)

Las lecturas para hoy de *La Biblia en un año* son **Génesis 26:17 — 27:46; Mateo 9:1-17; Salmo 10:16-18 y Proverbios 3:9-10.**

Los obreros son pocos *obreros*

Jesús no veía a las personas solo como un gran grupo integral sino como individuos que sufrían dolor, enfermedad y pena. Y mientras sentía profunda compasión y los sanaba de toda clase de situación y enfermedad, también enseñaba a sus discípulos a orar por más obreros porque la cosecha estaba lista, el reino había llegado y los obreros eran pocos.

Hoy día la gente no es distinta. Muchos a nuestro alrededor están perdidos y solos. Sus problemas son grandes y no saben dónde conseguir verdadera ayuda y restauración para sus vidas deshechas. Por lo tanto, el Señor de la cosecha está implorando que nos unamos a Él en la gran comisión de orar por obreros que lleven ovejas perdidas al redil del Pastor.

SEÑOR, te agradezco mucho porque sanas todo mal y enfermedad que aflige a la gente. Te pido que envíes más obreros que lleven tu sanidad y tu poder transformador a las vidas de quienes no te conocen. Además, mientras estoy orando por obreros, dame la disposición de tu Espíritu para unirme a ti en el campo de la siega. Tú y solo tú eres el Señor de la cosecha. ¡Permite que tu reino avance en la tierra como en el cielo!

NO EXISTE UN MEDIO REAL DE CONVERTIRSE EN OBRERO PARA DIOS. EL ÚNICO CAMINO ES DEJAR QUE DE UNA U OTRA MANERA EL SEÑOR EN SU PODEROSA PROVIDENCIA NOS RESCATE DE EN MEDIO DEL MAR, AL ABANDONARNOS POR COMPLETO EN DIOS.
Oswald Chambers (1874-1917)

Recorría Jesús todas las ciudades y aldeas, enseñando en las sinagogas de ellos, y predicando el evangelio del reino, y sanando toda enfermedad y toda dolencia en el pueblo. Y al ver las multitudes, tuvo compasión de ellas; porque estaban desamparadas y dispersas como ovejas que no tienen pastor. Entonces dijo a sus discípulos: A la verdad la mies es mucha, mas los obreros pocos. Rogad, pues, al Señor de la mies, que envíe obreros a su mies.
Mateo 9:35-38

Las lecturas para hoy de *La Biblia en un año* son
Génesis 28:1 — 29:35; Mateo 9:18-38; Salmo 11:1-7 y Proverbios 3:11-12.

LA BIBLIA EN UN AÑO

Palabras para discípulos

Cuando os entreguen, no os preocupéis por cómo o qué hablaréis; porque en aquella hora os será dado lo que habéis de hablar. Porque no sois vosotros los que habláis, sino el Espíritu de vuestro Padre que habla en vosotros.
Mateo 10:19-20

Algunas de las instrucciones de viaje que Jesús dio a sus doce discípulos —como no llevar dinero, equipaje ni abrigo extra (Mateo 10:9-10)— podrían parecer extrañas a nuestros oídos modernos. Pero entre las palabras de Cristo hay principios esenciales y, más que todo, se encuentra un llamado a un nivel más profundo de confianza. En el versículo 19 Jesús lleva esa necesidad a confiar en Dios hasta en la corte, advirtiendo a sus seguidores que no dependan de sus propias habilidades naturales de idear una defensa sensata, porque el Señor les daría las palabras adecuadas en el tiempo correcto. Quizá no enfrentes un juicio en la corte sino una situación laboral, un malentendido con una amistad o un problema con tu hijo adolescente. Este capítulo te asegura algo maravilloso: que Dios mismo te dará la inspiración a medida que confíes en él para hacer lo que te pide. Mientras estés en tono con Dios, confíes a plenitud en él y esperes su mediación, no serás tú quien hable sino el Espíritu de tu Padre. Descansa hoy en la verdad de que el Señor traerá sus palabras a tu mente, y en que sus mensajes siempre logran los propósitos para los cuales se envían.

SEÑOR, agradezco que desees hablar a través de mí. Ayúdame a aprender a depender por completo de ti, y a confiar en que me darás las palabras adecuadas en el tiempo correcto. Siempre que estoy en dificultades sé que estás en especialidad conmigo, dándome las palabras exactas para llevar tu vida, tu luz y tu esperanza a personas rodeadas de tinieblas. Te daré toda la gloria porque eres el único que puede hacer esto. Gracias por tu sabiduría y por tu tiempo, que siempre son perfectos.

AL ORAR TE ALINEAS CON LOS PROPÓSITOS Y EL PODER DE DIOS, Y A TRAVÉS DE TI ÉL PUEDE HACER COSAS QUE DE OTRO MODO NO PODRÍA LLEVAR A CABO.
E. Stanley Jones (1884-1973)

Las lecturas para hoy de *La Biblia en un año* son **Génesis 30:1—31:16; Mateo 10:1-23; Salmo 12:1-8 y Proverbios 3:13-15.**

De valor infinito

valor

Dios se preocupa hasta de las criaturas más pequeñas que a los ojos del mundo no valen nada. El mismo Dios que creó la extensión de los cielos, majestuosas montañas, glaciares y todo lo demás en la tierra, y que mantiene unido todo el mundo por su poderosa palabra, conoce la cantidad de cabellos en nuestras cabezas. . . y de manera dedicada y amorosa se preocupa por cada uno de nosotros. Vale la pena regocijarse en esta verdad todo el día: ¡Que Dios se interesa por mí! Soy de valor infinito para él. Nada me sucede que Él no lo sepa. Él conoce mi nombre, mis dolores y mis luchas, y me ama. No debemos temer, porque nuestro Padre celestial está vigilándonos. Nuestra parte es permanecer conectados al confiar en Él.

¿No se venden dos pajarillos por un cuarto? Con todo, ni uno de ellos cae a tierra sin vuestro Padre. Pues aun vuestros cabellos están todos contados. Así que, no temáis; más valéis vosotros que muchos pajarillos.
Mateo 10:29-31

SEÑOR, gracias por tu cuidado tierno y dedicado. Ayúdame a recordar todo el día que estás conmigo. Tú conoces todo detalle de mi vida: quién soy, qué me gusta, adónde voy, etc. Nada está oculto de ti. Me regocijo porque no debo temer. Tu amor por mí significa más que todo lo demás en este mundo. Que yo pueda emprender mis días con tranquila obediencia y paz, sabiendo que estoy seguro en tus manos.

EL SEÑOR NOS PLANTÓ DE ACUERDO CON UN PATRÓN DIVINO, AUNQUE NO SIEMPRE ENTENDEMOS ESE PATRÓN. A DIOS LE INTERESA CADA UNO DE NOSOTROS TANTO «MICROSCÓPICA» COMO «TELESCÓPICAMENTE». ÉL HA CONTADO LOS CABELLOS DE NUESTRAS CABEZAS, PERO EL UNIVERSO TAMBIÉN ESTÁ EN SUS MANOS.
Corrie ten Boom (1892-1983)

Las lecturas para hoy de *La Biblia en un año* son
**Génesis 31:17—32:12; Mateo 10:24—11:6;
Salmo 13:1-6 y Proverbios 3:16-18.**

LA BIBLIA EN UN AÑO

La carga de Jesús es ligera

Venid a mí todos los que estáis trabajados y cargados, y yo os haré descansar. Llevad mi yugo sobre vosotros, y aprended de mí, que soy manso y humilde de corazón; y hallaréis descanso para vuestras almas; porque mi yugo es fácil, y ligera mi carga.
Mateo 11:28-30

¿Qué carga pesada te está abrumando y ocasionando pesadez y cansancio en tu espíritu? ¿Es la necesidad de cuidar de un padre anciano? ¿Un plazo aparentemente imposible para entregar un trabajo? ¿Reorganizar responsabilidades abrumadoras de una labor además de la crianza de los hijos? ¿La carga de una enfermedad crónica? ¿Una relación difícil con alguien que amas? ¿Problemas económicos?

Cualquiera que sea tu «carga pesada», Jesús te invita, como invitó a las multitudes a las que enseñaba: *Venid a mí todos los que estáis trabajados y cargados, y yo os haré descansar.*

Siempre que leo estos versículos de Mateo lanzo un suspiro de alivio. Jesús conoce los desafíos y los plazos de entrega que enfrentamos, así como el cansancio mental o corporal que sentimos. Él comprende el estrés, las tareas y las responsabilidades que nos están abrumando. Cuando dejamos ante Él todas esas preocupaciones, su propósito reemplaza nuestra programación, y su claridad y descanso reemplazan nuestra carga.

SEÑOR, gracias por tu ofrecimiento de llevar mis cargas. Te las entrego todas, ¡y con gusto recibo tu descanso! Me pongo bajo tu yugo para aprender de ti. Enséñame tu sabiduría que es humilde y pura, y ayúdame a caminar en las sendas que has dispuesto ante mí. ¡Gracias por tu misericordia y amor que me invitan a vivir descansando y confiando en ti!

CUANDO JESÚS DICE A TU INQUIETA, TRASTORNADA E IMPACIENTE ALMA O MENTE «VEN A MÍ», ESTÁ DICIENDO: «SAL DE LA BATALLA, LA CONTIENDA Y LA DUDA QUE TIENES EN ESTE MOMENTO, Y ENTRA A LO QUE FUE, ES Y SERÁ: LO ETERNO, LO ESENCIAL, LO ABSOLUTO».
Phillips Brooks (1835-1893)

LA BIBLIA EN UN AÑO

Las lecturas para hoy de *La Biblia en un año* son **Génesis 32:13—34:31; Mateo 11:7-30; Salmo 14:1-7 y Proverbios 3:19-20.**

¿Quién habitará? *habitar*

Cuando nos arrodillamos ante el altar presentamos nuestros corazones en adoración reverente a Dios. Se trata de nuestro sacrificio interior de alabanza. En estos versículos el salmista presenta otra cara de la adoración: la que alaba a Dios con nuestra vida. Brindamos esta clase de adoración cuando vivimos en integridad y sinceridad en todas las situaciones. La ofrecemos cuando nos relacionamos con los demás en tratos comerciales justos, y cuando hablamos bien de otros sin importar quién escuche. Cuando evitamos la amarga lengua del chisme, cuando decimos la verdad en lugar de recurrir a una mentira o cuando cumplimos a gran costo una promesa que hemos hecho, estamos mostrando que nuestra vida es un sacrificio vivo de adoración a Dios.

Agradezco que no debamos ser perfectos para adorar a Dios. Nadie está libre de culpa. Sin embargo, cuando intentamos adorarlo a través del modo en que vivimos, le ofrecemos más que un espectáculo de adoración. Nos presentamos con latidos del corazón que desean agradarlo con sinceridad. Pide hoy ayuda a Dios para vivir de tal manera que tu vida sea una ofrenda de alabanza a su nombre.

DIOS, disto mucho de la perfección, pero anhelo servirte en integridad y sinceridad. Comprendo que los demás ven mi vida, y que mis decisiones diarias influyen en otros. Te pido que ellos te vean tanto en mis palabras como en mis acciones. Señor, deseo con sinceridad adorarte, no solo con mi corazón, sino con mi carácter. Ayúdame a llevar una vida intachable. Solo tú puedes hacerlo. Que yo diga la verdad desde un corazón sincero para que puedas recibir la gloria y la honra que mereces.

DIOS NO SE COMPROMETERÁ A LIMPIAR EL CORAZÓN QUE NO SE LE CONFÍA A SU ESCRUTINIO.
Frances Ridley Havergal (1836-1879)

Jehová, ¿quién habitará en tu tabernáculo? ¿Quién morará en tu monte santo? El que anda en integridad y hace justicia, y habla verdad en su corazón.
Salmo 15:1-2

Las lecturas para hoy de *La Biblia en un año* son
Génesis 35:1 — 36:43; Mateo 12:1-21; Salmo 15:1-5 y Proverbios 3:21-26.

LA BIBLIA EN UN AÑO

Bendiciones inesperadas

No te niegues a hacer el bien a quien es debido, cuando tuvieres poder para hacerlo.
Proverbios 3:27

¿No es divertido ver espectáculos de televisión donde se sorprende a la gente con sorpresas inesperadas? El regalo podría ser una buena fiesta de boda para una pareja que no podría pagarla, o todo un equipo de electrodomésticos para una familia en apuros económicos. Nos alegramos del gozo de estas personas, participando de modo indirecto en su emoción. Hasta podríamos imaginarnos cómo sería si nosotros pudiéramos contar con los mismos medios para bendecir a otros.

La realidad es que estamos rodeados de oportunidades para compartir cosas buenas con otros: un pastel casero para dar la bienvenida a un nuevo vecino, una nota en que se resalta que el pastor de jóvenes está haciendo una gran obra, un elogio sincero a un ser querido. Si esperamos hacer bien a otros hasta que podamos realizar obras de benevolencia a gran escala, estaremos perdiendo la oportunidad y el momento. Tenemos el poder de actuar porque Cristo, que vive en nosotros, vino a servir. Mientras estemos unidos con Él, nos encontraremos ministrando a otros con su gracia y su amor. ¿Qué bendiciones inesperadas puedes dar hoy a alguien?

DIOS MÍO, me doy cuenta de que contigo como mi vida tengo el poder de animar a mi hermano o mi hermana. Sé que también tengo el poder de desanimar a los demás simplemente al no hacer buenas obras, sean grandes o pequeñas. ¡Ayúdame hoy a buscar ocasiones de alegrar a alguien con una bendición inesperada! Gracias por la oportunidad de participar mostrando tu bondad a cada persona que pones en mi camino.

DIOS NO SE GLORIFICA TANTO EN LA PREDICACIÓN, LA ENSEÑANZA O CUALQUIER OTRA COSA COMO EN UNA VIDA SANTA.
Catherine Booth (1829-1890)

Las lecturas para hoy de *La Biblia en un año* son
Génesis 37:1—38:30; Mateo 12:22-45;
Salmo 16:1-11 y Proverbios 3:27-32.

Atenta vigilancia de Dios

cuidado

En esta oración de salmo David utiliza dos vívidas imágenes con palabras con el fin de invocar la ayuda de Dios para el peligro que lo estaba presionando. Dice: «Guárdame como a la niña de tus ojos». Está pidiendo al Señor que mantenga los ojos en él, que le muestre su amor protegiendo al salmista con su atenta vigilancia. La súplica de David, «escóndeme bajo la sombra de tus alas», compara la protección de Dios con el modo en que un ave madre cuida y protege del peligro a sus polluelos al reunirlos bajo sus alas extendidas para esconderlos de los depredadores.

David basaba sus peticiones en el hecho de que la misma naturaleza de Dios es ser amoroso, vigilante y protector. Mientras lees en voz alta estos versículos, imagínate como una avecilla que se siente segura bajo las alas de Dios. Cuando descansamos en la presencia y protección del Señor, podemos confiar en su cuidado y en su amor infinito e incondicional por nosotros, tanto en este día como en los venideros.

SEÑOR, tú eres el Dios que nos cuida con esmero y pones atentos tus oídos a nuestras oraciones, solo porque somos tus hijos. Te pido que me muestres hoy tu amor incondicional en la manera inesperada y maravillosa que prefieras. Me acerco a ti y busco refugio de mis enemigos. Gracias por esconderme en la sombra de tus alas. Me guardas y me das vida porque soy la niña de tus ojos. Gracias por tu cuidado tierno y paternal.

PON TU CONFIANZA EN DIOS, ASÍ COMO UN NIÑO QUE CONFÍA EN SU PADRE. DESCUBRIRÁS QUE ÉL NO TE DEJARÁ CAER NI SIQUIERA EN EL MOMENTO MÁS SOMBRÍO.
Madre Basilea Schlink (1904-2001)

Te he invocado, por cuanto tú me oirás, oh Dios; inclina a mí tu oído, escucha mi palabra. Muestra tus maravillosas misericordias, tú que salvas a los que se refugian a tu diestra, de los que se levantan contra ellos. Guárdame como a la niña de tus ojos; escóndeme bajo la sombra de tus alas.
Salmo 17:6-8

Las lecturas para hoy de *La Biblia en un año* son
**Génesis 39:1—41:16; Mateo 12:46—13:23;
Salmo 17:1-15 y Proverbios 3:33-35.**

Digno de alabanza

Te amo, oh Jehová, fortaleza mía. Jehová, roca mía y castillo mío, y mi libertador; Dios mío, fortaleza mía, en él confiaré; mi escudo, y la fuerza de mi salvación, mi alto refugio. Invocaré a Jehová, quien es digno de ser alabado, y seré salvo de mis enemigos.
Salmo 18:1-3

Acorralado y perseguido como un animal, David había estado en terrible aflicción y peligro, pero Dios le había preservado la vida y lo había rescatado. Con su ayuda, David no solo había sobrevivido, sino que también salió victorioso. Así que canta el Salmo 18, un cántico de agradecimiento por todo lo que el Señor ha hecho, y por quién es Dios para David. Este es un gran cántico de adoración y alabanza por la intervención divina del Señor al liberar de manera increíble a David de su enemigo Saúl, y por llevar a David a través de sus dificultades hacia un futuro y una esperanza.

Al cantar alabanzas a Dios, David utiliza metáforas vívidas: «Roca mía» (estabilidad y seguridad), «mi escudo» (quien me protege y me mantiene seguro), «la fuerza de mi salvación» (mi fuente de fortaleza cuando estoy débil), y «mi alto refugio» (el lugar al cual puedo ir para protegerme). En el momento más tenebroso de David el Señor se le reveló en estas maneras, y también quiere revelarse en nuestra vida... justo donde estamos en nuestra aflicción, en los problemas que enfrentamos, y en nuestras victorias. Pídele que se te revele en lo que estás enfrentando hoy día, ¡y únete a David al alabar al Señor que es «digno de alabanza»!

SEÑOR, cuando las dificultades me acosen, sé mi roca, mi fuente de seguridad en un mundo incierto. Solo en ti encuentro protección. Eres mi fortaleza; no necesito nada más. Sé mi fortaleza cuando estoy débil. Sé mi escudo de protección contra quienes me quieren hacer daño. Sé la fuerza de mi salvación cuando te llame, y siempre te alabaré porque eres digno.

DIOS SE REVELA INDEFECTIBLEMENTE A QUIEN LO BUSCA CON ATENCIÓN.
Honoré de Balzac (1799-1850)

Las lecturas para hoy de *La Biblia en un año* son
Génesis 41:17—42:17; Mateo 13:24-46;
Salmo 18:1-15 y Proverbios 4:1-6.

Heridas del pasado *heridas*

Se ha dicho que las heridas más dolorosas de todas son las infligidas por otros. De cierto la vida de José ejemplificó esa verdad. Ver a Benjamín, después de estar durante mucho tiempo separado de su familia, fue un crudo recordatorio del cruel engaño de sus demás hermanos. Aunque Dios había concedido favor a José durante los sombríos días de su esclavitud y su injusto encarcelamiento, el joven que estaba delante de él representaba prueba innegable de lo que José había perdido: no solo un hermano, sino un amado padre y una patria. Sin duda, José tuvo la tentación de corresponder a sus hermanos por sus hechos malignos. En vez de eso los invitó a su hogar y les dio de comer. Ideó un plan que lo reconciliaría con su familia. Pudo haber castigado a sus hermanos mil veces por sus acciones. Sin embargo, prefirió perdonar.

Cuando otros afectan el curso de tu vida, enfrentas un momento de decisión. Aunque no puedas cambiar el pasado, sí puedes afectar el futuro por tu respuesta al mal que sufriste a manos de ellos. Puedes alimentar el fuego de la amargura, o llevar tus heridas ante Dios y pedir gracia para perdonar a los demás por lo que te hicieron en el pasado.

SEÑOR, no niego el sufrimiento que he experimentado, pero por tu gracia te entrego esas dolorosas heridas, por profundas que sean. Me doy cuenta de que soy impotente para arreglar el pasado o para cambiar a los demás, pero también entiendo que tu amor puede sanarme. Bendito Dios, te entrego mis heridas y te agradezco por la paz, la misericordia y el gozo que florecerán dentro de mí al no tener amargura.

LA VOZ DEL PECADO ES FUERTE, PERO LA VOZ DEL PERDÓN LO ES MÁS.
D. L. Moody (1837-1899)

José se apresuró, porque se conmovieron sus entrañas a causa de su hermano, y buscó dónde llorar; y entró en su cámara, y lloró allí.
Génesis 43:30

Las lecturas para hoy de *La Biblia en un año* son
**Génesis 42:18 — 43:34; Mateo 13:47 — 14:12;
Salmo 18:16-36 y Proverbios 4:7-10.**

LA BIBLIA EN UN AÑO

lecciones

Lecciones de vida

> *Por el camino de la sabiduría te he encaminado, y por veredas derechas te he hecho andar. Cuando anduvieres, no se estrecharán tus pasos, y si corrieres, no tropezarás.*
> Proverbios 4:11-12

A menudo descubrimos lecciones de vida en lugares sorprendentes. Cuando una pareja anciana se mira a los ojos con cariño profundo y verdadero, nos enseña que el amor puede durar para siempre. Cuando a un amigo le sobreviene una terrible enfermedad y su fe permanece intacta, aprendemos que Dios nos hará sobrevivir en momentos difíciles. Cuando un bebé cae mientras aprende a caminar y luego con obstinación se pone otra vez de pie, nos da una lección acerca de la tenacidad. Cuando llegan tormentas que inclinan hasta el suelo las sólidas ramas de un árbol aprendemos que hasta quienes reciben maltrato se enderezarán de nuevo cuando el sol salga al día siguiente.

Muchas personas definen la sabiduría como conocer y seguir reglas, pero es mucho más que eso. Puedes encontrar sabiduría al prestar atención a los ejemplos de quienes te antecedieron, descubrir simientes de verdad en circunstancias o lugares inesperados, al abrir tus ojos a la magnitud de Dios a través de su magnífica creación. Se encuentra sabiduría al buscar las lecciones del Señor que quienes nos rodean cada día nos enseñan y luego aplicarlas a nuestra vida.

SEÑOR, gracias por las lecciones que llegan de personas que has puesto en mi camino, y porque has creado un mundo complejo y asombroso. Te ruego que yo escuche a quienes tienen tu sabiduría, y para que aprenda de ellos. Agradezco que tu anhelo para mí no sea que cojee o tropiece en mi vereda, sino que corra la carrera con exactitud y rapidez mientras busco que tu sabiduría me guíe hacia la meta final.

A MENUDO LA SABIDURÍA ESTÁ MÁS CERCA CUANDO NOS HUMILLAMOS QUE CUANDO REMONTAMOS EL VUELO.
William Wordsworth (1770-1850)

LA BIBLIA EN UN AÑO

Las lecturas para hoy de *La Biblia en un año* son **Génesis 44:1 — 45:28; Mateo 14:13-36; Salmo 18:37-50 y Proverbios 4:11-13.**

Confesión

confesión

Todos tenemos puntos débiles y carencias de conocimiento acerca de los pecados y los deslices ocultos en nuestra vida, en particular los que acechan en nuestros corazones. Pero gracias a Dios tenemos un Salvador cuya sangre se derramó en el Calvario por esos mismos pecados, con el fin de que podamos pedirle que nos limpie de faltas ocultas y no permita que ciertos pecados deliberados dominen nuestra vida.

Precisamente por nuestros defectos ocultos y nuestros pecados deliberados es que debemos dedicar tiempo en nuestras oraciones y devocionales para las confesiones. Debemos pedir al Espíritu Santo que escudriñe nuestros corazones, y que nos muestre conductas y pensamientos en que necesitamos limpieza, conductas y pensamientos que al no confesarlos pueden impedir que experimentemos la gracia de Dios.

Entonces qué libertad y gozo nos brinda Cristo: la coraza de justicia, la limpieza de nuestras conciencias y el derecho de estar con Dios el Padre, no por nuestras obras, sino solo por la gracia del Señor. ¿Qué faltas y pecados ocultos están obrando en tu corazón? Toma tiempo hoy para reflexionar, escribiendo todo lo que el Espíritu te muestre y entrega todo esto a Dios.

SEÑOR, mi visibilidad es muy escasa. No tengo manera de conocer todos los pecados que acechan en mi corazón. Pero tú sí los conoces. Te pido que tu Santo Espíritu haga relucir su luz en mis puntos débiles, que me limpie de faltas ocultas para que pueda confesar mis pecados, y que reciba tu perdón. Ayúdame a crecer en transparencia y franqueza ante ti, de tal modo que pueda caminar en tu libertad y en tu gracia.

EN SU SABIDURÍA, SOLO DE MANERA GRADUAL DIOS OFRECE LA GRACIA DEL CONOCIMIENTO PERSONAL ... PERO A MEDIDA QUE PERCIBIMOS Y CONQUISTAMOS LAS FALTAS QUE MÁS SALTAN A LA VISTA, LA LUZ MISERICORDIOSA DEL SEÑOR NOS MUESTRA LAS IMPERFECCIONES MÁS OCULTAS E IMPERCEPTIBLES. ESTE PROCESO ESPIRITUAL DURA TODA LA VIDA.
Jean Nicolas Grou (1731-1803)

Las lecturas para hoy de *La Biblia en un año* son
Génesis 46:1 — 47:31; Mateo 15:1-28;
Salmo 19:1-14 y Proverbios 4:14-19.

¿Quién podrá entender sus propios errores? Líbrame de los que me son ocultos. Preserva también a tu siervo de las soberbias; que no se enseñoreen de mí; entonces seré íntegro, y estaré limpio de gran rebelión. Sean gratos los dichos de mi boca y la meditación de mi corazón delante de ti.
Salmo 19:12-14

LA BIBLIA EN UN AÑO

legado

Legado de un padre

Todos estos fueron las doce tribus de Israel, y esto fue lo que su padre les dijo, al bendecirlos; a cada uno por su bendición los bendijo.
Génesis 49:28

La acción de bendecir en el Antiguo Testamento era mucho más que una herencia de bienes o dinero. Una bendición que se transmitía oralmente era un legado que un padre dejaba a un hijo. Cuando Jacob convocó a sus hijos a su lado, la escena fue muy distinta de cuando él robó la bendición de su hermano Esaú en el lecho de muerte de su padre Isaac. En ese tiempo a Jacob se le conocía como «el usurpador». Su triste ejemplo continuó en la siguiente generación, cuando sus hijos vendieron a su hermano José como esclavo. Sin embargo, cuando Jacob yacía en su lecho de muerte ya no era posible identificarlo como un individuo deshonesto. Había aprendido de sus antiguas equivocaciones, y ya se le conocía como un hombre de honor. Aunque Jacob depositó bendiciones transmitidas oralmente sobre sus hijos, el ejemplo de su vida que había cambiado era un vivo legado que influiría en las generaciones que le sucedieron.

Nosotros también dejaremos un legado a quienes nos seguirán. Cuando seguimos a Cristo tenemos la oportunidad de influir en las consecuencias de nuestro destino, pero también de conformar la vida de quienes seguirán nuestros pasos. ¿Qué clase de legado estás dejando para la próxima generación?

PADRE, cuando tomo decisiones equivocadas, ayúdame a tener sinceridad y transparencia ante ti. Ayúdame a seguirte con fidelidad para que pueda bendecir a quienes me has confiado y a quienes a mi alrededor estarán viendo mi ejemplo. Así como me has bendecido llevándome al seno de tu familia, también anhelo bendecir a otros.

EL PODER DE REPRODUCIR HIJOS PIADOSOS RADICA PRINCIPALMENTE EN EL PADRE QUE AMA AL SEÑOR, QUE CONOCE Y OBEDECE SU PALABRA, Y QUE ESTÁ COMPROMETIDO DE TODO CORAZÓN A PRODUCIR HIJOS DE BIEN.
Bruce Wilkinson

LA BIBLIA EN UN AÑO

Las lecturas para hoy de *La Biblia en un año* son **Génesis 48:1 — 49:33; Mateo 15:29 — 16:12; Salmo 20:1-9 y Proverbios 4:20-27.**

Lo conozco

conocer

¿Cómo puede alguien describir el mar si no lo ha sentido? ¿Cómo explicaría las olas que chocan contra las rocas o el movimiento de la arena cuando la marea contiende con la costa? ¿Podría describir con palabras la sensación de la arena entre los dedos de los pies, o describir la majestad de un interminable horizonte azul? A menos que se haya metido alguna vez en un mar salado cubierto de espuma blanca, sus descripciones serían muy limitadas.

Quizá por eso Jesús pidió a sus discípulos que definieran su fe en Él en un nivel personal, en vez de confiar en lo que otros tenían que decir acerca de su persona. Jesús los exhortó a basar su definición de quién era en la realidad de lo que ellos habían visto, oído y experimentado acerca de Él. Hoy día muchos se paran en plataformas públicas e intentan definir a Jesús como un buen hombre, un maestro o un profeta, mientras afirman que no pudo ser el Mesías. Sin embargo, quienes hemos experimentado las profundidades de su gracia y de su amor podemos dejar constancia de primera mano que Él ha transformado nuestra vida, y que su presencia puede llevar luz a un mundo en tinieblas.

¿Has experimentado la realidad de quién es Cristo? ¡Entonces confiadamente puedes contar la verdad a otros porque lo conoces en persona!

SEÑOR, gracias por darme una fe en ti que es verdadera y personal. Hay muchos que no te conocen y que necesitan oír la verdad. Ayúdame a hablarles de mi fe de tal manera que los demás se acerquen a ti y te acepten como Salvador.

LA VIDA PASA, LAS RIQUEZAS SE VAN, LA POPULARIDAD ES INCONSTANTE, LOS SENTIDOS SE DETERIORAN, EL MUNDO CAMBIA. SOLO UNO ES VERDADERO PARA NOSOTROS; SOLO UNO PUEDE SER TODO PARA NOSOTROS; SOLO UNO PUEDE SUPLIR NUESTRAS NECESIDADES.
Cardenal John Henry Newman (1801-1890)

Él [Jesús] les dijo: Y vosotros, ¿quién decís que soy yo? Respondiendo Simón Pedro, dijo: Tú eres el Cristo, el Hijo del Dios viviente.
Mateo 16:15-16

Las lecturas para hoy de *La Biblia en un año* son
Génesis 50:1 – Éxodo 2:10; Mateo 16:13 – 17:9; Salmo 21:1-13 y Proverbios 5:1-6.

LA BIBLIA EN UN AÑO

montes
Semillas de mostaza y montes

Viniendo entonces los discípulos a Jesús, aparte, dijeron: ¿Por qué nosotros no pudimos echarlo fuera [al demonio]? Jesús les dijo: Por vuestra poca fe; porque de cierto os digo, que si tuviereis fe como un grano de mostaza, diréis a este monte: Pásate de aquí allá, y se pasará; y nada os será imposible.

Mateo 17:19-20

¿Sabías que un típico frasco de aspirinas puede contener más de ciento ochenta mil semillas de mostaza? Plantada en tierra fértil, ¡una de esas minúsculas semillas puede producir un arbusto de tres metros en tres meses! ¿Cuántas veces te has visto frente a una montaña y has sentido que tu fe era pequeña e insuficiente? En vista de que nuestra fe no es la adecuada, quizá nos hemos preguntado cómo Dios podría mover un monte. Tal vez hasta hemos pensado en claudicar ante las circunstancias que encontramos en nuestro camino.

Cuando en la lectura de hoy los discípulos experimentaron el fracaso de no poder sanar al muchacho, Jesús los instruyó para que enfocaran su fe —por pequeña que fuera— en Él y no en las capacidades de ellos.

El grano de mostaza es un recordatorio de caminar hasta la base del monte tomados de la mano del Dios todopoderoso. Se trata de un símbolo tangible de que no son tus fuerzas las que moverán la montaña; al contrario, es el Dios en quien pones tu fe el que puede sacar un monte de tu camino.

DIOS, la montaña de mis circunstancias parece enorme, pero se vuelve insignificante cuando te veo como la fuente de mi fortaleza. Mi fe parece pequeña, pero cuando la pongo en manos del Creador, puede producir una cosecha más grande de lo que yo pueda imaginar. Señor, toma mi diminuta semilla de fe y multiplícala con tu fuerza, con tu sabiduría y con tu guía. Gracias por asegurar a mi corazón que nada es imposible contigo.

LA FE ES A LA ORACIÓN LO QUE LA FLECHA ES AL ARCO; SIN FE NO DARÍA EN EL BLANCO.
J. C. Ryle (1816-1900)

Las lecturas para hoy de *La Biblia en un año* son
Éxodo 2:11 — 3:22; Mateo 17:10-27; Salmo 22:1-18 y Proverbios 5:7-14.

No soy nada especial

Surgen emociones contradictorias cuando alguien nos pide que hagamos algo para lo que no nos sentimos preparados o para lo que nos creemos incompetentes. Tendemos a mirarnos en el espejo y a examinar nuestras falencias y defectos. Pero podemos agradecer que Dios nos vea de manera muy distinta. Él ve las promesas que plantó dentro de nosotros cuando nos concibieron. Él conoce nuestros talentos y también nuestras flaquezas y debilidades. En los versículos de hoy Moisés se centró en un solo aspecto de la tarea —hablar—, pero Dios veía un panorama mucho más amplio. Él comprendía las dificultades que yacían por delante; sabía que Moisés no era un orador experimentado y que no sería la habilidad del hebreo la que guiaría al pueblo de Dios por el desierto. Al contrario, lo que sacaría una multitud de Egipto serían las habilidades de líder, la fe en Dios y la fuerza de carácter que el Señor había desarrollado en Moisés. Cuando lo obedeces, Dios puede capacitarte para hacer lo que Él te pide. Para depositar vino fino se puede utilizar un recipiente de plata o una vasija de barro. Lo importante es el contenido. Cuando el Señor utiliza personas ordinarias para realizar lo extraordinario, ¡entonces su nombre se exalta!

DIOS, no soy nada especial, ¡pero tú eres asombroso! Tú me creaste, y ves las cosas que has puesto dentro de mí y que quizá todavía no reconozca. Cuando pides algo de mí, también entiendes que debo terminar la tarea. Úsame de manera extraordinaria para que los demás sepan que tú estás detrás de todo, ¡y tu nombre será exaltado!

¿TIENES UNA TAREA IMPOSIBLE DE REALIZAR? ¿TE HA DICHO EL SEÑOR QUE LA LLEVES A CABO? ¡ADELANTE! AL ORAR SALIMOS DEL DOMINIO DE NUESTRA INCAPACIDAD Y ENTRAMOS EN EL DOMINIO DE DIOS.
Corrie ten Boom (1892-1983)

[Dios dijo a Moisés:] Ahora, pues, ve, y yo estaré con tu boca, y te enseñaré lo que hayas de hablar. Y él dijo: ¡Ay, Señor! envía, te ruego, por medio del que debes enviar.
Éxodo 4:12-13

Las lecturas para hoy de *La Biblia en un año* son
Éxodo 4:1 — 5:21; Mateo 18:1-20; Salmo 22:19-31 y Proverbios 5:15-21.

Amor en acción

> Entonces, llamándole su señor, le dijo: Siervo malvado, toda aquella deuda te perdoné, porque me rogaste. ¿No debías tú también tener misericordia de tu consiervo, como yo tuve misericordia de ti? Entonces su señor, enojado, le entregó a los verdugos, hasta que pagase todo lo que le debía. Así también mi Padre celestial hará con vosotros si no perdonáis de todo corazón cada uno a su hermano sus ofensas.
>
> Mateo 18:32-35

Vivimos en un mundo que describe imágenes verbales de amor. Amamos a nuestras familias, amamos nuestras profesiones, hasta decimos que amamos cosas inanimadas como una hermosa pintura o un nuevo par de zapatos. Pero esa clase de amor no puede cambiar nuestro mundo. Amor *ágape* es el amor incondicional de Cristo hacia nosotros, pero amor *agapao* es lo que otros ven cuando nuestras acciones reflejan nuestro amor por Cristo. Si los cristianos demostráramos verdadero amor *agapao*, nuestro mundo no podría dejar de acercarse a Cristo.

El hombre que castigó a su consiervo en los versículos de hoy no demostró amor *agapao*. Su señor lo pudo haber enviado a la cárcel hasta que cancelara una enorme deuda que tenía, pero en vez de eso le perdonó la deuda. Sin embargo, de algún modo el sujeto olvidó todo acerca de la misericordia cuando se topó con quien le debía una pequeña suma. No le extendió indulgencia y solo comprendió su error cuando lo obligaron a asumir su antigua deuda impaga.

Como cristianos se nos ha perdonado una deuda tan enorme que nunca podríamos pagar. Si deseas mostrar a Cristo a un mundo que busca amor, recuerda lo que Jesús te ha dado, y entonces extiende esa compasión a otros.

SEÑOR, me has perdonado tantas veces que he perdido la cuenta. Cada vez que te fallo, tú me recoges y me vuelves a poner a cuentas contigo. Cuando tenga una deuda de perdón, recuérdame las ocasiones en que me has perdonado. Dame tu corazón para cada persona que me hace daño o que me ofende. Ayúdame a diario a caminar en perdón porque tú me perdonas cada día.

EL AMOR TIENE MANOS PARA AYUDAR A OTROS. TIENE PIES PARA EXTENDERSE A LOS POBRES Y NECESITADOS. TIENE OJOS PARA VER MISERIA Y NECESIDAD. TIENE OÍDOS PARA OÍR MIS SUSPIROS Y TRISTEZAS. A ESTO SE PARECE EL AMOR.
Agustín de Hipona (354-430)

Las lecturas para hoy de *La Biblia en un año* son **Éxodo 5:22—7:25; Mateo 18:21—19:12; Salmo 23:1-6 y Proverbios 5:22-23.**

Bendición a los niños *niños*

Aunque los discípulos reprendían a los niños y a quienes los llevaban a Jesús, Cristo extendía los brazos para recibirlos y bendecirlos. Dios siempre ha valorado a los niños y los ha invitado a una comunicación vital de oración con Él, la cual ellos pueden mantener durante todas sus vidas. Él contesta a los grupos de oración de niños y responde las sencillas preguntas de un niño en particular. ¿Estás dando la bienvenida a niños a quienes sirves de padre, o a quienes les hablas de Jesús? ¿Estás orando con ellos y enseñándoles a orar para que conozcan a Dios y no solo sepan de Él? Pide ayuda al Señor. Modela tú mismo una emocionante vida de oración con Dios. Ora fervientemente por estos niños. Pídele a Dios que los ayude a ver a Jesús en ti. Enséñales todo lo que sabes acerca de cómo orar a su Padre celestial. Haz todo lo posible por llevarlos a Aquel que los ama aun más que tú.

SEÑOR, gracias por los niños en mi vida. Sean míos o de otros, acércalos. Ayúdame a enseñarles con ejemplo a ir a ti en tiempos de necesidad y en momentos de alabanza, para que confíen en ti con cada parte de sus vidas. Jesús, seré tus manos y pies en las vidas de los niños. Muéstrame cómo bendecirlos como lo harías tú.

PADRE SANTO, RESCATA A NUESTROS NIÑOS
CONDÚCELOS ENTRE LAS AGUAS INQUIETAS DE LA EXISTENCIA,
ANÍMALOS EN MEDIO DE LA BATALLA AMARGA DE LA VIDA,
PADRE, PADRE, PERMANECE CERCA DE ELLOS.
Amy Carmichael (1867-1951)

Entonces le fueron presentadas unos niños, para que pusiese las manos sobre ellos, y orase; y los discípulos les reprendieron. Pero Jesús dijo: Dejad a los niños venir a mí, y no se lo impidáis; porque de los tales es el reino de los cielos. Y habiendo puesto sobre ellos las manos, se fue de allí.
Mateo 19:13-15

Las lecturas para hoy de *La Biblia en un año* son
Éxodo 8:1 — 9:35; Mateo 19:13-30; Salmo 24:1-10 y Proverbios 6:1-5.

LA BIBLIA EN UN AÑO

Contempla la hormiga

Ve a la hormiga, oh perezoso, mira sus caminos, y sé sabio; la cual no teniendo capitán, ni gobernador, ni señor, prepara en el verano su comida, y recoge en el tiempo de la siega su mantenimiento.
Proverbios 6:6-8

La esperanza de vida de una hormiga es solo de entre cuarenta y cinco y sesenta y cinco días. En ese tiempo las hormigas ayudan a organizar una colonia, encuentran alimento, atienden las crías y resguardan de intrusos a la reina. Las hormigas son verdaderas jugadoras de equipo. Cuando extraen el jugo de los alimentos, secretan parte en un segundo estómago para compartirlo más adelante con sus compañeras. ¡No asombra entonces que Salomón hiciera notar su obra ética! La hormiga es un ejemplo maravilloso de lo que puede lograr el trabajo constante.

Dios ha provisto oportunidades precisas para cada uno de nosotros, y nos ha dado dones que nos capacitan para alcanzar esos sueños. Es triste que a veces perdamos esas oportunidades al invertir nuestro tiempo en cosas que importan poco. El Señor nos ha dado la capacidad de soñar en grande y de trabajar duro. También nos ha dado habilidad para discernir entre lo que es digno de nuestro tiempo y lo que nos roba la oportunidad de comprender nuestro destino. En oración, cuando hoy estés a punto de trabajar, pide sabiduría para conocer la diferencia.

SEÑOR, me has desafiado con esperanzas y sueños de influir en mi mundo. No quiero que cosas insignificantes me roben ese destino. Dame sabiduría para discernir lo que de veras importa. Ayúdame a establecer en mi vida prioridades realistas, y a utilizar mis dones para conseguir los sueños que tienes para mí. Gracias por el regalo de este día. Ayúdame a enfocarme en lo que importa de verdad, no solamente en lo que es «urgente».

TODO MOMENTO LLEGA A TI CARGADO DE PROPÓSITO DIVINO; EL TIEMPO ES TAN PRECIOSO QUE DIOS LO REPARTE SOLO SEGUNDO A SEGUNDO. UNA VEZ QUE SALE DE TUS MANOS Y DE TU PODER PARA QUE HAGAS CON ÉL COMO TE PLAZCA, EL TIEMPO SE SUMERGE EN LA ETERNIDAD PARA PERMANECER POR SIEMPRE COMO LO QUE HICISTE CON ÉL.
Arzobispo Fulton J. Sheen (1895-1979)

Las lecturas para hoy de *La Biblia en un año* son **Éxodo 10:1 — 12:13; Mateo 20:1-28; Salmo 25:1-15 y Proverbios 6:6-11.**

Soledad no deseada *soledad*

Algunos de nosotros anhelamos soledad al orar por un tranquilo retiro espiritual donde podamos poner en orden nuestros pensamientos, o por un lugar donde hagamos descansar nuestros cansados cuerpos. Sin embargo, a veces nos debemos enfrentar con una soledad que no pedimos ni deseamos. El salmista se encontró en ese lugar singular. Sus pensamientos andaban sueltos en un desierto que parecía inmenso y vacío. Es interesante que David no pidiera a Dios que lo sacara de la tierra estéril, sino que invitara a Dios a unírsele allí. Él sabía por experiencia que la presencia de Dios iluminaría cualquier noche oscura.

Nuestros viajes por la vida no siempre nos llevan por sendas derechas. En medio de la actividad a veces se intercalan con cumbres, y otras veces con valles y treguas. En ocasiones esos valles son de veras solitarios. Nos podríamos encontrar allí por habernos mudado mil trescientos kilómetros lejos de la familia y los amigos, o porque tenemos un persistente vacío en nuestros corazones cuando un hijo deja el nido por primera vez. Estos son lugares por los que no queremos caminar por voluntad propia. Pero no tenemos que enfrentar solos esos tiempos de soledad. Dios está dispuesto a unírsenos y a caminar con nosotros paso a paso, sosteniendo nuestras manos a medida que encontramos juntos nuestra vereda a través del valle.

Mírame, y ten misericordia de mí, porque estoy solo y afligido.
Salmo 25:16

PADRE, te necesito en medio de mis sufrimientos. Te agradezco que no deba enfrentar momentos de soledad sin ti. Cuando estoy en el valle, muéstrame cada paso que debo dar para hallar mi camino en medio de la oscuridad. Ayúdame a recordar que aun tu Hijo precioso estuvo solo en Getsemaní antes de su crucifixión. Muéstrame tu rostro ahora, así como te revelaste a Jesús en ese momento de mayor necesidad.

DIFÍCILMENTE EL ALMA LO COMPRENDE ALGUNA VEZ, PERO TRÁTESE DE UN CREYENTE O NO, LA SOLEDAD DE ALGUIEN ES EN REALIDAD AÑORANZA POR DIOS.
Hubert Van Zeller (1905-1984)

Las lecturas para hoy de *La Biblia en un año* son **Éxodo 12:14—13:16; Mateo 20:29—21:22; Salmo 25:16-22 y Proverbios 6:12-15.**

Una historia acerca de dos hijos

[Jesús dijo:] ¿Qué os parece? Un hombre tenía dos hijos, y acercándose al primero, le dijo: Hijo, ve hoy a trabajar en mi viña. Respondiendo él, dijo: No quiero; pero después, arrepentido, fue. Y acercándose al otro, le dijo de la misma manera; y respondiendo él, dijo: Sí, señor, voy. Y no fue.
Mateo 21:28-30

En la parábola de los dos hijos parece que ambos hijos fueron desobedientes. Uno ofreció elocuentes promesas, pero sus acciones revelaron un corazón rebelde. El otro hijo fue abiertamente rebelde, pero más tarde comprendió su error (cambió de opinión) y regresó a trabajar en la viña. Jesús estaba enseñando a sus discípulos que no debían basar su opinión simplemente en apariencias exteriores, porque no hay fachada protectora cuando estamos ante un Padre omnipotente.

En esta parábola también se encuentra una segunda lección. Así como Dios discierne corazones engañosos o rebeldes, también reconoce a quienes vuelven a Él con espíritus quebrantados y arrepentidos. ¿Conoces individuos que se han alejado del llamado de Dios en sus vidas? Si solo buscas apariencias externas, podrías tener la tentación de declararlos casos perdidos. Pero no los des por perdidos espiritualmente ni los hagas a un lado. Ora por ellos. Pide a Dios que te llene con su amor hacia ellos y que te dé ojos espirituales que los vean desde la perspectiva divina. Cree que Dios puede renovar sus corazones y salvarlos. Pídele al Espíritu Santo que los atraiga de nuevo, y espera el día en que se vuelvan de la desobediencia y regresen a los brazos de su Padre.

SEÑOR, ayúdame a obedecerte adondequiera que me guíes. Levanto a quienes se han alejado de ti. Creo, Señor, que tú puedes acercarlos de nuevo a tu corazón, pero ayuda a mi incredulidad. Ayúdame a perseverar en oración y a permanecer en la brecha hasta que ellos regresen a ti como su Padre.

NADA HAY QUE NOS HAGA AMAR MÁS A ALGUIEN QUE MUCHA ORACIÓN POR ESA PERSONA.
William Law (1686-1761)

LA BIBLIA EN UN AÑO

Las lecturas para hoy de *La Biblia en un año* son
**Éxodo 13:17 — 15:18; Mateo 21:23-46;
Salmo 26:1-12 y Proverbios 6:16-19.**

¡Dios puede hacerlo otra vez!

Solo habían pasado algunos días desde que los hijos de Israel vieron la nube y la columna de fuego que se cernía entre ellos y el campamento de los egipcios que los perseguían. La nube los había protegido durante el día, y la columna de fuego les daba calor y luz en la noche mientras sumía a sus enemigos en la oscuridad. Luego vieron cómo el aliento del Señor separó el Mar Rojo, de tal manera que pudieran atravesar en tierra seca, y entonces Dios hizo caer el muro de agua sobre sus enemigos. Sin embargo, cuando los hijos de Israel tuvieron sed, se quejaron y murmuraron, preguntándose si el Señor los había llevado al desierto para que murieran. ¿Cómo pudieron olvidar tan pronto los milagros del Señor?

Quizá el enfoque de los israelitas estaba en su sed y no en el Dios que con fidelidad los había provisto muchas veces. Cuando estás en un lugar difícil, encuentra valor y consuelo al recordar todos los momentos en que Dios te ha provisto en el pasado. Escribe acerca de un tiempo específico en que el Señor te liberó o te dio un milagro de algún modo, y agradece. Luego recuerda que si Dios lo hizo antes, ¡lo puede hacer otra vez!

SEÑOR, has probado tu fidelidad una y otra vez. Muchas veces cuando se ha aclarado el fragor de la batalla puedo ver claramente que estuviste conmigo todo el tiempo. Ayúdame a recordar tu bondad y fidelidad hacia mí, sin importar las circunstancias que hoy pueda enfrentar. ¡Gracias por no olvidarte de mí!

SI HEMOS OBSERVADO LAS RESPUESTAS DEL SEÑOR A NUESTRAS ORACIONES, HABIÉNDOLE AGRADECIDO POR LAS RESPUESTAS QUE DE ÉL RECIBIMOS, SE NOS HACE MÁS FÁCIL Y OBTENEMOS MÁS VALOR PARA ORAR PIDIENDO MÁS.
Ole Kristian Hallesby (1879-1961)

[Los israelitas] llegaron a Mara, y no pudieron beber las aguas de Mara, porque eran amargas; por eso le pusieron el nombre de Mara. Entonces el pueblo murmuró contra Moisés, y dijo: ¿Qué hemos de beber? Y Moisés clamó a Jehová, y Jehová le mostró un árbol; y lo echó en las aguas, y las aguas se endulzaron. Allí les dio estatutos y ordenanzas, y allí los probó.
Éxodo 15:23-24

Las lecturas para hoy de *La Biblia en un año* son
Éxodo 15:19 — 17:7; Mateo 22:1-33; Salmo 27:1-6
y Proverbios 6:20-26.

LA BIBLIA EN UN AÑO

agotamiento

Al borde del agotamiento

El suegro de Moisés le dijo: No está bien lo que haces. Desfallecerás del todo, tú, y también este pueblo que está contigo; porque el trabajo es demasiado pesado para ti; no podrás hacerlo tú solo.

Éxodo 18:17-18

Moisés no solo conducía a miles de personas a través de un ambiente hostil, sino que también servía de juez en toda discusión, grande o pequeña. Cuando su suegro vio que el hebreo se sentaba todo el día a escuchar las quejas menores del pueblo, le aconsejó que tomara las cosas con calma antes de agotarse. Sabiamente Moisés prestó atención al consejo y delegó tareas en otros líderes capaces. Esto no solo le permitió descanso a su cuerpo, sino también de refrigerio espiritual para poder cumplir el llamado que Dios había puesto en su corazón.

A veces quedamos atrapados en la misma trampa que Moisés. Es fácil convencernos de que nadie puede hacer el trabajo como nosotros. Sin embargo, delegar es la forma más eficaz de liderazgo, pues fomenta madurez en líderes potenciales y brinda bases más amplias de talentos para suplir diversas necesidades. ¿Has permitido que otros participen en las alegrías y cargas del ministerio, o te estás agobiando con una carga demasiado pesada de manejarla por ti mismo? Trabajar como parte de un equipo te ayuda a retener el placer de ministrar a otros, sin quedar exhaustos y al borde del agotamiento.

DIOS MÍO, cuando intento hacer las cosas por mi cuenta, me agobio con facilidad. A veces siento la tentación de rendirme porque me agoto en extremo. Dame sabiduría para escuchar el sabio consejo de otros, como hizo Moisés. ¡Gracias por oírme siempre y por tener todas las respuestas aun antes de que yo sepa qué preguntas hacer! Ayúdame a compartir mi carga con otros y a no tratar de hacerlo todo sin ayuda.

UNA CARGA QUE SE COMPARTE ES UNA CARGA MÁS LIVIANA.
Anónimo

LA BIBLIA EN UN AÑO

Las lecturas para hoy de *La Biblia en un año* son
Éxodo 17:8—19:15; Mateo 22:34—23:12;
Salmo 27:7-14 y Proverbios 6:27-35.

Hay un camello en mi sopa

Imagina esto: extendemos la mano para sacar un mosquito de la sopa de nuestro hermano, solo para descubrir un camello enorme y peludo sentado en nuestro propio plato. Cuando nos inclinamos para ver mejor, el camello nos escupe en el ojo. Es un camello, ¡cierto! Jesús pinta una ilustración cómica de un tema serio: el legalismo. Es muy fácil encontrar faltas en un hermano o una hermana. Después de todo, es exactamente allí donde lo podemos ver con claridad. Sin embargo, cuando señalamos los mosquitos —esas pequeñas y fastidiosas faltas de otros, que nos rondan y nos molestan— ¡tenemos defectos del tamaño de camellos en nuestras propias vidas!

Cuando de juzgar se trata, lo que debemos hacer es presentar diariamente a Dios nuestros corazones y nuestras mentes para que su gracia pueda redimir nuestras fallas. Luego nos podemos regocijar en nuestras victorias porque sabemos que son regalos del Señor. Aunque sintamos que hemos «llegado», y que ya no tenemos imperfecciones, aún no podemos juzgar a nuestro hermano porque tenemos un nuevo camello en nuestra sopa: el orgullo. Tómate hoy un momento y pide ayuda a Dios para quitar los ojos de las faltas de los demás y examinarte el corazón.

QUERIDO JESÚS, el mundo juzga a los demás por cómo se ven, por lo que tienen, y por lo que creen. Sé que eres un Dios santo y que el pecado te entristece, pero permite que mi juicio se reserve para mi propio corazón. Ayúdame a mostrar misericordia a mi hermano, en vez de condenación. Gracias por extenderme misericordia cuando extiendo misericordia a otros.

CUANDO ALGUIEN SE CONOCE BIEN, NO DESEA MIRAR LAS FALTAS DE OTROS.
John Moschus (*ca.* 550-619)

¡Guías ciegos, que coláis el mosquito y tragáis el camello!
Mateo 23:24

Las lecturas para hoy de *La Biblia en un año* son
**Éxodo 19:16—21:21; Mateo 23:13-39;
Salmo 28:1-9 y Proverbios 7:1-5.**

adoración

Adoración al Señor

Tributad a Jehová, oh hijos de los poderosos, dad a Jehová la gloria y el poder. Dad a Jehová la gloria debida a su nombre; adorad a Jehová en la hermosura de la santidad.
Salmo 29:1-2

David había visto una poderosa tormenta que barrió la tierra, y la atribuyó al poder del Señor. En este salmo David invita a los poderosos y a todo el pueblo de Dios a unírsele en darle honra y gloria al Señor por su fortaleza, su gloria y su santidad. Nos insta: «Dad a Jehová la gloria debida a su nombre; adorad a Jehová en la hermosura de la santidad». David sabía que lo más grandioso en toda nuestra vida es adorar a Dios. Para eso nos creó. Cuando le damos honra al Señor, Él nos bendice e ilumina nuestro camino. Cuando vemos su gloria y su santidad, Él nos da su perspectiva, y todo lo demás palidece en comparación. Pero extraviamos nuestro camino cuando nuestras ocupaciones hacen a un lado la adoración, y nuestro enfoque pasa de Dios a las cosas de este mundo, o a nosotros; la oscuridad y el vacío empiezan a envolvernos. ¿Anhelas el gozo de conocer al Señor y de experimentar su amor? ¡Tómate unos minutos para leer en voz alta el Salmo 29 y adorar al Señor en el esplendor de su santidad!

SEÑOR, perdóname por dejarme atrapar en mí y en mis tareas, y por no darte el crédito por todo lo que has hecho en mi vida y en el mundo que me rodea. Crea en mí un corazón de adoración. Este día te doy honra y adoración por la gloria de tu nombre, por tu asombrosa fortaleza y poder, ¡por el esplendor de tu santidad!

SOMOS SALVOS PARA ADORAR A DIOS. TODO LO QUE CRISTO HIZO POR NOSOTROS EN EL PASADO, Y TODO LO QUE ESTÁ HACIENDO AHORA, NOS LLEVA A ESTE ÚNICO FIN.
A. W. Tozer (1897-1963)

LA BIBLIA EN UN AÑO

Las lecturas para hoy de *La Biblia en un año* son **Éxodo 21:22 — 23:13; Mateo 24:1-28; Salmo 29:1-11 y Proverbios 7:6-23.**

Cambio de estación estación

Cuando comienzan a ondularse las hojas, y el carmesí empieza a aparecer en el color de los árboles, es una señal sutil de que el otoño ha llegado. Cuando caen al suelo las hojas de majestuosos árboles, y el aire se vuelve frío, es un anuncio de que se acerca el invierno. Reconocemos estas señales y nos adaptamos. Nos ponemos ropa más abrigada para estar seguros de no tener frío y estar cómodos. Queremos estar preparados para aquello que estamos seguros que vendrá. Jesús ha prometido que volverá por su Iglesia. Él describió actividades simbólicas de un día común y corriente: dos mujeres moliendo trigo y dos hombres en el campo, indicando que irrumpirá en nuestra existencia cotidiana. Pero no tenemos por qué no estar preparados para ese maravilloso día. Aunque no sabemos el momento en que vendrá el Señor, la Biblia habla de señales —tanto sutiles como drásticas— que anuncian su venida. Estas señales no solo nos permiten prever el encuentro con nuestro Salvador, sino que también nos animan a preparar a otros para ese día, hablándoles del evangelio.

SEÑOR, permite que se afinque en mi corazón que vas a regresar. Ayúdame a ser sensible a los cambios de estaciones, tanto en mi vida como en las de quienes me rodean. Ayúdame a compartir mi vida con otros que anhelan saber más de ti. Abre mis ojos a las señales que hay a mi alrededor, y así me pueda preparar para tu regreso y anticiparlo.

LA ÚNICA MANERA DE ESPERAR LA SEGUNDA VENIDA ES CUMPLIR CON TU OBLIGACIÓN, DE MODO QUE NO TE IMPORTE DEMASIADO *CUÁNDO* VENGA EL SEÑOR. ES LA ACTITUD DE UN NIÑO: ESTÁ SEGURO DE QUE DIOS SABE DE QUÉ SE TRATA (CURSIVAS AÑADIDAS).
Oswald Chambers (1874-1917)

[El Hijo del hombre] enviará sus ángeles con gran voz de trompeta, y juntarán a sus escogidos, de los cuatro vientos, desde un extremo del cielo hasta el otro. De la higuera aprended la parábola: Cuando ya su rama está tierna, y brotan las hojas, sabéis que el verano está cerca. Así también vosotros, cuando veáis todas estas cosas, conoced que está cerca, a las puertas.
Mateo 24:31-33

Las lecturas para hoy de *La Biblia en un año* son
Éxodo 23:14 — 25:40; Mateo 24:29-51;
Salmo 30:1-12 y Proverbios 7:24-27.

LA BIBLIA EN UN AÑO

administrar

Debes administrar

Respondiendo su señor, le dijo: Siervo malo y negligente, sabías que siego donde no sembré, y que recojo donde no esparcí. Por tanto, debías haber dado mi dinero a los banqueros, y al venir yo, hubiera recibido lo que es mío con los intereses.
Mateo 25:26-27

Todos somos administradores hasta cierto punto. Los estudiantes administran su tiempo para poder estudiar y obtener buenas notas. Los padres administran sus hogares e hijos. Los comerciantes dirigen empleados y operaciones empresariales. ¡Algunos de nosotros hasta tratamos de administrar nuestras chequeras! También tenemos la responsabilidad de administrar nuestros talentos. Dios ha dotado a algunos con talento creativo; a otros les ha dado un don de enseñanza o para ejecutar instrumentos musicales. Otros son líderes que tienen la capacidad de motivar y poner en acción a la gente, mientras que también existen artistas y atletas dotados. Tal vez creas que tus talentos parecen insignificantes en comparación con los de otras personas, pero ¿importa eso de veras? Lo único que Dios nos pide es que invirtamos lo que tenemos. ¿Has escondido tu talento, esperando usarlo «algún día»? Todos tenemos temporadas en que podemos plantar con mayor abundancia; sin embargo, ¿dónde puedes plantar hoy tus dones? Cuando sembramos nuestros talentos en un mundo herido, Dios recoge la cosecha.

DIOS MÍO, es fácil ver a otros y creer que no tengo nada para dar. Pero tú no eres un maestro implacable; me has bendecido con talentos y dones que el mundo necesita. Ayúdame a plantar mis talentos, a buscar oportunidades de sembrar una semilla. Gracias por ayudar a que esas semillas broten y crezcan, y gracias por recoger una maravillosa cosecha.

SI TIENES UN TALENTO, ÚSALO EN TODA FORMA POSIBLE. NO LO ACAPARES. NO LO RACIONES COMO UN AVARO. UTILÍZALO CON GENEROSIDAD, COMO UN MILLONARIO INTENTO DE LLEGAR A LA QUIEBRA.
Brendan Francis

Las lecturas para hoy de *La Biblia en un año* son
Éxodo 26:1 — 27:21; Mateo 25:1-30; Salmo 31:1-8
y **Proverbios 8:1-11.**

¿Estás oyendo? *oyendo*

Este pasaje de la Biblia siempre me recuerda lo que es importante para Jesús y cómo desea que nos unamos a Él en su obra en la tierra. Es muy fácil estar atareados haciendo muchas cosas: cuidar nuestras casas, un negocio o ministerio, o atender proyectos en los que estamos interesados. Pero entonces también se hace fácil perder lo más importante: extender misericordia a «estos más pequeños», y preocuparnos de hambrientos, pobres, enfermos o prisioneros. Nuestra respuesta a estas necesidades no solo afecta nuestro destino futuro y eterno, sino que también afecta nuestra actual vida de oración.

Los teólogos de la oración resaltaban en el pasado que el Señor no nos oirá si no lo estamos escuchando y si no respondemos a lo que Él nos pide. No podemos alimentar a todos los hambrientos, ayudar a todos los desamparados ni visitar a toda persona que está en la cárcel. Pero podemos escuchar la voz de Aquel que ama a todas esas personas, y que no desea que se pierdan sin conocer su misericordia y compasión a través de las manos de sus seguidores. Pregúntate qué deberías hacer para extenderte a quienes están necesitados. Recuerda además que la promesa de Dios es que cuando te pones bajo su yugo, este será fácil, y que su carga será liviana porque está llena de gracia.

SEÑOR, anhelo unirme a ti en lo que estás haciendo para rescatar a quienes están pereciendo, para alimentar con tu Pan de Vida y tu Agua Viva a quienes tienen hambre y sed. Perdóname cuando no escucho y voy tras mi propio propósito. Dame poder para que yo sea tus manos y tus pies en el lugar donde vivo.

SI NO ESCUCHAMOS A LOS POBRES CUANDO CLAMAN ANTE NOSOTROS EN MEDIO DE SU NECESIDAD, DIOS NO NOS ESCUCHARÁ CUANDO LE CLAMEMOS EN NUESTRA NECESIDAD.
R. A. Torrey (1856-1928)

Venid, benditos de mi Padre, heredad el reino preparado para vosotros desde la fundación del mundo. Porque tuve hambre, y me disteis de comer; tuve sed, y me disteis de beber; fui forastero, y me recogisteis; estuve desnudo, y me cubristeis; enfermo, y me visitasteis; en la cárcel, y vinisteis a mí.
Mateo 25:34-36

Las lecturas para hoy de *La Biblia en un año* son
**Éxodo 28:1-43; Mateo 25:31—26:13;
Salmo 31:9-18 y Proverbios 8:12-13.**

LA BIBLIA EN UN AÑO

El agradable aroma del incienso

Cuando Aarón encienda las lámparas al anochecer, quemará el incienso; rito perpetuo delante de Jehová por vuestras generaciones. No ofreceréis sobre él incienso extraño, ni holocausto, ni ofrenda; ni tampoco derramaréis sobre él libación.
Éxodo 30:8-9

Los sacerdotes en el Antiguo Testamento alimentaban la tenue llama —que simbolizaba las oraciones de los hijos de Israel— para asegurarse de que el fuego no dejara de arder ni que se extinguiera. Solo quemaban incienso especial sobre el altar, de modo que la continua y agradable fragancia flotaba delante de Dios. Hoy en día ya no tenemos que quemar velas ni incienso cuando llegamos a la presencia de Dios, porque podemos confraternizar libremente con Él en cualquier lugar. No obstante, a veces ponemos otras cosas sobre el altar y dejamos que los trajines de nuestros días apaguen la llama de nuestra vida de oración. Perdemos el precioso tiempo uno a uno con Dios. Cuando oramos, nos conectamos con el Señor y trepamos al refugio de su amor. Es en nuestro tiempo a solas con Él que buscamos respuestas y guía. ¿Es la oración diaria una parte de tu vida? Al poner la oración como prioridad, caminarás en intimidad con el Señor, y su paz rodeará tu vida. La oración no solo te fortalece, sino que también es una agradable fragancia ante un Dios que añora comunicarse con sus hijos.

PADRE, me gusta que desees pasar tiempo conmigo. Gracias por nuestra dulce comunión. Ayúdame a que con mi ejemplo enseñe a otros la importancia de la oración diaria y de la comunión contigo. Algunas veces dejo que las muchas actividades se interpongan en el camino del tiempo que debemos compartir juntos tú y yo. Hoy, Señor, ¡reservaré parte de mi día solo para ti y para mí!

LA ORACIÓN ES COMO LLAMAR DIARIAMENTE AL HOGAR. Y ES ALLÍ DONDE PUEDE LLEGARTE UNA SERENIDAD, UNA SENSACIÓN DE ESTAR EN CASA EN EL UNIVERSO DE DIOS, UNA PAZ QUE EL MUNDO NO PUEDE DAR NI PERTURBAR, UN NUEVO VALOR, UNA PERSPECTIVA NOVEDOSA, UNA FUERZA SANTA, PUESTO QUE ES LLAMANDO A CASA QUE NUNCA, PERO NUNCA, NUNCA, TE ENCONTRARÁS EN OTRO LUGAR.
Earl G. Hunt, hijo

LA BIBLIA EN UN AÑO

Las lecturas para hoy de *La Biblia en un año* son **Éxodo 29:1—30:10; Mateo 26:14-46; Salmo 31:19-24 y Proverbios 8:14-26.**

Perdóname

perdón

Hay muchas razones para ocultarle a Dios nuestro pecado. Tal vez no queramos enfrentar nuestras deficiencias, o quizá estemos avergonzados. El pecado inconfeso nos pesa en gran manera porque no tenemos cómo perdonar nuestras propias faltas. Ten la seguridad de que el Señor nos busca cuando el pecado nos separa de Él. El Espíritu Santo nos sigue dentro de lugares ocultos para volvernos a llevar a un lugar seguro.

Lo maravilloso es que no tenemos que huir de Dios cuando hemos incumplido con sus normas. Él pagó un precio elevado —el sacrificio de su propio Hijo— para redimirnos de nuestros pecados. ¿No sería mejor correr hacia Él y poner nuestros pecados a sus pies, que seguir llevando tan pesada carga? Date el tiempo necesario y deja que el Señor reine con libertad en tu corazón. Pídele que te revele cualquier esfera en la que hayas tratado de esconder tu pecado. Confiesa francamente cualquier motivo, acción o palabra equivocada que el Espíritu Santo te muestre, y permite que su dulce misericordia quite la pesada carga que has llevado por tanto tiempo.

DIOS, creí que podía hacer las cosas por mi cuenta. Oculté mi pecado porque tenía vergüenza y sentí que te había fallado. Cuando pronunciaste mi nombre, huí de ti, pero anhelaba estar en tu presencia. Perdona los pecados —grandes y pequeños— que oculta mi corazón. Cuando me disciplinas, es para mi bien, porque anhelas que tú y yo tengamos comunión, con nuestros corazones unidos como uno solo.

EN CONFESIÓN... ABRIMOS NUESTRA VIDA A LA SANIDAD, LA RECONCILIACIÓN, LA RESTAURACIÓN Y LA GRACIA DE DIOS QUE NOS LEVANTA, PUES EL SEÑOR NOS AMA A PESAR DE LO QUE SOMOS.
Louis Cassels (1922-1974)

Mientras callé, se envejecieron mis huesos en mi gemir todo el día. Porque de día y de noche se agravó sobre mí tu mano; se volvió mi verdor en sequedades de verano.
Salmo 32:3-4

Las lecturas para hoy de *La Biblia en un año* son
**Éxodo 30:11–31:18; Mateo 26:47-68; Salmo 32:1-11
y Proverbios 8:27-32.**

LA
BIBLIA
EN UN AÑO

Un lugar especial de reunión

Sucedía que cuando salía Moisés al tabernáculo, todo el pueblo se levantaba, y cada cual estaba en pie a la puerta de su tienda, y miraban en pos de Moisés, hasta que él entraba en el tabernáculo. Cuando Moisés entraba en el tabernáculo, la columna de nube descendía y se ponía a la puerta del tabernáculo, y Jehová hablaba con Moisés.

Éxodo 33:8-9

El pueblo se quedaba fuera de sus tiendas, observando y esperando el momento en que el tabernáculo se cerrara alrededor de Moisés. Era evidente que se estaban llevando a cabo acontecimientos maravillosos dentro de los confines del tabernáculo. Los israelitas adoraban a la distancia mientras su líder estaba en la presencia y la gloria de Dios, y le hablaba como un hombre habla con un amigo.

Hay ocasiones en las que podríamos sentir como si una gran distancia nos separara del Señor. Hay momentos, incluso días, en que tenemos la sensación de estar fuera de nuestra tienda, observando cómo otros encuentran intimidad espiritual con Dios. Pero la buena nueva es que no tenemos necesidad de encontrar un lugar especial para abrir nuestros corazones, ni utilizar palabras especiales para comunicarle al Señor nuestros pensamientos, nuestras necesidades, o incluso nuestros temores. Nuestro tabernáculo sagrado de reuniones es tan íntimo como un susurro, porque Cristo vive en nosotros. El Señor te invita a llegar con libertad ante Él y sentarte en su presencia; te invita a que hables con Él como lo harías con un amigo, y a continuar ese diálogo mientras trabajas, vives y pasas el día.

SEÑOR, cuando estoy en tu presencia es que revelas tu amor por mí. En esos momentos de solaz puedo expresar mis pensamientos, temores y anhelos para caminar contigo a través de tiempos de júbilo, e incluso durante tiempos en que me siento en el desierto. Te agradezco mucho que estés tan cerca como los latidos de mi corazón. Gracias por el privilegio de poder estar a diario contigo.

LA ORACIÓN NO ES UN MONÓLOGO INGENIOSO DE VOZ QUE SE LEVANTA DEL SUELO; ES EL TIERNO DIÁLOGO DE AMOR ENTRE EL ALMA HUMANA Y DIOS.

John Richard Moreland (1880-1947)

LA BIBLIA EN UN AÑO

Las lecturas para hoy de *La Biblia en un año* son **Éxodo 32:1 — 33:23; Mateo 26:69 — 27:14; Salmo 33:1-11 y Proverbios 8:33-36.**

Asombroso poder

poder

A veces parece que las fuerzas del mal están ganando,
y que malvados gobernantes y malas superpotencias
dominan nuestro mundo. Sin embargo, estos versículos nos recuerdan en realidad quién está a cargo y tiene el mando: el Señor todopoderoso. El mismo Dios
que creó el mundo con una orden puede hacer añicos
los planes de las naciones, y frustrar todos sus planes.
Por descontroladas que puedan parecer las cosas, el
plan del Señor se mantiene en su lugar. Él está dirigiendo el espectáculo y desde el principio conoce el
desenlace. ¡Nadie es más alto ni más poderoso que el
Señor! Él gobierna nuestro mundo, su reino vendrá,
¡y su soberana voluntad se hará tanto en la tierra como en el cielo! No es posible cambiar sus intenciones,
y sus planes permanecen para siempre. Su asombroso
poder está obrando en el mundo, y Él cumplirá su propósito eterno hasta el último detalle.

*GRACIAS, SEÑOR, por la seguridad que me da tu
Palabra de que reinas en el cielo y en la tierra, y de que
nadie puede frustrar tus planes para mi vida. . . y para el
mundo entero. Hoy pongo mi confianza en ti. Solo tú
entiendes todo, incluso lo que para mí es un misterio. Puesto
que tienes toda autoridad sobre cielo y tierra, puedo
descansar en ti.*

DIOS NUNCA SE SIENTE PRESA DEL PÁNICO, NADA
SE PUEDE HACER QUE ÉL NO LLEGUE A DOMINAR,
Y NADIE EN LA TIERRA NI EN EL CIELO PUEDE
CERRAR UNA PUERTA QUE ÉL HAYA ABIERTO, NI
ABRIR UNA PUERTA QUE ÉL HAYA CERRADO. EL
SEÑOR ALTERA LO INEVITABLE CUANDO NOS
PONEMOS EN CONTACTO CON ÉL.
Oswald Chambers (1874-1917)

*Desde los cielos miró
Jehová; vio a todos los
hijos de los hombres;
desde el lugar de su
morada miró sobre
todos los moradores de
la tierra. Él formó el
corazón de todos ellos;
atento está a todas sus
obras. El rey no se
salva por la multitud
del ejército, ni escapa el
valiente por la mucha
fuerza. Vano para
salvarse es el caballo;
la grandeza de su
fuerza a nadie podrá
librar.*
Salmo 33:13-17

Las lecturas para hoy de *La Biblia en un año* son
**Éxodo 34:1 —35:9; Mateo 27:15-31; Salmo 33:12-22
y Proverbios 9:1-6.**

LA
BIBLIA
EN
UN AÑO

temor

Libres del temor

Busqué a Jehová, y él me oyó, y me libró de todos mis temores. Los que miraron a él fueron alumbrados, y sus rostros no fueron avergonzados.
Salmo 34:4-5

Estos versículos nos dicen que aunque el miedo es una reacción normal y humana al peligro o a la crisis, Dios tiene un antídoto para nuestro temor. Podríamos temer a la muerte, al fracaso o a las personas. Podríamos estar asustados de dar un nuevo paso, temerosos ante el sufrimiento o ansiosos por lo que pueda ocurrir en el futuro. Cualesquiera que sean las circunstancias, no debemos avergonzarnos de temer, de intentar ocultar nuestro miedo, ni de tratar de parecer valientes. El mismo temor que nos acosa nos puede hacer entrar a la presencia de Dios. Él nos invita a orarle y a dejar a un lado nuestros temores en vez de dejarnos paralizar por ellos; nos invita a temerle y venerarle (David menciona esto quince veces en el salmo 34), en lugar de venerar a alguien más. Algo sorprendente ocurre cuando entregamos nuestros temores al Señor: a cambio de nuestros miedos nos infunde fe, esperanza y amor. F. B. Meyer lo dijo así: «Dios encarnado es el fin del temor; y el corazón que comprende que Él está en medio... estará tranquilo entre el pánico».

SEÑOR, hoy te entrego todos mis temores y busco tu ayuda. Haz una obra profunda en mi corazón respecto de lo que produce temor en mí. Sé que tu amor perfecto echará fuera todos mis temores. Gracias por tu promesa de contestarme cuando te llamo, de liberarme del temor y la vergüenza, y de hacerme radiante de gozo.

EL MIEDO APRISIONA, LA FE LIBERA; EL TEMOR PARALIZA, LA FE ANIMA; LA APRENSIÓN ENFERMA, LA FE SANA; EL MIEDO NOS INUTILIZA, LA FE NOS HACE SERVIR... Y POR SOBRE TODO, EL TEMOR TRAE DESESPERANZA AL CENTRO DE LA VIDA, MIENTRAS QUE LA FE SE REGOCIJA EN SU DIOS.
Harry Emerson Fosdick (1878-1969)

Las lecturas para hoy de *La Biblia en un año* son **Éxodo 35:10—36:38; Mateo 27:32-66; Salmo 34:1-10 y Proverbios 9:7-8.**

Ayuda prometida *ayuda*

Alguien dijo alguna vez que cuando navegamos por la vida sin un sufrimiento o una pena nos podemos deslizar sin conocer a Jesús, porque en nuestro sufrimiento descubrimos la verdadera comunión con Él. Dios no nos prometió una vida cristiana libre de problemas, pero este salmo nos asegura de varias maneras cómo Él nos contesta cuando llega la aflicción. Él promete su esmero para nosotros, su atención a nuestros gritos de auxilio, su cercanía y su liberación. Incluso el hecho de que el Señor nos cuente entre «los justos», y por ende seamos candidatos a recibir esta certeza prometida, es consecuencia de la obra consumada de Cristo en la cruz. No importa por qué circunstancias estemos pasando hoy en día, estas son razones poderosas para alabar. Por lo tanto, háblale a Dios, porque Él te oye. Recuerda, además, que cuando tu corazón se quebrante, Él más cerca de ti se encuentra, y rescata a aquellos cuyo espíritu está contrito.

SEÑOR, es un gran consuelo saber que tus ojos me vigilan y que tus oídos oyen mis clamores. Gracias por oír mis súplicas, por rescatarme cuando mi espíritu está contrito. Siempre estás cerca de los quebrantados de corazón, de quienes están en situación desesperada. ¡Te alabo por la esperanza y el valor que prometes darme cuando enfrento las circunstancias más difíciles!

DIOS PONE SU OÍDO TAN CERCA DE TUS LABIOS QUE PUEDE OÍR TU SUSURRO MÁS IMPERCEPTIBLE. NO ES QUE ÉL ESTÉ LEJOS ALLÁ ARRIBA; ÉL ESTÁ AQUÍ, CERCA... TAN CERCA QUE CUANDO LE ORAS ES MÁS UN SUSURRO QUE UN BESO.
Thomas De Witt Talmage (1832-1902)

Los ojos de Jehová están sobre los justos, y atentos sus oídos al clamor de ellos... Claman los justos, y Jehová oye, y los libra de todas sus angustias. Cercano está Jehová a los quebrantados de corazón; y salva a los contritos de espíritu.
Salmo 34:15, 17-18

Las lecturas para hoy de *La Biblia en un año* son
Éxodo 37:1—38:31; Mateo 28:1-20; Salmo 34:11-22 y Proverbios 9:9-10.

LA BIBLIA EN UN AÑO

propósito

El propósito del Señor, no el mío

*Bautizaba Juan en el
desierto, y predicaba el
bautismo de
arrepentimiento para
perdón de pecados.*
Marcos 1:4

La vestimenta de piel de camello de Juan el Bautista
no se debe confundir con las lujosas prendas tejidas
que se ven hoy día en gran escala en los almacenes. Su
atuendo parecía más un conjunto curtido y peludo
que mantenía agarrado con una correa de cuero. Juan
el Bautista no predicaba en la comodidad de un templo, sino que bautizaba en el entorno agreste del desierto. Se le conocía por sus discursos no muy suaves.
Su dieta era exigua y constaba de langostas y miel sil-
vestre. Aunque estos hechos solamente aislaban a
Juan de otros hombres religiosos, fue la dedicación
resuelta a su llamado lo que grabó su nombre en la historia. Juan nunca olvidó su propósito. Cuando sus
discípulos lo dejaron para seguir a Jesús, sus leales
amigos se quejaron tremendamente; pero Juan les
aseguró que esto era exactamente lo que él esperaba
que sucediera. Él quería menguar para que Cristo cre-
ciera. Toda su misión en la vida era señalar el camino
hacia Jesús. Cuando Dios nos da un ministerio particular, es fácil asumir su propiedad. Iniciamos ese ministerio y oramos. Sin embargo, nuestro llamado
nunca fue nuestro en primer lugar. Así como el propósito de Juan el Bautista, el nuestro es mostrar a Cristo
a otros, no mostrarnos a nosotros mismos.

*SEÑOR, gracias por el ministerio que me has confiado. Si
los demás me alaban, ayúdame a recordar que mi único
propósito debe ser que tu evangelio se proclame y que a ti te
exalten. Que todo lo que yo haga sea un peldaño y no un
tropiezo, de modo que otros puedan llegar a conocerte como
Salvador y Señor.*

NUESTRO MÉTODO DE PROCLAMAR SALVACIÓN ES
ESTE: MOSTRAR EL AMADO CORDERO A TODO
CORAZÓN, CORDERO QUE MURIÓ POR NOSOTROS,
Y QUE AUNQUE ERA EL HIJO DE DIOS SE OFRECIÓ
POR NUESTROS PECADOS.
Conde Nikolaus Ludwig von Zinzendorf (1700-1760)

Las lecturas para hoy de *La Biblia en un año* son
**Éxodo 39:1 — 40:38; Marcos 1:1-28; Salmo 35:1-16
y Proverbios 9:11-12.**

Tomemos en serio el pecado

El pecado era asunto serio para los israelitas. Los sacrificios que ponían en el altar constituían animales valiosos y sin defecto, para recordar al pueblo el alto costo de sus pecados. Para sacrificar un animal los sacerdotes lo mataban y hacían drenar su sangre. Esto le recordaba al pueblo que los animales estaban muriendo en su lugar.

Puesto que Cristo murió en la cruz, ya no tenemos que ofrecer sacrificios de animales porque Jesús, el Cordero inmaculado de Dios, ¡fue el sacrificio definitivo por nuestros pecados! A menudo mascullamos al Señor una oración pidiéndole perdón. Olvidamos que él ofreció a su Hijo perfecto, a quien amaba y valoraba. Al pecar negligentemente hacemos caso omiso de la realidad de que Cristo llevó sobre sus hombros el peso de nuestros pecados cuando se desangró y murió. Al no pedir perdón perdemos la oportunidad de recibir misericordia cuando estemos en la presencia de un Dios santo. ¿Le has agradecido a Jesús por el sacrificio que hizo por ti? Tomamos en serio el pecado cuando recordamos el sacrificio de Cristo y le ofrecemos un corazón agradecido y arrepentido.

JESÚS, ¡gracias por entregarte como ofrenda para que yo pueda ser libre! Confieso que a veces tomo con ligereza mis pecados y olvido lo que sufriste en la cruz. Ayúdame a recordar tu sacrificio y a no causarte dolor con un corazón endurecido que olvida lo que hiciste. Al recibir el perdón del Padre por medio del ofrecimiento que tú hiciste por medio de tu propio Hijo, ¡te alabo y te agradezco por la libertad que ese perdón ofrece!

EL PECADO ES COMO HIELO EN NUESTRAS TUBERÍAS: NUESTRA VIDA ESPIRITUAL SE HA «CONGELADO». SOLO HAY UNA SOLUCIÓN, Y ES ARREPENTIRSE PARA LIMPIAR LA OBSTRUCCIÓN Y RESTAURAR EL FLUJO DEL ESPÍRITU SANTO.
Billy Graham (n. 1918)

Si ofreciere cordero por su ofrenda, lo ofrecerá delante de Jehová.
Levítico 3:7

Las lecturas para hoy de *La Biblia en un año* son
Levítico 1:1—3:17; Marcos 1:29—2:12;
Salmo 35:17-28 y Proverbios 9:13-18.

LA BIBLIA EN UN AÑO

amor *Amor incondicional de Dios*

Jehová, hasta los cielos llega tu misericordia, y tu fidelidad alcanza hasta las nubes. Tu justicia es como los montes de Dios, tus juicios, abismo grande. Oh Jehová, al hombre y al animal conservas. ¡Cuán preciosa, oh Dios, es tu misericordia! Por eso los hijos de los hombres se amparan bajo la sombra de tus alas.
Salmo 36:5-7

Se dice que una imagen vale mil palabras. En los versículos de hoy el salmista utiliza solo unas cuantas palabras para pintar algunas dramáticas imágenes. Con una serie de metáforas este salmo describe algunas de las muchas bendiciones para los creyentes debido al carácter de Dios: Su amor siempre fiel y leal es en realidad «fuera de serie», porque es tan grande que sobrepasa las nubes y los cielos. La justicia del Señor es tan firme como los montes más elevados, y sus juicios son tan profundos como el océano. Sin embargo, la metáfora que nos da la perspectiva más grande del corazón de Dios está en el versículo 7: podemos hallar amparo en nuestro Señor como los polluelos que se refugian bajo el abrigo de las alas de la gallina. Puesto que el Señor nos ama, sus brazos están abiertos hoy para nosotros; lo único que debemos hacer es correr hacia él, y él proveerá amparo y protección.

SEÑOR, tu amor incondicional es tan amplio como los cielos. Tu fidelidad sobrepasa las nubes. Tu rectitud es tan gloriosa como los poderosos montes y tu justicia es tan profunda como el océano más hondo. Gracias porque con tu amor incondicional cuidas tanto a las personas como a los animales. Gracias por el refugio que encuentro a la sombra de tus alas. ¡Me regocijo porque tu amor sin reservas es lo más valioso para mí!

EL AMOR DE DIOS ES INCONMENSURABLE. ES MÁS: ES INFINITO. NO TIENE LÍMITES PORQUE NO ES UNA COSA, SINO UNA FACETA DE LA NATURALEZA ESENCIAL DE DIOS. SU AMOR ES ALGO QUE ÉL ES, Y PUESTO QUE ÉL ES INFINITO, ESE AMOR PUEDE ENVOLVER TODO EL MUNDO CREADO Y TENER A SU LADO ESPACIO PARA DIEZ MIL VECES DIEZ MIL MUNDOS.
A. W. Tozer (1897-1963)

Las lecturas para hoy de *La Biblia en un año* son **Levítico 4:1—5:19; Marcos 2:13—3:6; Salmo 36:1-12 y Proverbios 10:1-2.**

comparación

No compares

Los creyentes podrían preguntarse por qué prosperan los impíos. No parece justo que los malvados triunfen mientras que los justos luchan, pero no podemos juzgar la prosperidad por las normas del mundo. Mucho de lo que la sociedad considera éxito es temporal y superficial. Dios ofrece recompensas eternas. Él da gozo que se derrama a pesar de las circunstancias. Él concede abundante paz en medio del caos. Él ofrece consuelo cuando sufrimos y nos guía cuando estamos perdidos. Servimos a un Dios que conoce todo acerca de nosotros, y aún nos ama. Ese mismo Señor entiende los deseos de nuestros corazones. ¿Cómo entonces podemos comparar bienes materiales o fama con un Dios amoroso como este? ¡No hay comparación! Cuando parece como si la vida se viniera abajo, confía en que el Señor te guía con seguridad en los tiempos difíciles. Deléitate en Él, y regocíjate porque te dará regalos eternos que hacen que las recompensas temporales parezcan insignificantes.

PADRE AMADO Y COMPASIVO, muchas personas tienen bienes y éxitos materiales, sin embargo buscan algo que sea verdadero y eterno. Gracias por el gozo profundo. Gracias por la paz que solo tú puedes dar. Ayúdame a no dar por sentado lo que se me ha concedido, sino a tener mucha gratitud.

DIOS ES MI SER... MI FORTALEZA, MI BIENAVENTURANZA, MI BIEN, MI DELEITE.
Catalina de Génova (1447-1510)

No te impacientes a causa de los malignos, ni tengas envidia de los que hacen iniquidad. Porque como hierba serán pronto cortados, y como la hierba verde se secarán. Confía en Jehová, y haz el bien; y habitarás en la tierra, y te apacentarás de la verdad. Deléitate asimismo en Jehová, y él te concederá las peticiones de tu corazón.
Salmo 37:1-4

Las lecturas para hoy de *La Biblia en un año* son
**Levítico 6:1 – 7:27; Marcos 3:7-30; Salmo 37:1-11
y Proverbios 10:3-4.**

Sembradores de semilla

*El sembrador es el que
siembra la palabra.*
Marcos 4:14

En África occidental las personas habitualmente cantan cuando trabajan en los campos. Levantan las voces cuando plantan, en antelación de la cosecha. Quizá así es como apareció el agricultor en la parábola cuando caminaba por el campo. Mientras lanzaba semillas, estas caían en varias clases de tierra: una dura, otra llena de maleza, una poco profunda y otra buena y fértil. Ni una vez Jesús describió al agricultor como alguien ansioso; al contrario, lo representó como quien fielmente hacía su trabajo.

A veces tratamos la evangelización como una carga pesada. En vez de esparcir alegremente semillas por todas partes, nos convertimos en examinadores de suelos, tratando de determinar si la semilla florecerá o no aun *antes* de plantarla. Cuidamos los tiernos retoños, intentando arrancar cizañas. Cuando una semilla no produce el fruto deseado, quizá podríamos declararnos agricultores fracasados. Sin embargo, Dios nos ha llamado a plantar el mensaje del evangelio en cualquier campo en que Él nos coloque. Es el Señor de la cosecha quien alimenta las diminutas semillas y las hace crecer. Posiblemente nunca veas las fanegadas de almas que resultan de semillas que plantaste, pero puedes cantar mientras siembras y esperar una cosecha de treinta, sesenta y hasta ciento por uno.

DIOS, puedo esparcir semillas en mi trabajo, mi vecindario, mi familia, y plantar semillas de esperanza en personas que encuentro cada día. Ayúdame a cantar mientras planto y a tener confianza en que muchas de esas semillas echarán raíces en tierra que algún día producirá una cosecha.

SIEMBRA UN PROFUNDO MENSAJE DE AMOR EN LA VIDA DE UNA PERSONA. ALIMÉNTALA CON UNA SONRISA Y UNA ORACIÓN, Y OBSERVA LO QUE OCURRE.
Max Lucado (n. 1955)

LA
BIBLIA
EN
UN AÑO

Las lecturas para hoy de *La Biblia en un año* son
**Levítico 7:28 — 9:6; Marcos 3:31 — 4:25;
Salmo 37:12-29 y Proverbios 10:5.**

Cuenta tu historia *contar*

El endemoniado deambulaba por la tierra de los muertos y vivía en un cementerio porque los vivos le temían. Aunque se había liberado de sus ataduras, aún colgaban de su cuerpo cadenas que se habían desatado, puesto que su espíritu todavía estaba en cautiverio. Jesús ordenó a los demonios que salieran del hombre, y en respuesta sus atormentadores huyeron. No asombra que el individuo pidiera seguir a Jesús. El lugar al que pertenecía solo le deparaba dolorosos recuerdos del sufrimiento que había soportado. No obstante, Jesús lo animó a quedarse en sus alrededores y a contar a los suyos lo ocurrido. Sabía que el testimonio de este hombre ya sano tendría gran impacto en quienes fueron testigos de su tormento.

No es fácil vivir en un lugar que provoca dolorosos recuerdos, pero esos mismos recuerdos son una oportunidad de hablar de lo que Dios ha hecho por ti. Tu testimonio podría abrir la puerta para que la esperanza florezca en otro corazón. Los momentos de Dios que ocurren no solo nos afectan a nosotros, sino que también tienen el poder de rescatar a otros de la desesperación. Pide hoy al Señor que te dé valor y poder para hablar de tu historia, y proclama las buenas nuevas con quienes tú vives y trabajas.

SEÑOR, tengo pruebas y señales en mi vida que me hacen ver que tú me rescataste. A veces evito esos lugares porque provocan recuerdos dolorosos. Permíteme ver mis heridas pasadas como oportunidades de contar a otros cómo me has sanado, de modo que la historia de mi vida pueda llevar esperanza a alguien más. Gracias porque ni malos recuerdos ni circunstancias difíciles pueden acallar el modo en que interviniste en mi vida, cómo me mostraste tu misericordia, y la manera en que me rescataste.

SI TE HAS VUELTO PARTE DE LA HISTORIA DE DIOS, TIENES UNA HISTORIA QUE CONTAR A LAS PERSONAS QUE TE RODEAN. ELLAS ESTÁN DESEOSAS DE OÍRLA. DESFALLECEN POR OÍRLA.
Leighton Ford

Al entrar él [Jesús] en la barca, el que había estado endemoniado le rogaba que le dejase estar con él. Mas Jesús no se lo permitió, sino que le dijo: Vete a tu casa, a los tuyos, y cuéntales cuán grandes cosas el Señor ha hecho contigo, y cómo ha tenido misericordia de ti.
Marcos 5:18-19

Las lecturas para hoy de *La Biblia en un año* son
Levítico 9:7 — 10:20; Marcos 4:26 — 5:20;
Salmo 37:30-40 y Proverbios 10:6-7.

LA BIBLIA EN UN AÑO

creer
Cree solamente

Cuando [la mujer enferma] oyó hablar de Jesús, vino por detrás entre la multitud, y tocó su manto. Porque decía: Si tocare tan solamente su manto, seré salva. Y enseguida la fuente de su sangre se secó; y sintió en el cuerpo que estaba sana de aquel azote ... Mientras él aún hablaba, vinieron de casa del principal de la sinagoga, diciendo: Tu hija ha muerto; ¿para qué molestas más al Maestro? Pero Jesús, luego que oyó lo que se decía, dijo al principal de la sinagoga: No temas, cree solamente.
Marcos 5:27-29, 35-36

En este asombroso capítulo del Evangelio de Marcos leemos de dos milagros que Jesús realizó: la sanidad de la mujer con un flujo de sangre y la resurrección de los muertos de la hija de Jairo. Los médicos ya no le daban esperanza, le habían quitado todo el dinero, y en vez de sanarla, la habían dejado peor que antes. Sin embargo, con solo tocar el manto de Jesús con el dedo, toda la sangre se secó en la mujer y la enfermedad desapareció de su cuerpo. De igual modo, nadie tenía esperanza para la hija de Jairo; había muerto, y los vecinos ya estaban llevando comida a la familia y acompañándola en el duelo. Pero un toque de Jesús le devolvió nueva vida a la muchacha.

Podríamos pensar: *Pero eso sucedió hace mucho tiempo en la época bíblica y no tiene relación con mi vida actual.* Al contrario, el mismo poder que salió del borde del manto de Jesús y a través de sus palabras «Niña, a ti te digo, levántate», está disponible hoy para nosotros. Dios desea que por medio del Espíritu Santo sepamos y entendamos la extraordinaria e ilimitada grandeza de su poder para nosotros cuando confiamos en Él. Exprésale a Dios tus necesidades y preocupaciones, y luego recibe estas palabras que Él manifiesta a ti, su hijo, este día: «No temas, cree solamente».

¡PADRE, te alabo porque el mismo poder que levantó de la muerte a la hija de Jairo, que sanó a la mujer con flujo de sangre y que resucitó a Jesús de los muertos está disponible para nosotros a través de tu Espíritu! Abre los ojos de mi corazón para ver, conocer, entender y creer en la obra de tu poder en nosotros, y a favor de nosotros, los que creemos.

DIOS TIENE EN SÍ MISMO TODO PODER PARA DEFENDERTE, TODA SABIDURÍA PARA DIRIGIRTE, TODA MISERICORDIA PARA PERDONARTE, TODA GRACIA PARA ENRIQUECERTE.
Thomas Benton Brooks (1608-1680)

LA BIBLIA EN UN AÑO

Las lecturas para hoy de *La Biblia en un año* son **Levítico 11:1 — 12:8; Marcos 5:21-43; Salmo 38:1-22 y Proverbios 10:8-9.**

Nuestros días están contados

El promedio de vida de una mosca de mayo es de solo veinticuatro horas. Una extraña cantidad de ellas alcanza categoría de veteranas al vivir hasta catorce días, pero algunas solo lo hacen dos horas. Este diminuto insecto alado nace, alcanza su madurez, se aparea, ¡y muere en solo *uno* de nuestros días! Nos parecería una estupidez que la mosca de mayo perdiera aunque fuera solo un momento, en vista de tan corto período. Para un Dios eterno nuestra vida es solo un breve destello; sin embargo, a menudo revoloteamos como la mosca de mayo, actuando como si tuviéramos días ilimitados frente a nosotros. Nuestro tiempo en la tierra es breve y cada momento tiene potencial. Es solo cuando vemos el tiempo a través de los ojos de Dios que podemos entender de veras cuán precioso regalo constituye cada hora que existimos. ¿Sacas lo mejor de tus contados días o es el tiempo un bien vacío? Pregúntale hoy a Dios cómo puedes sacar el mejor provecho posible del tiempo que se te ha dado. Aprovecha cada momento, porque la vida pasa rápidamente.

DIOS ETERNO, ayúdame a ver el tiempo como un valioso activo que me has confiado. Cuando me diste vida, pretendiste que yo tuviera vida abundante y que experimentara gozo, realización y propósito. Ayúdame a no desperdiciar el tiempo en esfuerzos sin sentido, sino a comprender que mis días están contados y que cada uno es importante. Además, aunque toda una vida es solo un instante para ti, permite que mis días estén llenos para que rebosen con la gloria de tu presencia.

NO CAMINES POR EL TIEMPO SIN DEJAR
EVIDENCIA DIGNA DE TU PASO.
Papa Juan XXIII (1881-1963)

Hazme saber, Jehová, mi fin, y cuánta sea la medida de mis días; sepa yo cuán frágil soy. He aquí, diste a mis días término corto, y mi edad es como nada delante de ti; ciertamente es completa vanidad todo hombre que vive.
Salmo 39:4-5

Las lecturas para hoy de *La Biblia en un año* son
**Levítico 13:1-59; Marcos 6:1-29; Salmo 39:1-13 y
Proverbios 10:10.**

LA
BIBLIA
EN UN AÑO

Hechos maravillosos de Dios

Has aumentado, oh Jehová Dios mío, tus maravillas; y tus pensamientos para con nosotros, no es posible contarlos ante ti. Si yo anunciare y hablare de ellos, no pueden ser enumerados.

Salmo 40:5

Recordar todas las maravillas que el Señor ha hecho en nuestra vida puede producir tanta gratitud que no podríamos permanecer callados acerca de su bondad para con nosotros. Hablaremos espontáneamente de su fidelidad y su poder salvador a quienes nos rodean (Salmo 40:10). Pero así como los israelitas olvidaron rápidamente los milagros que Dios hizo por ellos cuando los liberó de la esclavitud en Egipto, nosotros también podemos olvidar con facilidad lo que Él ha hecho por nosotros y comenzar a refunfuñar y quejarnos. Tendemos a olvidar oraciones que contestó u otras «cosas pequeñas». Sin embargo, a través de toda la Biblia se nos recuerda lo que Dios ha hecho. Al recordar y repetirnos la bondad del Señor para con nosotros, y alabarlo por eso, obtenemos esperanza renovada para el futuro porque comprendemos que sus planes —y bendiciones— ¡son demasiado numerosos para registrarlos! Cuenta las maneras en que Dios ha obrado en tu vida. Quizá desees escribirlo. Entonces en días difíciles podrás leer lo que has escrito y ver cómo Dios ha obrado. Alábalo por todo aquello que el Señor te ha permitido pasar y por los hechos maravillosos que le has visto hacer.

SEÑOR, has hecho muchos milagros por nosotros. Gracias porque tus planes son más grandes que todos los nuestros juntos. ¡Cómo te alabo por tus maravillas! Ayúdame a recordar tu bondad hacia mí. Dame valor para hablar a otros acerca de tu fidelidad y poder salvador, y para vivir de manera que los atraiga hacia ti.

SI DISCIERNES EL AMOR DE DIOS EN TODO MOMENTO DE FELICIDAD, MULTIPLICARÁS POR MIL TU CAPACIDAD DE DISFRUTAR POR COMPLETO TUS BENDICIONES.

Frances J. Roberts

LA BIBLIA EN UN AÑO

Las lecturas para hoy de *La Biblia en un año* son **Levítico 14:1-57; Marcos 6:30-56; Salmo 40:1-10 y Proverbios 10:11-12.**

Tiernas misericordias

Así como el salmista, cada uno de nosotros atraviesa temporadas en que enfrentamos no solo un problema, sino oleadas de dificultades que dan contra nuestra vida como las olas que golpean incesantemente la playa. Si no estamos experimentando eso ahora, con seguridad lo haremos en algún momento del camino: quizá un hijo enferme de forma crónica, o un adolescente se rebele y destroce nuestros corazones. Tal vez a nuestra madre le diagnostiquen el mal de Alzheimer y se mude a vivir con nosotros para que la cuidemos veinticuatro horas al día, siete días a la semana, haciéndonos reorganizar nuestro estresante trabajo, y encontrándonos de pronto con dificultades económicas. Los problemas se amontonan tanto que no podemos encontrar nuestra salida, y comprendemos lo que el salmista sentía cuando dijo que son más que los cabellos de nuestras cabezas. La vida parece deshacerse, estamos agotados y la valentía se esfuma mientras nos preguntamos: *¿Puedo manejar esto? ¿Y si pasa algo más?* Este es el momento de levantar nuestras cabezas al cielo y clamar como hizo el salmista por las misericordias de Dios, para decir: «Jehová, apresúrate a socorrerme» (v. 13); es el momento de poner nuestra esperanza en su amor y en su fidelidad incondicionales.

SEÑOR, hoy que me rodean dificultades pongo mi enfoque en ti. Apresúrate a socorrerme, ayúdame y rescátame. No retengas de mi vida tus misericordias; ¡libéralas, te lo suplico! Que lluvias de misericordia y bendición vengan de ti. Mi única esperanza está en tu incondicional amor y fidelidad. Eres mi ayudador y mi salvador.

DIOS TIENE DOS ALAS, LAS CUALES SIEMPRE MUEVE; UNA ES LA MISERICORDIA Y LA OTRA ES EL AMOR; BAJO LA PRIMERA, LOS PECADORES SIEMPRE CONFÍAN, Y CON LA ÚLTIMA AÚN DIRIGE A LOS JUSTOS.
Robert Herrick (1591-1674)

Jehová, no retengas de mí tus misericordias; tu misericordia y tu verdad me guarden siempre. Porque me han rodeado males sin número; me han alcanzado mis maldades, y no puedo levantar la vista. Se han aumentado más que los cabellos de mi cabeza, y mi corazón me falla. Quieras, oh Jehová; librarme; Jehová, apresúrate a socorrerme.
Salmo 40:11-13

Las lecturas para hoy de *La Biblia en un año* son
Levítico 15:1 — 16:28; Marcos 7:1-23; Salmo 40:11-17 y Proverbios 10:13-14.

Cristo, nuestro pan

En aquellos días, como había una gran multitud, y no tenían qué comer, Jesús llamó a sus discípulos, y les dijo: Tengo compasión de la gente, porque ya hace tres días que están conmigo, y no tienen qué comer; y si los enviare en ayunas a sus casas, se desmayarán en el camino, pues algunos de ellos han venido de lejos. Sus discípulos le respondieron: ¿De dónde podrá alguien saciar de pan a éstos aquí en el desierto? Él les preguntó: ¿Cuántos panes tenéis? Ellos dijeron: Siete.

Marcos 8:1-5

Jesús instruyó a sus discípulos para que lo ayudaran a alimentar la multitud de personas reunidas para oír las buenas nuevas. No tenían idea de cómo se podría satisfacer la hambrienta muchedumbre; tenían muy poco para ofrecerles. Pero cuando entregaron a Jesús los recursos que tenían, ocurrió un milagro y hubo abundancia de alimento para todos.

Hoy Jesús nos hace la misma pregunta que hizo a sus discípulos: «¿Cuántos panes tenéis?». Podríamos sentir que no tenemos recursos para dar, pero hay personas con hambre a quienes alimentar. Cuando damos a Jesús nuestro «pan», trátese de nuestro tiempo, dinero, talento o habilidad especial, él puede tomarlo —por pequeño que sea— y convertirlo en vida y refrigerio para muchos. Cristo es nuestra cantidad suficiente cuando nuestros recursos son insuficientes. Él es nuestra aptitud cuando somos incompetentes. Y cuando le cedemos todo lo que somos y tenemos, Él puede hacer con eso más de lo que podríamos pedir o creer. Expresa tu deseo de que el Señor te utilice hoy. Luego sé obediente a lo que Él te dice que hagas con el «pan» que tienes.

GRACIAS, SEÑOR, por el milagro que realizaste para alimentar a la multitud, y por las maneras en que aún sigues haciendo milagros hoy en día cuando te damos lo que tenemos. Hay muchas personas en el desierto que están física y espiritualmente hambrientas. Fortaléceme, úsame y prepárame para acompañarte en lo que estás haciendo en la tierra.

CRISTO ES EL PAN PARA LAS ALMAS DE LOS HOMBRES. EN ÉL LA IGLESIA TIENE SUFICIENTE PARA ALIMENTAR AL MUNDO ENTERO.
Ian Maclaren (1850-1907)

Las lecturas para hoy de *La Biblia en un año* son **Levítico 16:29—18:30; Marcos 7:24—8:10; Salmo 41:1-13 y Proverbios 10:15-16.**

Reconoce la presencia de Dios

Jesús acababa de alimentar de manera milagrosa a la multitud, y sin embargo los fariseos exigían más señales y más milagros. Igual que ellos, a veces fijamos nuestras esperanzas en acontecimientos milagrosos y formidables: que nuestro barco llegue, de tal modo que desaparezcan en un instante todas nuestras tribulaciones económicas, o que nuestro amigo atado a una silla de ruedas vuelva a caminar. Jesús es capaz de hacer esas cosas, de la misma forma que pudo alimentar a las cinco mil personas; sin embargo, ¿qué hay del hecho de que el sol aparezca cada mañana, o de que Dios nos haya dado nuevo nacimiento a una vida de esperanza a través de lo que Jesús hizo en la cruz? ¿No son esas cosas manifestaciones de su milagroso poder?

En todas partes vemos señales de la presencia de Dios: en un ramo de narcisos, en las palabras animadoras de un amigo, en la suave lluvia, en el modo en que suple todas nuestras necesidades. No necesitamos una señal milagrosa, ¡solo necesitamos a Jesús! Pídele ayuda para reconocer otra vez las maneras en que Dios está contigo, porque nunca estás fuera de sus amorosos brazos y su Espíritu que vive en ti nunca te deja. Pídele que te ofrezca vistazos de su naturaleza y de su carácter dondequiera que vayas, y que el Señor vuelva tu corazón hacia Él en gratitud.

QUERIDO SEÑOR, perdóname cuando exijo evidencia de tu obrar y de tu poder, en vez de agradecerte por todo lo que haces. Abre mis ojos para ser consciente de tu presencia, para sentir tu cercanía y para ver las obras de tus manos por dondequiera que mire. Con todo mi corazón doy hoy la bienvenida a tu presencia, de cualquier modo que decidas revelarte a mí. Y no permitas que olvide agradecerte.

NO DEBEMOS GRITAR A LOS ESPACIOS A UN DIOS AUSENTE. ÉL ESTÁ MÁS CERCA QUE NUESTRA PROPIA ALMA, Y MÁS CERCANO QUE NUESTROS PENSAMIENTOS MÁS SECRETOS.
A. W. Tozer (1897-1963)

Vinieron entonces los fariseos y comenzaron a discutir con él, pidiéndole señal del cielo, para tentarle. Y gimiendo en su espíritu, dijo: ¿Por qué pide señal esta generación? De cierto os digo que no se dará señal a esta generación. Y dejándolos, volvió a entrar en la barca, y se fue a la otra ribera.
Mateo 8:11-13

Las lecturas para hoy de *La Biblia en un año* son
Levítico 19:1—20:21; Marcos 8:11-38;
Salmo 42:1-11 y Proverbios 10:17.

Frente a la incredulidad

[El padre del niño dijo:] Y muchas veces le echa en el fuego y en el agua, para matarle; pero si puedes hacer algo, ten misericordia de nosotros, y ayúdanos. Jesús le dijo: Si puedes creer, al que cree todo le es posible. E inmediatamente el padre del muchacho clamó y dijo: Creo; ayuda mi incredulidad.
Marcos 9:22-24

El desesperado padre ya había pedido a los discípulos de Jesús que echaran fuera al espíritu demoníaco y destructivo en su hijo, pero habían fallado. ¡Parece que el padre no era el único en la historia que luchaba con la incredulidad! Los discípulos, los fariseos y la multitud estaban llenos de incredulidad y dudas. Puesto que a los discípulos les faltó fe para sanar al muchacho, el padre se volvió a Jesús, quien respondió con compasión y no solo preguntó el estado del niño, sino la condición del corazón del padre. No debemos estar asustados de seguir el modelo de este hombre humilde, y de ser sinceros con Dios acerca de nuestras dudas. Pero al mismo tiempo podemos orar como él lo hizo, pidiendo a Jesús que fortalezca nuestra fe y nos ayude cuando luchamos por creer. Entonces veremos, como vio el padre del niño en el relato de Marcos, que con la combinación dinámica de confianza y oración, todo es posible.

SEÑOR, tú conoces mis pensamientos más profundos y todos los rincones de mi corazón. Cuando mi fe sea débil, o cuando luche con dudas acerca de que te preocupas por mí, permite que pueda volverme a ti y ser sincero contigo. Creo en tu poder para lograr cualquier cosa, pero dame mayor confianza y fe en ti.

TODO PASO HACIA CRISTO ERRADICA UNA DUDA. CADA PENSAMIENTO, PALABRA Y ACCIÓN PARA DIOS TE ALEJA DEL DESÁNIMO.
Theodore Ledyard Cuyler (1822-1909)

LA BIBLIA EN UN AÑO

Las lecturas para hoy de *La Biblia en un año* son **Levítico 20:22 — 22:16; Marcos 9:1-29; Salmo 43:1-5 y Proverbios 10:18.**

El primero será el postrero

En este pasaje los discípulos discutían y razonaban acerca de quién sería el mayor en el reino de Dios. El aspecto sorprendente de esta discusión es que ocurrió poco después de que Jesús informara a los discípulos que pronto moriría. No solo los discípulos perdieron la oportunidad de consolar a su líder, sino que malentendieron el asunto por completo. Cristo había llevado una vida desinteresada como ejemplo para ellos. Les había enseñado que tendría una muerte atroz para que ellos, y generaciones posteriores, pudieran vivir eternamente. No obstante, sus seguidores no entendieron porque su enfoque estaba en ellos mismos. Por lo tanto, Jesús intentó enseñarles una lección más: si alguno desea ser primero (en importancia), debe ser postrero. Solo cuando quitamos el enfoque de nuestra ambición y nuestros deseos es que nuestros ojos pueden estar abiertos a las necesidades de quienes nos rodean. Entonces podremos convertirnos en siervos humildes y recibir al inocente, al lastimado y al quebrantado. Jesús dijo que al hacer esto también lo recibimos a Él y adoptamos el corazón de Dios.

JESÚS, la sociedad me enseña a aprovechar todo lo que pueda. Sin embargo, tú deseas para mí más que una existencia egoísta. Ayúdame a no estar enfocado «hacia dentro», sino más bien a ver un mundo mucho más grande que mis propias necesidades y ambiciones. Tú eres mi ejemplo. Tú viniste para servir cuando de todas las personas eras quien merecías que se te esperara. Busco en ti guía acerca de cómo yo también puedo servir a quienes están hoy en necesidad.

EN LA FAMILIA DE DIOS DEBE HABER UN GRAN CUERPO DE PERSONAS: SIERVOS. ES MÁS, ESA ES LA MANERA DE ESTAR ARRIBA EN SU REINO.
Charles R. Swindoll (n. 1934)

[Jesús] dijo: Si alguno quiere ser el primero, será el postrero de todos, y el servidor de todos. Y tomó a un niño, y lo puso en medio de ellos; y tomándole en sus brazos, les dijo: El que reciba en mi nombre a un niño como este, me recibe a mí; y el que a mí me recibe, no me recibe a mí sino al que me envió.
Marcos 9:35-37

Las lecturas para hoy de *La Biblia en un año* son
Levítico 22:17 — 23:44; Marcos 9:30 — 10:12; Salmo 44:1-8 y Proverbios 10:19.

LA BIBLIA EN UN AÑO

confianza
Llama con confianza

Despierta; ¿por qué duermes, Señor? Despierta, no te alejes para siempre. ¿Por qué escondes tu rostro, y te olvidas de nuestra aflicción, y de la opresión nuestra? ... Levántate para ayudarnos, y redímenos por causa de tu misericordia.
Salmo 44:23-24, 26

El escritor del salmo de hoy lamenta una enorme derrota militar y le pide a Dios que no rechace a su pueblo para siempre. Sin la ayuda del Señor en la batalla, los enemigos saquean a los israelitas y se burlan de ellos. Por lo tanto, claman para que Dios se levante y actúe a su favor como un Señor de salvación y de amor liberador. Tal como lo experimentó el salmista, cuando vivimos día tras día bajo circunstancias difíciles sin una palabra del Señor, esto puede ocasionar frustración, preocupación y temor. Nosotros también comenzamos a cuestionar si Él está poniendo algo de atención a nuestra vida: «¿Por qué duermes? ¿Por qué miras en otra dirección? ¿Por qué haces caso omiso de nuestro sufrimiento y opresión?».

Aunque Dios parezca silencioso, no debemos temer si Él está en la barca con nosotros durante la tormenta. Podrían continuar las circunstancias incómodas, pero el Señor probará ser nuestro refugio seguro porque ha prometido que nunca nos abandonará. Su nombre Emanuel significa «Dios con nosotros». Debido a esta verdad, podemos continuar clamándole con confianza de que oirá debido a su amor incondicional.

SEÑOR, gracias hoy por tu prometida presencia conmigo. Aunque mis circunstancias puedan parecer abrumadoras, te llamo con confianza porque eres todopoderoso y me amas. ¡Ven y ayúdame! Sálvame a causa de tu amor incondicional, y ayúdame a experimentarte como mi refugio seguro. Hoy espero con expectativa verte mover de manera poderosa en mi vida.

SI EL NAVÍO DE NUESTRA ALMA AÚN ESTÁ ZARANDEADO POR VIENTOS Y TORMENTAS, DESPERTEMOS AL SEÑOR, QUIEN REPOSA EN ÉL, Y RÁPIDAMENTE DIOS CALMARÁ EL MAR.
Hermano Lorenzo de la Resurrección (1605-1691)

LA BIBLIA EN UN AÑO

Las lecturas para hoy de *La Biblia en un año* son
Levítico 24:1 – 25:46; Marcos 10:13-31;
Salmo 44:9-26 y Proverbios 10:20-21.

Oración específica

orar

Cuando el ciego mendigo Bartimeo oyó que Jesús estaba cerca, pidió misericordia y compasión. Pero tan pronto llegó ante Jesús, Cristo lo guió a ser aun más específico en su solicitud al preguntarle: «¿Qué quieres que *te* haga? [cursivas añadidas]». En solo unas cuantas palabras el ciego recitó la oración más sincera: «Maestro, que recobre la vista». En fe total pidió la sanidad de Dios porque el Señor lo había dirigido a pedir. Jesús indujo la respuesta del hombre al pedirle que expresara el deseo de su corazón.

Cristo te hace la misma pregunta: *¿Qué quieres [tu nombre] que te haga?* Cuando nos acercamos a Dios en oración, Él desea que lleguemos con incondicional deseo y añoranza, como ocurrió con Bartimeo, y que confiemos en Él para la respuesta. A medida que su Espíritu nos guíe en oración de manera más específica y sincera, comenzaremos a ver y a estar sobrecogidos por su gracia, bondad y gloria. La fe que se necesita para expresar oraciones sinceras, profundamente sentidas y fervientes nos coloca en posición de experimentar cosas grandes y poderosas de un Dios grande y poderoso.

SEÑOR, ayúdame a seguir cuando tu valioso Espíritu me guíe a orar por los profundos anhelos de mi corazón... para tu gloria. Gracias por encargarte de todo detalle en mi corazón y en mi vida. Anhelo agradarte, Señor, en toda solicitud que hago ante tu trono de gracia.

DIOS VE CUANDO EL HOMBRE ÍNTEGRO ORA; Y A SU VEZ, AL HOMBRE ÍNTEGRO BENDECIRÁ.
E. M. Bounds (1835-1913)

Respondiendo Jesús, le dijo: ¿Qué quieres que te haga? Y el ciego le dijo: Maestro, que recobre la vista. Y Jesús le dijo: Vete, tu fe te ha salvado. Y enseguida recobró la vista, y seguía a Jesús en el camino.
Marcos 10:51-52

Las lecturas para hoy de *La Biblia en un año* son
**Levítico 25:47 — 27:13; Marcos 10:32-52;
Salmo 45:1-17 y Proverbios 10:22.**

LA
BIBLIA
EN
UN AÑO

rencor

Del rencor a la gracia

Por tanto, os digo que todo lo que pidiereis orando, creed que lo recibiréis, y os vendrá. Y cuando estéis orando, perdonad, si tenéis algo contra alguno, para que también vuestro Padre que está en los cielos os perdone a vosotros vuestras ofensas.
Marcos 11:24-25

La Palabra de Dios revela lo que se necesita para la oración eficaz, y estos versículos señalan la clave del perdón. Aunque esto sea contrario a la norma del mundo, se encuentra en el centro de la vida a la que Jesús nos llamó. Cristo explicó que mantener rencillas prueba ser perjudicial para nuestra unidad con el Padre, que obstaculiza nuestras oraciones y que hace que Dios retenga su perdón.

Nuestra comunión con el Señor se restaura por medio de nuestro arrepentimiento y nuestra confesión. Jesús previó esto por medio de su obra consumada en la cruz. Murió para que el mundo pudiera alcanzar perdón y restauración ante el Padre. Cuando llegamos a Jesús, Él perdona nuestros pecados del pasado y todos los pecados que cometeremos alguna vez. ¡Pero a quienes se nos ha perdonado mucho debemos amar mucho y perdonar mucho a otros! ¿Debes perdonar hoy a alguien? ¿Qué relación necesita restaurarse? Pide al Santo Espíritu que te muestre cualquier esfera donde debas practicar el perdón.

Dios está listo para proveer la gracia que nos permite perdonar y experimentar el perdón total para nosotros. Entonces conoceremos el gozo que Él nos da a medida que pasamos del rencor a la gracia y estamos listos para orar.

PADRE, ayúdame a tener un corazón perdonador. Debo aprender a recibir tu perdón y a perdonar a quienes me han lastimado. No quiero hacer que tu presencia en mi vida se apague por falta de perdón. Crea en mí un espíritu libre y perdonador que vea a los demás como los ves tú, que les responda con tu corazón, y que ore por ellos con tu amor.

QUE EL PADRE DE MISERICORDIA CONCEDA A TODOS SUS HIJOS ESE PROFUNDO ARREPENTIMIENTO, PARA ASÍ PODER ENTRAR A LA DICHA DE SU PRESENCIA Y DISFRUTAR LA PLENITUD DE SU PODER Y AMOR.
Andrew Murray (1828-1917)

LA BIBLIA EN UN AÑO

Las lecturas para hoy de *La Biblia en un año* son **Levítico 27:14 — Números 1:54; Marcos 11:1-26; Salmo 46:1-11 y Proverbios 10:23.**

Cántico de alabanza *cántico*

A Dios sin duda le gusta oír cantar a sus hijos. Él aprecia y se deleita en la abundante adoración y alabanza que sale del corazón al cantar. Pasar tiempo cantando al Señor es vital para nuestra vida con Él. Nuestros cánticos no deben ser simplemente un medio para un fin, ni la preparación para una reunión de la iglesia, ni el «primer paso» en un modelo de oración tipo «cuatro pasos para orar». Deberían reflejar nuestro gozo al estar en la presencia de Dios. Así como los padres se deleitan en los cantos de sus jóvenes hijos cuando están desafinados, nuestro Padre celestial oye pasar nuestros destemplados acordes de armonía, los tensos esfuerzos en la melodía, y los oscuros ritmos y rimas. No hay sonido más agradable a Dios que la voz de su hijo que le canta al Señor por su maravilloso carácter y magnífica gloria. El único pensamiento que resuena en su trono es la gratitud de nuestros corazones, la cual es irresistible para Él. En oración, levanta tu voz en adoración original al Señor, entonando alabanzas a su nombre. Adóralo porque Él es el Creador perfecto, santo, todopoderoso y rey del universo, y sin embargo te llama a tener una relación profunda con Él.

SEÑOR, dame gracia para entrar en verdadera alabanza y experimentar tu alegría en mí. Quiero perderme en admiración, amor y alabanza. Quiero entonar cánticos que levanten en alto tu nombre y tu carácter. Dame hoy revelación fresca, Señor, de quién eres. ¡Inspírame a cantar de tu grandeza y de tu gloria para siempre! Tú eres rey sobre toda la tierra. Te amo, Señor.

CUANDO TODAS TUS MISERICORDIAS, ¡OH MI DIOS!
MI ALMA QUE SE ELEVA SONDEA,
ME TRANSPORTO Y ME PIERDO EN ADMIRACIÓN,
AMOR Y ALABANZA.
Joseph Addison (1672-1719)

Cantad a Dios, cantad; cantad a nuestro Rey, cantad; porque Dios es el Rey de toda la tierra; cantad con inteligencia.
Salmo 47:6-7

Las lecturas para hoy de *La Biblia en un año* son
**Números 2:1 — 3:51; Marcos 11:27 — 12:17;
Salmo 47:1-9 y Proverbios 10:24-25.**

LA
BIBLIA
EN UN AÑO

amor
El mandamiento más grandioso

[Uno de los escribas] le preguntó [a Jesús]: ¿Cuál es el primer mandamiento de todos? Jesús le respondió:... Amarás al Señor tu Dios con todo tu corazón, y con toda tu alma, y con toda tu mente y con todas tus fuerzas. Este es el principal mandamiento. Y el segundo es semejante: Amarás a tu prójimo como a ti mismo. No hay otro mandamiento mayor que estos.
Marcos 12:28-31

Cuando Jesús entraba a Jerusalén, los líderes religiosos vigilaban y esperaban confrontarlo con su cuestionamiento manipulador, e intentaban atraparlo hipócritamente desafiando su autoridad. De todos modos, un líder religioso, al observar que Jesús estaba dando buenas respuestas, le preguntó cuál era el mandamiento más importante. Cristo no respondió con un complicado código de leyes, rituales y costumbres. Al contrario, redujo la obligatoria ley de ellos a dos sencillas ideas —amar a Dios y amar a los demás— y se enfocó en el único aspecto central para la vida cristiana: el principio del amor. Cielos, cuán a menudo dejamos de vivir en la gracia de Dios al confinar nuestro caminar de fe a la observancia de rituales y leyes. Dios envió a su Hijo para salvarnos de cualquier cosa que pudiera obstaculizar la vida libre en Cristo. Esto es salvación, el poder de su vida dentro de nosotros que nos permite amar al Padre y al prójimo de todo corazón, mente, alma y con todas las fuerzas. Pasa unos momentos disfrutando el amor que Cristo tiene por ti, expresando tu amor por Él y pidiéndole que te llene, hasta que se desborde, con su amor por la gente.

PADRE, con frecuencia estoy muy ocupado y distraído para recordar lo más importante de todo: tu amor. Ayúdame a dejar a un lado todo lo demás y a ordenar mi vida alrededor de mi amor por ti. Enséñame a amarte y a amar a las personas como Cristo las ama. A medida que me llenas con tu amor, Padre, guíame a aquellos que necesitan conocer hoy tu amor.

EL AMOR NO ES LA OBRA DEL ESPÍRITU SANTO, ES EL ESPÍRITU SANTO OBRANDO EN NOSOTROS. DIOS ES AMOR, ÉL NO SOLAMENTE LO TIENE O LO DA; SE DA A SÍ MISMO... A TODOS LOS HOMBRES, DE TODA CLASE Y CONDICIÓN.
Joseph Fletcher

LA BIBLIA EN UN AÑO

Las lecturas para hoy de *La Biblia en un año* son
**Números 4:1 — 5:31; Marcos 12:18-37;
Salmo 48:1-14 y Proverbios 10:26.**

Darle todo a Jesús

Cuando Cristo dijo que la mujer «echó todo lo que tenía», estaba especificando más que un sacrificio monetario. Estaba llamando nuestra atención a la *vida* de sacrificio de la mujer, a su costumbre de vivir en total rendición y devoción leal a Dios. La historia de la viuda pobre enseña más que el mero sacrificio a través de nuestras ofrendas económicas. La manera sacrificada de dar de la mujer es una demostración de una vida totalmente ofrecida al cuidado amoroso de las manos del Maestro.

    ¿Por qué nos es tan difícil entregar a Dios todo lo que tenemos y todo lo que somos? ¿Hay temor de perder algo? Solo cuando nos rendimos a Él en completa fe y confianza podemos experimentar verdadera unidad con el Padre, verdadera libertad en Cristo y vida verdadera, abundante y llena de gozo. Cuando con devoción ofreces al Padre todo lo que tienes y todo lo que eres, su Santo Espíritu te enseñará con ternura y te llevará al gozo que viene de un sacrificio ofrecido de corazón.

SEÑOR, rindo por completo a ti todo lo que tengo, todo lo que soy y todo lo que espero ser. Te doy todo lo que tiene que ver conmigo: tanto mis fortalezas como mis debilidades. Son tuyas para que hagas como desees. Someto mi corazón, mi mente y mi voluntad a ti, Señor Jesús. Solo tú eres Señor de mi vida. Agradezco que pueda confiarte todo aquello que de algún modo tiene que ver conmigo, sea grande o pequeño.

SOLAMENTE EL MISMO ESPÍRITU SANTO PUEDE ENSEÑARTE LO QUE PUEDE SIGNIFICAR UNA TOTAL RENDICIÓN A DIOS DE TODA LA VIDA.
Andrew Murray (1828-1917)

Entonces llamando a sus discípulos, les dijo: De cierto os digo que esta viuda pobre echó más que todos los que han echado en el arca; porque todos han echado de lo que les sobra; pero esta, de su pobreza echó todo lo que tenía, todo su sustento.
Marcos 12:43-44

Las lecturas para hoy de *La Biblia en un año* son
**Números 6:1 — 7:89; Marcos 12:38 — 13:13;
Salmo 49:1-20 y Proverbios 10:27-28.**

venida

Jesús regresa

Jesús dijo: «Mirad, velad y orad; porque no sabéis cuándo será el tiempo. Es como el hombre que yéndose lejos, dejó su casa, y dio autoridad a sus siervos, y a cada uno su obra, y al portero mandó que velase. Velad, pues, porque no sabéis cuándo vendrá el señor de la casa; si al anochecer, o a la medianoche, o al canto del gallo, o a la mañana; para que cuando venga de repente, no os halle durmiendo».

Marcos 13:33-36

Cristo comparó su regreso con el de un comerciante que se fue de viaje. El hombre dejó instrucciones precisas sobre cómo cuidar los asuntos mientras estaba lejos. Por supuesto que esta era una tarea por la cual los empleados deberían rendirle cuentas. Les dio instrucciones de que estuvieran pendientes de su regreso, aunque no sabían con seguridad la hora ni el momento en que llegaría.

El regreso de Cristo es seguro; sin embargo, ¿actuamos como si lo fuera? Un día el cielo se abrirá, la trompeta sonará y nuestro Salvador regresará por su Iglesia. Se supone que se trata de una reunión gloriosa, ¿pero qué encontrará Cristo? ¿Un reino descuidado o una Iglesia que alcanza activamente almas perdidas y que hace discípulos? ¿Encontrará una novia durmiendo o descubrirá creyentes esperando con corazones expectantes? Jesús prometió que prepararía un lugar para nosotros en el cielo. ¡Esas son buenas nuevas! Pero mientras esperamos ese día, tenemos instrucciones de construir su reino. Jesús va a volver. ¿Qué estarás haciendo cuando regrese? ¿Estás atento, esperando ese momento?

SEÑOR Jesús, tú prometiste regresar por tu Iglesia. Ayúdame a ser diligente mientras espero ese día. Quiero hablar de las buenas nuevas con mis seres queridos que no te conocen. Prepara sus corazones para recibir ese mensaje. Ayúdame a no perder de vista lo que me has llamado a hacer mientras estoy aquí en la tierra, y a aguardar tu regreso con expectativa y esperanza.

¡MIRA! EL REY ESTÁ LLEGANDO Y QUIENES VIENEN CON ÉL SON LOS LLAMADOS, ESCOGIDOS Y FIELES. ¡ESE ERES TÚ! ¡ESOS SOMOS NOSOTROS, AMIGO MÍO! PERSEVERA, PORQUE ÉL VIENE, Y SU RECOMPENSA ESTÁ CON ÉL.

Kay Arthur

Las lecturas para hoy de *La Biblia en un año* son **Números 8:1 — 9:23; Marcos 13:14-37; Salmo 50:1-23 y Proverbios 10:29-30.**

Vivamos como un vaso quebrado

Cuando leemos esta descripción de enorme devoción, muy a menudo nos escandalizamos porque se trataba de algo costoso, querido y precioso, un perfume fragante y caro que valía más del salario de un año, el cual con generosidad María sacrificó en reverencia a su Rey. Sin embargo, su extravagancia nos lleva a preguntarnos: ¿qué cosa que consideremos valiosa y querida podría el Señor querer que le ofrezcamos? ¿Una relación? ¿Un hábito? ¿Una posesión apreciada? Quizá sea uno de los dones que Dios nos ha dado y que yace enterrado u oculto para un tiempo que nunca llega. Estos mismos tesoros pueden traer luz para restaurar la fe de una persona, para tocar el corazón de alguien, para cambiar una vida. Una de estas cosas importantes podría ser el mismo «vaso» que desea que rompamos ante Él. Observa: María rompió el frasco de perfume, representando así que su vida ya no estaba centrada en sí misma sino en Cristo Jesús, y que ella consideraba a Jesús como el tesoro por sobre todos los demás.

   ¿Es tu vida un vaso quebrado, cuyo contenido se ha derramado en gozoso abandono al Señor? De aquellos que viven como vasos rotos, Jesús dice que han «hecho una obra hermosa conmigo» (Marcos 14:6, NVI).

SEÑOR, muéstrame las cosas que considero queridas y preciosas que debo romper para que yo también haga una obra hermosa contigo. Los regalos más valiosos que puedo darte son mi vida y mi amor en maneras que te sean agradables. También te entrego los dones y tesoros que me has dado, y te los ofrezco para que tú los uses. Permite hoy que la fragancia de mi quebranto te traiga gozo.

LA ORACIÓN FLORECE EN LA ATMÓSFERA DE VERDADERA DEVOCIÓN, PORQUE DIOS MORA DONDE RESIDE EL ESPÍRITU DE DEVOCIÓN.
E. M. Bounds (1835-1913)

Estando él [Jesús] en Betania, en casa de Simón el leproso, y sentado a la mesa, vino una mujer con un vaso de alabastro de perfume de nardo puro de mucho precio; y quebrando el vaso de alabastro, se lo derramó sobre su cabeza.
Marcos 14:3

Las lecturas para hoy de *La Biblia en un año* son
Números 10:1—11:23; Marcos 14:1-21;
Salmo 51:1-19 y Proverbios 10:31-32.

LA BIBLIA EN UN AÑO

MARZO
9

Como un olivo verde

Estoy como olivo verde en la casa de Dios; en la misericordia de Dios confío eternamente y para siempre.
Salmo 52:8

En tiempos bíblicos el olivo se consideraba el más valioso de los árboles. Este árbol simboliza en toda la Biblia valor, importancia, paz y una promesa de tiempos mejores por venir. Al olivo también se le conocía como símbolo de perseverancia, porque se levantaba con gran fortaleza bajo cualquier condición adversa. El hombre que está seguro en la presencia del Señor es un símbolo del poder de Dios. Cuando David se comparaba con un olivo, estaba declarando su fe y confianza en Dios como Aquel que le permitía ser fuerte, no solo para sobrevivir, sino también para crecer con fuerza y llevar fruto a pesar de cómo lo perseguían sus enemigos. A través del simbolismo del olivo, David expresó su determinación de crecer en la presencia de Dios y de llevar una vida de fe, buscando solo cumplir la voluntad del Señor y volverse solo suyo. Cualesquiera que sean las circunstancias en que te podrías hallar, el Espíritu Santo que mora en ti te puede dar poder para levantarte como un olivo poderoso, floreciente y lleno de vitalidad que se produce al vivir anclados al amor incondicional de Dios.

SEÑOR, así como tu siervo David, no solo deseo sobrevivir hoy, sino crecer con fuerzas. Ayúdame a mostrar tu esplendor. Tal como los olivos producen fruto, permite que mi vida produzca el fruto del Espíritu Santo. Haz que otros vean el aceite de gozo, de sanidad y de tu mismísima presencia en mi vida, no solo por mi bien, sino por el bien de quienes con desesperación necesitan ver que tú existes de veras y moras entre nosotros.

PERMITO QUE DIOS HAGA LO QUE QUIERA CONMIGO: SOLAMENTE LO DESEO A ÉL, Y DESEO DEDICARME POR COMPLETO AL SEÑOR.
Hermano Lorenzo de la Resurrección (1605-1691)

LA BIBLIA EN UN AÑO

Las lecturas para hoy de *La Biblia en un año* son **Números 11:24—13:33; Marcos 14:22-52; Salmo 52:1-9 y Proverbios 11:1-3.**

fe

A través de los ojos de la fe

Un fin de semana fui a una playa, deseando caminar en la hermosa arena blanca. Pero me esperaban las algas marinas más malolientes que haya visto; no se trataba solo de unas pocas, sino de kilómetros y kilómetros de algas que había traído una tormenta. Lo único que pude ver (u oler) los dos primeros días fueron esas apestosas algas. Durante esas jornadas casi no pude percatarme de las cosas hermosas. Cuando salí a la mañana siguiente, vi que las algas aún estaban allí, pero esta vez el Señor dirigió mi mirada hacia el cielo azul resplandeciente de Texas, hacia el pequeño niño rubio que chapoteaba en las olas, y hacia un padre y su hijo que construían un complicado castillo de arena. Es verdad, las algas aún estaban allí, pero esta vez no eché a perder mi placer porque mi enfoque estaba en algo más.

Josué y Caleb fueron la clase de líderes que vieron que la tierra que se había explorado era «increíblemente buena» (v. 7, NVI). Sin embargo, los otros hombres solo vieron gigantes y obstáculos, y estaban llenos de miedo. Josué y Caleb vieron las posibilidades, pero los demás dieron un mal informe. Pídele al Señor que te ayude a ver y a mantener tu enfoque en Él, y a no perderte de las cosas hermosas que se encuentran a lo largo del camino.

SEÑOR, abre mis ojos espirituales para ver las cosas «increíblemente buenas» en mi camino. Perdóname por enfocarme en los problemas y en las «algas malolientes» del mundo que me rodea. Que a medida que mantengo los ojos en ti y en las metas que has puesto ante mí, pueda marchar en fe, no en temor, para que no me pierda la belleza ni las bendiciones de cada día.

HABIENDO POR TANTO ESCOGIDO NUESTRO CURSO, RENOVEMOS NUESTRA CONFIANZA EN DIOS Y SIGAMOS ADELANTE SIN TEMOR Y CON CORAZONES VALIENTES.
Abraham Lincoln (1809-1865)

Josué hijo de Nun y Caleb hijo de Jefone, que eran de los que habían reconocido la tierra, rompieron sus vestidos, y hablaron a toda la congregación de los hijos de Israel, diciendo: La tierra por donde pasamos para reconocerla, es tierra en gran manera buena. Si Jehová se agradare de nosotros, él nos llevará a esta tierra, y nos la entregará; tierra que fluye leche y miel. Por tanto, no seáis rebeldes contra Jehová, ni temáis al pueblo de esta tierra; porque nosotros los comeremos como pan; su amparo se ha apartado de ellos, y con nosotros está Jehová; no los temáis.
Números 14:6-9

Las lecturas para hoy de *La Biblia en un año* son
Números 14:1 — 15:16; Marcos 14:53-72;
Salmo 53:1-6 y Proverbios 11:4.

LA BIBLIA EN UN AÑO

complacer
Complació a la multitud

Ellos volvieron a dar voces: ¡Crucifícale! Pilato les decía: ¿Pues qué mal ha hecho? Pero ellos gritaban aun más: ¡Crucifícale! Y Pilato, queriendo satisfacer al pueblo, les soltó a Barrabás, y entregó a Jesús, después de azotarle, para que fuese crucificado.
Marcos 15:13-15

Pilato sabía que ante él estaba un hombre inocente. Sabía que los verdaderos incitadores eran los principales sacerdotes y que su motivación era la envidia. También comprendía que Barrabás era un criminal peligroso, a quien ya habían declarado culpable. No obstante, Pilato se fue contra sus propios criterios, contra sus responsabilidades como funcionario público y contra la realidad. Se vendió, y lo sabía. Al entregar a Jesús a la guardia, Pilato desencadenó sucesos que tal vez lo persiguieron el resto de su vida. No solo mató a un hombre inocente y puso en peligro la seguridad de la comunidad, sino que se traicionó a sí mismo. Este gobernante apaciguó una turba sedienta, pero lo hizo a gran precio.

A veces oímos voces por todas partes que nos dicen lo que debemos o no debemos hacer. Nuestra mayor prioridad como creyentes es hacer lo correcto y ser fieles a la Palabra de Dios. No siempre es fácil seguir el camino enaltecido, pero es en el que Dios nos pide que caminemos. Encuentra el momento para pedirle al Señor que te ayude a hacer lo correcto. Decide agradarlo con tu trabajo, con tus decisiones y con tus relaciones, a pesar de lo que piense la multitud.

SEÑOR, deseo agradarte a ti antes que a la gente. Eso no siempre es fácil, pero tú tampoco transitaste por un camino fácil. Seguiste la voluntad del Padre y no la tuya. Aplacaste el ruido de la multitud al encontrar un lugar de soledad para buscar a Dios. Hoy me cierro en ti, porque el deseo de mi corazón es agradarte. Ayúdame a hacer lo correcto a pesar de lo que pueda decir la multitud.

NO IMPORTA QUÉ OTRA COSA EL AMOR PUDIERA PEDIRNOS, NO NOS PIDE QUE SEAMOS ALFOMBRAS DE PUERTAS, COMPLACIENTES COMPULSIVOS NI PERSONAS DE PAZ A CUALQUIER COSTO. EL PRIMER REGALO DE AMOR QUE ALGUIEN OFRECE ES COMPLETA SINCERIDAD A TRAVÉS DE LA MÁS SINCERA REVELACIÓN DE LO QUE SOMOS.
John Powell

Las lecturas para hoy de *La Biblia en un año* son **Números 15:17 — 16:40; Marcos 15:1-47; Salmo 54:1-7 y Proverbios 11:5-6.**

El Señor cuidará de ti

Hay ocasiones en las que, como el salmista, sentimos que el enemigo nos persigue y que las dificultades nos rodean. Nuestro enemigo podría ser un problema económico, mala salud o alguien que nos juzga mal o nos ataca, y nuestro «corazón está dolorido» (v. 4). En ese momento podríamos sentirnos tentados a huir, retirarnos o renunciar. Pero el Señor nos ofrece algo mejor. En este salmo, los sufrimientos y los problemas nos hacen clamarle a Él. Alguien dijo una vez: «Si te encuentras apurado, es hora de ponerte de rodillas». Dios nos anima a volver hacia Él y a llamarlo en nuestra angustia para que pueda rescatarnos y mantenernos seguros en medio del problema. Quizá no salgamos inmediatamente de la situación, pero él nos guiará en medio de las circunstancias, y nos da una promesa maravillosa: si echamos nuestra carga sobre Él, cuidará de nosotros y no nos dejará resbalar ni caer.

SEÑOR, te entrego toda carga y preocupación que enfrento hoy. Y gracias por tu promesa de cuidado, provisión y seguridad. No permitirás que resbale ni caiga. Confiaré en ti porque siempre eres fiel a quienes te aman. Considero un gozo y un privilegio estar entre los muchos que te aman. Gracias por la libertad de pedir y de recibir tu ayuda.

EXPRESA A TU PADRE CUALQUIER COSA QUE TE PRESIONE; PON EL ASUNTO EN SUS MANOS, Y ASÍ SERÁS LIBRE DE ESA ANSIEDAD DIVISORIA Y DESCONCERTANTE DE LA QUE EL MUNDO ESTÁ LLENO.
Arzobispo Robert Leighton (1611-1684)

Echa sobre Jehová tu carga, y él te sustentará; no dejará para siempre caído al justo.
Salmo 55:22

Las lecturas para hoy de *La Biblia en un año* son
**Números 16:41 — 18:32; Marcos 16:1-20;
Salmo 55:1-23 y Proverbios 11:7.**

LA BIBLIA EN UN AÑO

Apoyo en las palabras del Señor

En el día que temo, yo en ti confío. En Dios alabaré su palabra; en Dios he confiado; no temeré; ¿qué puede hacerme el hombre?
Salmo 56:3-4

La escena en este salmo es muy conocida: los enemigos del salmista lo han atacado, calumniado y vilipendiado. Hasta temió la muerte, y tenía toda razón humana para estar asustado. Pero su temor comenzó a desaparecer al recordar el cuidado y la preocupación del Señor, al meditar en el poder y la majestad de Dios, y al confiar y alabar la Palabra de Dios.

Cuando las circunstancias nos hacen temer, la única manera de evitar que el temor nos abrume, y de confiar sinceramente en el Dios todopoderoso, es experimentar y declarar quien Él dice ser en su Palabra. En ella aprendemos del Señor y llegamos a conocerlo. A medida que Dios habla, sus mismas palabras y su presencia traen paz, tranquilidad, descanso y quietud a nuestro ser interior. Por consiguiente, como dijo el salmista, si confiamos en Dios, ¿por qué debemos temer? Como hijos del Señor aprendemos a vivir mediante su valiosa y poderosa Palabra para poder caminar ante Él a la luz de la vida. Podemos confiar en Él y no dar paso al miedo.

SEÑOR, en medio de mis temores confío en ti, y te alabo por el sustentador poder de tu Palabra. Ayúdame a apoyarme en tus palabras para mí, porque solo ellas me dan vida, salud y paz. Permite que mi confianza en ti siga profundizándose y extendiéndose para que yo pueda cumplir los planes que tienes para mí, y que así tu reino crezca. Gracias por el regalo de tu Palabra, la cual consuela, inspira y guía mi senda cada día.

LA BIBLIA TIENE VIDA, ME HABLA; TIENE PIES, CORRE TRAS DE MÍ; TIENE MANOS, ME SOSTIENE.
Martín Lutero (1483-1546)

Las lecturas para hoy de *La Biblia en un año* son **Números 19:1 — 20:29; Lucas 1:1-25; Salmo 56:1-13 y Proverbios 11:8.**

Un clamor sincero *clamor*

La idea de clamar a Dios por lo general supone aflicción, gran necesidad, prueba o solo un fuerte deseo de experimentar u oír del Señor de manera específica. Así era exactamente cómo se encontraba David, rodeado de enemigos que le tendían trampas, feroces como leones cuyas lenguas cortaban como espadas. Sin embargo, no dirigió su clamor sincero sencillamente a cualquier dios, sino al Dios que una vez tras otra le había demostrado fidelidad y que cumpliría sus propósitos para David. En este salmo David proclamó su confianza en que Dios «enviará ayuda desde los cielos» para salvarlo (v. 3). Así como hizo David, debemos levantarnos con cada experiencia de ayuda divina y de fidelidad que hayamos recibido en el pasado, y así nuestros corazones tendrán confianza en Dios y cantarán su alabanza (v. 7). ¿Qué estás enfrentando hoy en día? Entrégalo al Señor —junto con la carga y la preocupación que sientes— y confía en su promesa de que Él cumplirá su propósito para ti.

SEÑOR, aun en mi aflicción prefiero confiar y tener esperanza en el cumplimiento de tus propósitos para mi vida. Ayúdame a no ocultar de ti mi corazón atribulado, sino a clamarte, porque solo tú conoces lo profundo de mi necesidad. Gracias por tu promesa de que cumplirás tu propósito para mí. Pongo a tus pies cualquier presión que siento por llevar los asuntos por mi cuenta. Tú puedes convertir todo problema en el cumplimiento de mi destino para ser más como tú.

DIOS ESTÁ LISTO A ASUMIR LA COMPLETA RESPONSABILIDAD POR UNA VIDA TOTALMENTE RENDIDA A ÉL.
Andrew Murray (1828-1917)

Clamaré al Dios Altísimo, al Dios que me favorece.
Salmo 57:2

Las lecturas para hoy de *La Biblia en un año* son **Números 21:1—22:20; Lucas 1:26-56; Salmo 57:1-11 y Proverbios 11:9-11.**

LA BIBLIA EN UN AÑO

obediencia

Voluntad de Dios a su manera

El ángel de Jehová le dijo: ¿Por qué has azotado tu asna estas tres veces? He aquí yo he salido para resistirte, porque tu camino es perverso delante de mí. El asna me ha visto, y se ha apartado luego de delante de mí estas tres veces; y si de mí no se hubiera apartado, yo también ahora te mataría a ti, y a ella dejaría viva. Entonces Balaam dijo al ángel de Jehová: He pecado, porque no sabía que tú te ponías delante de mí en el camino; mas ahora, si te parece mal, yo me volveré. Y el ángel de Jehová dijo a Balaam: Ve con esos hombres; pero la palabra que yo te diga, esa hablarás. Así Balaam fue con los príncipes de Balac.

Números 22:32-35

En la lectura de hoy Balaam iba a hacer lo que Dios le había ordenado, pero lo estaba haciendo con motivos erróneos. Su obediencia incondicional había perdido entusiasmo debido a su codicia por riqueza y prestigio. Su avaricia lo cegó ante el ángel del Señor que obstaculizaba el camino en que viajaba, porque sus ojos se centraron en esperar riquezas y no en la misión llena de esperanza. Balaam dejó de estar en oración, dejó de estar consciente de la presencia de Dios. Sin embargo, tres veces Dios le angostó el camino tratando de detenerlo y de captar su atención. ¿Qué camino está Dios «estrechando» en tu vida para que logres sentir su resistencia? El Señor nos ama tanto que si persistimos en obrar a nuestro modo y en hacer caso omiso de su presencia o resistirlo, Él nos sacará del camino, como hizo con la burra de Balaam al permitir que hablara con el fin de obtener nuestra atención y restaurar nuestra comunión con Él.

SEÑOR, gracias por tu amor que abre mis ojos para verte en todo sendero de mi vida y que me lleva a obedecer tu voluntad en la manera que deseas. Ayúdame a seguirte, ya sea para entrar a nuevos territorios o para regresar a un lugar en que ya he estado antes. Solo tú sabes la dirección en que debo ir. Confiaré en tu liderazgo y en tu carácter. Gracias por llevarme exactamente adonde debo ir.

DIOS NO PUEDE CONCEDERNOS FELICIDAD Y PAZ SEPARADOS DE ÉL PORQUE NO EXISTE TAL COSA.
C. S. Lewis (1898-1963)

LA BIBLIA EN UN AÑO

Las lecturas para hoy de *La Biblia en un año* son
Números 22:21 — 23:30; Lucas 1:57-80;
Salmo 58:1-11 y Proverbios 11:12-13.

He visto al Salvador

salvación

Ese día muchas personas vieron a Jesús y siguieron de largo sin observar, pero Simeón, quien había esperado ansiosamente al Mesías, estaba lleno de gozo y se puso a alabar al Señor. Simeón había orado, esperado y anhelado este momento. Ver a Cristo era lo más importante en su vida, y participó ese gozo a quienes lo rodeaban, proclamando la gloria y la luz de Cristo.

Nuestra vida también se puede iluminar si logramos ver a Jesús. Podemos ser como quienes ese día de la dedicación pasaron de largo en el templo. . . demasiado ocupados para ver al Señor y pasar tiempo con Él; también podemos dar por sentado a Dios y perder la bendición de su presencia, o podemos distraernos con otros asuntos del mundo. Pero si buscamos con avidez a Cristo en nuestras idas y venidas, y nos acercamos a Él por medio de la oración en nuestras familias, en nuestro trabajo y en nuestras dificultades y sufrimientos, nosotros también lograremos ver a Dios. Nuestros corazones se renovarán, y otros llegarán a conocerlo a través de nosotros.

PADRE, ¡gracias por permitirme ver al Salvador! Me regocijo como hizo Simeón hace mucho tiempo. Jesús está vivo, ¡ya vino y está a punto de volver! Señor Jesús, gracias por ser una luz para revelar a Dios a las naciones y para que muchas personas puedan conocer y adorar al Padre. Gracias por llevarnos de las tinieblas a su luz admirable. Anhelo hacer brillar tu luz en cualquier parte que vaya para que quienes me rodean se sientan atraídos a ti.

SOLO TENGO UNA PASIÓN: ¡ÉL! ¡ÉL!
Conde Nikolaus von Zinzendorf (1700-1760)

He aquí había en Jerusalén un hombre llamado Simeón, y este hombre, justo y piadoso, esperaba la consolación de Israel; y el Espíritu Santo estaba sobre él. . . Y movido por el Espíritu, vino al templo. Y cuando los padres del niño Jesús lo trajeron al templo, para hacer por él conforme al rito de la ley, él le tomó en sus brazos, y bendijo a Dios, diciendo: Ahora, Señor, despides a tu siervo en paz, conforme a tu palabra; porque han visto mis ojos tu salvación, la cual has preparado en presencia de todos los pueblos; luz para revelación a los gentiles, y gloria de tu pueblo Israel.
Lucas 2:25, 27-32

Las lecturas para hoy de *La Biblia en un año* son
**Números 24:1—25:18; Lucas 2:1-35; Salmo 59:1-17
y Proverbios 11:14.**

LA BIBLIA EN UN AÑO

devoción

Devoción sin reservas

Ana, profetisa ... era viuda hacía ochenta y cuatro años; y no se apartaba del templo, sirviendo de noche y de día con ayunos y oraciones. Esta, presentándose en la misma hora, daba gracias a Dios, y hablaba del niño a todos los que esperaban la redención en Jerusalén.
Lucas 2:36-38

Ana era incondicional en su devoción, su adoración y su testificación. Durante décadas había aguardado con expectativa. Adoraba al Señor con ayuno y oración. Aunque permanecía en uno de los atrios exteriores donde no se permitían mujeres, y *no* en el círculo íntimo de los sacerdotes, ella estuvo en el templo a la misma hora en que dedicaron al Cristo niño. Cuando vio a Jesús en el templo, estalló en gozo y alabanza, y habló de la llegada del Rey a quienes lo estaban esperando.

Podríamos creer que nuestra vida está mucho más trastornada que la de Ana, y que no somos viudas que vivimos en el templo. Sin embargo, Dios también nos llama a ocupar el puesto de devoción de Ana. Cuando nuestros corazones están afligidos, podemos entregarlos de nuevo a Él y pedirle que nos ayude a tener otra vez una devoción sin reservas para con el Señor. Cuando hacemos esto, Él nos da su gracia y nos permite centrar nuestra vida en Dios.

SEÑOR, quiero renunciar a mis deseos torcidos y que mi devoción a ti sea incondicional. Captura y renueva hoy mi corazón. Que pueda ser como Ana, quien te esperó gozosa toda su vida. Tal vez no te pueda ver con mis ojos físicos, pero permite que los ojos de mi corazón estén despiertos para verte y para regocijarme hoy en ti. ¡Eres digno de toda mi alabanza y adoración!

EL SEÑOR SE BRINDA Y SE ENTREGA A QUIENES DE MANERA INCONDICIONAL SE DAN POR COMPLETO A ÉL.
Andrew Murray (1828-1917)

Las lecturas para hoy de *La Biblia en un año* son **Números 26:1-51; Lucas 2:36-52; Salmo 60:1-12 y Proverbios 11:15.**

Al amparo de sus alas *refugio*

A diferencia de los versículos de ayer de Lucas 2:36-38, este salmo no lo escribió alguien en la seguridad y comodidad de los muros del templo, sino una persona rodeada de enemigos, o quizá hasta aprisionada en medio de una guerra. Mientras añora escapar al desierto rocoso, esta persona se siente afligida y débil. Pero en lugar de centrarse en su deficiencia y dejarse llevar por la desesperación, se enfoca en Dios, clama a Él y halla fuerzas en quién es el Señor: su roca, su refugio y su torre fuerte de salvación. Sin embargo, el salmista no buscaba la protección y la presencia de Dios solo por un tiempo particular. Añoraba el momento en que iría a morar para siempre y con seguridad bajo la sombra de las alas del Señor. ¿Estás hoy abrumado? ¿Te sientes inepto o cansado? Busca ayuda en Dios, tu torre fuerte de seguridad. Él ha prometido que no te fallará ni te abandonará. Lee en voz alta el salmo 61 como tu expresión de amor y adoración de hoy.

SEÑOR, clamo a ti por ayuda, porque tú eres mi refugio. Aunque mi corazón se siente afligido, solo tú me puedes llevar a tu torre fuerte de seguridad. Tú eres mi fortaleza, Señor, y mis enemigos se dispersan en tu presencia. Anhelo vivir contigo para siempre, y descansar bajo la cubierta de tus alas. Gracias por proveer un lugar seguro para que yo viva en tu presencia.

SEGURO EN EL CUIDADO DEL SEÑOR,
SEGURO EN MOMENTOS DE TENTACIÓN.
SEGURO EN MEDIO DE PELIGROS,
CUIDADO POR UN SER TODOPODEROSO.
SEGURO CUANDO RUGE LA TEMPESTAD,
SEGURO AUNQUE LA NOCHE SEA LARGA;
AUNQUE MI CIELO ESTÉ ENNEGRECIDO
DIOS ES MI FORTALEZA Y MI CANCIÓN.
Sir Robert Anderson (1841-1918)

Oye, oh Dios, mi clamor; a mi oración atiende. Desde el cabo de la tierra clamaré a ti, cuando mi corazón desmayare. Llévame a la roca que es más alta que yo, porque tú has sido mi refugio, y torre fuerte delante del enemigo. Yo habitaré en tu tabernáculo para siempre; estaré seguro bajo la cubierta de tus alas.
Salmo 61:1-4

Las lecturas para hoy de *La Biblia en un año* son
**Números 26:52—28:15; Lucas 3:1-22; Salmo 61:1-8
y Proverbios 11:16-17.**

LA BIBLIA EN UN AÑO

Tranquila espera

Alma mía, en Dios solamente reposa, porque de él es mi esperanza. Él solamente es mi roca y mi salvación. Es mi refugio, no resbalaré. En Dios está mi salvación y mi gloria; en Dios está mi roca fuerte, y mi refugio.
Salmo 62:5-7

En este salmo David derrama el corazón ante Dios, describiendo sus dificultades, los enemigos que tratan de matarlo y las mentiras y maldiciones que otros han pronunciado en su contra. Pero en el campo de batalla de la vida, en medio de todo problema, David tiene el enfoque en Dios. David es sincero acerca de sus quejas y problemas, pero se ha propuesto dirigir su mirada al Dios de toda fidelidad, poniendo su confianza solo en Aquel que es su roca, salvación, fortaleza y refugio. Entonces puede esperar tranquilamente ante Dios porque ha puesto su esperanza y su vida misma en manos del Señor. No confía en la naturaleza humana porque no es más segura que un suspiro. No pone su esperanza en las riquezas porque sabe que no lo salvarán. Su esperanza, seguridad y confianza están en el Dios todopoderoso.

Si al igual que David esperamos que Dios actúe cuando nos encontramos en medio de problemas, nuestra espera será con desesperación o impaciencia. Pero para hacerlo tranquilamente en esperanza se necesita tener una confianza profunda en conocer a Aquel a quien esperamos. Él jamás nos desilusionará.

SEÑOR, levanto los ojos hacia ti, roca mía, salvación mía, mi fortaleza y mi refugio. Tranquiliza mi corazón para esperar en ti, porque mi esperanza está en ti. Ayúdame a esperar por ti en las tormentas, en la luz y en la oscuridad. Permite que mi confianza no se debilite por lo que mi corazón pueda sentir, por lo que puedan expresar mis circunstancias o por lo que podría creer mi mente. Gracias porque mi confianza descansa en Aquel que es mi roca, y porque a ti nunca te derribarán.

DEBEMOS ESPERAR Y ANHELAR A DIOS MANSAMENTE, EN EL VIENTO Y LA LLUVIA, EN EL TRUENO Y EL RELÁMPAGO, EN EL FRÍO Y EN LA OSCURIDAD. ESPERA, Y ÉL LLEGARÁ.
Frederick William Faber (1814-1863)

Las lecturas para hoy de *La Biblia en un año* son
Números 28:16—29:40; Lucas 3:23-38;
Salmo 62:1-12 y Proverbios 11:18-19.

Mejor que la vida misma *vida*

Este salmo contiene las palabras de un hombre que conoce el significado de buscar con seriedad al Señor y de aferrarse a Él. David ha experimentado a Dios, lo ha visto en su santuario y ha observado su poder y gloria. Por eso en el desierto, en los lugares desolados y secos de la vida, su alma tiene sed del Señor; todo su cuerpo anhela comunión con Él.

Aunque de vez en cuando nos elude la experiencia de que el alma tenga sed del Señor, la misma vivencia que tuvo David está a disposición de cada uno de nosotros. Jesús ha abierto el camino para que experimentemos comunión y armonía con nuestro Creador. ¡Para esto Él nos creó! Nuestros ojos pueden vagar a otros lugares; podemos distraernos en nuestra búsqueda del Señor, pero entonces iremos a parar a una tierra yerma y agotada donde no hay agua. Por medio de la Biblia Dios nos llama a levantarnos por encima de los problemas en los lugares resecos de nuestra vida y a proclamar como David que la amorosa misericordia de Dios es mejor que cualquier otra cosa en la vida. . . mejor que la vida misma.

OH SEÑOR, hoy te busco ansiosamente en este lugar reseco y agotado de mi vida. Haz que te vea y que contemple tu poder y tu gloria. Llévame a la intimidad contigo por medio de tu Espíritu para que experimente de veras tu misericordia. Que yo proclame con el salmista que tu amor incondicional es mejor para mí que la vida misma. ¡Cuánto te alabo! Te honraré mientras viva, levantando mis manos a ti en oración. Gracias por tu promesa de que quienes te buscan te hallarán.

BUSCAR A DIOS CON FE, ESPERANZA Y AMOR AGRADA A NUESTRO SEÑOR, Y ENCONTRARLO DELEITA EL ALMA, LLENÁNDOLA DE GOZO. POR ESO APRENDÍ QUE MIENTRAS DIOS NOS PERMITA LUCHAR EN ESTA TIERRA, BUSCARLO ES TAN BUENO COMO VERLO.
Julián de Norwich (*ca.* 1342-1413)

Dios, Dios mío eres tú; de madrugada te buscaré; mi alma tiene sed de ti, mi carne te anhela, en tierra seca y árida donde no hay aguas, para ver tu poder y tu gloria, así como te he mirado en el santuario. Porque mejor es tu misericordia que la vida; mis labios te alabarán. Así te bendeciré en mi vida; en tu nombre alzaré mis manos.
Salmo 63:1-4

Las lecturas para hoy de *La Biblia en un año* son **Números 30:1 – 31:54; Lucas 4:1-30; Salmo 63:1-11 y Proverbios 11:20-21.**

asombro

Asombrados de Jesús

Descendió Jesús a Capernaúm, ciudad de Galilea; y les enseñaba en los días de reposo. Y se admiraban de su doctrina, porque su palabra era con autoridad ... Y estaban todos maravillados, y hablaban unos a otros, diciendo: ¿Qué palabra es esta, que con autoridad y poder manda a los espíritus inmundos, y salen?
Lucas 4:31-32, 36

Por la pesca que habían hecho, el temor se había apoderado de él [Simón Pedro], y de todos los que estaban con él.
Lucas 5:9

A través del pasaje de hoy en Lucas, Jesús enseñó en el templo, echó fuera demonios de las personas y sanó a la suegra de Simón y a muchos otros. Dondequiera que iba, quienes le ponían atención y lo escuchaban se asombraban de su autoridad y poder. Más tarde, cuando Jesús le dijo a Simón que tomara otro rumbo y echara la red en aguas más profundas, la acción produjo una pesca tan enorme que casi hizo que se hundiera la barca, y Simón estaba atemorizado.

Aunque se trata del mismo Dios que aún hace milagros y provoca una «pesca» mayor de la que podemos pedir o creer —quien gobierna y reina hoy día en nuestro mundo— muchos de nosotros hemos perdido nuestra capacidad de asombrarnos y maravillarnos, y por lo tanto hemos dejado de adorarlo. Si el peso de las cargas que estás llevando ha sofocado tu sentido de admiración, imagínate en la barca con Simón, al lado de su suegra o como uno de los sanados mediante una orden de Jesús. Pídele al Espíritu Santo que abra hoy tus ojos para ver las obras maravillosas de Dios en tu vida, y para que te llene de asombro ante un gran Dios como Él.

SEÑOR, restaura mi capacidad de maravillarme y de asombrarme cuando te busco en cada recodo de mi vida cotidiana. Quiero ser como quienes oyeron tu enseñanza y se asombraron de las cosas que dijiste. Habla a mi corazón, y dame oídos para oír. Abre mis ojos espirituales para ver que estás obrando en el mundo que me rodea. Que yo me llene de asombro y agradecimiento ante tus grandes hechos.

SI POR TODO UN DÍA, EN CALMA Y DETERMINACIÓN, NOS ENTREGÁRAMOS A SER PROPIEDAD DE JESÚS Y A OBEDECER SUS ÓRDENES, AL ANOCHECER NOS ASOMBRARÍAMOS COMPRENDIENDO TODO LO QUE ÉL HA PUESTO EN ESE DÍA.
Oswald Chambers (1874-1917)

LA BIBLIA EN UN AÑO

Las lecturas para hoy de *La Biblia en un año* son
Números 32:1 — 33:39; Lucas 4:31 — 5:11;
Salmo 64:1-10 y Proverbios 11:22.

Confianza en la oración

Cuando oramos, le hablamos al Dios todopoderoso que creó la tierra por el poder de su palabra, cuyas maravillas llenan la tierra, ¡y quien fielmente contesta nuestras oraciones con hechos asombrosos! La oración es el modo que Él ha diseñado para que su gran poder se libere sobre la tierra, en nuestra vida, y en las vidas de quienes necesitan con desesperación la ayuda de Dios. Es como el enorme generador que uno de los niños en mi grupo de oración arrastró para mostrar lo que había aprendido acerca de la oración.

«Este es Dios —dijo Grant—. Él tiene todo este poder para nosotros». Luego trazó una larga línea diagonal desde el enorme generador hasta algunas figuras que representaban una familia. «Estos son quienes necesitan ayuda. ¡El poder fluye por la cuerda cuando oramos!». Comprender el asombroso poder del Señor cambia el modo en que oramos y en que vivimos. Su poder está disponible para toda situación y necesidad, para que lo podamos todo en Cristo que nos fortalece (Filipenses 4:13). Este es un Dios en quien podemos confiar y apoyarnos. Es el Dios todopoderoso en quien podemos tener confianza cuando oramos.

Con tremendas cosas nos responderás tú en justicia, oh Dios de nuestra salvación, esperanza de todos los términos de la tierra, y de los más remotos confines del mar. Tú, el que afirma los montes con su poder, ceñido de valentía.
Salmo 65:5-6

SEÑOR, te alabamos por tu poder. Creemos, pero ayúdanos en nuestra incredulidad, y llénanos con fe fresca por medio del poder de tu Palabra. Agranda nuestro círculo de oración, no solo por nuestras necesidades y nuestra familia, sino por quienes están lastimados, oprimidos y perdidos alrededor de nosotros. Tú eres nuestra esperanza, ¡y la esperanza de todos en la tierra!

NUESTRAS ORACIONES TIENDEN LOS RIELES SOBRE LOS CUALES PUEDE LLEGAR EL PODER DE DIOS. IGUAL QUE UNA PODEROSA LOCOMOTORA, SU PODER ES IRRESISTIBLE, PERO NO NOS PUEDE ALCANZAR SIN RIELES.
Watchman Nee (1903-1972)

Las lecturas para hoy de *La Biblia en un año* son
Números 33:40—35:34; Lucas 5:12-28;
Salmo 65:1-13 y Proverbios 11:23.

A desobstruir las tuberías

*Venid, oíd todos los que
teméis a Dios, y
contaré lo que ha hecho
a mi alma. A él clamé
con mi boca, y fue
exaltado con mi
lengua. Si en mi
corazón hubiese yo
mirado a la iniquidad,
el Señor no me habría
escuchado. Mas
ciertamente me escuchó
Dios; atendió a la voz
de mi súplica. Bendito
sea Dios, que no echó de
sí mi oración, ni de mí
su misericordia.*
Salmo 66:16-20

¡Cómo hacen pensar estos versículos! Cuando llegamos a Dios con una carga o solicitud, ah, cómo deseamos que nos oiga y que nos conteste. En los versículos de hoy David da una clara instrucción: cuando clamamos ayuda a Dios, primero debemos llegar ante Él en confesión, y pedirle que limpie nuestros corazones. Entonces nos atenderá y no pasará por alto nuestra oración.

Ilustré esta lección para algunos niños un domingo con un pedazo de tubo que rellené de papel y lo pegué a mi oído. El pecado obstruye la comunicación entre nosotros y Dios, del modo en que el papel obstruyó el tubo, nos impide oírlo y que nos oiga. Pero cuando pedimos a su Espíritu que escudriñe nuestros corazones y nos muestre cualquier cosa que le desagrade, Él revelará lo que debemos confesar. Al llevar eso ante la cruz, Jesús es fiel para limpiarnos de toda maldad, como lo promete en 1 Juan 1:9. Entonces desaparece el papel que representa nuestro pecado, ¡y las sendas de comunicación se abren de nuevo! Ahora podemos proclamar con David: Bendito sea Dios, quien puso atención a mi súplica, ¡quien me contestó desde su santo monte!

SEÑOR, te pido que escudriñes mi corazón. Haz brillar tu luz sobre mi pecado. Perdóname. Te estoy suplicando tu ayuda. Gracias por oírme, por contestar el ruego de mi corazón, y por seguir mostrando tu misericordia en mi vida.

O EL PECADO ESTÁ CONTIGO, SITUADO SOBRE TUS HOMBROS, O ESTÁ SITUADO SOBRE CRISTO, EL CORDERO DE DIOS. PUES SI YACE SOBRE TUS HOMBROS, ESTÁS PERDIDO; PERO SI REPOSA SOBRE CRISTO, ERES LIBRE, SERÁS SALVO. DECIDE AHORA QUÉ QUIERES.
Martín Lutero (1483-1546)

Las lecturas para hoy de *La Biblia en un año* son
**Números 36:1 — Deuteronomio 1:46; Lucas 5:29 — 6:11;
Salmo 66:1-20 y Proverbios 11:24-26.**

Jesús, amigo de pecadores

¿No es fabuloso que nuestra vida no se deba arreglar, remendar ni limpiar para tener una relación con Jesús? Él vino a llamar a personas quebrantadas y necesitadas, cuyas vidas eran un desastre, para hacerlas volver de sus pecados. Él no tiene tiempo para fariseos con pretensiones de superioridad moral, quienes se creían bastante buenos y que no necesitaban lo que Dios les brindaba: nueva vida y salvación de sus pecados. Él se extendía a quienes eran tan humildes como para admitir sinceramente su necesidad.

Cuando Cristo nos saca de las tinieblas a su luz admirable, desea decir a otros que hay esperanza para ellos. Si las capacidades de un gran médico nos hubieran sanado de una enfermedad que amenazaba quitarnos la vida, haríamos conocer la fuente de nuestra salud y al mismo médico a quienes sufren. Tenemos un gran médico, un salvador que ha sanado y transformado nuestra vida. Pídele a Dios que te dé su corazón para ver a las personas libres de pecados y tristezas, y para que se renueve tu anhelo de hablar con otros de su poder transformador de vidas. Entonces sé su instrumento de buena voluntad para un mundo que espera la mayor unidad de cuidados intensivos en el universo.

SEÑOR, gracias por emitir tu luz en mi vida para mostrarme que necesito de ti, el Gran Médico, para que sanes mis heridas. Gracias por llamarme al arrepentimiento y llegar a ti, y por tus tiernas misericordias en mi vida. Jesús, dame tu corazón por quienes están lastimados, enfermos y perdidos en el pecado, así como tu corazón se extendió hacia mí en mi momento de mayor necesidad.

DIOS ESPERA DE NOSOTROS SOLAMENTE LO QUE ÉL MISMO SUPLIÓ PRIMERO. ÉL ES RÁPIDO PARA CELEBRAR TODO ESFUERZO SENCILLO QUE HACEMOS POR AGRADARLO, ASÍ COMO RÁPIDO PARA PASAR POR ALTO IMPERFECCIONES CUANDO SABE QUE NUESTRA INTENCIÓN ES HACER SU VOLUNTAD.

A. W. Tozer (1897-1963)

Las lecturas para hoy de *La Biblia en un año* son **Deuteronomio 2:1—3:29; Lucas 6:12-38; Salmo 67:1-7 y Proverbios 11:27.**

Respondiendo Jesús, les dijo: Los que están sanos no tienen necesidad de médico, sino los enfermos. No he venido a llamar a justos, sino a pecadores al arrepentimiento.
Lucas 5:31-32

LA BIBLIA EN UN AÑO

alegrarse

Alégrate en la presencia de Dios

*Los justos se alegrarán;
se gozarán delante de
Dios, y saltarán de
alegría. Cantad a Dios,
cantad salmos a su
nombre; exaltad al que
cabalga sobre los cielos.
JAH es su nombre;
alegraos delante de él.
Padre de huérfanos y
defensor de viudas es
Dios en su santa
morada.*

Salmo 68:3-5

El Señor es infinitamente digno en tantas formas que nunca dilucidaremos las profundidades de su naturaleza. Ya sea que nuestra situación nos ponga en el resplandor del sol o en la oscuridad de la sombra, debemos estar alegres en la presencia de Dios, porque Él nos creó y nos dio nueva vida en Cristo Jesús. Él ha provisto para nuestras necesidades y nos ha hecho parte de su familia eterna. En medio de la alabanza a Dios que hace el salmista, este proclama uno de los atributos más valiosos del Creador: el Señor es padre para los huérfanos y firme defensor de las viudas. El mismo Dios que reina sobre el universo, que cabalga en las nubes y que derrota y esparce al enemigo, cuida de manera tierna y fraternal a quienes están solos. En la asombrosa extensión de su misericordia pone a los solitarios en familias donde se les pueda amar y alimentar. Inicia tú ahora un nuevo hábito de alegrarte en la presencia del Señor. Proclama su amor incondicional y su misericordia. Levántate en la mañana cantando alabanzas y reposa sobre tu lecho agradeciendo a Dios por su fidelidad. Observa, además, a tu alrededor a quienes podrían estar solos y llevando vidas solitarias. Pídele al Señor que te ayude a llegar a estas personas y llévalas al círculo de tu familia de amor.

SEÑOR, te alabo por tu grandeza y bondad, por el modo en que reinas sobre todo y, sin embargo, te preocupas de «los más pequeños». ¡Tu misericordia está sobre todas tus obras! Entono alabanzas a tu nombre, Padre de huérfanos y defensor de viudas, Rey todopoderoso y victorioso. Dame gracia para alegrarme en tu presencia, para ser lleno de gozo a medida que camino hoy contigo, y para estar abierto a quienes tú quieres que ame con tu amor.

TODOS PECAMOS AL DESOBEDECER
INNECESARIAMENTE LA ORDEN APOSTÓLICA DE
ALEGRARNOS MÁS QUE CUALQUIER OTRA COSA.
C. S. Lewis (1898-1963)

LA
BIBLIA
EN
UN AÑO

Las lecturas para hoy de *La Biblia en un año* son
**Deuteronomio 4:1-49; Lucas 6:39—7:10;
Salmo 68:1-18 y Proverbios 11:28.**

Heredar viento

viento

Es fácil imaginarte recibiendo el preciado prendedor de tu abuela; sin embargo, ¿cómo sería heredar viento? Esto parece fabuloso hasta que consideras la magnitud del regalo. El viento es fuerte, rebelde y puede golpear sin previo aviso. Podría arrebatarte el sombrero de la cabeza, pero también tiene el poder de sacar de curso barcos que van a toda velocidad. El viento va donde quiere, azotando a voluntad lo pequeño, lo frágil y lo incontrolado. Estamos en peligro cuando abrimos la puerta y dejamos que los problemas entren en nuestros hogares. Huéspedes poco gratos con nombres como ira descontrolada o discusiones insignificantes pueden azotar nuestras casas y separar a los miembros de la familia. El egoísmo tira el gozo por la ventana mientras el amor, la amabilidad y la delicadeza caen a tierra como frágiles hojas secas. Se supone que nuestra familia debe ser un santuario, un lugar seguro para cada uno de nosotros. Todos enfrentamos dificultades de vez en cuando, pero esto nunca debería pasar por permitir voluntariamente que estas entren a nuestros hogares. Al contrario, deja que tu casa se caracterice por un legado de bondad, carácter piadoso y fe. Decide hoy llevar cosas buenas a tu familia y dejar fuera los problemas.

El que turba su casa heredará viento; y el necio será siervo del sabio de corazón.
Proverbios 11:29

PADRE, mis seres amados son preciosos para mí. Quiero que hereden más que viento. Perdóname por las ocasiones en que he dejado que a mi casa entren huéspedes no gratos. Ayúdame a mantener lejos la ira, el egoísmo y las discusiones nimias. Si he turbado de modo voluntario a mi familia, ayúdame a reparar los daños. No deseo que el viento destructivo de los problemas invada mi casa ni mi familia. Invito a morar con nosotros la suave brisa de tu Espíritu.

HAZ QUE TU HOGAR SEA TU PARROQUIA, QUE TU PEQUEÑA PROLE SEA TU CONGREGACIÓN, QUE TU SALA SEA UN SANTUARIO Y QUE TUS RODILLAS SEAN UN ALTAR SAGRADO.
Billy Graham (n. 1918)

Las lecturas para hoy de *La Biblia en un año* son
Deuteronomio 5:1 – 6:25; Lucas 7:11-35;
Salmo 68:19-35 y Proverbios 11:29-31.

LA BIBLIA EN UN AÑO

Destruye al enemigo

[Moisés dijo:] Cuando Jehová tu Dios te haya introducido en la tierra en la cual entrarás para tomarla, y haya echado de delante de ti a muchas naciones, al heteo, al gergeseo, al amorreo, al cananeo, al ferezeo, al heveo y al jebuseo, siete naciones mayores y más poderosas que tú, y Jehová tu Dios las haya entregado delante de ti, y las hayas derrotado, las destruirás del todo; no harás con ellas alianza, ni tendrás de ellas misericordia.
Deuteronomio 7:1-2

El Señor dio a los israelitas claras instrucciones de conquistar por completo a sus enemigos. No debían mostrar misericordia ni compromiso de ninguna forma, o podrían perder lo que habían ganado. Los siete enemigos eran más poderosos que los israelitas, y de seguro tenían el potencial de evitar que ocuparan la tierra prometida. Pero Dios ya había entregado sus enemigos a los israelitas, asegurándoles que llegarían a su destino.

Cuando el Señor nos libera de una vida de pecado, no debemos volver a cruzar el puente que ya nos ha hecho pasar. No debe haber lugar en nuestra vida donde entretener aquello que una vez tuvo el poder de destruirnos. Dios nos está llevando a cada uno de nosotros a un lugar donde podemos descubrir sus más fabulosas intenciones para nuestra vida. Grandes o pequeñas transigencias permiten entrar al enemigo, y distraer, retrasar o evitar que alcancemos ese destino. Decide hoy no mostrar misericordia a los antiguos enemigos que una vez tuvieron asidero en tu vida. Agradece a Dios que te ha salvado, y alábalo porque debido a la obra terminada de Cristo ha conquistado al enemigo de una vez y para siempre.

QUERIDO SALVADOR, una vez el enemigo se interpuso en mi camino, pero tú me salvaste. Ayúdame a no dar a mis enemigos ninguna parte de mi vida. No haré tratos con ellos ni me comprometeré con ellos de ninguna manera. No mostraré misericordia a lo que una vez amenazó con destruir mi vida. Me abrazaré a ti, Dios, porque tú sacaste aquellas cosas de mi camino para que yo pudiera responder a tu llamado superior.

NO ES PRUDENTE SUBESTIMAR A UN ENEMIGO. CONSIDERAMOS AL ENEMIGO DE NUESTRAS ALMAS COMO UN OPOSITOR CAÍDO EN DERROTA, Y LO ESTÁ, PERO SOLO PARA DIOS, NO PARA NOSOTROS.
Oswald Chambers (1874-1917)

Las lecturas para hoy de *La Biblia en un año* son **Deuteronomio 7:1—8:20; Lucas 7:36—8:3; Salmo 69:1-18 y Proverbios 12:1.**

Buena tierra

tierra

Labriegos que sembraban semillas a mano constituían una escena conocida en la época de Jesús. La tierra era rica en su mayor parte, pero había zarzas y campos llenos de piedras. Los viajeros caminaban por los campos, aplastando la tierra y echando a perder las semillas. Algunas semillas caían en tierra poco profunda y con piedras bajo la superficie. Otras semillas saltaban hasta los zarzales. Ninguno de estos era un buen entorno para las nuevas plantas.

Jesús sabía esto. Él deseaba que ellos —y nosotros— planteáramos algunas preguntas perspicaces: ¿Son duros nuestros corazones, como los caminos aplastados por viajeros, de tal modo que sea fácil para Satanás robar la verdad de Dios después de que la oímos? ¿Es la tierra de nuestros corazones poco profunda y llena de piedras para que las raíces de la Palabra de Dios no puedan penetrar muy hondo? ¿O somos individuos cimentados en zarzales que estamos tan preocupados y ansiosos por nuestra vida, que la semilla no produce buen fruto o no llega a madurar? El Espíritu del Señor siempre está listo y dispuesto a convertir nuestros corazones en buena tierra para que su Palabra pueda crecer firme en nosotros. Pídele hoy que lo haga.

SEÑOR, deseo recibir la semilla de tu mensaje, aplicarlo a mi vida y ser obediente a ti. Si mi corazón es duro, suavízalo con tu amor. Si mis raíces no son profundas, abona la tierra. Líbrame de que los intereses, las riquezas y los placeres de este mundo me consuman. Trae a mi vida, por medio de tu Espíritu, una cosecha abundante.

«¡NO TENGO TIEMPO!» ¡POR SUPUESTO QUE LO TIENES! ENCUENTRA EL MOMENTO, DEJA A UN LADO OTROS INTERESES Y DEDÍCATE A COMPRENDER QUE EL CENTRO DEL PODER EN TU VIDA ES EL SEÑOR JESUCRISTO.
Oswald Chambers (1874-1917)

La semilla es la palabra de Dios. Y los de junto al camino son los que oyen, y luego viene el diablo y quita de su corazón la palabra, para que no crean y se salven. Los de sobre la piedra son los que habiendo oído, reciben la palabra con gozo; pero estos no tienen raíces; creen por algún tiempo, y en el tiempo de la prueba se apartan. La que cayó entre espinos, estos son los que oyen, pero yéndose, son ahogados por los afanes y las riquezas y los placeres de la vida, y no llevan fruto. Mas la que cayó en buena tierra, estos son los que con corazón bueno y recto retienen la palabra oída, y dan fruto con perseverancia.
Lucas 8:11-15

Las lecturas para hoy de *La Biblia en un año* son
Deuteronomio 9:1 — 10:22; Lucas 8:4-21;
Salmo 69:19-36 y Proverbios 12:2-3.

LA BIBLIA EN UN AÑO

fe *Una fe viva en el Dios vivo*

Pondréis estas mis palabras en vuestro corazón y en vuestra alma, y las ataréis como señal en vuestra mano, y serán por frontales entre vuestros ojos. Y las enseñaréis a vuestros hijos, hablando de ellas cuando te sientes en tu casa, cuando andes por el camino, cuando te acuestes, y cuando te levantes, y las escribirás en los postes de tu casa, y en tus puertas; para que sean vuestros días, y los días de vuestros hijos, tan numerosos sobre la tierra que Jehová juró a vuestros padres que les había de dar, como los días de los cielos sobre la tierra.

Deuteronomio
11:18-21

Con frecuencia los padres gastan tiempo y energías ayudando a sus hijos a desarrollarse en deportes, estudios y en arte. Estas son actividades valiosas; sin embargo, desde la perspectiva de Dios, ayudar a los hijos a desarrollar una fe viva en el Dios viviente es mucho más importante que todo lo demás. El Señor les dice a los israelitas en Deuteronomio 11:21 que él los bendecirá y los hará florecer solo cuando lo amen y lo adoren sin reservas. No enseñar esto a nuestros hijos sería la mayor de las injusticias.

¿Cómo emprenden esto ustedes padres, maestros y demás? Siendo ejemplos de estar dedicados por completo a amar, servir y obedecer a Cristo; hablando de la verdad del Señor dondequiera que estén. Mostrar a los hijos a Dios y mostrarles el poder dador de vida de su Palabra es una de las mayores cosas que podemos hacer porque tiene consecuencias eternas. Si eres padre o madre, comprométete de nuevo a transmitir la verdad del Señor a tus hijos. Si no eres padre o madre, busca oportunidades de comunicar la verdad de Dios a niños con quienes pasas tiempo.

SEÑOR, quiero amarte con todo mi corazón y con toda mi alma, y también deseo guiar niños para que te amen y te honren. Ayúdame a vivir de tal modo que ellos deseen acercarse a ti. Muéstrame de manera práctica cómo hablar con niños, míos o ajenos, acerca de tu verdad, a enseñarles tus principios y a ayudarlos a aplicar tu Palabra en sus vidas.

NO HAY DUDA DE QUE ENSEÑAR LA VERDAD DE DIOS A NUESTROS HIJOS ES NUESTRA TAREA COMO PADRES, NO ES TAREA DE SACERDOTES, REYES O PROFETAS. ¿POR QUÉ? PORQUE CUANDO NUESTROS HIJOS APRENDEN DE NOSOTROS, ESTÁN MÁS DISPUESTOS A IR MÁS ALLÁ, SIMPLEMENTE APRENDIENDO A OBEDECER.
Bruce Wilkinson

LA BIBLIA EN UN AÑO

Las lecturas para hoy de *La Biblia en un año* son **Deuteronomio 11:1 — 12:32; Lucas 8:22-39; Salmo 70:1-5 y Proverbios 12:4.**

Transmítelo transmitir

El salmista, ahora anciano, está recordando su vida y la historia de su pueblo. Aunque la maldad lo ha atacado y ha visto problemas, muchos y dolorosos, su primer recurso siempre ha sido Dios. Él está confiado en que el mismo Señor, en quien confió cuando joven, lo guiará a través de sus actuales sufrimientos para restauración y bendición. Entretejido entre el Salmo 71 hay un tema de agradecimiento por la fidelidad y la protección de Dios en el pasado, aunque el salmista estaba padeciendo soledad, traición y muchas privaciones. Sin embargo, el salmista no se contenta solo con rememorar las cosas buenas que el Señor ha hecho en el pasado o simplemente con alabar a Dios frente a otros. Su mayor deseo es proclamar a la siguiente generación el poder y los milagros asombrosos del Señor. El salmista apela a Dios, sabiendo que necesita ayuda divina para transmitir una herencia de fe en el único Dios verdadero a todos los que vienen después de él. Nosotros también tenemos la gran responsabilidad y el privilegio de declarar el poder del Señor a la próxima generación. Pídele a Dios la gracia y la fortaleza para ser un modelo de conducta en tu fe, tu testimonio y tu vida de oración para quienes te siguen.

SEÑOR, permíteme proclamar tu poder a esta nueva generación, y contar a mis hijos, a mis nietos y a los jóvenes en mi iglesia y en la nación, las cosas maravillosas que has hecho por nosotros. Gracias por tu fidelidad en mi vida en medio de problemas y alegrías. Te ruego que se levante una nueva generación que esté dedicada a ti.

CADA GENERACIÓN DE CRISTIANOS, Y CADA PUEBLO AL CUAL SE PREDICA EL EVANGELIO, HACE SU PROPIA CONTRIBUCIÓN CON RELACIÓN A COMPRENDER LAS RIQUEZAS DE JESUCRISTO.
C. B. Moss

Mi boca publicará tu justicia y tus hechos de salvación todo el día, aunque no sé su número. Vendré a los hechos poderosos de Jehová el Señor; haré memoria de tu justicia, de la tuya sola. Oh Dios, me enseñaste desde mi juventud, y hasta ahora he manifestado tus maravillas.
Salmo 71:15-17

Las lecturas para hoy de *La Biblia en un año* son
**Deuteronomio 13:1 — 15:23; Lucas 8:40 — 9:6;
Salmo 71:1-24 y Proverbios 12:5-7.**

posible

Misión posible

> El día comenzaba a
> declinar; y acercándose
> los doce, le dijeron:
> Despide a la gente,
> para que vayan a las
> aldeas y campos de
> alrededor, y se alojen y
> encuentren alimentos;
> porque aquí estamos en
> lugar desierto. Él les
> dijo: Dadles vosotros de
> comer. Y dijeron ellos:
> No tenemos más que
> cinco panes y dos
> pescados, a no ser que
> vayamos nosotros a
> comprar alimentos
> para toda esta
> multitud.
> Lucas 9:12-13

Después de un tiempo de ministración, los discípulos querían tener a Jesús totalmente para ellos y disfrutar un poco de descanso y distracción alejados de las multitudes. Pero el gentío descubrió dónde se hallaba el Mesías y acudió en gran cantidad hacia Él. Si esa no era suficiente frustración, ahora Jesús les estaba pidiendo a los discípulos que hicieran algo que parecía imposible: alimentar más de cinco mil hombres, más centenares de mujeres e hijos, con lo que eran ridículamente escasos recursos. Habiéndoseles dado la instrucción de «darles de comer», los discípulos pudieron haber sido el vehículo para el milagro si hubieran obedecido en fe. En vez de eso, observaron cómo Jesús tomó los alimentos, cómo pidió a Dios que los bendijera y cómo luego los partió y los distribuyó a las multitudes. ¿Qué tarea aparentemente imposible está Dios pidiéndote que hagas? ¿Para qué no tienes suficientes recursos? ¿Parece una «misión imposible» criar a un niño pequeño —o un adolescente— revoltoso? ¿Parecen las exigencias laborales más de lo que puedes controlar? ¿Son insuperables las necesidades económicas? Entrégale a Jesús todo lo que tienes. Pídele que multiplique tus recursos, tu tiempo y tus capacidades, y escucha su dirección. Luego prepárate a experimentar su poder asombroso en tu vida.

SEÑOR, esta tarea (o situación) parece imposible. Pero tú dijiste que contigo nada es imposible si creemos. Fortalece mi confianza en tu capacidad y tus recursos. Deseo ser tu vasija y que tú me uses. Me entrego por completo —mi corazón, mi tiempo, mis dones— y te pido que los multipliques para tus propósitos. Que seas glorificado en mi vida.

DIOS NOS INVITA A LLEVAR UNA VIDA QUE NO PODEMOS VIVIR, POR LO QUE DEBEMOS DEPENDER DE SU CAPACIDAD SOBRENATURAL. NOS LLAMA A HACER LO IMPOSIBLE; A VIVIR MÁS ALLÁ DE NUESTRA CAPACIDAD NATURAL.
Erwin W. Lutzer (n. 1941)

Las lecturas para hoy de *La Biblia en un año* son **Deuteronomio 16:1—17:20; Lucas 9:7-27; Salmo 72:1-20 y Proverbios 12:8-9.**

Roca de mi corazón

roca

El salmista había probado y experimentado la belleza, la gloria y la excelencia del Señor; por eso pudo proclamar que no había nada ni nadie en toda la tierra que quisiera o apreciara más que a Dios. Había visto al Señor como era en realidad: como su pastor, su consejero, su victoria, su refugio y su sustentador. Por consiguiente, sabía que todas sus necesidades y todos sus deseos se satisfacían en Dios, y que Él siempre sería la roca de su corazón y vida, aunque su salud desfalleciera o el proceso de envejecimiento le produjera debilidad.

¿A quién tengo yo en los cielos sino a ti? Y fuera de ti nada deseo en la tierra. Mi carne y mi corazón desfallecen; mas la roca de mi corazón y mi porción es Dios para siempre.
Salmo 73:25-26

Si vemos y experimentamos a Jesús como es, también lo apreciaremos por sobre placeres, posesiones o relaciones terrenales. Aunque nuestra visión del Señor a menudo es débil y «vemos por espejo, oscuramente» (1 Corintios 13:12), podemos pedir ojos espirituales para verlo y que nuestros corazones experimenten su presencia. De este modo atesoraremos al Señor y estaremos más encantados con Él que con cualquier cosa en la tierra. Dedica hoy algún tiempo para alabar a Dios y para agradecerle porque Él es —y siempre será— la roca de tu corazón y de los tuyos.

¡SEÑOR, quiero conocerte, verte y experimentarte de nuevas maneras para que de veras yo pueda decir que te anhelo más que cualquier cosa en la tierra! Tú y solo tú eres la roca de mi corazón. Tú eres todo lo que necesito y te agradezco mucho que seas mío por siempre. Nada puede separarme de tu amor. Abre mis ojos y dame nueva visión para ver constantemente tu belleza y tu amor por mí.

JESÚS QUIERE QUE EXPERIMENTES EL PLACER Y LA PAZ TRANQUILIZADORA DE SU PRESENCIA EN EL CENTRO DE TU VIDA.
Joseph Stowell

Las lecturas para hoy de *La Biblia en un año* son
**Deuteronomio 18:1—20:20; Lucas 9:28-50;
Salmo 73:1-28 y Proverbios 12:10.**

LA BIBLIA EN UN AÑO

cosecha

La cosecha está aquí

«Es abundante la cosecha —les dijo [Jesús], pero son pocos los obreros. Pídanle, por tanto, al Señor de la cosecha que mande obreros a su campo. ¡Vayan ustedes!»
Lucas 10:2-3 NVI

Jesús seleccionó setenta de sus discípulos y los envió en parejas para fortalecer su testimonio y darles comunión mientras viajaban. Les dio instrucciones específicas —no llevar cargas extras y ser cautelosos porque estaban emprendiendo una obra peligrosa— como corderos que evangelizan entre lobos; su misión de predicar era urgente, por eso debían darse prisa y enfocarse en extender las buenas nuevas del reino, sanar enfermos y liberar a los oprimidos. Jesús también los instó a orar por más obreros, porque la cosecha era fabulosa.

Esas instrucciones aún se aplican hoy en día a nosotros. Dios quiere que nadie perezca, que todos oigan el evangelio y que obtengan vida eterna. En todo el mundo los campos están blancos para la cosecha. Aún hay muchos grupos de personas que no conocen el evangelio que necesitan oír las buenas nuevas. Hay aldeas donde niños, padres y ancianos no han conocido un salvador. Por lo tanto, en medio de cualquier ministerio u obra que estemos haciendo, debemos pedirle al Señor de la cosecha que envíe más obreros a sus campos.

SEÑOR, levanta y envía obreros a toda tribu y nación, a todo grupo étnico y a todo niño sin evangelizar. Levanta misioneros, médicos, maestros, comerciantes, traductores bíblicos y músicos para que hablen de la bondad de Jesucristo y recojan una cosecha de almas. Ayúdame a ver que la cosecha está exactamente ante mis ojos. Ven, Señor Jesús, ¡tu cosecha espera!

TUYO ES EL TIEMPO DE LA COSECHA. SOLO DIOS CONTEMPLA EL FIN DE LO QUE SE HA SEMBRADO; MÁS ALLÁ DE NUESTRA DÉBIL Y TENUE VISIÓN, EL TIEMPO DE LA COSECHA ESTÁ OCULTO EN ÉL.
John Greenleaf Whittier (1807-1892)

Las lecturas para hoy de *La Biblia en un año* son
**Deuteronomio 21:1—22:30; Lucas 9:51—10:12;
Salmo 74:1-23 y Proverbios 12:11.**

Un corazón de alabanza

A menudo, cuando alabamos a Dios, reaccionamos a lo que él hace. Contestamos al modo en que responde a nuestras oraciones y ejecuta su plan en nuestra vida. Por otra parte, en la adoración veneramos, honramos y abrazamos al Señor sencillamente por lo que es Él. La adoración es la llenura abundante de corazones agradecidos y repletos de admiración hacia Él. Adoramos a Dios cuando levantamos nuestros corazones y nuestras voces en grato reconocimiento de cómo se ha revelado en nuestra vida, pues es nuestro proveedor fiel y digno de confianza, nuestro protector, nuestro redentor, nuestro refugio, nuestro consolador, nuestro sanador, nuestro sustentador, nuestra fuente de fortaleza, nuestro padre y amigo. La lista es interminable. Con corazones llenos de alabanza podemos proclamar todo lo que Dios es y ha hecho en nuestra vida. Nada alegra más el corazón de nuestro Padre que cánticos de alabanza de los labios de sus hijos. Para eso nos creó, y esto es lo que profundiza nuestra dependencia hacia Él. ¡A qué Dios tan asombroso servimos! Expresa al Señor tu deseo de adorarlo con todo tu corazón, tu alma y tu mente. Pasa tiempo en su presencia meditando en todo lo que Él ha hecho y en quién es para ti.

Siempre anunciaré y cantaré alabanzas al Dios de Jacob.
Salmo 75:9

AH, SEÑOR, ¡cómo alabo lo maravilloso de tus obras! Permite que yo sea fiel en declarar por medio de un corazón de alabanza todo lo que eres y has hecho en mi vida. Eres muchas cosas para mí... ¡eres mi todo! Gracias por el privilegio que tengo de que recibas mi corazón que puede alabarte todos los días de la vida.

PARA CANTAR ALABANZAS A DIOS, EL CORAZÓN DEBE TENER LA GRACIA DE LA ORACIÓN.
E. M. Bounds (1835-1913)

Las lecturas para hoy de *La Biblia en un año* son **Deuteronomio 23:1 – 25:19; Lucas 10:13-37; Salmo 75:1-10 y Proverbios 12:12-14.**

Única obra verdadera

[Jesús dijo:] Solo una cosa es necesaria; y María ha escogido la buena parte, la cual no le será quitada.

Lucas 10:42

En la historia de María y Marta no solo vemos cuán afanada está Marta con los preparativos para la comida, vemos también su frustración porque María está sentada con Jesús en vez de ayudarla. Sin embargo, por mucho que Marta anhelaba la ayuda de su hermana, sus palabras al Señor indican un problema aun mayor: ella no podía controlar a María. Fue ante el Señor y dijo: «Dile que me ayude», con la esperanza de que Él consiguiera que María hiciera lo que deseaba su hermana.

Muy a menudo la Marta que tenemos dentro trata de controlar las decisiones de otra persona, en especial si nos beneficiamos de algún modo, pero nos hallamos en el mismo estado nervioso en que se encontraba Marta. María escoge sabiamente escuchar al Señor por sobre cualquier servicio que podría haber hecho para Él en ese momento particular. Además, estaba viviendo fuera del control de su hermana, y estaba descubriendo la única obra verdadera y digna de nuestra preocupación: sentarnos a los pies de Jesús. ¿Qué te preocupa? El tiempo que pasamos en oración significa más para Él que cualquier otra obra que pudiésemos hacer. Jesús desea que diariamente «nos sentemos a sus pies» en oración y aprendamos que Él nos suministra amor y conocimiento infinitos.

SEÑOR, deseo ser como María, para descansar en tu presencia y conversar contigo. Ayúdame a descubrir hoy cómo es dejar a un lado todo lo demás y enfocarme en ti. Sin estos tiempos a solas contigo, mi espíritu seguramente se secaría y se cansaría. Te amo y necesito tu guía sobre cómo pasar tiempo a solas contigo todos los días.

ORAR NO ES LO OPUESTO DE TRABAJAR; NO PARALIZA LA ACTIVIDAD. AL CONTRARIO, LA ORACIÓN EN SÍ ES LA OBRA MÁS FABULOSA; FUNCIONA CON GRAN PODER.
E. M. Bounds (1835-1913)

Las lecturas para hoy de *La Biblia en un año* son **Deuteronomio 26:1—27:26; Lucas 10:38—11:13; Salmo 76:1-12 y Proverbios 12:15-17.**

Cabeza y no cola *cabeza*

Al leer Deuteronomio 28, es agradable enfocarse en las bendiciones del mensaje de Moisés, pero no podemos evitar el hecho de que existan dos lados en esta predicción. Sobre los hijos de Israel lloverían bendiciones como resultado de su obediencia; sin embargo, graves consecuencias esperaban a quienes sirvieran a otros dioses. Es difícil imaginar un Dios misericordioso derramando tales maldiciones sobre sus hijos, porque sabemos que el Señor anhelaba bendecir a su pueblo. Cuando los israelitas se alejaban de Dios, volvían a Él solo al comprender que se habían puesto bajo el yugo de un amo mucho menos benevolente. Allí yace la maldición: en abandonar voluntariamente a un Dios amoroso para seguir a uno cuya intención no es bendecir sino destruir. El Señor aún anhela bendecirnos, pero hay otro al acecho que trata de destruir a quienes son valiosísimos para Dios. Decide hoy servir al Dios que desea ponerte por cabeza y no por cola.

DIOS MISERICORDIOSO, al crearme forjaste una senda que yo debía seguir. Pero hay un enemigo que quiere que pierda mi camino. Él trata de destruir el destino que tienes para mí desde el principio. ¡Prefiero las bendiciones porque hoy y todos los días te escojo! Gracias por las muchas bendiciones que han llegado al servir a un Dios misericordioso, vivo y poderoso. Gracias por ponerme por cabeza y no por cola.

EN LA OSCURIDAD NO HAY ALTERNATIVA. LA LUZ ES LA QUE NOS PERMITE VER LAS DIFERENCIAS ENTRE LAS COSAS; Y CRISTO ES EL QUE NOS DA LUZ.

Augustus Hare (1792-1834)

Te pondrá Jehová por cabeza, y no por cola; y estarás encima solamente, y no estarás debajo, si obedecieres los mandamientos de Jehová tu Dios, que yo te ordeno hoy, para que los guardes y cumplas, y si no te apartares de todas las palabras que yo te mando hoy, ni a diestra ni a siniestra, para ir tras dioses ajenos y servirles.
Deuteronomio
28:13-14

Las lecturas para hoy de *La Biblia en un año* son
Deuteronomio 28:1-68; Lucas 11:14-36;
Salmo 77:1-20 y Proverbios 12:18.

LA BIBLIA EN UN AÑO

Ponme en mis cabales

Hasta hoy Jehová no os ha dado corazón para entender, ni ojos para ver, ni oídos para oír.

Deuteronomio 29:4

Los israelitas habían visto cómo Dios abrió el Mar Rojo para permitirles pasar sobre tierra seca, vieron caer del cielo la diaria provisión divina de alimento y la protección que les brindó día y noche de sus enemigos. Sin embargo, se quejaron, anhelaron lo que no tenían y no reconocieron lo que Dios les había dado. Es fácil olvidar las bendiciones que nos rodean cada día, en vez de eso clamar por pastos más verdes. ¿Cuántos de nosotros agradecemos a Dios por nuestra salud, por el aire que respiramos, por el techo sobre nuestras cabezas, por el trabajo, por los hijos que llenan la casa de ruido y energía, por un cónyuge que se despide con un beso en la mañana, por buenos amigos? Es lamentable, pero muchos de nosotros sentimos que se nos despiertan sentidos embotados solo al perder lo que dimos por sentado cuando estaba justo frente a nuestras narices. ¿Qué bendiciones te rodean ahora mismo? Utiliza parte de tu tiempo para enumerarlas. Incluso las cosas más pequeñas se vuelven grandiosas cuando comprendemos cuánto enriquecen nuestra vida. Cuando tienes en cuenta las maneras en que Dios te ha bendecido, pide ojos para ver, oídos para oír y un corazón para percibir las maravillas que te rodean cada día.

PADRE, gracias por el dulce aroma de la madreselva. Gracias por el alimento en mi aparador. Gracias por el niño que ahora estampa besos en mi mejilla. Gracias por la cómoda silla en que descanso después de un arduo día de trabajo. Gracias por quienes me aman. Gracias por darme ojos para ver lo que tengo y oídos para oír. Gracias por un corazón que responde en agradecimiento por todo lo que me has dado. Ayúdame a no dar por sentado nada de esto.

¡CULTIVA EL ESPÍRITU AGRADECIDO! TE SERÁ UN BANQUETE PERPETUO.
John MacDuff (1818-1895)

Las lecturas para hoy de *La Biblia en un año* son **Deuteronomio 29:1 — 30:20; Lucas 11:37 — 12:7; Salmo 78:1-31 y Proverbios 12:19-20.**

Zapatos de talla doce

¿Te han pedido alguna vez que sigas los pasos de alguien a quien respetas como líder? Si lo has hecho, quizá sepas cómo se sintió Josué cuando estuvo ante Moisés. Josué entendía la enormidad de la tarea frente a él. Había visto a Moisés entrar al tabernáculo de reunión, llevar una pesada carga y buscar guía y fortaleza de Dios. Había oído la murmuración entre el pueblo. Había participado en las batallas. ¿Sería capaz de hacer que los israelitas ingresaran a la tierra prometida sin la guía de Moisés? Ya sea que Josué se sintiera capaz y listo, o no se sintiera así, ese era el momento de hacerlo.

Cuando Dios te llama a tomar el liderazgo, podrías sentirte incompetente, como si calzaras talla nueve y te pusieras zapatos talla doce. Anímate. Así como el Señor dio seguridad a Moisés y a Josué, sus promesas son hoy en día para animarte. Él estará contigo; no te fallará ni te abandonará. Recuerda: no estás ocupando los zapatos de otra persona; al contrario, estás poniendo tus pies sobre los pasos de Aquel que te llamó. ¡Puedes hacerlo con la ayuda de Dios!

SEÑOR, gracias por confiar en que yo dirija a otros. Ayúdame a confiar en ti a cada paso del camino. Cuando enfrento dificultades, déjame entregarte mi carga para que me des sabiduría y consejo. Cuando la tarea parezca demasiado grande, ayúdame a confiar en ti para que me muestres el camino. Gracias por ir delante de mí. Seguiré tus sendas mientras me guías paso a paso. No temeré ni me desanimaré, porque sé que estás exactamente a mi lado.

QUIZÁ UN LÍDER VERDADERO Y SEGURO ES QUIEN NO TIENE GANAS DE DIRIGIR, PERO QUE SE VE EN LA OBLIGACIÓN DE ADOPTAR UNA POSICIÓN DE LIDERAZGO DEBIDO A LA PRESIÓN INTERIOR DEL ESPÍRITU SANTO Y POR LA PRESIÓN DE LA SITUACIÓN EXTERNA.
A. W. Tozer (1897-1963)

Llamó Moisés a Josué, y le dijo en presencia de todo Israel: Esfuérzate y anímate; porque tú entrarás con este pueblo a la tierra que juró Jehová a sus padres que les daría, y tú se la harás heredar. Y Jehová va delante de ti; él estará contigo, no te dejará, ni te desamparará; no temas ni te intimides.
Deuteronomio 31:7-8

Las lecturas para hoy de *La Biblia en un año* son **Deuteronomio 31:1 – 32:27; Lucas 12:8-34; Salmo 78:32-55 y Proverbios 12:21-23.**

LA BIBLIA EN UN AÑO

preparado

¿Estás preparado?

Estén ceñidos vuestros lomos, y vuestras lámparas encendidas; y vosotros sed semejantes a hombres que aguardan a que su señor regrese de las bodas, para que cuando llegue y llame, le abran enseguida. Bienaventurados aquellos siervos a los cuales su señor, cuando venga, halle velando; de cierto os digo que se ceñirá, y hará que se sienten a la mesa, y vendrá a servirles. Y aunque venga a la segunda vigilia, y aunque venga a la tercera vigilia, si los hallare así, bienaventurados son aquellos siervos.

Lucas 12:35-38

El solo pensamiento de vivir preparados para cuando Cristo regrese debería inspirar a todos los hijos de Dios a hacer la obra de su reino con consagrada energía y fervor. Tener fuerzas, tiempo y vigor para hacer su voluntad depende de nuestra buena disposición y transparencia para oír su voz en oración. Es absolutamente necesario orar si queremos llevar a cabo con éxito la obra del Señor. Él ha diseñado la oración para que obre con suficiencia y energía a través de nosotros, en proporción a cuánto nos demos en oración y a lo preparados que estemos para el regreso de Cristo. Al ver acercarse el momento de su regreso, evaluemos cómo estamos usando nuestros días, preguntándonos: «¿Qué estoy haciendo?». El Señor ha planeado y determinado mucho para nuestra vida, dándonos mucho que hacer para su gloria. Sin embargo, para que tengamos verdadera preparación, Dios nos señala el aposento glorioso de su trono en el cual derramar nuestros corazones y nuestras ansiedades, y escuchar sus órdenes de ponernos en marcha. Entonces, a medida que colaboramos con Él en el cumplimiento de su Palabra y sus propósitos, lo haremos con su poder, amor y gracia. ¿Estás preparado? La preparación empieza poniéndonos de rodillas. . . y continúa permaneciendo allí.

QUERIDO PADRE, ¡anhelo tu preparación! Ayúdame primero a caer de rodillas en oración antes de comenzar una obra contigo. Gracias también por tu promesa de hacer bienaventurados a quienes estén preparados cuando Jesús regrese. Deseo ante tus ojos tener preparación y agradarte en todo lo que hago.

EL ÉXITO EN NUESTRA PREPARACIÓN DEPENDE DE NUESTRA ENTREGA PERSONAL EN ORACIÓN.
E. M. Bounds (1835-1913)

Las lecturas para hoy de *La Biblia en un año* son **Deuteronomio 32:28-52; Lucas 12:35-59; Salmo 78:56-64 y Proverbios 12:24.**

Los brazos eternos de Dios

Nuestro mundo parecía hundirse. Mi esposo estaba muy deprimido y su negocio se derrumbaba. Mientras yo intentaba sustentar y alimentar a nuestros hijos, ayudar a mi esposo y superar la escasez económica, me secaba de manera física, mental y espiritual. Clamé a Dios en medio de mi agotamiento, y sentí sus brazos eternos debajo de mí. Acallando mi corazón, el Señor me recordó que aunque se hubieran agotado mis propios recursos, los suyos eran ilimitados.

En esa época difícil experimenté a Dios como mi refugio cuando no había hacia dónde más volver, y sentí su seguridad en medio de un momento muy inestable e inseguro.

En el pasaje de hoy Moisés alaba al Señor y asegura a los israelitas que Dios estará con ellos a pesar de las adversidades o sufrimientos que enfrenten, que Él es su refugio y que debajo de ellos están los brazos eternos del Creador. ¿Necesitas sentir que los brazos eternos del Señor te sostienen hoy porque tus fuerzas se agotaron? ¿Conoces a alguien que pasa grandes apuros y necesita la ayuda de Dios? Ora estos versículos para ti o para otra persona, y proclama la fidelidad de Dios.

No hay como el Dios de Jesurún, quien cabalga sobre los cielos para tu ayuda, y sobre las nubes con su grandeza. El eterno Dios es tu refugio, y acá abajo los brazos eternos.
Deuteronomio 33:26-27

SEÑOR, no hay nadie como tú. Atraviesas los cielos en majestuoso esplendor para ayudarnos cuando clamamos a ti. Permite que te experimentemos hoy como refugio y que sintamos que tus brazos eternos de protección y amor nos sostienen. Te alabo por tu fidelidad y tu poder inigualables.

CUANDO ESTÁS AL FINAL DE LA CUERDA, DIOS ESTÁ ALLÍ PARA AGARRARTE... PERO NO ANTES.
Erwin W. Lutzer (n. 1941)

Las lecturas para hoy de *La Biblia en un año* son
**Deuteronomio 33:1-29; Lucas 13:1-21;
Salmo 78:65-72 y Proverbios 12:25.**

LA BIBLIA EN UN AÑO

obediencia

Obediencia ciega

*Jesús habló a los
intérpretes de la ley y a
los fariseos, diciendo:
¿Es lícito sanar en el
día de reposo? Mas
ellos callaron. Y él,
tomándole, le sanó, y le
despidió. Y dirigiéndose
a ellos, dijo: ¿Quién de
vosotros, si su asno o su
buey cae en algún pozo,
no lo sacará
inmediatamente,
aunque sea en día de
reposo?*
Lucas 14:3-5

Los fariseos, junto con los sacerdotes, eran administradores de la ley. Estudiaban, interpretaban y observaban la ley en sus hogares y en el templo. Por lo tanto, era acertado que Jesús les planteara su inquietud. No obstante, por generaciones los antepasados de los fariseos habían amontonado nuevas definiciones y tradiciones sobre las leyes individuales. Su intención era evitar el pecado, pero el significado original de la ley se desvió debido a todas las complicadas estipulaciones. El cumplimiento de la ley se convirtió en carga. Esto también impedía a los fariseos dar una respuesta clara a la pregunta del Maestro. Jesús no quebrantó la ley del día de reposo cuando sanó al hombre; mostró compasión por alguien indefenso para sanarse a sí mismo. Practicamos únicamente obediencia ciega cuando seguimos dogmas o tradiciones, o cuando nos adherimos a reglas y estipulaciones pero no entendemos ni practicamos la esencia del cristianismo: «Amarás al Señor tu Dios con todo tu corazón, y con toda tu alma, y con toda tu mente y con todas tus fuerzas». No existe ley mayor.

*JESÚS, perdóname cuando me atrapa la tradición o el
legalismo y sigo esas cosas en vez de buscarte y de seguirte.
Es fácil enredarme en actividades religiosas y olvidar que
hay un mundo fuera de las paredes de mi iglesia. Te amo,
Señor. Ponme en armonía contigo. Ayúdame a vivir de tal
manera que otros te vean obrar en mi corazón.*

SI HAS RECIBIDO EL ESPÍRITU Y LO ESTÁS
OBEDECIENDO, DESCUBRIRÁS QUE ÉL PONE A TU
ESPÍRITU EN COMPLETA ARMONÍA CON DIOS, Y EL
SONIDO DE TUS COSAS Y EL DE LAS COSAS DE DIOS
SON UNO SOLO Y EL MISMO SONIDO.
Oswald Chambers (1874-1917)

LA BIBLIA EN UN AÑO

Las lecturas para hoy de *La Biblia en un año* son
**Deuteronomio 34:1 — Josué 2:24; Lucas
13:22 — 14:6; Salmo 79:1-13 y Proverbios 12:26.**

Una mentalidad de competencia

El pueblo de Judá debió enfrentarse a rebeldes miembros familiares que habían causado tremendo conflicto. Cuando los asirios los vencieron y se los llevaron cautivos, habría parecido natural que el pueblo de Judá se regocijara. Sin embargo, en vez de ver a los cautivos como su enemigo, Judá percibió de inmediato como suyo el sufrimiento de ellos, y clamó a Dios que restaurara la nación caída.

Es lamentable, pero a veces vemos a nuestros hermanos y hermanas en Cristo como rivales. ¿Reconocen otros nuestros esfuerzos? ¿Es nuestra congregación la más grande de la ciudad? ¿Son nuestras reuniones las más espectaculares? Una mentalidad de competencia, se trate dentro de nuestra propia iglesia o entre las iglesias de nuestra comunidad, causa división y debilidad, y nos hace menos eficientes en alcanzar un mundo perdido. Cuando un hermano cae lastimado, podemos adoptar una mentalidad de competencia y regocijarnos en su falta, o podemos permanecer en la brecha y orar por su restauración. En lugar de concentrarnos en superar a otros en la línea de llegada, pidamos gracia para orar y apoyar a nuestras iglesias hermanas y a la Iglesia a la que pertenecemos, con el fin de que podamos correr juntos como hermanos y hermanas en Cristo.

SEÑOR, gracias por las iglesias en mi comunidad. ¡Bendice a sus pastores y líderes con fortaleza y unidad, y ayuda a crecer a sus congregaciones! Ayúdanos a trabajar juntos para alcanzar a nuestra comunidad para ti. ¡Ayúdame a animar a mis hermanos y hermanas en Cristo y a no olvidar que todos estamos corriendo juntos la carrera!

NO PUEDE HABER UNIDAD, PLACER DE AMAR, ARMONÍA NI BIENESTAR DONDE SOLO HAY UNO. SE NECESITAN AL MENOS DOS PARA QUE HAYA UNIDAD.
George Macdonald (1824-1905)

Oh Dios de los ejércitos, vuelve ahora; mira desde el cielo, y considera, y visita esta viña. La planta que plantó tu diestra, y el renuevo que para ti afirmaste.
Salmo 80:14-15

Las lecturas para hoy de *La Biblia en un año* son **Josué 3:1 — 4:24; Lucas 14:7-35; Salmo 80:1-19 y Proverbios 12:27-28.**

¡No me digas qué hacer!

*El hijo sabio recibe el
consejo del padre; mas
el burlador no escucha
las reprensiones.*
Proverbios 13:1

No nos gusta que nos digan lo que debemos hacer. Somos criaturas autosuficientes que preferimos caminar a tropezones hasta enderezarnos. Ponemos un escudo natural al sentir que llega el silbido de la corrección. No obstante, ¿cuánto tiempo, esfuerzo y frustración se podrían evitar si escucháramos el consejo de personas mayores y más sabias? Muchas veces sus experiencias vividas han conformado sus apreciaciones. Pensemos en las desgracias que pudimos evitar si hubiéramos hecho caso a la instrucción de tales personas. Por supuesto, no todo consejo es valioso, pero podemos sopesarlo a la luz de la Palabra de Dios. Cuando alguien te reprende, detente y examina lo que oyes. ¿Hay veracidad en la enseñanza? ¿Está el Señor tratando de mostrarte algo por medio de esa persona? ¿Qué pasos prácticos darás para aplicar el consejo a tu vida?

Aunque no es fácil recibir disciplina o enseñanza de otros, esto tiene el potencial de formar tu carácter y de suavizar tu viaje por la vida. Pídele hoy a Dios que desarrolle en ti un corazón dócil que acepte disciplina y corrección, y escucha a quienes Él pone en tu camino para enseñarte y prepararte para lo que yace por delante.

PADRE, gracias por personas que serán sinceras conmigo y que hasta me corregirán cuando lo necesite. Ayúdame a ser dócil en vez de ponerme a la defensiva, y a aumentar mi madurez y mi carácter. Un día tendré más edad y sabiduría, pero hasta entonces, gracias por quienes me muestran sus apreciaciones. Ayúdame a discernir lo útil, a examinar la instrucción a la luz de tu Palabra, ¡y a crecer!

LA DISCIPLINA ES UNA PRUEBA DE NUESTRA
CONDICIÓN DE HIJOS.
Erwin W. Lutzer (n. 1941)

LA
BIBLIA
EN UN AÑO

Las lecturas para hoy de *La Biblia en un año* son
**Josué 5:1 — 7:15; Lucas 15:1-32; Salmo 81:1-16 y
Proverbios 13:1.**

¿Eres un buen administrador?

Cada día tomamos decisiones en asuntos que parecen insignificantes. Si una cajera nos da monedas de más, tal vez se trate solo de unos cuantos centavos, pero el verdadero asunto aquí es la honestidad. Quizá el uso de nuestro tiempo en el lugar de trabajo no parezca ser muy importante, pero los asuntos mayores son integridad y lealtad. La manera en que manejamos los detalles pequeños de la vida es lo que define nuestro carácter. Dios quiere que seamos administradores fieles, no solo con nuestros recursos de tiempo, dinero o talento, sino con nuestra ética de trabajo, nuestros tratos comerciales y en detalles cotidianos que afectan a otros. El administrador en la parábola que Jesús contó en Lucas 16 no fue diligente con el dinero de su empleador, hasta que comprendió que podría perder su trabajo y verse en la obligación de mendigar. Su irresponsabilidad solo se hizo relevante cuando esta lo afectó. En la sociedad moderna se respeta la honestidad y la diligencia, pero no se esperan. Muchas personas consideran algo pequeño el engaño, especialmente si hace progresar la causa de alguien. Pero Dios nos llama a una norma más elevada. Toma un momento para examinar tu vida. ¿Qué clase de administrador eres cuando nadie te ve? ¿Eres diligente tanto en asuntos pequeños como en grandes? Expón tu corazón al reflector del Espíritu y a la verdad de Dios, y pídele que te haga fiel en lo poco para que pueda confiarte responsabilidades más grandes y un territorio más extenso en su reino.

El que es fiel en lo muy poco, también en lo más es fiel; y el que en lo muy poco es injusto, también en lo más es injusto.
Lucas 16:10

DIOS MÍO, a veces creo que las cosas pequeñas no importan mucho, hasta que recuerdo que te interesan aunque nadie más las vea. Ayúdame a definir la honestidad y la sinceridad a través de tu Palabra, y no por el modo en que la sociedad las ve. Una recompensa temporal obtenida por pereza o deshonestidad no es digna de la pérdida de integridad, y es razón suficiente para que mi administración sea fiel.

LA FIDELIDAD EN LO POCO ES ALGO GRANDE.
San Juan Crisóstomo (*ca.* 347-407)

Las lecturas para hoy de *La Biblia en un año* son
**Josué 7:16 — 9:2; Lucas 16:1-18; Salmo 82:1-8 y
Proverbios 13:2-3.**

LA BIBLIA EN UN AÑO

Consejo piadoso

Este nuestro pan lo tomamos caliente de nuestras casas para el camino el día que salimos para venir a vosotros; y helo aquí ahora ya seco y mohoso. Estos cueros de vino también los llenamos nuevos; helos aquí ya rotos; también estos nuestros vestidos y nuestros zapatos están ya viejos a causa de lo muy largo del camino. Y los hombres de Israel tomaron de las provisiones de ellos, y no consultaron a Jehová. Y Josué hizo paz con ellos, y celebró con ellos alianza concediéndoles la vida; y también lo juraron los príncipes de la congregación. Pasados tres días después que hicieron alianza con ellos, oyeron que eran sus vecinos, y que habitaban en medio de ellos.

Josué 9:12-16

A primera vista la evidencia parecía corresponder con la historia de los viajeros. Sus odres estaban raídos, y su ropa y su calzado habían envejecido. Su pan estaba mohoso. Con seguridad se veían como si hubieran recorrido una gran distancia. Su patraña parecía tan auténtica que los dirigentes israelitas hicieron pacto inquebrantable con ellos. Pero los dirigentes habían olvidado buscar el consejo de Dios antes de firmar en la línea de puntos. Demasiado tarde comprendieron que los hombres eran embusteros, pero no les quedó más remedio que cumplir el pacto.

No siempre es fácil cumplir una promesa, pero en especial es difícil cumplir una que se obtuvo por medio de acciones engañosas de otra persona. Cuando tomas una decisión importante, podrías tener la tendencia de sopesar los hechos como los ves. Es vital evaluar la reputación de un individuo o de una organización. Es conveniente analizar minuciosamente las cifras de contabilidad o revisar referencias. Todo esto es prudente, pero no olvides buscar el consejo de Dios, y pedir sabiduría y discernimiento. Orar antes de tomar decisiones importantes te puede evitar muchos problemas posteriores.

PADRE SABIO, tú sabes qué me conviene. Tú ves lo que no veo. Gracias por hacer que mi espíritu me diga que espere o que no haga nada. Ayúdame a hacer caso a esto. Gracias por la paz que inunda mi alma cuando doy un paso en la dirección adecuada. Primero te consultaré cuando enfrente decisiones importantes. Gracias por preocuparte de las decisiones en mi vida.

QUIENES ESTÁN EN LUGARES CELESTIALES VEN CONSEJOS DE DIOS EN LO QUE PARA LA SABIDURÍA DEL MUNDO ES ARROGANTE TONTERÍA.
Oswald Chambers (1874-1917)

LA BIBLIA EN UN AÑO

Las lecturas para hoy de *La Biblia en un año* son **Josué 9:3 — 10:43; Lucas 16:19 — 17:10; Salmo 83:1-18 y Proverbios 13:4.**

Peregrinación

Puesto que podemos adorar a Dios en cualquier tiempo y lugar, quizá no entendamos el anhelo del salmista. En tiempos del Antiguo Testamento una persona hacía una peregrinación para adorar al Señor. Se trataba de un acontecimiento anual y a menudo involucraba un largo viaje. Por eso el salmista cantaba de un lugar de morada donde podía estar en la presencia de Dios. ¡Por eso expresó deseos de ser aunque sea un humilde guardián de la casa del Señor (v. 10) para poder adorarlo todos los días! A nuestra disposición está lo que el salmista solamente podía esperar. Cuando Cristo colgaba de la cruz, se rasgó de arriba abajo el pesado velo que separaba el Lugar Santísimo del resto del Templo. Este hecho simbólico gritó al mundo que a los creyentes ya no se les exigía permanecer a la distancia. Podemos entrar a la presencia de Dios y estar en íntima comunión con él llamándolo por su nombre. Hoy día muchas religiones siguen exigiendo una peregrinación para adorar a sus dioses. Cristo forjó un camino —la larga y solitaria caminata hasta la cruz— para que tú hagas una peregrinación a su cuenta, y puedas alabarlo dondequiera que estés.

JESÚS, te agradezco que pueda adorarte donde estoy. Entraré a tus atrios con acción de gracias. Me arrodillaré ante el trono de misericordia y hallaré perdón. Pronunciaré tu nombre en alabanza. Señor, oro por quienes no tienen intimidad con el Dios vivo. Tú ya hiciste la peregrinación por ellos. Abre sus ojos para que vean que pueden encontrarte exactamente aquí y ahora.

EL HOMBRE ENCUENTRA LA VERDADERA PAZ EN LAS PROFUNDIDADES DE SU PROPIO CORAZÓN, EL LUGAR DE MORADA DE DIOS.
Johann Tauler (*ca.* 1300-1361)

¡Cuán amables son tus moradas, oh Jehová de los ejércitos! Anhela mi alma y aun ardientemente desea los atrios de Jehová; mi corazón y mi carne cantan al Dios vivo.
Salmo 84:1-2

Las lecturas para hoy de *La Biblia en un año* son
Josué 11:1 — 12:24; Lucas 17:11-37; Salmo 84:1-12 y Proverbios 13:5-6.

LA BIBLIA EN UN AÑO

niño

A través de los ojos de un niño

*Jesús, llamándolos,
dijo: Dejad a los niños
venir a mí, y no se lo
impidáis; porque de los
tales es el reino de Dios.
De cierto os digo, que el
que no recibe el reino de
Dios como un niño, no
entrará en él.*
Lucas 18:16-17

Cuando los niños descubren un nuevo tesoro, no se contentan con solo mirarlo. Lo tocan, lo huelen y lo examinan. Con expresión de deleite lo comparten con otros. Aunque el «tesoro» sea un repulsivo insecto rastrero o un sapo con ojos saltones, ¡es hermoso para quien lo encontró! Como adultos, a veces nos perdemos el gozo de experimentar los tesoros que nos rodean, uno de los cuales es nuestra fe. A medida que pasa el tiempo nos podríamos olvidar de nuestro primer amor por Dios o incluso dar por sentada nuestra fe. Nuestra vida se vuelve atareada y complicada, y con facilidad quedamos atrapados en asuntos que creemos más «importantes». Algunas veces intelectualizamos la Biblia o nuestra relación con Dios y perdemos por completo su simplicidad y belleza.

La emoción y el gozo de nuevos creyentes son como los del niño que descubre un tesoro. Se maravillan, se deleitan, y lo menos que pueden hacer es hablar de él a los demás. Revive el momento en que aceptaste a Cristo como tu Salvador y pídele a Dios que restaure la emoción de tu primer amor por Él.

*PRECIOSO SALVADOR, a veces doy por sentada mi fe.
Perdóname por las ocasiones en que hago complicada,
pesada y torpe mi fe. Quiero volver a tener la frescura que
sentí cuando te conocí y me regocijé en la sencillez del amor
de mi Padre; sin embargo, existen también nuevas
profundidades que deseas mostrarme. Te pido que lleves mi
fe al próximo nivel, y que luego me ayudes a hablar a otros
al respecto.*

APACIBLE JESÚS, MANSO Y DULCE, MIRA UN NIÑO
PEQUEÑO, COMPADÉCETE DE MI SIMPLICIDAD,
HAZ QUE SUFRA POR LLEGAR A TI.
Charles Wesley (1707-1788)

Las lecturas para hoy de *La Biblia en un año* son
**Josué 13:1 — 14:15; Lucas 18:1-17; Salmo 85:1-13
y Proverbios 13:7-8.**

Solo tú eres Dios

Dios

En nuestro mundo pluralista podemos sacar de un sombrero nuestras alternativas de deidades o crear nuestra propia fe de modo que se ajuste a nuestras ideologías. Pero esto no niega el hecho de que allí permanece un Dios vivo: el único Señor verdadero. ¿Qué distingue a nuestro Dios de los demás dioses del mundo? ¡Ninguno es como Él! Es un Dios a quien podemos experimentar y conocer. Es un Dios que se sacrificó por nosotros y tres días después resucitó triunfante. Nuestro Señor sana a los quebrantados de corazón; es nuestro refugio en tiempos de confusión y conmoción, nuestro consuelo en las penas. Él da gozo que ninguna lengua puede describir; da paz que sobrepasa todo entendimiento; ¡libera a quienes el pecado ata! Nuestro Dios no está confinado a un templo ni se encuentra en rituales. Un día, todas las naciones se inclinarán ante Él, reconociendo que el Rey del universo reina. ¿Lo has reconocido hoy? Aparta un momento y alábalo por los atributos que lo distinguen de cualquier otro dios de este mundo.

Todas las naciones que hiciste vendrán y adorarán delante de ti, Señor, y glorificarán tu nombre. Porque tú eres grande, y hacedor de maravillas; solo tú eres Dios.
Salmo 86:9-10

JEHOVÁ, solo tú eres Dios. ¡Hasta la creación te adora! Los océanos cantan tus alabanzas. Los ángeles te llaman Señor. Perdónanos por no reconocer tu soberanía. Reconozco que tú eres Dios. Te alabo hoy y te ruego que te traiga deleite. Te pido por mi nación. Que sus dirigentes te busquen en tiempos de conmoción, y que su pueblo te reconozca como el único Dios verdadero.

SOLO HAY UN DIOS, EL HACEDOR, PRESERVADOR Y GOBERNADOR DE TODAS LAS COSAS, QUE TIENE EN SÍ TODAS LAS PERFECCIONES Y QUE ES INFINITO EN TODO; Y A ÉL TODAS LAS CRIATURAS LE DEBEN EL MÁS ALTO AMOR Y LA MÁS ELEVADA REVERENCIA Y OBEDIENCIA.
James Montgomery (1938-2000)

Las lecturas para hoy de *La Biblia en un año* son **Josué 15:1-63; Lucas 18:18-43; Salmo 86:1-17 y Proverbios 13:9-10.**

LA
BIBLIA
EN
UN AÑO

perdido

A buscar y a salvar lo que se había perdido

Jesús le dijo: Hoy ha venido la salvación a esta casa; por cuanto él también es hijo de Abraham. Porque el Hijo del Hombre vino a buscar y a salvar lo que se había perdido.
Lucas 19:9-10

Zaqueo era un recaudador de impuestos judío que tenía riqueza e influencia. ¿Qué motivó a un hombre importante como él a treparse a un árbol para alcanzar a ver a Jesús? ¿Se debió solo a su corta estatura? Sea lo que fuese, sabemos que su vida cambió para siempre en el momento en que conoció a Cristo. Al mirar hacia las ramas del árbol, las personas vieron un despreciable recaudador de impuestos, pero Jesús vio un hijo de Abraham. El pueblo vio un pecador, pero Jesús vio un amigo potencial. Incluso cuando Jesús se acercaba al día de su muerte, siguió buscando y salvando a quienes estaban perdidos. Buscó a Zaqueo abriéndose paso entre la multitud para hablar con él. Llegó ante él y le brindó amistad haciéndose invitar a cenar. Le dio a Zaqueo una razón para alejarse del pecado. ¡Qué hermoso patrón de cómo alcanzar a nuestro mundo! ¿Cuáles son los Zaqueos en tu vida? Diles que Dios les ha marcado el destino. Aunque otros solo puedan ver lo superficial, el Señor ve lo más profundo. Hay potencial dentro de ellos. Infórmales que Dios les ha marcado el destino. Hasta podrías hacer una nueva amistad, y debido a tu relación —que señala hacia Cristo— verás esta amistad en el cielo.

JESÚS, te extendiste hasta Zaqueo aunque otros lo despreciaban. Gracias por buscar y salvar a quienes están perdidos. Señor, a mi alrededor hay personas como Zaqueo. Abre mis ojos para que pueda verlas y contactarlas. Ayúdame a mirar bajo la superficie y descubrir la persona interior que fue creada a tu imagen. Ayúdame a tener carga por los perdidos y a ser un amigo para quienes te están buscando.

NOSOTROS NO BUSCAMOS A DIOS; ÉL NOS BUSCA A NOSOTROS.
Frederick William Robertson (1816-1853)

LA BIBLIA EN UN AÑO

Las lecturas para hoy de *La Biblia en un año* son **Josué 16:1 — 18:28; Lucas 19:1-27; Salmo 87:1-7; y Proverbios 13:11.**

¡Las piedras no tomarán mi lugar!

Cuando Jesús, montado sobre un potro, cabalgaba entre la multitud, los discípulos lanzaron gritos entusiastas de alabanza. Creían que su Mesías merecía una corona, pero la corona de espinas que yacía por delante no fue lo que previeron. Quizá los discípulos no entendían por completo la majestad de Jesús, pero su amor incondicional por Él era un bálsamo mientras se preparaba para los acontecimientos que ocurrirían. Los fariseos estaban avergonzados por esta ruidosa muestra de afecto e intentaron callar a los discípulos. Pero Cristo reprendió a los fariseos y señaló las piedras del camino. Anunció que incluso esas piedras romperían en vítores si sus seguidores no lo alababan. ¿Te puedes imaginar una piedra entonando un himno o una canción? ¿Y si las encumbradas montañas y las profundas cavernas gritaran las alabanzas del Señor? ¿Y si la grava del camino danzara ante Dios? Las piedras tienen muchos usos, pero hay algo que nunca deberían hacer: tomar nuestro lugar en la adoración, ¡porque nosotros somos los que fuimos creados para alabar! ¿Tomará tu lugar una piedra? ¡Decide hoy hacer tu parte para adorar al Dios todopoderoso!

Algunos de los fariseos de entre la multitud le dijeron: Maestro, reprende a tus discípulos. Él, respondiendo, les dijo: Os digo que si estos callaran, las piedras clamarían.
Lucas 19:39-40

JESÚS, ¡ninguna piedra tomará alguna vez mi lugar en la adoración! Gracias por tu amor hacia mí. Te alabo por fe verdadera y profunda. Te alabo por tu Espíritu Santo y por la Palabra que me enseñas. No me callaré ni esconderé mi amor por ti. Así como los discípulos pronunciaron tu nombre, yo te alabaré, porque sirvo a un Salvador asombroso y maravilloso.

¡PREPARA EL CAMINO! UN DIOS, UN DIOS APARECE; ¡UN DIOS, UN DIOS! LAS COLINAS HACEN OÍR SU RESPUESTA, LAS PIEDRAS PROCLAMAN A LA DEIDAD QUE SE ACERCA. QUIÉN LO IBA A DECIR, ¡LA TIERRA LO RECIBE DESDE LOS COMBADOS CIELOS!
Alexander Pope (1688-1744)

Las lecturas para hoy de *La Biblia en un año* son **Josué 19:1—20:9; Lucas 19:28-48; Salmo 88:1-18 y Proverbios 13:12-14.**

LA BIBLIA EN UN AÑO

honor

Honor al Hijo

*El señor de la viña dijo:
¿Qué haré? Enviaré a
mi hijo amado; quizá
cuando le vean a él, le
tendrán respeto. Mas
los labradores, al verle,
discutían entre sí,
diciendo: Este es el
heredero; venid,
matémosle, para que la
heredad sea nuestra. Y
le echaron fuera de la
viña, y le mataron.
¿Qué, pues, les hará el
señor de la viña?*
Lucas 20:13-15

Cuando el señor de la viña envió a sus siervos a recoger una parte de la cosecha, los labradores los mataron. Por lo tanto, envió a su hijo, creyendo que los
labradores seguramente honrarían su carne y sangre, pero también mataron al hijo. Los fariseos se
enfurecieron cuando Jesús contó esta parábola; sabían que se refería a ellos. Así como los labradores
de la parábola, los fariseos se habían adueñado de la
viña: la religión de sus padres. Así como los labradores no aceptaron al hijo del señor, los fariseos no podían aceptar que Jesús fuera el enviado de Dios; en
consecuencia, conspiraron para matarlo. Es irónico
que cuando se alejaban ese día, planeando el arresto
de Jesús, se asemejaron a los labradores más de lo
que se daban cuenta. El Señor amó tanto al mundo
que envió a su único Hijo, pero ese Hijo se encontró
con la muerte y la deshonra. Su resurrección probó
de una vez y para siempre que en realidad era el Hijo
de Dios. Con seguridad no hay mejor modo de celebrar la estación primaveral que honrar al Padre recordando al Hijo.

*DIOS MÍO, hoy me regocijo por la Resurrección de tu
precioso Hijo. No olvidaré lo que has hecho por mí. Lo
enviaste a la tierra y lo deshonraron, pero te ruego que yo le
dé honra al recordar la cruz. Reconoceré el sacrificio de tu
Hijo y celebraré su resurrección. Gracias porque salió de la
tumba para vivir dentro de nosotros.*

NUESTRO GRAN HONOR YACE EN SER JUSTO LO
QUE FUE Y ES JESÚS. QUE AQUELLOS QUE LO
ACEPTAN NOS ACEPTEN, QUE QUIENES LO
RECHAZAN NOS RECHACEN, QUE QUIENES LO
AMAN NOS AMEN Y QUE NOS ODIEN TODOS LOS
QUE LO ODIAN. ¿QUÉ MAYOR GLORIA PODRÍA
LLEGAR A CUALQUIER HOMBRE?
A. W. Tozer (1897-1963)

LA BIBLIA EN UN AÑO

Las lecturas para hoy de *La Biblia en un año* son
**Josué 21:1 — 22:20; Lucas 20:1-26; Salmo 89:1-13
y Proverbios 13:15-16.**

Cartas de Dios *cartas*

Un embajador de los Estados Unidos reside en una nación extranjera, pero vive en una propiedad estadounidense. Aunque las leyes de esa tierra podrían diferir de las estadounidenses, el embajador aún es responsable de respetar y defender las leyes y regulaciones de su propio gobierno. Sus palabras y acciones nunca pueden ser totalmente suyas, porque no actúa en su propia capacidad. Cuando habla, es un mensajero de su gobierno. Cuando actúa, sus hechos reflejan el país que representa. Somos embajadores de Cristo y, por lo tanto, sus mensajeros. Muy a menudo creemos que el mensaje que predicamos refleja nuestra fe. No obstante, en un nivel mucho más profundo está el mensaje de nuestras palabras y acciones diarias que son influyentes. Somos la carta de Dios que lee la gente. Nos volvemos malos mensajeros cuando hablamos groseramente, cuando contamos chismes de un vecino o cuando actuamos de manera deshonesta.

Nuestras palabras y acciones reflejan a Dios, quien vive dentro de nosotros, ante personas que tal vez nunca abran una Biblia o no entren a una iglesia. No olvides que eres embajador de Cristo y mensajero de esperanza. Pídele al Espíritu que te dé poder para entregar las buenas nuevas con tu vida y tus palabras.

SEÑOR, gracias por dejarme ser tu representante. Permite que mi mensaje sea sincero y verdadero. Ayúdame a animar a otros y a salir de mi camino para pronunciar un mensaje amable. Perdóname por las ocasiones en que he hablado sin reflexionar. Permite que viva de tal modo que mis palabras y acciones te representen, con el fin de que mi mensaje sea de amor y esperanza.

UN MENSAJE CREÍBLE NECESITA UN MENSAJERO CREÍBLE, PORQUE CARISMA SIN CARÁCTER ES CATÁSTROFE.
Peter Kuzmic

El mal mensajero acarrea desgracia; mas el mensajero fiel acarrea salud.
Proverbios 13:17

Las lecturas para hoy de *La Biblia en un año* son **Josué 22:21 — 23:16; Lucas 20:27-47; Salmo 89:14-37 y Proverbios 13:17-19.**

LA BIBLIA EN UN AÑO

Señalar el camino

[Josué dijo:] Temed a Jehová, y servidle con integridad y en verdad; y quitad de entre vosotros los dioses a los cuales sirvieron vuestros padres al otro lado del río, y en Egipto; y servid a Jehová. Y si mal os parece servir a Jehová, escogeos hoy a quién sirváis; si a los dioses a quienes sirvieron vuestros padres, cuando estuvieron al otro lado del río, o a los dioses de los amorreos en cuya tierra habitáis; pero yo y mi casa serviremos a Jehová. Entonces el pueblo respondió y dijo: Nunca tal acontezca, que dejemos a Jehová para servir a otros dioses.
Josué 24:14-16

Josué estaba casi al final de su vida el día que se paró ante la generación de hombres jóvenes. Para la mayoría de ellos la salida de Egipto era algo de lo que hablaban sus abuelos. Sabían acerca de Dios. Habían visto caer los muros de Jericó cuando Josué los dirigió alrededor de la ciudad fortificada, pero también habían visto a sus padres alejarse del Señor para adorar ídolos. Josué sabía que era el momento de que estos hombres escogieran a su Dios. Si escogían otros dioses, se derrumbaría la base de su nación.

Aunque podría ser halagador, nuestros ministerios, logros y esfuerzos significan poco si exaltan un hombre, una mujer o un programa y no al Señor. Así como Josué señaló el camino hacia Dios, cada uno de nosotros tiene la misma oportunidad. Pídele ayuda al Señor para examinar tu ministerio o trabajo. Ya seas maestro, vendedor, madre, pastor o técnico en computación, ¿estás señalando el camino hacia el Señor? ¿Qué recordarán los que siguen tu liderazgo? ¿Seguirán tus hechos o al Dios que los obtuvo por medio de ti?

DIOS MÍO, recuerdo las veces que me rescataste, me sanaste y me guiaste; recuerdo las ocasiones en que sacaste obstáculos de mi camino. Gracias por permitirme guiar a otros, ya sea en el hogar o en el lugar de trabajo. Te ruego que quienes siguen mi liderazgo los atraigas por medio de mí. Ayúdame a preferir servirte y no servir a otro.

EL VERDADERO LÍDER NO TENDRÁ DESEOS DE ENSEÑOREARSE DE LA HEREDAD DE DIOS, SINO QUE SERÁ HUMILDE, AMABLE Y GENEROSO. ADEMÁS, ESTARÁ TOTALMENTE DISPUESTO TANTO A SEGUIR COMO A DIRIGIR, CUANDO EL ESPÍRITU ACLARA QUE HA APARECIDO UN HOMBRE MÁS SABIO Y MÁS TALENTOSO QUE ÉL.
A. W. Tozer (1897-1963)

Las lecturas para hoy de *La Biblia en un año* son **Josué 24:1-33; Lucas 21:1-28; Salmo 89:38-52 y Proverbios 13:20-23.**

Nuestro hogar

hogar

Un día me encontraba luchando con Dios acerca de nuestra inminente mudanza. Esta era la primera casa que había sentido como un hogar y la primera que tuvimos en nuestros diez años de matrimonio. Aunque era pequeña, era toda nuestra. La habíamos pintado de preciosos colores, empapelamos la cocina, preparamos una habitación para nuestro bebé y construimos en el patio un fuerte de madera para nuestros hijos. Yo no quería empacar. No deseaba mudarme *de nuevo,* y luché con el Señor al respecto mientras paseaba con mis pequeñuelos por nuestro amado vecindario. *Señor, tú sabes cuánto hemos trabajado para arreglar esta casa y cómo me gusta vivir aquí.* A medida que continuaba diciéndole todas las razones para querer quedarme, su suave susurro me interrumpió. *Yo soy tu lugar de morada. De generación en generación he sido y seré tu hogar y refugio.* Ver ese día a Dios como mi lugar de morada cambió la manera en que veía la mudanza. . . y las casas. No importa dónde vivamos, y desde esa primera vez hemos vivido en muchas casas, el Señor es el verdadero hogar de mi corazón y lo será por toda la eternidad.

SEÑOR, en toda mi vida has sido mi verdadero hogar. De generación en generación, aun antes de que hicieras la tierra, has sido nuestro lugar de morada. Tú eres Dios, sin principio ni final. ¡Te agradezco que donde vaya no sentiré inseguridad ni ansiedad porque tú está allí! Gracias por tu fidelidad y tierna amabilidad que me sigue todos los días de mi vida.

PARA MÍ NO PERMANECE LUGAR NI TIEMPO; MI NACIÓN ESTÁ EN TODO CLIMA; PUEDO ESTAR EN CALMA Y LIBRE DE CUIDADO EN CUALQUIER COSTA, PUESTO QUE DIOS ESTÁ ALLÍ.
Madame Guyon (1648-1717)

Señor, tú nos has sido refugio de generación en generación. Antes que naciesen los montes y formases la tierra y el mundo, desde el siglo y hasta el siglo, tú eres Dios.
Salmo 90:1-2

Las lecturas para hoy de *La Biblia en un año* son
Jueces 1:1 — 2:9; Lucas 21:29 — 22:13; Salmo 90:1 — 91:16 y Proverbios 13:24-25.

necesidad

Jesús te necesita

Cuando era la hora, se sentó a la mesa, y con él los apóstoles. Y les dijo: ¡Cuánto he deseado comer con vosotros esta pascua antes que padezca!
Lucas 22:14-15

Jesús expresó en la última cena su deseo de estar rodeado de sus amigos. No se trató de un comentario hecho al paso, sino de una expresión de deseo profundo. Se acercaba el tiempo de la crucifixión de Jesús, y sus amados discípulos serían un consuelo para Él. Quizá antes de ese momento no habían comprendido que Jesús los necesitaba porque Él era Aquel que siempre había dado. Les había enseñado, dirigido y servido como ofrenda por sus vidas. ¿Qué tenían ellos para ofrecer? Cuando se sentaron alrededor de la mesa, se dieron cuenta de que había algo que podían dar a cambio a su Salvador: ellos mismos. ¿Te has puesto a considerar alguna vez el anhelo de Dios por ti? Nos podría parecer imposible pensar en tales términos, en especial a la luz de lo que el Señor ha hecho por nosotros. Sin embargo, Dios nos creó para tener comunión íntima con Él. Jesús desea estar con los suyos. Nos podríamos sentir como si tuviéramos poco para ofrecer al Señor. Es fácil olvidar que Él anhela nuestra presencia tanto como nosotros anhelamos la suya. Dedica tiempo hoy a abrir tu corazón y a tener comunión íntima con el Señor como un amigo. Él está esperándote.

SEÑOR, tú has hecho mucho por mí. A menudo creo que no tengo nada que ofrecerte. El pensamiento de que deseas mi amistad es casi irresistible, porque me has dado mucho y te he dado muy poco. Me encanta estar en tu presencia. Me alegra que quieras estar conmigo. Ayúdame a dedicar una parte de cada día a tener comunión íntima contigo.

COMO NUESTRO AMOR ES LO MEJOR QUE TENEMOS, Y NADIE LO MERECE MÁS QUE DIOS, DEJEMOS POR TANTO QUE ÉL TENGA NUESTRO AMOR; SÍ, LA FORTALEZA DE NUESTRO AMOR: QUE PODAMOS AMARLO CON TODA NUESTRA ALMA, CON TODA NUESTRA MENTE Y CON TODAS NUESTRAS FUERZAS.
Richard Sibbs (1577-1635)

Las lecturas para hoy de *La Biblia en un año* son **Jueces 2:10 – 3:31; Lucas 22:14-34; Salmo 92:1 – 93:5 y Proverbios 14:1-2.**

Obediencia total

Cuando Jesús oró en Getsemaní, su sudor caía como gotas de sangre. Solo el Evangelio de Lucas relata esto. Pero Lucas era médico, por lo que entendió la agonía física que esto representaba y la registró en su Evangelio. Médicos modernos describen este fenómeno de sudar sangre como una reacción física ante extremo estrés psicológico. Esa noche Jesús enfrentaba una decisión muy difícil. El sufrimiento que iba a soportar no era consecuencia de haber obrado mal, puesto que no tenía pecado. El Señor pudo haber llamado a diez mil ángeles para que lo libraran, pero prefirió dar su vida en vez de ceder a su propia angustia.

A veces, a pesar de nuestra obediencia, los creyentes sufrimos porque participamos tanto en el sufrimiento como en el gozo de Jesús. En ocasiones, la obra ante nosotros es difícil y dolorosa, pero hay un propósito mayor detrás de nuestras dificultades, y tenemos la oportunidad de participar en el plan de Dios cuando cumplimos su voluntad a pesar de cómo nos sintamos.

JESÚS, a veces es necesario recordar que participamos en tu sufrimiento así como en tu gozo. El camino que escoges para mí no siempre será fácil. Ayúdame a recordar que amarte es obedecerte. Gracias por seguir los deseos de tu Padre esa noche en Getsemaní. Ayúdame a preferir también la voluntad del Padre en mi vida.

LA OBEDIENCIA A JESUCRISTO ES ESENCIAL, PERO NO OBLIGATORIA; ÉL NO INSISTE EN SER AMO. PENSAMOS QUE SI SOLAMENTE ÉL INSISTIERA, DEBERÍAMOS OBEDECERLE. SIN EMBARGO, NUESTRO SEÑOR NO HACE CUMPLIR SUS «DEBES HACER» O «NO DEBES HACER»; ÉL NO TOMA MEDIDAS PARA OBLIGARNOS A HACER LO QUE DICE.
Oswald Chambers (1874-1917)

[Jesús oró:] Padre, si quieres, pasa de mí esta copa; pero no se haga mi voluntad, sino la tuya. Y se le apareció un ángel del cielo para fortalecerle. Y estando en agonía, oraba más intensamente; y era su sudor como grandes gotas de sangre que caían hasta la tierra.
Lucas 22:42-44

Las lecturas para hoy de *La Biblia en un año* son
Jueces 4:1 — 5:31; Lucas 22:35-53; Salmo 94:1-23 y Proverbios 14:3-4.

cántico
Cantad un cántico nuevo

*Cantad a Jehová
cántico nuevo; cantad a
Jehová, toda la tierra.
Cantad a Jehová,
bendecid su nombre;
anunciad de día en día
su salvación.
Proclamad entre las
naciones su gloria, en
todos los pueblos sus
maravillas.*
Salmo 96:1-3

Todos los días en nuestro camino encontramos a alguien que necesita oír las buenas nuevas de que el Señor salva. No podemos sondear por completo las profundidades del carácter y de los atributos de Dios, pero con cada día y cada experiencia podemos descubrir nuevas facetas acerca de Él, nuevos cánticos para entonarle. «Anunciar» significa comunicar, y no solo se refiere a escribir libros y dar sermones acerca de Dios, sino también a hablar de lo que el Señor ha hecho en nuestra vida para que otros puedan sentirse atraídos a Él. Cada uno de nosotros puede decidir hacer eso. La evangelización más poderosa no se lleva a cabo dentro de las cuatro paredes del edificio de una iglesia. Ocurre cuando en nuestro vecindario y en nuestro lugar de trabajo hablamos con otros las buenas nuevas de lo que Dios ha hecho por nosotros, tanto en lo individual como en todo el mundo a través de la vida, muerte y resurrección de Jesucristo. Pídele a Dios que en tu camino ponga hoy personas que necesitan oír las buenas nuevas de que el Señor salva y las ama. Luego pídele compasión y valor para hablar de la razón de tu esperanza y para orar por esas personas.

SEÑOR, quiero cantarte un cántico nuevo y bendecir tu nombre. Deseo decirle a todo el mundo las cosas asombrosas que haces. Ayúdame a empezar hoy, aquí donde estoy, a proclamar las buenas nuevas de salvación y a anunciar tus hechos gloriosos adondequiera que vaya. Dame las palabras para hablar desde tu corazón con quienes me encuentro.

¡QUE MIL LENGUAS CANTEN LAS ALABANZAS DE MI GRAN REDENTOR!
Charles Wesley (1707-1788)

Todas las probabilidades en contra

Las posibilidades estaban en contra de que Gedeón ganara la guerra. Solo tenía treinta y dos mil hombres. Los madianitas enemigos eran tan numerosos como langostas. Imagina la sorpresa de Gedeón cuando Dios le pidió que sacara veintidós mil hombres de su ejército. ¡Ahora sí era imposible ganar! Pero el Señor probó aun más la fe de Gedeón al pedirle que solo utilizara los hombres que lamían el agua como perros. Esta vez solo permanecieron trescientos. Más tarde esa noche el pequeño grupo de guerreros rodeó el campamento enemigo. A una orden rompieron sus vasijas de barro que contenían antorchas, y la noche se inundó de luz. Hicieron sonar las trompetas y gritaron, ¡y vieron con asombro cómo el enemigo se acababa a sí mismo sin que hubiera una sola baja en el ejército de Gedeón! Sin duda, Gedeón y sus hombres comprendieron que Dios estaba con ellos, aunque parecía que no tenían salida. Cuando enfrentas circunstancias abrumadoras, estás en posición perfecta para que el Señor intervenga a tu favor. En esos momentos, al igual que Gedeón, es que aprendes a confiar en Dios y descubres que Él siempre está contigo, aunque todas las probabilidades estén en tu contra.

PADRE CELESTIAL, cuando estoy en un conflicto, tú brillas en medio de la batalla. Cuando no tengo seguridad acerca de qué dirección seguir, tú me das sabiduría. Cuando necesito consejo, puedo escuchar tu voz. Muchas veces he sentido que no había salida, solo para descubrir que estabas haciéndome un camino. Dame la victoria cuando esta parezca imposible. ¡Gracias por ser mi guerrero!

NADA HAY ESCRITO EN LA BIBLIA ... QUE DIGA QUE SI CREES EN MÍ NO TENDRÁS PROBLEMAS.
Ray Charles (1930- 2004)

Jehová dijo a Gedeón: El pueblo que está contigo es mucho para que yo entregue a los madianitas en su mano, no sea que se alabe Israel contra mí, diciendo: Mi mano me ha salvado. Ahora, pues, haz pregonar en oídos del pueblo, diciendo: Quien tema y se estremezca, madrugue y devuélvase desde el monte de Galaad. Y se devolvieron de los del pueblo veintidós mil, y quedaron diez mil. Y Jehová dijo a Gedeón: Aún es mucho el pueblo; llévalos a las aguas, y allí te los probaré; y del que yo te diga: Vaya este contigo, irá contigo; mas de cualquiera que yo te diga: Este no vaya contigo, el tal no irá.
Jueces 7:2-4

Las lecturas para hoy de *La Biblia en un año* son
**Jueces 7:1 — 8:17; Lucas 23:13-43; Salmo 97:1 — 98:9
y Proverbios 14:7-8.**

oración

Oración que el Señor contesta

*Jehová reina;
temblarán los pueblos.
Él está sentado sobre
los querubines, se
conmoverá la tierra.
Jehová en Sion es
grande, y exaltado
sobre todos los pueblos.
Alaben tu nombre
grande y temible; Él es
santo... Moisés y
Aarón entre sus
sacerdotes, y Samuel
entre los que invocaron
su nombre; invocaban a
Jehová, y él les
respondía.*
Salmo 99:1-3, 6

Dios es digno de nuestra alabanza, y en el Salmo 99 el salmista nos anima a alabar al Señor por dos razones: por su carácter fundamental —su grandeza, majestad y radiante santidad— y porque Él ha diseñado y presentado la oración como medio de bendecir, restaurar y ayudar a su pueblo. Aunque el Señor santo se sienta en majestad, nos llama a una relación íntima con Él y decide obrar en este mundo a través de nuestras oraciones. Él nos invita a llamarlo, y contesta nuestro llamado y nos muestra cosas grandiosas y poderosas que no conocemos (Jeremías 33:3). Desde su trono dispensa gracia, sanidad y fortaleza, de modo que cuando llegamos a Él en oración, como hicieron Moisés, Aarón y Samuel, experimentamos su presencia, y Él nos responde a su modo, a su tiempo y para su gloria y nuestro bien. Reflexiona por algunos minutos en las muchas ocasiones en que has clamado por la ayuda de Dios, y en las muchas maneras en que Él ha contestado, y dale gracias hoy.

SEÑOR, ¡asombroso y santo es tu nombre! Te sientas en tu trono en majestad; reinas, oyes mis súplicas y me contestas. Eres digno de nuestra alabanza sencillamente debido a quién eres. ¡Digno eres, Señor! ¡Cantaré de tu santo nombre todo el día!

CREO QUE A VECES NOS DESANIMAMOS POR UNA FALSA IDEA DEL SIGNIFICADO EXACTO DE LA EXPRESIÓN «RESPUESTA», ASIGNÁNDOLE SOLO EL SIGNIFICADO DE DAR. PUES BIEN, UNA RESPUESTA NO NECESARIAMENTE ES CONSENTIMIENTO. PODRÍA SER UNA NEGATIVA, UNA EXPLICACIÓN, UNA PROMESA, UNA APROBACIÓN CONDICIONAL. EN REALIDAD SOLO SE TRATA DE ATENDER A LA SOLICITUD QUE HEMOS EXPRESADO. EN ESTE SENTIDO, EL SEÑOR RESPONDERÁ ANTES DE QUE LLAMEMOS Y OIRÁ AUN MIENTRAS TODAVÍA ESTAMOS HABLANDO.
Mary B. M. Duncan (1825-1865)

LA BIBLIA EN UN AÑO

Las lecturas para hoy de *La Biblia en un año* son
**Jueces 8:18—9:21; Lucas 23:44—24:12;
Salmo 99:1-9 y Proverbios 14:9-10.**

Preciosas promesas

Antes de que Jesús enviara a los discípulos a llevar el mensaje del evangelio a todas las naciones, les aseguró su promesa de enviar el Espíritu Santo. Esa promesa los motivó a continuar con un acuerdo de oración (Hechos 1:14). Dios nos da sus promesas para estimularnos e inspirarnos a orar. Esas preciosas promesas —hay cientos en toda la Biblia— nos muestran cosas que Dios ha determinado y desea que pidamos, así como quería que los discípulos pidieran el Espíritu Santo con el fin de que tuvieran poder para el ministerio. Esas preciosas promesas nos enseñan cómo orar y levantan nuestra fe. «Si he de tener fe cuando oro —dijo el evangelista estadounidense R. A. Torrey—, debo encontrar alguna promesa en la Palabra de Dios sobre la cual asentar mi fe ... Si no hay promesa en la Biblia, y ninguna guía clara del Espíritu, no puede haber verdadera fe». Pregúntale hoy al Señor acerca de qué promesas suyas desea que ores. El Espíritu Santo te llenará con poder de lo alto para lograr lo que se debe hacer.

Yo enviaré la promesa de mi Padre sobre vosotros; pero quedaos vosotros en la ciudad de Jerusalén, hasta que seáis investidos de poder desde lo alto.
Lucas 24:49

GRACIAS, PADRE, por las promesas en tu Palabra. Que sean incentivos para que yo siga en oración, para que se haga tu voluntad y llegue tu reino a mi vida, a mi familia, a mi nación y al mundo. Espíritu Santo, gracias por morar dentro de mí y por llenarme de tu poder. Permite que mis oraciones te agraden, Padre, mientras tu Espíritu me guía en oración a la luz de tus promesas.

AUNQUE DE TAPA A TAPA LA BIBLIA ESTÁ REPLETA DE PRECIOSAS PROMESAS, ESTAS SERÁN INOPERANTES A MENOS QUE LAS CONVIRTAMOS EN ORACIÓN.
F. B. Meyer (1847-1929)

Las lecturas para hoy de *La Biblia en un año* son
Jueces 9:22—10:18; Lucas 24:13-53; Salmo 100:1-5 y Proverbios 14:11-12.

LA BIBLIA EN UN AÑO

Dios revelado

A Dios nadie le vio jamás; el unigénito Hijo, que está en el seno del Padre, él le ha dado a conocer.

Juan 1:18

Cuando Jesús entró en el escenario de la historia, la mayoría de los judíos no lo apreciaron ni lo recibieron como la revelación de Dios el Padre. Los gnósticos se negaron a creer que la deidad se manifestaría en un cuerpo humano, porque creían que la materia es maligna. Es así de fácil que tengamos falsas ideas acerca de Dios. Si basamos nuestra visión del Señor en las opiniones de los medios masivos de comunicación, o en lo que profesores liberales afirman acerca de Él, tendremos una imagen indebida. Si nuestras opiniones acerca de Dios son consecuencia de sufrimientos de la infancia o de nuestra experiencia con un padre terrenal poco afectuoso o ausente, podríamos ver a Dios a través de un filtro empañado y no aceptar su amor por nosotros. Pero el Señor se reveló en su Hijo y su Palabra es su carta de amor para nosotros en que nos invita a llegar al hogar de su corazón. Jesús declaró quién es Dios y mostró a la humanidad el corazón del Padre para que nos acercáramos a Él y pudiéramos conocerlo. Su vida, sus milagros, sus enseñanzas, su muerte y su resurrección han dado una gloriosa revelación del Padre. A través de su Palabra podemos ver exactamente al Padre en su esplendor, amor, gracia y luz.

SEÑOR, te alabo por revelarte en tu Hijo Jesús. Limpia los lentes de mi corazón para que cada día pueda verte con exactitud y más amor. Gracias por tu Palabra, la cual revela tu amor y tu propósito para mi vida. Gracias por Jesús, quien me ha permitido una visión clara para verte, Padre.

EN VEZ DE QUEJARTE PORQUE DIOS SE HA OCULTADO, DEBES DARLE GRACIAS POR HABER REVELADO TANTO DE SÍ MISMO.
Blaise Pascal (1623-1662)

Carácter constante de Dios

carácter

Nuestro mundo ha visto más cambios desde 1900 hasta hoy que en toda la historia escrita antes de ese año, y las cosas siguen acelerándose rápidamente. Según pasa el tiempo, medido no solo en segundos sino en nanosegundos (milmillonésimas de segundo), todo cambia. La tecnología cambia tan rápido en nuestro mundo del siglo XXI que nos resulta difícil mantenernos al día con las actualizaciones de nuestras computadoras. Nuestros cuerpos sufren el inevitable proceso de envejecimiento, y somos testigos de la constante agitación de las naciones del mundo. Las cosas materiales también varían y se deterioran. Hasta las flores del campo y las estrellas en los cielos se desvanecerán. Pero tú, Señor, siempre eres el mismo, dice el salmista en estos versículos. Los cambios en el mundo no alteran a Dios ni frustran sus planes. Él es el mismo ayer, hoy y por los siglos de los siglos, y su amor se extiende a la próxima generación y a la siguiente. Este salmo nos recuerda que nuestra seguridad no se puede encontrar en ninguna de las cosas de este mundo cambiante. Al contrario, nuestra seguridad está en el Señor y en sus promesas, entre ellas las maravillosas promesas en estos versículos: que los hijos y nietos del pueblo de Dios vivirán en seguridad y prosperarán en la presencia del Señor.

INMUTABLE DIOS, te alabo y te adoro por tu amor y tu fidelidad que extiendes de generación en generación. Gracias por este recordatorio de que aunque nuestras circunstancias puedan cambiar, y aunque las cosas a nuestro alrededor desaparezcan, tú permaneces igual por siempre. Ayúdame a encontrar mi seguridad en tu igualdad eterna.

NUESTRA VARIABILIDAD NO AFECTA A DIOS; NUESTROS CAMBIOS NO LO ALTERAN ... ÉL SIGUE SIENDO EL INALTERABLE YO SOY. EL MISMO AYER, HOY Y POR SIEMPRE.
Frederick William Robertson (1816-1853)

Desde el principio tú fundaste la tierra, y los cielos son obra de tus manos. Ellos perecerán, mas tú permanecerás; y todos ellos como una vestidura se envejecerán; como un vestido los mudarás, y serán mudados; pero tú eres el mismo, y tus años no se acabarán. Los hijos de tus siervos habitarán seguros y su descendencia será establecida delante de ti.
Salmo 102:25-28

Las lecturas para hoy de *La Biblia en un año* son **Jueces 13:1—14:20; Juan 1:29-51; Salmo 102:1-28 y Proverbios 14:15-16.**

LA BIBLIA EN UN AÑO

atributos

Súplica por los atributos de Dios

*Él es quien perdona
todas tus iniquidades,
el que sana todas tus
dolencias; el que rescata
del hoyo tu vida, el que
te corona de favores y
misericordias; el que
sacia de bien tu boca de
modo que te
rejuvenezcas como el
águila. Jehová es el que
hace justicia y derecho
a todos los que padecen
violencia. Sus caminos
notificó a Moisés, y a
los hijos de Israel sus
obras. Misericordioso y
clemente es Jehová;
lento para la ira, y
grande en misericordia.*
Salmo 103:3-8

Los cristianos de épocas pasadas sentían que la oración encontró su inspiración más fabulosa en el Señor mismo, y tenían una cláusula llamada «súplica por los atributos de Dios», en la cual recordaban al Señor los atributos particulares de su carácter y luego le pedían que contestara sus oraciones basándose en esas particularidades: «Señor, eres misericordioso y clemente, así que ten misericordia de mí». «Señor, estás lleno de amor incondicional. Muéstranos tu amor en esta situación». «Señor, tú liberaste a tu siervo Daniel; suplico tu liberación en mi vida». «Tú revelaste tu carácter y tus hechos a Moisés y a tu pueblo. De igual modo, ¡revélate a mí!» Puesto que los atributos del Señor son numerosos en toda la Biblia, brindan una fuente interminable de inspiración para nuestra vida de oración. Orar sus atributos renueva nuestra fe y nuestra confianza y nos recuerda su grandeza y su capacidad de salvar. Escoge de este salmo uno de los atributos del Señor para «suplicar» cuando le ores hoy.

SEÑOR, tú eres _____ [misericordioso, clemente, lleno de amor incondicional]. Te pido que hoy reveles esto en mi vida. Gracias por revelarnos tus maravillosos atributos en tu Palabra. A medida que los leo, ábreme continuamente los ojos a quién eres de veras, de manera que mis oraciones reposen en el sólido fundamento de tu carácter. Que mis oraciones tengan poder, porque se basan en la verdad acerca de ti.

BIEN VISTAS, TODAS LAS PERFECCIONES DE LA
DEIDAD SE VUELVEN SÚPLICAS POR FE.
Charles Haddon Spurgeon (1834-1892)

LA BIBLIA EN UN AÑO

Las lecturas para hoy de *La Biblia en un año* son
Jueces 15:1 — 16:31; Juan 2:1-25; Salmo 103:1-22
y Proverbios 14:17-19.

Amor sin límites

amor

Es una verdad maravillosa y profunda que aunque Dios ama a todo el mundo en general, también nos ama tanto de manera personal e individual que Cristo murió por cada uno de nosotros como si únicamente hubiera existido uno de nosotros. Debido a su amor por todos entregó su vida en la cruz cuando aún éramos pecadores. No esperó que primero limpiáramos y arregláramos nuestra vida... de todos modos no lo habríamos podido hacer. En vez de eso, demostró su gracia al salvarnos aunque no lo merecíamos. Eso habría sido bastante asombroso, pero este regalo de amor no es solo para unos cuantos. No es solo para mí, para un selecto grupo de personas, ni para familias, denominaciones o nacionalidades en particular, sino para toda tribu y lengua, pueblo, grupo o nación. ¡Difícilmente podemos concebir tal amor sin límites! Pero nos podemos regocijar en la verdad de Juan 3:16: todo el que cree en Jesucristo no perecerá, sino que tendrá vida eterna.

PADRE, gracias por amarme incluso más de lo que me podría imaginar. Me asombra que me amaras —aun cuando yo no te amaba— y que enviaras a tu Hijo a pagar el precio definitivo para que pudiera conocerte y experimentar vida eterna. Permite que tu amor fluya a través de mí para que aun más personas puedan experimentar tu amor sin límites.

EL AMOR DE DIOS ES INCONMENSURABLE. ES MÁS: ES ILIMITADO. NO TIENE DEMARCACIONES PORQUE NO ES UNA COSA, SINO QUE ES UNA FACETA DE LA NATURALEZA ESENCIAL DE DIOS. SU AMOR ES ALGO QUE ÉL ES, Y PUESTO QUE EL SEÑOR ES INFINITO, ESE AMOR PUEDE ENVOLVER TODO EL MUNDO CREADO EN SÍ MISMO Y TENER ESPACIO PARA DIEZ MIL VECES DIEZ MIL MUNDOS ALTERNOS.

A. W. Tozer (1897-1963)

De tal manera amó Dios al mundo, que ha dado a su Hijo unigénito, para que todo aquel que en él cree, no se pierda, mas tenga vida eterna. Porque no envió Dios a su Hijo al mundo para condenar al mundo, sino para que el mundo sea salvo por él.
Juan 3:16-17

Las lecturas para hoy de *La Biblia en un año* son
Jueces 17:1—18:31; Juan 3:1-21; Salmo 104:1-23 y Proverbios 14:20-21.

belleza
Belleza creativa de Dios

¡Cuán innumerables son tus obras, oh Jehová! Hiciste todas ellas con sabiduría; la tierra está llena de tus beneficios ... Sea la gloria de Jehová para siempre; alégrese Jehová en sus obras.
Salmo 104:24, 31

Mientras observo nuestro aviario en el patio, revolotean pequeños pinzones amarillos, púrpura, blancos con negro y rojos. Centelleantes cardenales rojizos, insistentes pájaros carpintero y azules arrendajos cotorreadores compiten por un lugar en los comederos y en los bloques de sebo. Palomas vuelan alegres durante algunos minutos sobre las semillas de girasol esparcidas en la tierra. Me asombra la variedad de criaturas aladas, cada una distinta y hermosa en su propia manera sonora. ¡Pero ese es solo en mi patio, que tiene muy pocas aves entre todas las especies que Dios hizo! Hay miles y miles más. Hasta al mirar en este microcosmos me llama la atención la increíble variedad y belleza que el Señor ha creado en el mundo que nos rodea. Y el mismo Dios que sostiene las estrellas y la luna en los cielos, y que hizo a esas amigas aladas en mi patio —y a todas las demás criaturas en la tierra— de manera excepcional hace y conforma a cada uno de los seres humanos para que cumplamos sus propósitos. Por donde miremos vemos evidencia de la infinita creatividad del Señor. ¡Con sabiduría lo ha hecho todo!

SEÑOR, ¡te alabo por la belleza de tu creación y por la infinita variedad de cosas que has hecho! Tu Palabra dice que las maravillas del universo son suficientes para revelar tus atributos y dejarnos sin excusas para no buscarte. Abre mis ojos más y más a la evidencia de tu poder creativo a mi alrededor. ¡Que tu gloria dure por siempre!

ME PARECE QUE CUANDO DIOS CONCIBIÓ EL MUNDO, ESO FUE POESÍA; LO FORMÓ, Y ESO FUE ESCULTURA; LO COLOREÓ, Y ESO FUE PINTURA; LO POBLÓ CON SERES VIVOS, Y ESO FUE DRAMA ESPLÉNDIDO, DIVINO Y ETERNO.
Emma Stebbins (1816-1876)

Las lecturas para hoy de *La Biblia en un año* son **Jueces 19:1 — 20:48; Juan 3:22 — 4:3; Salmo 104:24-35 y Proverbios 14:22-24.**

Extensión de las buenas nuevas

La mujer samaritana estaba tan asombrada por Jesús y sus revelaciones acerca de quién era, así como por los secretos del corazón y de su vida, que olvidó su cántaro, la razón misma por la había ido al pozo. Luego fue corriendo a la ciudad para hablar a los demás acerca del «hombre» que había conocido. Calle arriba y calle abajo dio a conocer las buenas nuevas acerca de Jesús, porque había visto al Señor, ¡al Mesías! Al haber recibido el agua viva, una fuente perpetua en su interior que le dio vida eterna (v. 14), la mujer quería que otros también conocieran a Jesús. En consecuencia, la gente comenzó a salir de la ciudad para verlo, con ansias de conocer a este hombre increíble que les puede decir a las personas los secretos de sus corazones.

Hablar con otros lo que Jesús ha hecho en nosotros y por nosotros suscita interés en quienes no lo conocen. Su revelación en nuestra vida atrae hacia Él a personas que desean verlo obrar en sus vidas como obra en nosotros. ¿A quién puedes contar hoy las buenas nuevas? Pídele al Señor que te haga sensible a su obra en la vida de otros, y prepárate para hablarles de la esperanza que está dentro de ti.

SEÑOR, perdóname por las ocasiones en que ha disminuido mi emoción por conocerte. Deseo que otros te conozcan y experimenten tu obra en sus vidas. Úsame para extender las buenas nuevas. Te ruego que haya tanta admiración dentro de mí por lo que revelas hoy, que no vacile en contarles de mi esperanza a aquellos que todavía no te conocen.

¿A CUÁNTAS PERSONAS HAS HECHO QUE AÑOREN A DIOS?
Oswald Chambers (1874-1917)

La mujer dejó su cántaro, y fue a la ciudad, y dijo a los hombres: Venid, ved a un hombre que me ha dicho todo cuanto he hecho. ¿No será este el Cristo? Entonces salieron de la ciudad, y vinieron a él.
Juan 4:28-30

Las lecturas para hoy de *La Biblia en un año* son
**Jueces 21:1 — Rut 1:22; Juan 4:4-42; Salmo 105:1-15
y Proverbios 14:25.**

Planes que no fallan

*Después entró Israel en
Egipto, y Jacob moró
en la tierra de Cam y
multiplicó su pueblo en
gran manera, y lo hizo
más fuerte que sus
enemigos. Cambió el
corazón de ellos para
que aborreciesen a su
pueblo, para que contra
sus siervos pensasen
mal.*
Salmo 105:23-25

Cuando los egipcios esclavizaron a los israelitas y los trataron con crueldad, ordenando matar a sus hijos recién nacidos y haciéndoles la vida miserable por todos los medios, la situación era totalmente desesperante. Sin embargo, Dios aún estaba en control y tenía un plan para sacar con alegría a su pueblo de Egipto. Corrie ten Boom dijo acerca de su propio encarcelamiento en un campo de concentración nazi, que por malas que sean las cosas en la tierra, «¡en el cielo nunca hay pánico! Solo puedes conservar esa realidad por medio de la fe, porque parecía entonces —y a menudo parece hoy— que el diablo es el vencedor. Pero Dios es fiel y sus planes no fallan. Él conoce el futuro. Conoce el camino». Sea lo que fuere lo que enfrentes hoy, alaba al Señor porque Él no tiene problemas, solo planes. Así como tenía un plan maestro para la salida de su pueblo de Egipto hacia la tierra prometida, tiene un plan para ti, ¡y no fallará en cumplirlo!

*PADRE, te agradezco por la seguridad de que tus planes
nunca fallan. Cuando todo a mi alrededor parece imposible,
recuérdame tu plan para los israelitas en cautiverio en
Egipto. Ayúdame a ver las cosas desde tu perspectiva eterna
y a conservar la realidad de que a pesar de cómo se vea la
situación, tú tienes el control. En realidad, ¡aún estás en el
trono!*

DIOS NO ENTRA EN PÁNICO, NADA SE PUEDE
HACER QUE ÉL NO DOMINE POR COMPLETO, Y
NADIE EN LA TIERRA NI EN EL CIELO PUEDE
CERRAR UNA PUERTA QUE ÉL HAYA ABIERTO, NI
ABRIR UNA PUERTA QUE ÉL HAYA CERRADO. EL
SEÑOR ALTERA LO INEVITABLE CUANDO NOS
PONEMOS EN CONTACTO CON ÉL.
Oswald Chambers (1874-1917)

Las lecturas para hoy de *La Biblia en un año* son
Rut 2:1 — 4:22; Juan 4:43-54; Salmo 105:16-36
y Proverbios 14:26-27.

Ningún otro Dios como tú

El cántico de alabanza de Ana por recibir al fin el muy esperado regalo divino de su hijo Samuel, y su decisión de dedicarlo al servicio de Dios, no solo fueron expresiones comunes de agradecimiento. Su júbilo en el Señor como el santo y soberano, todopoderoso y justo, resuena por los siglos de los siglos del mismo modo que hizo María cuando se regocijó ante la noticia de que daría a luz al Mesías, Jesús. Ana alababa al Señor con todo su corazón debido a que quien creó el universo y gobierna sobre todas las cosas, quien hace uso tanto de la vida como de la muerte, había contestado sus súplicas fervientes por tener un hijo. Se deleitaba en cómo la liberó de la desgracia que había vivido como mujer sin hijos. Una vez se sintió débil (v. 4), pero Él fortaleció tanto a Ana que su corazón pudo ceder con regocijo ante el Señor a su precioso Samuel y confiar en que se cumplirían los buenos planes divinos en la vida de su hijo y en la suya propia.

SEÑOR, ¡ningún otro es como tú! Ningún refugio como el Dios nuestro. Tú cumpliste tu plan en las vidas de Ana y de Samuel en tu tiempo perfecto. Confío en que cumplas tus planes en mi vida. Entonces mi corazón también rebosará en alabanza por todas las maneras en que me has bendecido.

DEBIDO A QUE TIENE PODER ILIMITADO Y ESTÁ PERFECTAMENTE EN CONTROL DE TODO, DIOS SIEMPRE PUEDE CUMPLIR SUS PLANES SABIOS Y BUENOS PARA TI.
Myrna Alexander

Ana oró y dijo: Mi corazón se regocija en Jehová, mi poder se exalta en Jehová; mi boca se ensanchó sobre mis enemigos, por cuanto me alegré en tu salvación. No hay santo como Jehová; porque no hay ninguno fuera de ti, y no hay refugio como el Dios nuestro.
1 Samuel 2:1-2

Las lecturas para hoy de *La Biblia en un año* son
1 Samuel 1:1—2:21; Juan 5:1-23; Salmo 105:37-45
y Proverbios 14:28-29.

LA
BIBLIA
EN
UN AÑO

Un corazón que escucha

*Jehová, pues, llamó la
tercera vez a Samuel. Y
él se levantó y vino a
Elí, y dijo: Heme aquí;
¿para qué me has
llamado? Entonces
entendió Elí que Jehová
llamaba al joven. Y
dijo Elí a Samuel: Ve y
acuéstate; y si te
llamare, dirás: Habla,
Jehová, porque tu
siervo oye. Así se fue
Samuel, y se acostó en
su lugar. Y vino Jehová
y se paró, y llamó como
las otras veces:
¡Samuel, Samuel!
Entonces Samuel dijo:
Habla, porque tu siervo
oye.*

1 Samuel 3:8-10

Escuchar no es algo tan natural para muchos de nosotros como lo fue para el joven Samuel. Es más, escuchar no es lo que mejor hacemos. ¡Preferimos más
hablar! Se ha calculado que la mujer promedio pasa
una quinta parte de su vida hablando y que emite unas
tres mil palabras al día. Para los hombres es menor la
cantidad, pero no mucho menos. Sin embargo, si queremos milagros en nuestra vida y en las vidas de nuestros seres queridos, si queremos que Dios dirija
nuestros pasos, debemos escuchar su guía y seguirla.
La buena noticia es que oír al Señor no es un privilegio
especial reservado solo para pastores, sacerdotes o
graduados de seminarios. No es solo para los muy in-
teligentes o superdotados. Ni siquiera tienes que ser
adulto para oír a Dios. Incluso los niños, como era Samuel, pueden oír la voz del Señor si sus corazones están dispuestos y si son humildes y receptivos. Dios
tiene mucho que decirte y desea bendecir tu vida con
dirección y propósito a medida que oyes su voz y la sigues. Lo único que se necesita es un corazón que escuche. Pídele al Señor que te ayude hoy a estar a tono
con la guía de su Espíritu.

*SEÑOR, calma mi corazón para que pueda oírte. Quita
cualquier distracción que impida mi apertura y atención a
lo que tu Espíritu podría estar recalcando en mi corazón y
en mi mente. Dame humildad, receptividad y disposición
para contestar de manera obediente cuando me llames. Tu
siervo está escuchando.*

UN HOMBRE ORABA Y AL PRINCIPIO PENSABA QUE
ORAR ES HABLAR. PERO SE TRANQUILIZÓ MÁS Y
MÁS HASTA QUE AL FINAL COMPRENDIÓ QUE
ORAR ES OÍR.
Søren Kierkegaard (1813-1855)

Las lecturas para hoy de *La Biblia en un año* son
**1 Samuel 2:22 — 4:22; Juan 5:24-47; Salmo 106:1-12
y Proverbios 14:30-31.**

Nuestra poderosa ayuda

Cuando los gobernantes filisteos oyeron que todo el pueblo de Dios estaba reunido en Mizpa, salieron a atacarlo y a destruirlo. Pero los israelitas pidieron a Samuel que suplicara la ayuda del Señor. Entonces, Samuel clamó al Señor, quien respondió con una demostración impresionante de su poder. Su voz tronó del cielo, haciendo que los filisteos entraran en gran confusión y que el pueblo de Dios experimentara ese día una gran victoria contra sus enemigos.

Nuestra cultura moderna ve a menudo la oración como un proyectil mágico o como una fórmula que podemos usar para conseguir lo que deseamos. Nada de eso. Pero sabemos esto: Dios nos dice que oremos; nos da su Palabra como guía de nuestras oraciones; y como en este relato de 1 Samuel y en toda la Biblia, cuando el pueblo del Señor ora, Él se muestra. Por eso en el sitio de la victoria israelita, en alabanza y acción de gracias al Señor, Samuel erigió un monumento con el nombre «Eben-ezer», que significa «Piedra de ayuda». Esto nos recuerda pedir a Dios la ayuda que necesitamos hoy y a no olvidar agradecerle por sus respuestas.

QUERIDO SEÑOR, te alabo porque eres un Dios que oye y contesta. Así como contestaste y te moviste a favor de Israel cuando luchaba con sus enemigos, hoy día te mueves y obras a favor de tu pueblo. Gracias por llamar a todo tu pueblo —jóvenes y viejos, hombres y mujeres, de toda denominación y raza— para orar y buscar tu ayuda en estos días.

LA ORACIÓN MUEVE EL BRAZO QUE MUEVE EL MUNDO.
James Montgomery (1771-1854)

Samuel tomó un cordero de leche y lo sacrificó entero en holocausto a Jehová; y clamó Samuel a Jehová por Israel, y Jehová le oyó. Y aconteció que mientras Samuel sacrificaba el holocausto, los filisteos llegaron para pelear con los hijos de Israel. Mas Jehová tronó aquel día con gran estruendo sobre los filisteos, y los atemorizó, y fueron vencidos delante de Israel.
1 Samuel 7:9-10

Las lecturas para hoy de *La Biblia en un año* son
1 Samuel 5:1—7:17; Juan 6:1-21; Salmo 106:13-31 y Proverbios 14:32-33.

LA BIBLIA EN UN AÑO

Pan de vida

Jesús les dijo: Yo soy el pan de vida; el que a mí viene, nunca tendrá hambre; y el que en mí cree, no tendrá sed jamás.
Juan 6:35

Jesús acababa de alimentar a una multitud de personas con solo unos cuantos peces y cinco panes, y muchedumbres fueron tras Él. Pero Jesús sabía que lo estaban buscando porque había suplido sus necesidades físicas, por eso les dijo: «Trabajad, no por la comida que perece, sino por la comida que a vida eterna permanece, la cual el Hijo del Hombre os dará; porque a éste señaló Dios el Padre» (Juan 6:27). Jesús les estaba mostrando la vida espiritual que les ofrecía, pero las personas estaban más interesadas en lo que Jesús podía hacer por ellas. Querían que les diera señales milagrosas antes de poder creer en Él. ¡Aún no lo captaban! Por lo tanto, en este versículo manifiesta ser el Pan de vida, Aquel que vino del cielo para dar vida al mundo. Jesús prometió que quienes creían en Él jamás volverían a tener hambre ni sed. Es fácil enfocarnos en lo que Dios puede hacer por nosotros y gastar nuestras energías en lo que no satisface de verdad. Pero Él ha puesto en cada uno de nosotros un hambre espiritual que solo Él puede saciar. Pídele al Señor que despierte hoy esos anhelos por Él para que puedas saborear y ver que es bueno.

PAN DE VIDA, perdóname por ir tras lo que nunca satisfará de veras ni saciará mis anhelos más profundos. Perdóname por enfocarme en lo que puedes hacer materialmente por mí, en vez de buscar la vida rica y verdadera que viene de ti. Haz que hoy tenga hambre y sed de ti.

SOLO DIOS PUEDE SATISFACER DE VERDAD EL HAMBRE DEL ALMA QUE ÉL MISMO CREÓ Y EN LA CUAL PUSO HAMBRE POR ÉL.
Anónimo

Las lecturas para hoy de *La Biblia en un año* son
1 Samuel 8:1 — 9:27; Juan 6:22-42; Salmo 106:32-48 y Proverbios 14:34-35.

El Hijo de Dios

hijo

En Juan 6, Jesús estaba enseñando una verdad que era difícil que las personas aceptaran. Por esta enseñanza se alejaron algunos a quienes se consideraba seguidores. Cuando Jesús preguntó a los doce si también pensaban irse, Pedro respondió: «¿A quién iremos? Tú tienes palabras de vida eterna». Pedro comprendió que aunque la enseñanza era difícil, solamente las palabras de Cristo darían vida eterna.

Los doce discípulos tenían una decisión por tomar, igual que nosotros. La Biblia presenta la verdad, y a veces la verdad es difícil de entender o aceptar. El mundo nos da muchas opciones que podrían parecer más fáciles de entender o más agradables de oír. Estas opciones nos podrían llevar a «alejarnos», en vez de continuar en el sendero estrecho. El mundo es como un imán que está constantemente atrayéndonos hacia un camino sin salida. Pero podemos preferir, así como hizo Pedro, entender que la verdad yace en Jesús, y que por difícil que pueda parecer esa verdad, solo Él tiene «palabras de vida eterna».

PADRE, a pesar de lo difíciles que parezcan las palabras de la Biblia, ayúdame a tomar decisiones coherentes con tu Palabra. Espíritu Santo, ayúdame a entender cómo se aplica tu Palabra a todo aspecto de mi vida, para que no tenga la tentación de partir como otros lo han hecho. Recuérdame a diario que solo tú tienes las palabras que dan vida eterna.

DEJA QUE LA BIBLIA LLENE LA MEMORIA,
GOBIERNE EL CORAZÓN Y GUÍE LOS PIES.
Henrietta Mears (1890-1963)

Dijo entonces Jesús a los doce: ¿Queréis acaso iros también vosotros? Le respondió Simón Pedro: Señor, ¿a quién iremos? Tú tienes palabras de vida eterna. Y nosotros hemos creído y conocemos que tú eres el Cristo, el Hijo del Dios viviente.
Juan 6:67-69

Las lecturas para hoy de *La Biblia en un año* son
**1 Samuel 10:1 — 11:15; Juan 6:43-71; Salmo 107:1-43
y Proverbios 15:1-3.**

LA BIBLIA EN UN AÑO

Entre los pueblos

*Te alabaré, oh Jehová,
entre los pueblos; a ti
cantaré salmos entre
las naciones. Porque
más grande que los
cielos es tu
misericordia, y hasta
los cielos tu verdad.
Exaltado seas sobre los
cielos, oh Dios, y sobre
toda la tierra sea
enaltecida tu gloria.*
Salmo 108:3-5

Identificarse con Jesús «entre los pueblos» es a veces bastante difícil y a menudo impopular. Una cosa es cantar alabanzas en la iglesia o en la Escuela Dominical, pero otro asunto es cantar alabanzas al Señor entre los pueblos. Las declaraciones de alabanza del salmista pueden hacer que pensemos en nuestro amor por el Señor y en la medida en que nos identificaremos con Él. El amor de Dios es absoluta y totalmente incondicional, y su fidelidad es tan grande que si pudiéramos medirla llegaría a las nubes. ¿Exaltas al Señor por sobre los cielos más altos? Servimos a un Dios maravilloso, amoroso, fiel y glorioso. Seamos como el escritor del salmo: agradecer al Señor entre los pueblos sin vergüenza alguna y cantarle alabanzas por doquier. No nos avergoncemos de levantar al Señor en toda situación y en cualquier tiempo, y hacer todo lo posible para que su gloria brille en toda la tierra.

GRACIAS, PADRE, por tu amor sin límites. Te alabo por tu fidelidad. Exáltate por encima de los cielos más altos. Que tu gloria brille sobre toda la tierra. Fortaléceme para tener seguridad en tu amor y fidelidad. Ayúdame a agradecerte y alabarte entre los pueblos y entre las naciones para que tu nombre se glorifique.

A DIOS EL PADRE CELESTIAL
AL HIJO NUESTRO REDENTOR
AL ETERNAL CONSOLADOR
UNIDOS TODOS ALABAD.
Thomas Ken (1637-1711)

Las lecturas para hoy de *La Biblia en un año* son
**1 Samuel 12:1 – 13:23; Juan 7:1-30; Salmo 108:1-13
y Proverbios 15:4.**

Nuestro liberador

Quizá una de las razones de que Dios nos permita pasar por grandes pruebas es para que podamos agotar nuestros propios recursos y volvernos a Él. Cada dificultad es una oportunidad más para depender del Señor. Al estar pobres y necesitados, al consumirnos, al caer, o cuando nuestros corazones se llenan de dolor podemos apelar a Él y hallarlo fiel. Además, cuando clamamos a Dios en oración, y Él oye y nos contesta, experimentamos su fortaleza y liberación una y otra vez. «Por difíciles que sean nuestras circunstancias —dijo Oswald Chambers—, son el medio de manifestar cuán maravillosamente perfecto y extraordinariamente puro es el Hijo de Dios». Cuando pidas ayuda al Señor, recuerda la verdad de este salmo y de los demás lugares innumerables de la Biblia en que Él promete enviar ayuda. Por amor de su nombre como Dios bueno y fiel, te rescatará, sacará tu vida del foso y te pondrá en la base sólida de su fidelidad.

PADRE CELESTIAL, gracias por oír mi oración y rescatarme porque tú eres bueno y fiel. Perdóname por las veces en que he agotado mis escasos recursos antes de acudir a ti. Cuando estoy pobre y necesitado, y mi corazón está lleno de dolor, motívame a acudir primero a ti y a hallar descanso en tu fidelidad y bondad. Solo en ti, Señor, pongo mi confianza.

DIOS OYE LA ORACIÓN... ÉL SE DELEITA EN OÍR ORACIONES. HA PERMITIDO QUE A SU PUEBLO LO PRUEBEN MÁS DE MIL VECES, PARA QUE SE VEA OBLIGADO A CLAMARLE Y PARA QUE APRENDA A CONOCERLO COMO QUIEN OYE LA ORACIÓN.
Andrew Murray (1828-1917)

Jehová, Señor mío, favoréceme por amor de tu nombre; líbrame, porque tu misericordia es buena. Porque yo estoy afligido y necesitado, y mi corazón está herido dentro de mí. Me voy como la sombra cuando declina; soy sacudido como langosta.
Salmo 109:21-23

Las lecturas para hoy de *La Biblia en un año* son
1 Samuel 14:1-52; Juan 7:31-53; Salmo 109:1-31 y Proverbios 15:5-7.

LA BIBLIA EN UN AÑO

obediente

Un corazón obediente

Samuel dijo: ¿Se complace Jehová tanto en los holocaustos y víctimas, como en que se obedezca a las palabras de Jehová? Ciertamente el obedecer es mejor que los sacrificios, y el prestar atención que la grosura de los carneros.
1 Samuel 15:22

Como el Señor había ordenado, Saúl y el ejército israelita atacaron y derrotaron a los amalecitas. Pero en vez de matar a toda persona y animal como Dios le había ordenado, Saúl dejó con vida a Agag, el rey amalecita, y a lo mejor de sus ovejas y ganado. Luego cuando Saúl trataba de justificar su desobediencia, Samuel contestó con las palabras en el versículo 22, verdad que hoy día es tan importante para nosotros como lo era para el pueblo en el Antiguo Testamento: obedecer la voz del Señor, escucharlo y obedecer sus órdenes de seguir —y no las nuestras— es mucho más valioso para Dios que los sacrificios más grandes y caros que pudiéramos ofrecerle. Cuando Él nos dice que vayamos, que llamemos a alguien o que hagamos una humilde tarea, ¡hagámoslo! Hagámoslo a la manera de Dios. No nos apoyemos en nuestra propia prudencia ni en el juicio que tengamos de la situación. No esperemos a ver todo el proyecto ni a entenderlo todo. Sigamos la luz a nuestros pies, y cuando somos fieles en las cosas pequeñas que Dios nos pide, Él hará las grandes.

SEÑOR, pon en mí un corazón de obediencia para que pueda vivir como te agrada. Es muy fácil tratar de racionalizar la desobediencia o de trazar mi propio rumbo. Pero tú eres santo y justo, y valoras mi obediencia por sobre todo lo demás que te pueda dar. Que mi sacrificio diario a ti sea un corazón humilde y obediente que se deleite en tu sonrisa.

NO DEBE HABER DISCUSIÓN. EL MOMENTO EN QUE OBEDECES A LA LUZ, EL HIJO DE DIOS PRESIONA A TRAVÉS DE TI EN ESE PARTICULAR; PERO SI DISCUTES, CONTRISTAS AL ESPÍRITU DE DIOS.
Oswald Chambers (1874-1917)

Las lecturas para hoy de *La Biblia en un año* son
1 Samuel 15:1 — 16:23; Juan 8:1-20; Salmo 110:1-7 y Proverbios 15:8-10.

Memorables maravillas del Señor

Dios quiere que lo conozcamos y ha decidido revelarse a través de la Biblia, de la creación, de su intervención en la historia y de su obra en las vidas de las personas. Como dice este salmo, todo lo que Él hace revela su «gloria y hermosura». Sin embargo, a veces nuestros ojos están débiles y no podemos ver su mano, u olvidamos las maravillas que el Señor ha realizado. Cuando eso ocurre, dejamos de agradecerle con todo nuestro corazón.

¡Qué bendición es tener la Palabra de Dios para de nuevo acercarnos una y otra vez a la verdad de que sus hechos son memorables, y que «su justicia permanece para siempre». Cuando te acerques hoy a Dios en oración, pídele que te ayude a verlo más claramente, y a recordar y a reflexionar en sus maravillosas obras de redención en tu vida y en el mundo que te rodea. Si tu recuerdo de los hechos del Señor es vago, toma un pasaje de la Biblia e imagínate entre los israelitas que atravesaron el Mar Rojo o que Jesús sanó. Luego agradécele de todo corazón por las maravillas que ha hecho.

SEÑOR, tus hechos son memorables y todo lo que haces revela tu gloria y majestad. Abre mis ojos para verte en tus obras, ¡y así poder agradecerte de todo corazón! ¡Permite que yo nunca olvide las maravillas que realizas! Ayúdame a alegrarme de nuevo en ti a medida que reflexiono en tus hechos.

SI DEJAMOS DE VER A DIOS EN SUS OBRAS, NOS PRIVAMOS DE VER UNA MAJESTUOSA MUESTRA DE SABIDURÍA Y DE PODER MUY GRANDE. ESTA MUESTRA ES TAN PROFUNDAMENTE INSPIRADORA, QUE SON INÚTILES LOS INTENTOS DE DESCRIBIRLA.
A. W. Tozer (1897-1963)

Alabaré a Jehová con todo el corazón en la compañía y congregación de los rectos. Grandes son las obras de Jehová, buscadas de todos los que las quieren. Gloria y hermosura es su obra, y su justicia permanece para siempre. Ha hecho memorables sus maravillas; clemente y misericordioso es Jehová.
Salmo 111:1-4

Las lecturas para hoy de *La Biblia en un año* son
**1 Samuel 17:1 — 18:4; Juan 8:21-30; Salmo 111:1-10
y Proverbios 15:11.**

fuego

Transmite el fuego

Bienaventurado el hombre que teme a Jehová, y en sus mandamientos se deleita en gran manera. Su descendencia será poderosa en la tierra; la generación de los rectos será bendita ... No tendrá temor de malas noticias; su corazón está firme, confiado en Jehová.

Salmo 112:1-2, 7

Dios nos ha dado un mandato de vivir de modo tal que la próxima generación sepa que el Señor es Dios y que es digno de que comprometamos nuestra vida con Él. Entonces surgirá una generación de personas piadosas, a las que bendecirá. Este salmo describe algunas de las claves para bendecir con la verdad a las generaciones posteriores. Quienes pasan la batuta espiritual a la próxima generación serán quienes teman y adoren al Señor, quienes se deleiten en hacer la voluntad de Dios y quienes caminen en una relación tan íntima con Él que ni siquiera teman las épocas malas porque tienen mucha confianza en que el Señor los cuida. Estos hombres y mujeres piadosos no solo correrán la carrera y llevarán una vida de gozo y propósito al deleitarse en hacer lo que Dios manda, sino que también bendecirán a los de la próxima generación al transmitirles su legado espiritual. ¿Cuál es la mejor manera de influir en quienes vendrán después de ti? Teme hoy al Señor, deléitate en obedecerle y confía en que Él cuidará de ti.

SEÑOR, es muy fácil enfocarse solo en el presente y olvidar que lo que hago hoy afecta el futuro. Permite que yo camine en tal obediencia y reverencia a ti, que toda una generación de personas piadosas sea bendecida. Ayúdame a temerte y a deleitarme en hacer todo lo que ordenas. Enséñame a transmitir la batuta de fe a mis hijos, tanto naturales como espirituales, para que tú, Señor, te lleves toda la gloria.

SI SOY CRISTIANO, MI ENFOQUE NO DEBE ESTAR EN SALVAR MI PROPIO PELLEJO, SINO EN VER QUE LA SALVACIÓN DE DIOS LLEGUE A OTROS POR MEDIO DE MÍ, Y EL GRAN MEDIO ES INTERCEDER POR ESAS PERSONAS.
Oswald Chambers (1874-1917)

LA BIBLIA EN UN AÑO

Las lecturas para hoy de *La Biblia en un año* son **1 Samuel 18:5 — 19:24; Juan 8:31-59; Salmo 112:1-10 y Proverbios 15:12-14.**

Un corazón contento

Al Señor le preocupa en gran manera el corazón del hombre. La Biblia nos dice que no mira las cosas que la gente ve. Nosotros vemos la apariencia exterior, pero el Señor mira el corazón (1 Samuel 16:7). El versículo de hoy nos dice que un corazón contento, o alegre, hace de la vida «un banquete continuo». ¿Cómo obtener —y conservar— este corazón contento? Existen muchas claves en todo el libro de Proverbios. No debemos dejar que nuestros corazones estén ansiosos ni orgullosos porque la ansiedad y el orgullo disuaden un corazón alegre (Proverbios 12:25; 16:5). Al contrario, Dios nos llama a tener corazones puros y a mantenerlos en el camino recto (Proverbios 22:11; 23:19). Estos son pasos positivos para lograr un corazón feliz porque cuando obedecemos la Palabra de Dios y experimentamos su sonrisa de aprobación, nuestros corazones estarán más iluminados, aun en tiempos difíciles. La Biblia nos da muchas otras instrucciones acerca de cómo tener corazones «sanos», pero un buen lugar para empezar es asimilar la verdad de Proverbios 15:15 y pedir al Señor que nos muestre cómo desarrollar corazones contentos, a pesar de los desafíos que enfrentamos.

PADRE, ayúdame a tener un corazón contento. Quita la ansiedad que a veces agobia mi corazón. Evita que en mi corazón se desarrolle orgullo. En vez de eso, dame un corazón puro, que sea agradable. Ayúdame a grabar tu Palabra en mi corazón para que pueda caminar en tus sendas y disfrutar una vida que sea un banquete continuo.

CUANDO PIENSO EN DIOS MI CORAZÓN ESTÁ TAN LLENO DE GOZO QUE LAS NOTAS SALTAN Y DANZAN MIENTRAS SALEN DE MI PLUMA; Y PUESTO QUE ÉL ME HA DADO UN CORAZÓN ALEGRE, LO SIRVO CON UN ESPÍRITU ALEGRE.
Franz Joseph Haydn (1732-1809)

Todos los días del afligido son difíciles; mas el de corazón contento tiene un banquete continuo.
Proverbios 15:15

Las lecturas para hoy de *La Biblia en un año* son
1 Samuel 20:1—21:15; Juan 9:1-41; Salmo 113:1—114:8 y Proverbios 15:15-17.

LA BIBLIA EN UN AÑO

La voz del Pastor

El que entra por la puerta, el pastor de las ovejas es. A este abre el portero, y las ovejas oyen su voz; y a sus ovejas llama por nombre, y las saca. Y cuando ha sacado fuera todas las propias, va delante de ellas; y las ovejas le siguen, porque conocen su voz.
Juan 10:2-4

Este pasaje de Juan nos dice cosas importantes acerca de la relación pastor-ovejas. El pastor llama a sus ovejas por nombre y las saca; va delante de ellas preparando el camino y protegiéndolas del peligro. Cuando les habla, lo siguen porque conocen su voz. Estos versículos nos recuerdan que por estar en una relación muy íntima con el pastor, y pasar mucho tiempo con él, las ovejas pueden discernir la diferencia entre la voz de su pastor y la de un extraño; de este modo no las engañarán. Así pasa con nosotros. Cuando tenemos mayor comunión íntima con Jesús, nuestro Buen Pastor, y conocemos su voz, la voz del enemigo no nos engañará; las otras miles de voces en el mundo que nos rodea no nos distraerán ni nos descarriarán. Como dice la canción, oiremos a nuestro Pastor más claramente y lo seguiremos más de cerca, no solo en los momentos extraordinarios, sino de día en día.

SEÑOR, te agradezco por hacerme una de tus ovejas. ¡Qué privilegio pertenecerte! Gracias por ir delante de mí y por prepararme el camino. Me llamas por mi nombre, hablas a mi corazón y me guías. Con todas las voces que gritan en mi mundo, aquieta mi mente y mi corazón para que pueda reconocer tu voz y seguirte solo a ti.

LA VIDA CRISTIANA ARRAIGADA EN EL LUGAR SECRETO DONDE DIOS SE HALLA, CAMINA Y HABLA CON LOS SUYOS Y SE CONVIERTE EN UN TESTIMONIO TAL DE PODER DIVINO, QUE TODOS SENTIRÁN SU INFLUENCIA Y SE CONMOVERÁN POR EL CALOR DE SU AMOR.
E. M. Bounds (1835-1913)

Las lecturas para hoy de *La Biblia en un año* son **1 Samuel 22:1 — 23:29; Juan 10:1-21; Salmo 115:1-18 y Proverbios 15:18-19.**

Cuando estoy afligido

Dios nos ha llamado a una vida de oración, de comunicación constante y firme con Él, y ha determinado que nos volvamos a Él en nuestras aflicciones. Es una gran noticia que el Señor omnipotente desee escuchar nuestras necesidades y penas. Pero el hecho de que Él no solo oiga nuestras oraciones sino que también intervenga y se deleite en mostrarnos su amoroso favor, y de que Dios haga cosas maravillosas en respuesta a nuestras peticiones, hace de la oración algo asombroso de verdad. Por medio de la oración todo puede cambiar —empezando con nuestros corazones y nuestra vida— y aunque nos sintamos muy indefensos o estemos muy afligidos, Dios puede inundar las peores situaciones con su luz y su gracia. Cuando oramos, lo imposible se vuelve posible y los poderes de las tinieblas se dispersan. ¡No asombra que Satanás intente toda confabulación para evitar que oremos! Pero debido a que creemos en el Señor y en su poder ilimitado, podemos llevarle nuestras más sinceras preocupaciones y sentimientos y saber que Él nos oye.

Creí; por tanto hablé, estando afligido en gran manera.
Salmo 116:10

SEÑOR, cuando estoy afligido, ayúdame a correr hacia ti como los niños pequeños corren hacia sus padres cuando no saben qué hacer ni a dónde ir. Aumenta mi confianza en tu corazón paternal y en tu ternura hacia mí, y aumenta mi fe en el poder de la oración.

ES POR LA ORACIÓN QUE CONECTAMOS NUESTRA INCAPACIDAD CON LOS PODERES CELESTIALES, PODERES QUE PUEDEN CONVERTIR AGUA EN VINO Y QUITAR MONTES DE NUESTRA VIDA Y DE LAS VIDAS DE OTROS, PODERES QUE DESPIERTAN A LOS QUE DUERMEN EN EL PECADO Y LOS RESUCITA, PODERES QUE PUEDEN CONQUISTAR FORTALEZAS Y HACER QUE LO IMPOSIBLE SEA POSIBLE.
Ole Hallesby (1879-1961)

Las lecturas para hoy de *La Biblia en un año* son **1 Samuel 24:1—25:44; Juan 10:22-42; Salmo 116:1-19 y Proverbios 15:20-21.**

LA BIBLIA EN UN AÑO

Esperar con esperanza

Amaba Jesús a Marta, a su hermana y a Lázaro. Cuando oyó, pues, que estaba enfermo, se quedó dos días más en el lugar donde estaba. Luego, después de esto, dijo a los discípulos: Vamos a Judea otra vez.

Juan 11:5-7

Marta y María habían enviado a su amigo Jesús un mensaje acerca de la condición crítica de su hermano Lázaro, y de la necesidad urgente de su ayuda: «Señor, he aquí el que amas está enfermo» (Juan 11:3). Pero en vez de ir a toda prisa a Betania, Jesús se quedó dos días donde estaba antes de contestar la súplica de Marta y María. Cuando llegó, resucitó a Lázaro en una muestra de su poder.

Así como Marta y María luchaban cuando Jesús contestó sus oraciones por Lázaro, en un tiempo y de una manera diferente de lo que habían esperado, nos frustramos cuando el Señor demora su venida a nosotros y su respuesta a nuestras oraciones.

Como ocurrió con las sufrientes hermanas, dos días (o dos meses o dos años) de espera nos pueden parecer una eternidad. Sin embargo, en medio de la «demora», Dios no está inactivo. Nos está enseñando a tener paciencia, perseverancia y fe, y está planificando glorificarse en nuestras circunstancias. Mientras estamos esperando, Él quiere limpiar nuestros corazones y enfocarnos de vuelta en Jesús. El Espíritu siempre sabe lo que glorificará a Dios, y podemos confiar en Él cuando estamos en la sala de espera.

SEÑOR, ayúdame a aguardarte en esperanza y perseverancia, sabiendo que vendrás. Recuérdame que tu plan para Lázaro y sus hermanas no sufrió debido a tu tardanza; la tardanza era parte de tu plan para que tu poder se demostrara en un modo más grandioso. Dame paciencia y fe en las salas de espera en que aún estaré en la vida.

DIOS A MENUDO DILATA SU RESPUESTA POR AMOR, MIENTRAS HACE QUE TODAS LAS COSAS SEAN PARA BIEN.
Jeanne Zornes

Las lecturas para hoy de *La Biblia en un año* son **1 Samuel 26:1 — 28:25; Juan 11:1-54; Salmo 117:1-2 y Proverbios 15:22-23.**

El Señor está conmigo

Los versículos de hoy nos dicen que el salmista estaba en una situación espantosa. Pero en su angustia clamó a Dios en oración. Debido a la presencia y la fortaleza del Señor en respuesta a su súplica, el salmista pudo mirar triunfante a quienes lo odiaban y lo atacaban. Dios tiene un camino preparado para cada dificultad y sufrimiento. Sus ojos están en quienes confían en Él en su angustia, y sus oídos están atentos a sus clamores. ¡Puedes saber y tener la seguridad de que el Señor está contigo así como estuvo con David! Puesto que el Dios todopoderoso que está a tu lado es tu escudo y defensa, no tienes por qué temer. El Señor es más grande que cualquier problema, más grande que cualquier temor, más grande que cualquier persona que se te oponga. Agradécele por su ayuda en situaciones pasadas cuando no parecía haber salida, confía en Él y agradécele por estar hoy «contigo».

Desde la angustia invoqué a JAH, y me respondió JAH, poniéndome en lugar espacioso. Jehová está conmigo; no temeré lo que me pueda hacer el hombre. Jehová está conmigo entre los que me ayudan.
Salmo 118:5-7

SEÑOR, gracias por contestarme y ayudarme en mi angustia. ¡Gracias por estar conmigo! Esa verdad me produce asombro y me garantiza tu preocupación por mí. Ayúdame a que decida no temer, ¡porque el Señor del universo está de mi parte!

LA ORACIÓN NOS OFRECE UNA SALIDA DE NUESTRO TEMOR. TODO ES CUESTIÓN DE INVOCAR EL NOMBRE DE JESÚS. SOLO EN SU NOMBRE EXISTE AYUDA. MIENTRAS MÁS INVOCAMOS SU NOMBRE, MÁS EXPERIMENTAREMOS ESTA VERDAD.
Madre Basilea Schlink (1904-2001)

Las lecturas para hoy de *La Biblia en un año* son
**1 Samuel 29:1 — 31:13; Juan 11:55 — 12:19;
Salmo 118:1-18 y Proverbios 15:24-26.**

LA
BIBLIA
EN
UN AÑO

gloria

Todo para la gloria de Dios

[Jesús dijo:] Si alguno
me sirve, sígame; y
donde yo estuviere, allí
también estará mi
servidor. Si alguno me
sirviere, mi Padre le
honrará. Ahora está
turbada mi alma; ¿y
qué diré? ¿Padre,
sálvame de esta hora?
Mas para esto he
llegado a esta hora.
Padre, glorifica tu
nombre. Entonces vino
una voz del cielo: Lo he
glorificado, y lo
glorificaré otra vez.
Juan 12:26-28

A menudo cuando nuestras almas están atribuladas y abundan los problemas, tendemos a hacer oraciones tales como: «Señor, ¡arregla esta situación para que no sufra ni tenga problemas! ¡Haz que las complicaciones desaparezcan de mi vida! ¡Quita los obstáculos que enfrento hoy!». Sin embargo, en vista de su inminente sufrimiento y muerte, Jesús se alineó con los propósitos del Padre. Mientras oraba en Getsemaní, fue solo natural su solicitud de que de ser posible no le dejara enfrentar el atroz tormento que estaba a punto de llegar. Pero su mayor prioridad no era recibir consuelo, sino hacer la voluntad del Padre y estar de acuerdo con lo que le daría gloria a su nombre.

Con Cristo como nuestro ejemplo, quienes seguimos al Señor debemos hacer lo mismo en nuestras dificultades. Debemos alinearnos con los propósitos de Dios y comprometernos a verlos cueste lo que cueste; debemos entrar en la oración de Cristo: glorificar a Dios en nuestra vida.

SEÑOR, que mi mayor motivación y deseo sea que tu nombre se glorifique en toda prueba y en toda situación que yo sufra. Mantén mi mente y mi corazón enfocados en el ejemplo de Jesús, y comprometidos con lo que quieras lograr en mi vida. Espíritu Santo, dame gracia para vivir de manera incondicional para la gloria del nombre de Dios.

LAS POSIBILIDADES DE LA ORACIÓN SE ENCUENTRAN EN ALIARSE CON LOS PROPÓSITOS DE DIOS, PORQUE TALES PROPÓSITOS Y LA ORACIÓN DEL HOMBRE SON LA COMBINACIÓN DE TODA FUERZA POTENTE Y OMNIPOTENTE.
E. M. Bounds (1835-1913)

Con poder para seguir *seguir*

Los cuatro primeros versículos de Salmo 119 nos dicen que quienes obedecen los mandatos de Dios, y están comprometidos sin reservas a buscarlo, son bienaventurados (algunas otras traducciones usan las palabras *dichosos o felices*). Luego el versículo 5 expresa una oración pidiendo que la ayuda del Señor esté entre el pueblo que se describe aquí. Serán personas de integridad a quienes el enemigo no descarriará, sino que solo caminarán en las sendas divinas. Así como en la época del salmista Dios ordenó al pueblo que guardara sus mandamientos, tenemos la orden de hacer lo mismo. Pero Él sabía que no lo conseguiríamos con nuestras propias fuerzas y nuestros recursos. Por eso Pedro nos dice: «Todas las cosas que pertenecen a la vida y a la piedad nos han sido dadas por su divino poder, mediante el conocimiento de aquel que nos llamó por su gloria y excelencia» (2 Pedro 1:3). Él nos ha dado su Espíritu para que more dentro de nosotros, nos guíe a toda verdad, nos haga conscientes y nuevamente nos aleje si comenzamos a comprometernos con el mal, y nos llene de poder para obedecer de tal modo que nuestra vida y acciones puedan reflejar los estatutos de Dios. En la fortaleza del Señor podemos reflejar al mundo lo que creemos.

ESPÍRITU SANTO, ¡dame poder para vivir de tal manera que mis acciones reflejen de modo constante tus estatutos! A medida que te busco de todo corazón y guardo tu ley, me harás una persona de integridad que conoce la felicidad que resulta de caminar en tus sendas. Que te honre todo lo que yo haga y diga.

TODO EL CIELO ESPERA AYUDAR A QUIENES DESCUBREN LA VOLUNTAD DE DIOS Y LA CUMPLEN.
J. Robert Ashcroft (1878-1958)

Bienaventurados los perfectos de camino, los que andan en la ley de Jehová. Bienaventurados los que guardan sus testimonios, y con todo el corazón le buscan; Pues no hacen iniquidad los que andan en sus caminos. Tú encargaste que sean muy guardados tus mandamientos. ¡Ojalá fuesen ordenados mis caminos para guardar tus estatutos!
Salmo 119:1-5

Las lecturas para hoy de *La Biblia en un año* son **2 Samuel 2:12 — 3:39; Juan 13:1-30; Salmo 119:1-16 y Proverbios 15:29-30.**

LA BIBLIA EN UN AÑO

Que guarde tu palabra

Haz bien a tu siervo; que viva, y guarde tu palabra. Abre mis ojos, y miraré las maravillas de tu ley. Forastero soy yo en la tierra; no encubras de mí tus mandamientos. Quebrantada está mi alma de desear tus juicios en todo tiempo.
Salmo 119:17-20

¿Te has visto alguna vez echando rápidamente una ojeada a tu porción diaria de lectura bíblica, solo para cumplir mentalmente con esa tarea en tu lista? En contraste, el salmista anhelaba conocer y obedecer las maravillosas verdades en las leyes de Dios. Estaba consciente de su necesidad de los mandamientos del Señor y los anhelaba ardientemente. Quizá no siempre tengamos la misma hambre ni el mismo entusiasmo del salmista, pero tenemos el Salmo 119, donde casi todos los versículos describen la grandeza de la Palabra de Dios. Esta nos instruye, nos anima y nos muestra el camino de vida. Mucho más que solo un desafío intelectual, las palabras vivas de la Biblia son nuestra base para la oración y nos llevan al corazón del Padre. Si la Palabra de Dios parece seca y menos que «maravillosa», quizá se deba a que estás dejando al Espíritu Santo fuera de tu tiempo de lectura. Pídele que te abra los ojos espirituales para percibir y entender las fabulosas verdades de la Biblia. ¡Él no te desilusionará!

SEÑOR, hermanos y hermanas en Cristo de todo el mundo anhelan tener tu Palabra y leerla, pero no la tienen. Qué privilegio tengo de poder leerla en el momento en que desee. Abre mis ojos, ¡y dame sabiduría para ver y comprender las maravillosas verdades en tu ley! Nunca permitas que yo dé tu Palabra por sentada. Ayúdame a guardarla y a meditar en ella de día y noche.

SI QUEREMOS ORAR CON CONFIANZA Y ALEGRÍA, LAS PALABRAS DE LAS SANTAS ESCRITURAS TENDRÁN QUE SER BASES SÓLIDAS DE NUESTRA ORACIÓN ... LAS PALABRAS QUE VIENEN DE DIOS SE VUELVEN ENTONCES LOS PASOS SOBRE LOS CUALES ENCONTRAMOS NUESTRO CAMINO HACIA DIOS.
Dietrich Bonhoeffer (1906-1945)

Las lecturas para hoy de *La Biblia en un año* son **2 Samuel 4:1 — 6:23; Juan 13:31 — 14:14; Salmo 119:17-32 y Proverbios 15:31-32.**

Un regalo de paz

paz

Jesús sabía que mientras vivamos en el planeta Tierra habrá cosas que pueden perturbar nuestra paz y ocasionarnos tribulación o temor. Lo único que tenemos que hacer es oír las noticias o abrir un periódico para ver incontables razones para estar atribulados. ¿Recuerdas el pánico que se produjo en cuanto al efecto que iba a tener el cambio de milenio, con los ovnis y con la enfermedad llamada «de la vaca loca»? ¿Y la violencia, el terrorismo y la amenaza de guerra bioquímica? Las hormonas que según los médicos protegerían el corazón de las mujeres han demostrado que no lo hacen. Los alimentos están contaminados con pesticidas. Es fácil ver que ni este mundo ni sus circunstancias nos darán la paz que nuestros corazones añoran. Pero no tenemos que vivir en un estado de desesperación. Jesús nos ha dejado un gran regalo: paz de mente y corazón exactamente en medio de este mundo atribulado. Esto no viene mediante pensamiento positivo ni por repetir mantras de positivismo, sino por la persona de Jesucristo, quien dijo: «Estas cosas os he hablado para que en mí tengáis paz. En el mundo tendréis aflicción; pero confiad, yo he vencido al mundo» (Juan 16:33). Podemos ingresar a su paz porque Él ya proveyó un camino a través de la cruz.

[Jesús dijo:] La paz os dejo, mi paz os doy; yo no os la doy como el mundo la da. No se turbe vuestro corazón, ni tenga miedo.
Juan 14:27

JESÚS, gracias por la paz de mente y corazón que provees para mí. En medio de mis circunstancias quiero recibir tu paz para mi vida. Te amo por vencer al mundo por medio de tu obra en la cruz. Ayúdame a mantener mis ojos fijos firmemente en ti y a entrar a tu paz.

GRAN CANTIDAD DE PERSONAS ESTÁN TRATANDO DE TRAER PAZ, PERO ESO YA SE HA HECHO. DIOS NO NOS HA DEJADO ESO POR HACER; LO ÚNICO QUE DEBEMOS HACER ES ENTRAR EN ESA PAZ.
D. L. Moody (1837-1899)

Las lecturas para hoy de *La Biblia en un año* son
2 Samuel 7:1—8:18; Juan 14:15-31; Salmo 119:33-48
y **Proverbios 15:33.**

LA BIBLIA EN UN AÑO

Recordar para bendecir

Dijo David: ¿Ha quedado alguno de la casa de Saúl, a quien haga yo misericordia por amor de Jonatán? Y había un siervo de la casa de Saúl, que se llamaba Siba, al cual llamaron para que viniese a David. Y el rey le dijo: ¿Eres tú Siba? Y él respondió: Tu siervo. El rey le dijo: ¿No ha quedado nadie de la casa de Saúl, a quien haga yo misericordia de Dios?

2 Samuel 9:1-3

¿Has recordado alguna vez una amistad de mucho tiempo atrás y luego decidiste hacer algo para volverte a conectar con esa persona? En algún momento David recordó una relación pasada y una promesa que años antes había hecho a Jonatán el hijo de Saúl (1 Samuel 20:14-15). Después de averiguar, descubrió al hijo lisiado de Jonatán, Mefi-boset, quien vivía en Lodebar. El rey David hizo que lo llevaran al palacio y que lo pusieran en su mesa real, le dio la herencia de su abuelo Saúl y lo colmó de bendiciones. El rey restauró a Mefi-boset todo lo que había pertenecido a Saúl y su familia. La motivación total de David era guardar su promesa a Jonatán para mostrar los favores de Dios a la familia de Jonatán de cualquier modo posible.

¿Existe alguien del pasado, una amistad o un familiar, a quien pudieras mostrar el favor de Dios? ¿Has olvidado una promesa que hiciste o no cumpliste un compromiso de orar por alguien? Tal vez no tengamos los recursos para brindar la clase de generosidad que David mostró a Mefi-boset, pero una acción amable podría cambiar la vida de una persona. Como alguien dijo en cierta ocasión: ¡la amabilidad convierte más pecadores a Cristo que el conocimiento o el celo!

SEÑOR, hazme recordar personas que he olvidado y a quienes me pusiste para que intercediera por ellas o les proveyera de algo. Cuando me comprometa con alguien, o cuando haga una promesa, ayúdame a cumplirla rápidamente para no olvidarla. ¡Recuérdame a menudo que tú nunca dejas de cumplirme tus promesas!

VOY A PASAR UNA SOLA VEZ POR LA VIDA. POR ESO, CUALQUIER AMABILIDAD QUE PUEDA MOSTRAR, O CUALQUIER BIEN QUE PUEDA HACER AL SER HUMANO, HÁZMELO SABER AHORA. HAZ QUE NO APLACE NI DESCUIDE LO QUE DEBO HACER, PORQUE NO VOLVERÉ A TRANSITAR ESTE CAMINO.
Stephen Grellet (1773-1855)

Las lecturas para hoy de *La Biblia en un año* son **2 Samuel 9:1 — 11:27; Juan 15:1-27; Salmo 119:49-64 y Proverbios 16:1-3.**

Misericordias divinas

He orado estos versículos del Salmo 119 por una amistad hospitalizada que sufría de leucemia. También los he orado por una madre quebrantada cuyo hijo está encarcelado y por una anciana amiga cristiana que está hospitalizada por grave depresión clínica después de un derrame cerebral. Cuando oramos: *Señor, que tu misericordia consuele a quienes lo necesitan hoy. Que tus misericordias vayan a esas personas. Y que esas personas puedan sentir, experimentar y creer el amor que tú les tienes*, se trata de una oración poderosa que Dios se alegra en contestar, porque Él es el Dios de toda consolación. Él está lleno de amorosa amabilidad y de tierna misericordia. ¿Conoces a alguien que esté en medio de un sufrimiento, alguien enfermo, quebrantado de corazón, solo o en angustia y que necesita hoy el consuelo de las misericordias divinas? ¿Qué amistades o familiares necesitan tener las misericordias de Dios? Cuando oras por tus amistades y seres queridos, puedes tener la seguridad de que no hay dolor ni sufrimiento tan profundo que el amor y la misericordia de Dios no pueda sanar.

SEÑOR, tú eres el Dios de toda consolación. Cuánto te lo agradezco. Te ruego que tu misericordia consuele a [nombre(s)] y porque tus misericordias lleguen a [nombre(s)]. Estos seres queridos necesitan la ternura de tu Espíritu hoy. Haz que te sientan en medio de su sufrimiento y tócalos hoy con tu sanidad.

LA MISERICORDIA DE DIOS NO TIENE LÍMITES, ES GRATIS Y POR MEDIO DE NUESTRO SEÑOR JESUCRISTO ESTÁ DISPONIBLE AHORA PARA NOSOTROS EN NUESTRA SITUACIÓN ACTUAL.
A. W. Tozer (1897-1963)

Sea ahora tu misericordia para consolarme, conforme a lo que has dicho a tu siervo. Vengan a mí tus misericordias, para que viva, porque tu ley es mi delicia.
Salmo 119:76-77

Las lecturas para hoy de *La Biblia en un año* son
**2 Samuel 12:1-31; Juan 16:1-33; Salmo 119:65-80
y Proverbios 16:4-5.**

LA BIBLIA EN UN AÑO

unidad

Oración por unidad

[Jesús dijo:] No ruego
solamente por estos,
sino también por los
que han de creer en mí
por la palabra de ellos,
para que todos sean
uno; como tú, oh Padre,
en mí, y yo en ti, que
también ellos sean uno
en nosotros; para que el
mundo crea que tú me
enviaste.
Juan 17:20-21

Muchos cristianos creen que Juan 17 constituye la colección más importante de palabras y también de las oraciones más importantes registradas en la historia humana. Aquí vemos una clara demostración verbal del corazón de Cristo a solo unas pocas horas antes de que su corazón se desangrara físicamente. En el versículo 13 Jesús mismo nos dice que oró en voz alta ante sus discípulos para que ellos se llenaran del gozo del Señor. En estos versículos expresó su oración por unidad en amor y propósito, no solo por sus discípulos, sino también por nosotros y por todo creyente futuro. Siglos antes de que naciéramos, el Señor nos estaba llevando al trono de la gracia para que pudiéramos estar unos con otros y con Él, así como el Padre y él son uno. Podemos entrar a la oración de Jesús cuando pedimos que esto se cumpla en nuestra vida.

HOY, SEÑOR, te pido por la unidad con familiares, con otros creyentes y con todos los que te conocen. Que seamos uno con el Padre, el Hijo y el Espíritu Santo. Jesús, que nuestra unidad muestre al mundo que vienes del Padre, y que otros se acerquen a ti y experimenten tu amor.

ORAR ES LA CONDICIÓN ÚNICA Y ETERNA POR LA QUE EL PADRE ESTÁ COMPROMETIDO A PONER AL HIJO EN POSESIÓN DEL MUNDO. CRISTO ORA POR MEDIO DE SU PUEBLO. SI EL PUEBLO DE DIOS ORARA DE MANERA INSISTENTE, UNIVERSAL Y CONTINUA, HACE MUCHO TIEMPO CRISTO SE HUBIERA POSESIONADO DE ESTA TIERRA.
E. M. Bounds (1835-1913)

Las lecturas para hoy de *La Biblia en un año* son
**2 Samuel 13:1-39; Juan 17:1-26; Salmo 119:81-96
y Proverbios 16:6-7.**

El camino de la vida

En esta parte del Salmo 119 podemos unirnos al salmista en agradecer a Dios por su Palabra, no solo porque nos da comprensión y discernimiento que de otro modo careceríamos, sino porque a través de ella el Señor brinda luz para todo aspecto de nuestra vida: relaciones, familias, profesiones, ministerios. La Palabra es vital si hemos de caminar en confianza y fe en Cristo. Nos lleva a descubrir el plan de Dios para nosotros y nos ayuda a alejarnos de falsos senderos de la vida. Mientras más tenebroso se vuelva el mundo que nos rodea, más importante es seguir la luz de Dios y obedecer su Palabra. Rara vez tenemos una clara visión del futuro, o un panorama de lo que yace por delante. En vez de eso, Dios nos guía justo con la luz que necesitamos para seguir adelante y tomar una decisión, con el fin de dar el paso siguiente. Mientras leemos estos versículos de hoy, comprometámonos a seguir la Palabra de Dios como hizo el salmista. En ella encontraremos el sendero de vida.

SEÑOR, anhelo deleitarme en tu Palabra, obedecerla y comprometerme a caminar a la luz que provee. Te alabo porque tu Palabra ilumina el camino a mis pies de modo que no tenga que vagar en las tinieblas. Guíame hoy con tu maravillosa Palabra.

EN TODAS MIS PERPLEJIDADES Y AFLICCIONES, LA BIBLIA NUNCA HA DEJADO DE DARME LUZ Y FORTALEZA.
Robert E. Lee (1807-1870)

¡Cuán dulces son a mi paladar tus palabras! Más que la miel a mi boca. De tus mandamientos he adquirido inteligencia; por tanto, he aborrecido todo camino de mentira. Lámpara es a mis pies tu palabra, y lumbrera a mi camino. Juré y ratifiqué que guardaré tus justos juicios.
Salmo 119:103-106

Las lecturas para hoy de *La Biblia en un año* son
2 Samuel 14:1 — 15:22; Juan 18:1-24; Salmo 119:97-112 y Proverbios 16:8-9.

LA BIBLIA EN UN AÑO

¿Dónde está nuestra esperanza?

Mi escondedero y mi escudo eres tú; en tu palabra he esperado.
Salmo 119:114

Cuando Corrie ten Boom viajaba por el mundo para llevar un mensaje de perdón y amor, al salir libre de un campo de concentración nazi después de la Segunda Guerra Mundial, en cierta ocasión conoció a una misionera que estaba muy atemorizada y desesperada porque los cristianos cerca de su misión sufrían de constante persecución y muerte. Corrie le aconsejó que desde lo alto, que desde los reinos celestiales donde la victoria de Jesús es la más grande realidad, mirara los terribles acontecimientos que la rodeaban. Sin embargo, ella reconoció que solo es posible tener esta clase de perspectiva por medio del Espíritu Santo y a través de una renovada visión del Señor Jesucristo.

Hay ocasiones en que podemos mirar al Señor y a su Palabra como nuestra única fuente de esperanza. Encuentra los momentos adecuados para reflexionar en dónde has puesto tu esperanza. ¿En una persona o en un resultado deseable? ¿En seguridad económica? ¿En un buen gobierno? Levanta los ojos al Señor; pon tu esperanza en Él y en su Palabra, y Él te sustentará.

QUERIDO SEÑOR, cuánto agradezco que seas mi escondedero y mi escudo. Aunque a menudo mi perspectiva se enfoca en las circunstancias que me rodean, tú ya conoces el resultado de tus planes para mi vida. En medio de las dificultades, tu Palabra es mi única fuente de esperanza. Ayúdame a confiar en ti y a tener una perspectiva eterna.

RENDIRSE AL SEÑOR SIGNIFICA GIRAR CIENTO OCHENTA GRADOS; ESO SIGNIFICA ALGUIEN RENOVADO Y UNA VISIÓN RENOVADA ... NO ESTAMOS LISTOS PARA LA BATALLA HASTA QUE HAYAMOS VISTO AL SEÑOR, PORQUE JESÚS ES LA RESPUESTA A TODOS LOS PROBLEMAS.
Corrie ten Boom (1892-1983)

Las lecturas para hoy de *La Biblia en un año* son **2 Samuel 15:23 — 16:23; Juan 18:25 — 19:22; Salmo 119:113-128 y Proverbios 16:10-11.**

Tengo sed

Una de las mujeres que permaneció al pie de la cruz conoció una vez la sed que el agua común no puede saciar. Entre sus coetáneos la habían marginado y no había lugar en la sociedad para alguien como ella. Tenía una gran necesidad, y nada podía llenar el vacío en su interior. Entonces llegó el día en que conoció a Jesús. Aunque sus acusadores la habían abandonado, y de buena gana la habrían apedreado, Jesús vio su necesidad, y en lugar de abandonarla enfrentó a sus acusadores y le salvó no solamente la vida sino también el alma. De ahí en adelante María Magdalena fue discípula devota de Cristo, y lo siguió aun hasta el pie de una brutal cruz. Cuando Jesús gritó que estaba sediento, los soldados confundieron esto con debilidad de la carne y le pusieron vinagre en los labios. Lo que no comprendieron es que las palabras de Jesús eran una declaración de haber concluido la obra de su Padre. Jesús estaba sediento porque se estaba entregando como una ofrenda, no solamente por la agradecida mujer arrodillada a sus pies, sino también por generaciones venideras de personas.

Sabiendo Jesús que ya todo estaba consumado, dijo, para que la Escritura se cumpliese: Tengo sed.
Juan 19:28

JESÚS, entregaste tu vida como ofrenda, y me diste agua viva que salvó y restauró mi alma. Ayúdame a tomar esa misma agua de vida y a extenderla sobre los sedientos que me rodean. Úsame para alcanzar a los abandonados, a los despreciados y a los marginados con tu amor purificador.

TENGO UNA GRAN NECESIDAD DE CRISTO, TENGO UN GRAN CRISTO PARA MI NECESIDAD.
Charles Haddon Spurgeon (1834-1892)

Las lecturas para hoy de *La Biblia en un año* son
2 Samuel 17:1-29; Juan 19:23-42; Salmo 119:129-152 y Proverbios 16:12-13.

LA BIBLIA EN UN AÑO

De vuelta al hogar

Anduve errante como oveja extraviada; busca a tu siervo, porque no me he olvidado de tus mandamientos.
Salmo 119:176

Si somos cristianos, en un momento u otro cada uno de nosotros fue una oveja perdida que el Padre encontró y llevó hacia sí. Dios quiere que, como recipientes de su asombrosa gracia, nos unamos a Él en interceder por las demás ovejas perdidas: familiares, amistades u otras personas que Él ha puesto en nuestro camino. Debemos llevarlos ante el trono de la gracia y pedir al Señor que se les revele, que los redima, que los libere de las garras del pecado y que los transforme por medio de su amor. Si son hijos pródigos que están en un país lejano con un estilo de vida impío, si han olvidado los mandamientos de Dios o Satanás los está engañando, ora para que el Espíritu del Señor derribe fortalezas de orgullo e incredulidad y para que renueve sus mentes en la verdad. Ora para que Él lleve a estas personas de la oscuridad a su luz admirable.

Mientras oras por esas ovejas perdidas, ten confianza en que el poder de Dios obra en sus vidas, derrota las estrategias de Satanás y las lleva al total conocimiento de Cristo Jesús. Agradece al Señor por lograr esto a través de la obra que Cristo concluyó en la cruz, y entonces sigue orando a fin de que Dios cumpla sus propósitos para esas ovejas perdidas.

PADRE, oro hoy a favor de [nombre(s)]. Abre sus mentes y corazones a la verdad de tu Palabra. Envía al Espíritu Santo a liberar tu amor y poder en sus vidas, para que puedan experimentar tu gracia, creer tu verdad, entender su necesidad, volverse del pecado y vivir para siempre contigo.

DIOS OBRA EN LA TIERRA POR MEDIO DE LA ORACIÓN, Y TÚ TENDRÁS EL ASOMBROSO PRIVILEGIO DE ESTAR CON DIOS PARA VER A QUIENES LLEGAN A CRISTO. EN EL CIELO HABRÁ PERSONAS DEBIDO A TUS ORACIONES.
Periódico holandés

LA BIBLIA EN UN AÑO

Las lecturas para hoy de *La Biblia en un año* son **2 Samuel 18:1 – 19:10; Juan 20:1-31; Salmo 119:153-176 y Proverbios 16:14-15.**

Una manera *diferente*

Cuando Jesús vio que los discípulos habían estado toda la noche tratando de pescar sin haber atrapado nada, se interesó en la manera en que lo estaban haciendo. No les dijo: «Dejen de pescar. Renuncien. Váyanse a casa. ¡Inténtelo de nuevo mañana!». En vez de eso les mostró una manera diferente de emprender sus actividades. Les dio un curso de corrección: lanzar la red al otro lado de la barca. Los discípulos pudieron haber pensado: *Se trata de la misma agua. ¿Qué diferencia podría hacer eso?* Pero cuando siguieron las nuevas instrucciones que Jesús les había dado, a duras penas la red podía contener el abundante rendimiento.

Tal vez has estado trabajando y trabajando con poco provecho que demuestre tus esfuerzos. Incluso podrías sentir deseos de darte por vencido. Pero no lo hagas. En su lugar vuelve a comprometer tu obra con Dios. Pregúntale si desea que sigas una estrategia distinta. Quizá Él tenga un curso de corrección para ti como lo tuvo para los discípulos. Busca su guía: quizá te la dé en medio de tu tarea como hizo con ellos, en la tranquilidad del amanecer o cuando vas por la calle. Pero si le pides su guía, ¡con seguridad te la dará!

SEÑOR, muéstrame la mejor manera de emprender la obra a la que me has llamado, a fin de que pueda ser más conveniente para ti y para tu reino. Gracias por las ideas creativas y los planes novedosos que yo nunca habría imaginado por mi cuenta. Te agradezco mucho que te deleites en revelarlos a un corazón dispuesto. Y cuando lo hagas, ¡haz que recuerde darte el crédito!

LA ORACIÓN CALZA EN CADA FASE DE NUESTRA EXPERIENCIA TERRENAL, Y POR CONSIGUIENTE SIEMPRE PODEMOS ORAR. PUEDES LLEVAR A DIOS EN ORACIÓN TU ACTUAL NECESIDAD, DIFICULTAD O PROBLEMA. NADA HAY EN NUESTRA VIDA EN QUE NUESTRO PADRE CELESTIAL NO SE INTERESE.
Charles Cook

Cuando ya iba amaneciendo, se presentó Jesús en la playa; mas los discípulos no sabían que era Jesús. Y les dijo: Hijitos, ¿tenéis algo de comer? Le respondieron: No. Él les dijo: Echad la red a la derecha de la barca, y hallaréis. Entonces la echaron, y ya no la podían sacar, por la gran cantidad de peces.
Juan 21:4-6

Las lecturas para hoy de *La Biblia en un año* son **2 Samuel 19:11—20:13; Juan 21:1-25; Salmo 120:1-7 y Proverbios 16:16-17.**

LA
BIBLIA
EN
UN AÑO

El Señor es tu guardador

*Jehová es tu guardador;
Jehová es tu sombra a
tu mano derecha. El sol
no te fatigará de día, ni
la luna de noche.
Jehová te guardará de
todo mal; él guardará
tu alma. Jehová
guardará tu salida y tu
entrada desde ahora y
para siempre.*
Salmo 121:5-8

Hace poco nuestro hijo dejó de conducir por toda la nación para empezar un nuevo capítulo de su vida como médico de la Marina de los Estados Unidos. Viajando sin compañía en su pequeña furgoneta blanca repleta hasta el techo, Chris recogió en el aeropuerto a su esposa y a su pequeño bebé y fijó su residencia en Bethesda, Maryland, para servir más adelante en otros puestos militares y hospitales navales en toda la nación. Estuve consciente de que yo no podía estar allí acompañándolo en el viaje ni pasándole una olla de sopa el día en que comenzaron a desempacar. Pero cuán maravilloso es saber que el Señor mismo guardaba a Chris, que el Dios todopoderoso estaba a su lado en los miles de kilómetros que condujo, ¡y que mi hijo nunca estuvo solo! Se pudo haber dormido o agotado, pero el Señor nunca toma una siesta ni dormita. Él estaba al lado de Chris para protegerlo y guiarlo con su pequeña familia en una ciudad desconocida y de mucho movimiento. Cuánto agradezco que el Señor guarde las entradas y las salidas de mi hijo, no solo en ese viaje, sino en toda su vida y por siempre.

¿Conoces a alguien que necesita el cuidado del Señor? Ora hoy este salmo por esa persona y agradécele a Dios por su protección divina.

SEÑOR, ¡te alabo por guardarme y por proteger a mis seres queridos! Qué paz me da saber que nunca duermes y que puedo confiarte por completo a quienes amo para que los cuides y protejas. Bendice y protege la entrada y salida de [nombre(s)], tanto ahora como por siempre.

LA ORACIÓN ES LA CLAVE QUE NOS ENCIERRA
BAJO LA PROTECCIÓN Y LA SEGURIDAD DE DIOS.
Anónimo

Las lecturas para hoy de *La Biblia en un año* son
**2 Samuel 20:14—21:22; Hechos 1:1-26;
Salmo 121:1-8 y Proverbios 16:18.**

Orar por un desbordamiento

Habían pasado siete largas semanas de oración perseverante desde que Jesús había dicho a los apóstoles que permanecieran en Jerusalén hasta que el Padre enviara al Espíritu Santo prometido. Aumentaba en la ciudad el alboroto acerca de Jesús, y crecían las presiones para los seguidores de Cristo, incluso sus vidas estaban en peligro. Sin embargo, ellos no huyeron desesperadamente a los alrededores de Jerusalén en busca de ayuda. No iniciaron un programa para construir un nuevo edificio ni contrataron un especialista en crecimiento de iglesias en un intento por aumentar sus miembros. En vez de eso permanecieron en el aposento alto en oración unida, incondicional y ferviente. El plan y propósito de Dios era derramar su Espíritu, pero las oraciones de los creyentes fueron la preparación para Pentecostés. Por medio de sus oraciones, Dios tendió los rieles para la demostración del poder del Espíritu Santo que iba a llegar. En toda la historia podemos ver que se repite el mismo patrón: la oración es la preparación para todo movimiento poderoso del Espíritu de Dios.

SEÑOR, danos la misma unidad y el mismo fervor de oración que tenían tus seguidores en el aposento alto. Añoramos ver la extensión de tu reino, el derramamiento de tu Espíritu en poder, y el cumplimiento de tu voluntad y tu propósito en nuestro tiempo. Danos corazones que tomen un papel activo en «tender los rieles» para la obra de tu Espíritu en nuestra generación.

NUNCA HA HABIDO UN DESBORDAMIENTO DEL DIVINO ESPÍRITU DE DIOS SIN UN DERRAMAMIENTO PREVIO DEL ESPÍRITU HUMANO ANTE DIOS.
A.T. Pierson (1837-1911)

Cuando llegó el día de Pentecostés, estaban todos unánimes juntos. Y de repente vino del cielo un estruendo como de un viento recio que soplaba, el cual llenó toda la casa donde estaban sentados.
Hechos 2:1-2

Las lecturas para hoy de *La Biblia en un año* son
2 Samuel 22:1 — 23:23; Hechos 2:1-47;
Salmo 122:1-9 y Proverbios 16:19-20.

LA BIBLIA EN UN AÑO

Aferrados a Dios en oración

A ti alcé mis ojos, a ti que habitas en los cielos. He aquí, como los ojos de los siervos miran a la mano de sus señores, y como los ojos de la sierva a la mano de su señora, así nuestros ojos miran a Jehová nuestro Dios, hasta que tenga misericordia de nosotros.
Salmo 123:1-2

Este pasaje nos ofrece una hermosa imagen verbal, de sentida y dedicada devoción, en cuanto a tener toda nuestra atención enfocada en el Señor celestial. El salmista compara su confianza en Dios con la disposición de siervos o esclavos atentos que están pendientes de toda palabra, observando y esperando la más leve señal de su amo. Al leer estos versículos recuerdo que algunos días mis ojos miran cualquier otra cosa menos al Señor. Cuán agradecidos podemos estar de que hasta en esos momentos la sangre de Jesús nos limpia si reconocemos con humildad que no estamos enfocados en Dios y que no dependemos totalmente de Él. Su Espíritu dentro de nosotros mira hacia al Padre, acerca nuestros corazones en oración y nos asocia con Él en su misión aquí en la tierra. ¡Qué buen lugar para estar es ese! La próxima vez que el Espíritu te recuerde que tu visión está desenfocada, recuerda esta imagen del siervo y pídele a Dios que vuelva a atraer tu atención hacia Él.

OH DIOS, entronado en el cielo, anhelo tener mis ojos fijos en ti, como los tenía el salmista. Acércame a ti, Señor, cuando hoy levante los ojos a tu trono en busca de misericordia y gracia. Apártame de distracciones que alejen mis ojos de ti y hagan confuso mi enfoque. Haz que yo preste atención hoy a las señales de tu Espíritu en mi corazón y en mi vida.

NO CREO QUE HAYA ALGUIEN QUE NECESITE LA AYUDA Y LA GRACIA DE DIOS TANTO COMO YO. A VECES ME SIENTO MUY INDEFENSA Y DÉBIL. CREO QUE POR ESO DIOS ME USA. PUESTO QUE NO PUEDO DEPENDER DE MIS PROPIAS FUERZAS, CONFÍO EN ÉL VEINTICUATRO HORAS AL DÍA ... TODOS NOSOTROS DEBEMOS AFERRARNOS A DIOS POR MEDIO DE LA ORACIÓN.
Madre Teresa (1910-1997)

Vigilemos nuestras palabras

Ah, ¡el poder y la fuerza de nuestras palabras! Pueden ser un bálsamo suave o una espada que corta dolorosamente. Pueden levantar a los demás o derribarlos. Este proverbio nos hace detenernos y reflexionar antes de hablar y escoger nuestras palabras con sabiduría para que produzcan salud en vez de heridas. Así como la miel es una sustancia dadora de vida, una medicina universal que da salud y energía al cuerpo y un ingrediente que endulza los alimentos, las palabras amables constituyen dulces regalos para quienes las oyen. Las palabras amables pueden sanar relaciones; aunque sean escasas, pueden animar poderosamente a otros e infundirles esperanza mientras suavizan sus temores y sufrimientos. Las palabras suaves en realidad promueven energía y salud positiva en quienes las oyen para que puedan dar lo mejor de sí. Pídele a Dios que te llene de dichos amables y nutritivos para todas las personas que encuentres cada día, en especial aquellas con quienes vives o trabajas que pueden someter a prueba tu paciencia. Cuando la gente es más irritable y antipática es cuando más se necesitan palabras amables y cariñosas.

SEÑOR, dame dichos amables —tus palabras de vida— con los cuales bendecir a quienes me rodean. Puesto que mis palabras nacen en mi corazón, endulza mi alma con tu Espíritu y suaviza y expande mi corazón para tener amor por los demás. Que mis palabras sean hoy regalos de dulzura para quienes me rodean.

LAS PALABRAS FRÍAS DEJAN HELADAS A LAS PERSONAS, LAS CALIENTES LAS CHAMUSCAN, LAS AMARGAS LES PRODUCEN AMARGURA Y LAS IRACUNDAS LAS HACEN ENCOLERIZAR. LAS PALABRAS AMABLES SUAVIZAN, CALMAN Y CONSUELAN AL OYENTE.
Blaise Pascal (1623-1662)

Panal de miel son los dichos suaves; suavidad al alma y medicina para los huesos.
Proverbios 16:24

Las lecturas para hoy de *La Biblia en un año* son
1 Reyes 1:1-53; Hechos 4:1-37; Salmo 124:1-8 y Proverbios 16:24.

seguridad

Verdadera seguridad

Los que confían en Jehová son como el monte de Sion, que no se mueve, sino que permanece para siempre. Como Jerusalén tiene montes alrededor de ella, así Jehová está alrededor de su pueblo desde ahora y para siempre.
Salmo 125:1-2

¿Qué significa confiar en el Señor? Significa mirarlo como la fuente de nuestra seguridad y poner nuestra fe en la gracia, el amor, el poder y la protección de Dios cuando llegan las inevitables presiones de la vida. Significa saber, igual que el salmista, que como las montañas rodean y protegen la ciudad de Jerusalén, Dios mismo rodea y protege a su pueblo. Cuando confiamos en el Señor, no tenemos que enfocarnos en los malvados y en lo que están haciendo o podrían hacernos; no tenemos que revivir nuestras aflicciones. Aunque haya problemas del tamaño de una montaña frente a nosotros, podemos clamar al Señor que creó los montes y puede moverlos. Cuando nos enfocamos en Él y en su verdad, anima nuestros corazones y nos ayuda a reclamar la extraordinaria promesa del versículo 2: el Señor rodeará y protegerá a su pueblo, ahora y para siempre.

SEÑOR, hoy pongo mi confianza en ti. Eres mi seguridad y protección, mi escudo, mi fortaleza y mi lugar de escondite, y te alabo. Cuando me rodeen enemigos y se multipliquen los problemas, ayúdame a recordar que eres fiel y que me rodeas y proteges, ahora y por siempre.

ES PRUDENTE DEJAR DE CENTRARNOS EN ENEMIGOS Y PELIGROS, CLAMANDO A DIOS. LA ORACIÓN ES UNA BUENA INTERRUPCIÓN DE UN CATÁLOGO DE PELIGROS.
Alexander Maclaren (1826-1910)

LA BIBLIA EN UN AÑO

Las lecturas para hoy de *La Biblia en un año* son **1 Reyes 2:1—3:2; Hechos 5:1-42; Salmo 125:1-5 y Proverbios 16:25.**

Entreguémonos a la oración

Ante tan rápido crecimiento de la cantidad de creyentes en la iglesia primitiva, surgieron sentimientos de dureza y disensión. Por lo tanto, los discípulos se pusieron a pensar y comprendieron que debían emplear tiempo y energías enseñando y predicando la Palabra de Dios, y entregarse a la oración en vez de administrar un programa de alimentación, o en lugar de juzgar disputas. Por ende, hicieron lo que hacen los dirigentes sabios y responsables: definieron su máxima prioridad y luego delegaron a otros el resto de las tareas importantes.

El misionero y ministro Andrew Murray comparó la cantidad de tiempo, esfuerzo y diligencia que un agricultor necesita para producir una buena cosecha con nuestra necesidad de dar tiempo, esfuerzo y diligencia a la oración. En vez de relegarla a un diminuto segmento en nuestro temporizador diario, debemos cultivar una entrega continua e incondicional de nosotros mismos a la intercesión, si hemos de obtener las bendiciones que Dios tiene para nosotros y para las vidas de otros. ¿Es la más alta prioridad en tu vida ser diligente en orar?

SEÑOR, dame disposición y devoción continuas para orar. Abre mis ojos y mi corazón para entender el fabuloso privilegio que me has dado al permitirme libre acceso a tu trono. Dame un corazón hambriento por pasar tiempo contigo. Y mientras lo hago, prepara mi mente y mi corazón para la obra que debo hacer por ti y por tu reino.

LA SEMILLA QUE SEMBRAMOS EN LOS TERRENOS DEL CIELO, LOS ESFUERZOS QUE PONEMOS Y LA INFLUENCIA QUE TRATAMOS DE EJERCER EN EL MUNDO DE ARRIBA DEMANDAN DE TODO NUESTRO SER; DEBEMOS ENTREGARNOS A LA ORACIÓN. PERO TENGAMOS CONFIANZA PLENA QUE EN EL MOMENTO DEBIDO COSECHAREMOS, SI NO DESMAYAMOS.
Andrew Murray (1828-1917)

[Los apóstoles dijeron:] Nosotros persistiremos en la oración y en el ministerio de la palabra.
Hechos 6:4

Las lecturas para hoy de *La Biblia en un año* son
1 Reyes 3:3 — 4:34; Hechos 6:1-15; Salmo 126:1-6 y Proverbios 16:26-27.

LA BIBLIA EN UN AÑO

Si el Señor no edifica...

*Si Jehová no edificare
la casa, en vano
trabajan los que la
edifican; si Jehová no
guardare la ciudad, en
vano vela la guardia.
Por demás es que os
levantéis de
madrugada, y vayáis
tarde a reposar, y que
comáis pan de dolores;
pues que a su amado
dará Dios el sueño.*
Salmo 127:1-2

Este salmo tiene gran aplicación para nuestras vidas cotidianas habituales. Edificar una casa es símbolo de una tarea, una empresa, una carrera o un trabajo. Es lo que hacemos cuando nos levantamos cada lunes por la mañana. Salomón, el salmista, dice que si tratamos de edificar, trabajar o guardar nuestro «territorio» sin Dios como base, todos nuestros esfuerzos son inútiles y vanos. La bendición del Señor llega cuando utilizamos los talentos y las habilidades que Él nos ha dado, y le confiamos los resultados. Entonces nuestros esfuerzos no serán en vano; producirán fruto y bendición... incluyendo la bendición de descansar.

¿Cuál es tu «proyecto de edificación», la obra que Dios te ha confiado? ¿Es levantar una empresa o una estructura? ¿Es edificar vidas siendo padres, maestros, pastores o al cuidar de alguien? Pon a Dios en el centro de tu esfuerzo, porque en Él está tu bendición y tu descanso.

SEÑOR, reconozco que sin depender y confiar en ti, toda mi obra es en vano y mi esfuerzo se pierde. Quiero que seas la base de mi vida, mi familia y mi vocación para que la obra de mis manos dé fruto y te honre. Entonces podré disfrutar el descanso que das.

DE LA CONSTRUCCIÓN DE LA VIDA, DIOS ES EL ARQUITECTO Y EL HOMBRE EL CONTRATISTA. DIOS TIENE UN PLAN Y EL HOMBRE OTRO. ¿ES EXTRAÑO QUE HAYA CONFLICTOS Y ENFRENTAMIENTOS?
Henry Ward Beecher (1813-1887)

Las lecturas para hoy de *La Biblia en un año* son
1 Reyes 5:1 — 6:38; Hechos 7:1-29; Salmo 127:1-5
y Proverbios 16:28-30.

Una oración por las familias

Estos versículos pintan la imagen de una familia piadosa que vive bajo la autoridad y la protección del Señor: padres que temen a Dios y siguen sus caminos, una esposa que florece, hijos que crecen con esperanza y promesa para el futuro. La historia muestra que cuando hay paz y orden en las familias, esa paz fluye hacia la iglesia, la ciudad, la provincia y la nación. Por desgracia, esto no es representativo de la mayoría de los hogares modernos. Al contrario, las familias se están desintegrando en todas partes, los hijos se meten en problemas, la cultura está en un declive moral. Sin embargo, gracias a Dios, ¡Él tiene una respuesta! Él es el padre de nuestras familias; y su corazón y su deseo para las familias aún es el mismo: vivir en simple gozo, orden y armonía; complacernos en el fruto de nuestra labor y seguir sus caminos. ¿Conoces una familia que necesita ayuda de Dios? Ora hoy este salmo como tu oración por esa familia y por la tuya propia.

SEÑOR, nuestras familias te necesitan. Bendice a nuestra familia, ¡y enséñanos a temerte y a seguir tus caminos! Que la luz de nuestra familia bendiga nuestra iglesia, ciudad, estado y nación. Hoy te pido por la familia [nombre]. Están heridos y necesitan conocerte y conocer tus planes para ellos. Acerca sus corazones a ti y dales fe para que puedan experimentar las riquezas de vida que prometes a quienes te temen.

EL FUTURO DE LA IGLESIA Y DE LA HUMANIDAD DEPENDE EN GRAN PARTE DE LOS PADRES Y DE LA VIDA FAMILIAR QUE LEVANTAN EN SUS HOGARES. LA FAMILIA ES LA VERDADERA MEDIDA DE LA GRANDEZA DE UNA NACIÓN.
Papa Juan Pablo II (n. 1920-2005)

Bienaventurado todo aquel que teme a Jehová, que anda en sus caminos. Cuando comieres el trabajo de tus manos, bienaventurado serás, y te irá bien. Tu mujer será como vid que lleva fruto a los lados de tu casa; tus hijos como plantas de olivo alrededor de tu mesa . . . Y veas a los hijos de tus hijos. Paz sea sobre Israel.
Salmo 128:1-3, 6

Las lecturas para hoy de *La Biblia en un año* son
1 Reyes 7:1-51; Hechos 7:30-50; Salmo 128:1-6 y Proverbios 16:31-33.

LA BIBLIA EN UN AÑO

plan

Dios cumple su plan

*Bendito sea Jehová, que
ha dado paz a su pueblo
Israel, conforme a todo
lo que él había dicho;
ninguna palabra de
todas sus promesas que
expresó por Moisés su
siervo, ha faltado. Esté
con nosotros Jehová
nuestro Dios, como
estuvo con nuestros
padres, y no nos
desampare ni nos deje.
Incline nuestro corazón
hacia él, para que
andemos en todos sus
caminos, y guardemos
sus mandamientos y
sus estatutos y sus
decretos, los cuales
mandó a nuestros
padres.*

1 Reyes 8:56-58

Cuando leemos acerca de la fidelidad del Señor hecha realidad en los acontecimientos de este capítulo, también brotan de nuestros corazones estas palabras de Salomón: «Bendito sea Jehová, que ha dado paz a su pueblo Israel, conforme a todo lo que él había dicho» Cuando el arca del pacto llegó a descansar en su lugar entre las alas del querubín, lo que significaba la conclusión del templo en el cual moraría Dios, «la nube llenó la casa de Jehová» (v. 10). La presencia del Señor era tan gloriosa que los sacerdotes no podían continuar su trabajo; solamente lograban inclinarse ante Él en adoración. Era como si Dios estuviera diciendo: «Se concluyó. El templo que planifiqué se ha construido. ¡Estoy aquí para morar con ustedes!». Por lo tanto, Salomón pudo hacer la siguiente solicitud: «[Que] no nos desampare ni nos deje. Incline nuestro corazón hacia él». El rey pudo hacer esta petición con muy sincero fervor debido a su confianza en el Dios cumplidor de pactos que lleva a cabo sus propósitos. Si de veras captamos la majestad de lo que el Señor hizo durante el reinado de Salomón, podemos agradecerle en fe que Dios también cumplirá sus propósitos en nuestra vida.

BENDITO SEA EL SEÑOR, ¡que guarda su pacto y lleva a cabo sus propósitos! Dame el deseo de hacer tu voluntad en todas partes. Gracias, Padre, por la promesa de que en tu infinita fidelidad cumplirás tu propósito en mi vida, así como le cumpliste todas las promesas a Moisés. Ninguna de ellas falló, ni fallará ninguna de tus promesas para mí.

A PESAR DE TODAS LAS APARIENCIAS EN CONTRA, DIOS TIENE UN PLAN PARA ESTE MUNDO EN RUINA. ÉL AÚN QUIERE QUE NUESTRA TIERRA SEA UN ESCENARIO PARA SU GRACIA Y SU GLORIOSA DIRECCIÓN.
Helmut Thielicke (1908-1986)

Las lecturas para hoy de *La Biblia en un año* son
**1 Reyes 8:1-66; Hechos 7:51—8:13; Salmo 129:1-8
y Proverbios 17:1.**

La gloria de Dios

gloria

Este pasaje es una fuente de mucho ánimo que el Señor desea para glorificar su nombre en todo el mundo a través de su pueblo. El esplendor del reino de Salomón y su increíble sabiduría dio extenso testimonio de la grandeza y majestad del Dios de Israel. Toda la tierra hablaba de la gloria de Salomón. Gente de toda nación viajaba solo para ver lo que el Señor había hecho y para oír la sabiduría que le había dado a este rey. Cuando la reina de Sabá llegó a Jerusalén, no creía en la buena reputación de Salomón, hasta que lo comprobó por sí misma. Ella dijo: «Mis ojos han visto que ni aun se me dijo la mitad» (1 Reyes 10:7). La sabiduría y la grandiosidad del rey excedían tanto lo que esta reina pagana esperaba, que sintió que debía alabar a Dios. Así como la reputación de Salomón llevó gloria al nombre del Señor, e hizo a todo el mundo consciente de la grandeza de Dios, podemos vivir de tal modo que se honre el nombre de nuestro Señor.

SEÑOR, glorifícate en mi vida para que otros te vean y se acerquen a ti. No tengo palacios, joyas ni siervos, ni la sabiduría de Salomón, ¡pero te tengo a ti morando en mi corazón! Haz que por tu Espíritu yo viva cada día de manera que haga maravillar a otros ante tu grandeza.

AL ORDENARNOS QUE LO GLORIFIQUEMOS, DIOS NOS ESTÁ INVITANDO A REGOCIJARNOS EN ÉL.
C. S. Lewis (1898-1963)

Jehová tu Dios sea bendito, que se agradó de ti para ponerte en el trono de Israel; porque Jehová ha amado siempre a Israel, te ha puesto por rey, para que hagas derecho y justicia. … Toda la tierra procuraba ver la cara de Salomón, para oír la sabiduría que Dios había puesto en su corazón.
1 Reyes 10:9, 24

Las lecturas para hoy de *La Biblia en un año* son
1 Reyes 9:1 — 10:29; Hechos 8:14-40; Salmo 130:1-8
y Proverbios 17:2-3.

LA BIBLIA EN UN AÑO

JUNIO

13

De vuelta al Señor

Hizo Salomón lo malo ante los ojos de Jehová, y no siguió cumplidamente a Jehová como David su padre ... Y se enojó Jehová contra Salomón, por cuanto su corazón se había apartado de Jehová Dios de Israel, que se le había aparecido dos veces.
1 Reyes 11:6, 9

Al reflexionar en la maravillosa interacción que Salomón tenía con Dios, en los grandes dones que el Señor le había dado y en los fabulosos hechos que en capítulos anteriores se describieron, vemos lo aleccionador de este pasaje. Nos recuerda que si un hombre tan sabio como Salomón puede alejar su corazón de Dios, nosotros también somos vulnerables. Así como la devoción del rey se volvió del único Señor verdadero a falsos dioses a través de mujeres que amó, el enfoque de nuestro corazón se puede desviar de Jesús por cosas en este mundo que nos distraen, nos atrapan y rivalizan constantemente por captar nuestra atención. Sin embargo, no tenemos que vivir con el temor de fallar como falló Salomón, porque Dios no nos ha llamado a vivir más que de día en día. Su gracia es suficiente para sustentarnos cuando volvemos nuevamente a Él. ¡Esa es la buena noticia! Hoy y cada día es un nuevo comienzo, donde Dios te está esperando con los brazos abiertos a que te le acerques.

SEÑOR, hoy vuelvo de nuevo a ti. Quiero estar cerca de ti y no alejar mi corazón como hizo Salomón. Guárdame y fortaléceme para seguirte todos los días de mi vida. Dependo de ti, Señor. Sé que eres capaz.

DESCANSAR EN DIOS TIENE QUE VOLVER A COMENZAR CADA DÍA COMO SI NADA SE HUBIERA HECHO AÚN.
C. S. Lewis (1898-1963)

Las lecturas para hoy de *La Biblia en un año* son
1 Reyes 11:1 — 12:19; Hechos 9:1-25; Salmo 131:1-3 y Proverbios 17:4-5.

Bernabé, un alentador

Bernabé tenía la habilidad divina de ver y entender lo que el Señor estaba haciendo a su alrededor. Así como Josué y Caleb vieron el potencial en la tierra que Dios había prometido dar a su pueblo, Bernabé vio con ojos espirituales algo del potencial del Señor en Saulo, un ex enemigo que había perseguido a los creyentes antes de encontrar a Cristo en el camino a Damasco. Cuando los demás creyentes temían a Saulo, rechazaban su ministerio y lo señalaban con el dedo, Bernabé lo defendió y declaró lo que Dios había depositado en él. Siguió siendo un pacificador y un puente entre Saulo y los apóstoles, y finalmente los creyentes aceptaron a Saulo y lo recibieron en su comunidad. En consecuencia, el reino de Dios se extendería por toda Judea y el mundo. ¿Eres como Bernabé, un alentador? Si estás dispuesto, podrías ser exactamente la persona que el Señor use para ayudar a alguien en problemas. Podrías ser el puente de gracia divina en el viaje espiritual de otro.

SEÑOR, quiero dar aliento como daba Bernabé. Ayúdame a ver a los demás con tus ojos. Dame la visión de ver el potencial que has depositado en ellos. Lléname de valor para estar con quienes están en problemas y necesitan mi ayuda o mi defensa. Conviérteme en puente de ánimo desde tu corazón hasta los corazones de los demás.

CADA VEZ QUE ANIMAMOS A ALGUIEN LE DAMOS UNA TRANSFUSIÓN DE VALOR.
Charles R. Swindoll (n. 1934)

Cuando [Saulo] llegó a Jerusalén, trataba de juntarse con los discípulos; pero todos le tenían miedo …
Entonces Bernabé, tomándole, lo trajo a los apóstoles, y les contó cómo Saulo había visto en el camino al Señor, el cual le había hablado, y cómo en Damasco había hablado valerosamente en el nombre de Jesús.
Hechos 9:26-27

Las lecturas para hoy de *La Biblia en un año* son
**1 Reyes 12:20 — 13:34; Hechos 9:26-43;
Salmo 132:1-18 y Proverbios 17:6.**

LA BIBLIA EN UN AÑO

A tono con Dios

Al día siguiente,
mientras ellos iban por
el camino y se
acercaban a la ciudad,
Pedro subió a la azotea
para orar, cerca de la
hora sexta. Y tuvo gran
hambre, y quiso comer;
pero mientras le
preparaban algo, le
sobrevino un éxtasis.
Hechos 10:9-10

El Señor no cesa de comunicar su voluntad a su pueblo, y en esta situación particular tenía para Pedro y los apóstoles un mensaje que cambiaría al mundo: que extendería el reino de Dios a los gentiles y finalmente a todas las naciones de la tierra. Pedro recibió esta revelación porque tenía el hábito de separar tiempo para buscar al Señor. El apóstol era un líder ocupado con enormes responsabilidades ministeriales, pero hallaba tiempo para orar. Como estuvo en posición de oración, pudo oír la voz y el plan del Señor: le reveló en una visión que las buenas nuevas de Jesucristo no solo eran para los judíos, sino para todas las personas que creyeran en su nombre. ¿Quién sabe lo que Dios revelará en nuestra época cuando nos entonamos con su Espíritu a través de la oración y al sintonizar nuestros corazones y nuestras mentes en posición de oírlo?

SEÑOR, no puedo esperar oír tus mensajes si no estoy a menudo en tu presencia; y con todo, ¡es un gran privilegio estar allí! Abre mis ojos y oídos a lo que hoy hay en tu corazón; y aunque a veces es difícil entender lo que me quieres decir —como fue para Pedro— dame un corazón de obediencia a lo que quieres recalcar en mí.

LA ORACIÓN ABRE EL CAMINO PARA QUE DIOS
MISMO HAGA SU OBRA EN NOSOTROS Y POR
MEDIO DE NOSOTROS.
Andrew Murray (1828-1917)

Las lecturas para hoy de *La Biblia en un año* son
**1 Reyes 14:1 — 15:24; Hechos 10:1-23; Salmo 133:1-3
y Proverbios 17:7-8.**

Gracias por la provisión de Dios

Los acontecimientos de Elías y la viuda de Sarepta en 1 Reyes 17 nos muestran que el Señor es un Dios que se preocupa de nuestras necesidades físicas, que cumple sus promesas y que su provisión siempre es suficiente. El Señor le había enviado a Elías cuervos con pan y carne para sustentarlo, pero finalmente el arroyo de Querit se secó y por eso no hubo agua y una gran hambruna arrasaba la tierra. La viuda a quien el Señor envió a Elías también enfrentaba momentos desesperados e inciertos. Ella no tenía pan, y solo le quedaba el último puñado de harina y un poco de aceite. Pero Dios no entró en pánico. Él tenía un plan y dio a Elías y a la viuda instrucciones que no solo llevarían a su supervivencia por un día, sino a una milagrosa provisión día tras día durante la hambruna. Al seguir el plan de Dios, siempre hubo suficiente... así como el Señor había prometido. ¿Tienes la disposición de seguir la guía del Señor aunque las circunstancias parezcan abrumadoras y sus instrucciones vayan contra nuestros instintos?

PADRE, gracias por tu constante cuidado y por tu plan en épocas inciertas. Es muy fácil entrar en pánico y hacer lo que me parece más razonable, en vez de confiar en ti y seguir tus instrucciones en esos momentos. Dame la seguridad de que tu camino es el mejor, y recuérdame tu asombrosa provisión para Elías y la viuda por cuanto siguieron tu camino en vez del de ellos.

¡NUNCA EL CIELO ENTRA EN PÁNICO! PUEDES SIMPLEMENTE ESTAR SEGURO DE ESA REALIDAD POR MEDIO DE LA FE, PORQUE EN ESE ENTONCES PARECÍA —Y A MENUDO PARECE AHORA— COMO SI EL DIABLO FUERA EL VICTORIOSO. PERO DIOS ES FIEL, ¡Y SUS PLANES NUNCA FALLAN! ÉL CONOCE EL FUTURO. ÉL CONOCE EL CAMINO.
Corrie ten Boom (1892-1983)

Entonces ella fue e hizo como le dijo Elías; y comió él, y ella, y su casa, muchos días. Y la harina de la tinaja no escaseó, ni el aceite de la vasija menguó, conforme a la palabra que Jehová había dicho por Elías.
1 Reyes 17:15-16

Las lecturas para hoy de *La Biblia en un año* son
**1 Reyes 15:25—17:24; Hechos 10:24-48;
Salmo 134:1-3 y Proverbios 17:9-11.**

actúa Un Dios que actúa

[Elías oró:]
*Respóndeme, Jehová,
respóndeme, para que
conozca este pueblo que
tú, oh Jehová, eres el
Dios, y que tú vuelves a
ti el corazón de ellos.
Entonces cayó fuego de
Jehová, y consumió el
holocausto, la leña, las
piedras y el polvo, y
aun lamió el agua que
estaba en la zanja.
Viéndolo todo el pueblo,
se postraron y dijeron:
¡Jehová es el Dios,
Jehová es el Dios!*
1 Reyes 18:37-39

En el enfrentamiento en el monte Carmelo, Elías puso a competir al dios Baal con el Señor Dios, y a pesar de lo que hicieran los cuatrocientos cincuenta profetas de Baal —danzar frenéticamente, cortarse y clamar durante horas una respuesta de Baal—, «no hubo ninguna voz, ni quien respondiese ni escuchase» (v. 29). Sin embargo, cuando Elías se puso ante el Señor e hizo lo que Dios le pidió hacer al levantar el altar y orar, Dios oyó y contestó de manera poderosa. Se reveló al enviar fuego del cielo que consumió el sacrificio y todo alrededor, incluso el agua. Y el pueblo volvió a Él.

Nuestro Dios no es un «Dios a la distancia» como a menudo lo describen la canción popular y la cultura moderna. Él no es como los falsos dioses impotentes que no tuvieron respuesta ni voz. El Señor es un Dios que no solo oye y habla, sino que contesta y actúa a favor de quienes lo buscan.

*SEÑOR, tú eres el único Dios verdadero, ¡y te alabo!
Gracias por hacer todo lo posible en demostrar tu poder y
hacer que las personas vuelvan a ti. Todo esto fue lo que
llevó a tu Hijo unigénito a la cruz debido a tu amor por
quienes están ciegos a tu gloria y poder. Muéstrate de
manera poderosa en mi vida.*

NO PODEMOS CREAR EL VIENTO NI PONERLO EN MOVIMIENTO, PERO PODEMOS DISPONER NUESTRAS VELAS PARA ATRAPARLO CUANDO VIENE; NO PODEMOS HACER ELECTRICIDAD, PERO PODEMOS EXTENDER EL CABLE POR EL CUAL CORRE Y ASÍ HACER QUE FUNCIONE; NO PODEMOS CONTROLAR EL ESPÍRITU EN UNA FÓRMULA, PERO PODEMOS PONERNOS ANTE EL SEÑOR, Y ASÍ HACER LAS COSAS QUE ÉL DESEA QUE HAGAMOS CAYENDO BAJO LA INFLUENCIA Y EL PODER DE SU PODEROSO ALIENTO.
The Independent

Las lecturas para hoy de *La Biblia en un año* son
**1 Reyes 18:1-46; Hechos 11:1-30; Salmo 135:1-21
y Proverbios 17:12-13.**

Poder que obra maravillas *poder*

Si alguna historia del Nuevo Testamento muestra el poder de la oración colectiva, ¡la dramática liberación de Pedro de su encarcelamiento muestra ese poder! Aunque Pedro estaba sujeto con cadenas y rodeado de guardias para evitar que escapara, los creyentes reunidos en casa de Juan Marcos oraban con fervor y persistencia por él. Sin embargo, no esperaban que la milagrosa liberación divina llegara tan rápido, ni de manera tan asombrosa. Es más, mostraron tal incredulidad cuando el apóstol apareció ante Rode en la puerta, que pensaron que debía tratarse del ángel de Pedro e inicialmente ni siquiera lo dejaron entrar.

¿Conoces personas cautivas en sus propias prisiones o una situación en tu vida que necesita oración ferviente? Deja que esta historia aliente tu corazón, porque el Señor puede romper cadenas, abrir puertas cerradas y liberar. Además, tus oraciones en conjunto con las de otros creyentes son los mismos conductos por los cuales Dios libera su poder.

SEÑOR, ¡gracias por tu poder que obra maravillas! Una vez estuve en una prisión de oscuridad y salí a tu verdad y tu luz. Gracias por hacer brillar en mi corazón la luz de tu verdad y liberarme del pecado. Utilízame para llevar la verdad de tu gran poder a otros que necesitan conocer la verdadera libertad en Cristo.

LA ORACIÓN ES LA MÁS FÁCIL Y MÁS DIFÍCIL DE TODAS LAS COSAS ... SUS RESULTADOS YACEN FUERA DEL ÁMBITO DE LAS POSIBILIDADES HUMANAS; SOLO ESTÁN LIMITADAS POR LA OMNIPOTENCIA DE DIOS.
E. M. Bounds (1835-1913)

[Herodes] procedió a prender también a Pedro. Eran entonces los días de los panes sin levadura. Y habiéndole tomado preso, le puso en la cárcel, entregándole a cuatro grupos de cuatro soldados cada uno, para que le custodiasen; y se proponía sacarle al pueblo después de la pascua. Así que Pedro estaba custodiado en la cárcel; pero la iglesia hacía sin cesar oración a Dios por él.
Hechos 12:3-5

Las lecturas para hoy de *La Biblia en un año* son
**1 Reyes 19:1-21; Hechos 12:1-23; Salmo 136:1-26
y Proverbios 17:14-15.**

LA BIBLIA EN UN AÑO

Ministerio importante

Ministrando estos al Señor, y ayunando, dijo el Espíritu Santo: Apartadme a Bernabé y a Saulo para la obra a que los he llamado. Entonces, habiendo ayunado y orado, les impusieron las manos y los despidieron.
Hechos 13:2-3

Muchos de nosotros nos involucramos tanto en la obra del Señor que olvidamos al Dios que servimos. Nos ocupamos tanto de ministrar a otros que no tenemos tiempo para ministrar al Señor mismo. Pero como muestra el relato en los versículos de hoy, la dirección divina del Espíritu Santo de enviar a Pablo y a Bernabé a extender el evangelio en Asia Menor llegó de hombres que estaban ministrando y ayunando. Ministrar al Señor produce también profundo e importante fruto en nuestra vida.

Quizá hoy tengas un programa repleto de actividades y responsabilidades: tareas que debes realizar y fechas límite que debes cumplir, hijos que necesitan tu cuidado, personas que necesitan ministración, ánimo o las capacidades que puedes ofrecerles. Pero no niegues el ministerio más importante de todos: ministrar al Señor. Si apartas tiempo para adorarlo y alabarlo, tendrás mejor capacitación para esas otras tareas, y también estarás en posición de recibir la dirección de Dios para tu vida.

SEÑOR, te alabo y adoro. No permitas que me llegue a consumir tanto por las cosas buenas que quiero hacer por ti y por los demás que descuide lo mejor: inclinarme ante ti en adoración y alabanza y buscar tu dirección en mi vida cotidiana en oración. Llévame a una diaria adoración y comunión contigo.

DIOS QUIERE ADORADORES ANTES QUE TRABAJADORES; EN REALIDAD, LOS ÚNICOS TRABAJADORES ACEPTABLES SON QUIENES HAN APRENDIDO EL ARTE PERDIDO DE ADORAR.
A. W. Tozer (1897-1963)

LA BIBLIA EN UN AÑO

Las lecturas para hoy de *La Biblia en un año* son
**1 Reyes 20:1—21:29; Hechos 12:24—13:15;
Salmo 137:1-9 y Proverbios 17:16.**

Preciosas promesas

Cuando David Livingstone debió atravesar la muy peligrosa nación del feroz jefe nativo Mburuma, y tuvo que decidir entre pasar furtivamente en la noche o ir de día y arriesgarse a morir, se jugó la vida en la promesa de la presencia de Jesús en Mateo 28:19-20: «Id, y haced discípulos a todas las naciones . . . y he aquí yo estoy con vosotros todos los días, hasta el fin del mundo». Escribió en su diario: «Se trata de la palabra de un caballero del más sagrado y estricto honor; por lo tanto, ¡hay una finalidad en ella!». Livingstone sabía que Dios respalda sus promesas con todo el honor de su nombre, así que avanzó a la despejada luz del día, confiando en la promesa de su Salvador. El Señor cumplió su Palabra, y Livingstone atravesó con seguridad porque el Señor Jesús estaba a su lado, como dijo que estaría. Las promesas de Dios son así de verdaderas y vivas hoy día para quienes las oran, confían, permanecen y caminan en ellas.

GRACIAS, PADRE, por respaldar tus promesas por todo el honor de tu nombre. ¡Se trata de un nombre poderoso y confiable! Te doy gracias por tu amor y tu fidelidad sin límites. Ayúdame a seguir adelante bajo tu dirección a la luz de tus promesas incondicionales y preciosas.

DIOS HACE UNA PROMESA: LA FE LA CREE, LA ESPERANZA LA PREVÉ, LA PACIENCIA LA ESPERA TRANQUILAMENTE.
Autor desconocido

Me postraré hacia tu santo templo, y alabaré tu nombre por tu misericordia y tu fidelidad; porque has engrandecido tu nombre, y tu palabra sobre todas las cosas.
Salmo 138:2

Escogidos para vida eterna

[El Señor dijo:] Te he puesto para luz de los gentiles, a fin de que seas para salvación hasta lo último de la tierra. Los gentiles, oyendo esto, se regocijaban y glorificaban la palabra del Señor, y creyeron todos los que estaban ordenados para vida eterna.
Hechos 13:47-48

Al leer este versículo, me recuerda que a nuestro alrededor hay personas a quienes Dios está buscando. Se podría tratar del adolescente que vive calle abajo, de un colega solitario, de un agotado padre soltero o incluso de alguien delante o detrás de ti en la fila del banco. El mundo está lleno de hombres y mujeres que han estado clamando al Señor en la silenciosa desesperación de sus corazones o en la oscuridad de una noche interminable. Dios ha estado obrando en sus vidas e incitando en ellos un deseo por él. Quiere usarnos para ser luz a esas personas y llevarles las buenas nuevas de esperanza en Jesucristo. Pide que el Espíritu te muestre en tu vecindario o trabajo quiénes deben ser los receptores de tus oraciones. Él te ayudará a entablar relaciones con ellos y a ser un medio a través del cual Dios pueda participarles su amor.

SEÑOR, muéstrame aquellos en mi vecindario, mi círculo de amistades y mi familia por quienes deseas que ore y con quienes deseas que me relacione. Podría tratarse de personas que hayas escogido para vida eterna. Equípame para ser luz a quienes no te conocen y para amarlos por razón de Cristo.

JESÚS QUIERE VER QUE TU VECINO O LA PERSONA SENTADA A TU LADO EN UN AVIÓN O EN UN SALÓN DE CLASE NO SEAN INTERRUPCIONES A TUS ACTIVIDADES. ESTÁN ALLÍ POR DECISIÓN DIVINA. JESÚS DESEA QUE MIRES SUS NECESIDADES, SU SOLEDAD, SUS ANHELOS, Y QUIERE DARNOS EL VALOR PARA RELACIONARNOS CON ELLOS.
Rebecca Manley Pippert

Las lecturas para hoy de *La Biblia en un año* son
2 Reyes 1:1 – 2:25; Hechos 13:42 – 14:7;
Salmo 139:1-24 y Proverbios 17:19-21.

Un corazón alegre *alegre*

Este versículo describe los beneficios positivos para nuestros cuerpos físicos cuando el ser interior del corazón está feliz. También describe el efecto contrario: estar deprimidos o tristes por mucho tiempo es perjudicial para nuestra salud y fortaleza física. Cuando reflexioné en este versículo en un día no muy feliz, me puse a pensar: «¿Por qué *no* estoy alegre? ¿Adónde se ha ido mi gozo?». Nueve de cada diez veces me han preocupado las circunstancias —todas las cuales quizá no sean felices— en vez de enfocarme en mi relación con Jesús. La vida no siempre es un festín de experiencias agradables. No podemos controlar las maneras en que se desenvuelven nuestros días, ni estimular un corazón alegre por cuenta propia, pero *podemos* invertir nuestras energías en conocer y amar a Jesús, la fuente de todo gozo, y levantar su nombre en los buenos y malos tiempos. Cuando nuestro enfoque está en Jesús y en su reino, Él nos provee lo que necesitamos en esas otras circunstancias y situaciones (Mateo 6:33), y nos llena de verdadera alegría, esperanza y satisfacción.

El corazón alegre constituye buen remedio; mas el espíritu triste seca los huesos.
Proverbios 17:22

SEÑOR, deseo tener un corazón alegre, no un espíritu triste. Ayúdame a enfocarme hoy en ti y no en las circunstancias que me rodean. Cuando me ayudes a lograrlo por tu Espíritu, conoceré y experimentaré tu verdadero gozo en mi corazón y en mi vida.

LA FELICIDAD LA CAUSAN LAS COSAS QUE SUCEDEN A MI ALREDEDOR Y LAS CIRCUNSTANCIAS LA ESTROPEAN; SIN EMBARGO, EL GOZO FLUYE EXACTAMENTE EN MEDIO DE PROBLEMAS; FLUYE EL GOZO EN MEDIO DE LA OSCURIDAD … ES UNA FUENTE INCESANTE EN EL CORAZÓN.
D. L. Moody (1837-1899)

Las lecturas para hoy de *La Biblia en un año* son
2 Reyes 3:1 — 4:17; Hechos 14:8-28; Salmo 140:1-13
y Proverbios 17:22.

contar con

Un Dios con el que podemos contar

Jehová, a ti he clamado; apresúrate a mí; escucha mi voz cuando te invocare. Suba mi oración delante de ti como el incienso, el don de mis manos como la ofrenda de la tarde. Pon guarda a mi boca, oh Jehová; guarda la puerta de mis labios. No dejes que se incline mi corazón a cosa mala, a hacer obras impías con los que hacen iniquidad; y no coma yo de sus deleites.
Salmo 141:1-4

En este salmo David no solo pidió al Señor protección contra los enemigos que lo perseguían; también clamó a Dios y confió en que obrara profundamente en su propio corazón. David necesitaba que el Señor guardara sus labios y le evitara hablar lo indebido; necesitaba que le protegiera el corazón, que lo liberara de la lujuria y los deseos malignos que lo llevarían a actuar mal, y que Dios obrara en su interior de tal modo que pudiera recibir reprobación de personas piadosas. David sabía que no podía depender de su carne ni de esfuerzos humanos; estos son demasiado débiles y llevan con facilidad por el mal camino. En cambio confiaba en que el poder transformador de Dios obrara en su interior. Así como David oraba, nosotros también podemos —y debemos— acudir al Señor para que obre en nuestros corazones; luego podemos descansar y confiar en que su fidelidad nos transforme de adentro hacia fuera.

SEÑOR, ¡te alabo porque eres un Dios en quien puedo confiar que me guardas! Por mi cuenta no tengo suficientes fuerzas para caminar en tus sendas. Líbrame de escoger mi propio camino en vez de los tuyos. Fortalece mi corazón, ¡y te agradezco por obrar dentro de mí según tus propósitos!

SI DIOS MANTIENE EL SOL Y LOS PLANETAS EN VIVAZ Y ALEGRE BELLEZA, PUEDE TAMBIÉN PROTEGERNOS.
F. B. Meyer (1847-1929)

LA BIBLIA EN UN AÑO

Las lecturas para hoy de *La Biblia en un año* son **2 Reyes 4:18 — 5:27; Hechos 15:1-35; Salmo 141:1-10 y Proverbios 17:23.**

Las fuerzas de Dios son superiores

El ejército sirio avanzaba. Por todas partes había caballos enemigos, tropas y carros rodeando la ciudad con el propósito expreso de atrapar a Eliseo. No es de extrañar que a su siervo lo paralizara el miedo al ver el enorme ejército que se les venía encima. Cuando el siervo gritó a su amo, Eliseo le habló de cómo en el espíritu percibía el poder del Señor, el cual era más grande que las fuerzas que se les oponían. Y cuando Eliseo oró para que Dios abriera los ojos del siervo a fin de que también pudiera ver lo mismo que él veía, de inmediato ve los caballos y los carros de fuego protegiéndolos.

El Señor está listo a volver a abrir nuestros ojos a cada nueva situación y a mostrarnos sus extensos recursos. Sus fuerzas y su poder son superiores a los del enemigo, pero igual que el siervo, nosotros «vemos por espejo, oscuramente» y necesitamos que Dios abra nuestros ojos espirituales.

SEÑOR, concédeme la luz este día para ver en el reino invisible cómo tus fuerzas son más grandes que las amenazas que me asaltan. Abre mis ojos, Señor. Recuérdame tu poder asombroso y tus recursos ilimitados, ¡y luego haz que tenga valor porque tú estás luchando por mí!

AL PERMITIRNOS ESTAR EN EL PODER DE DIOS NOS CEÑIMOS PARA LA LUCHA VENIDERA; Y, FIRMES EN ÉL CUYA CAUSA ES NUESTRA, EN CONFLICTO CON PODERES IMPÍOS, TOMAMOS EL ARMA QUE DIOS NOS HA DADO: LA LUZ, LA VERDAD Y EL AMOR DEL CIELO.
John Greenleaf Whittier (1807-1892)

[El criado de Eliseo exclamó:] ¡Ah, señor mío! ¿Qué haremos? Él le dijo: No tengas miedo, porque más son los que están con nosotros que los que están con ellos. Y oró Eliseo, y dijo: Te ruego, oh Jehová, que abras sus ojos para que vea. Entonces Jehová abrió los ojos del criado, y miró; y he aquí que el monte estaba lleno de gente de a caballo, y de carros de fuego alrededor de Eliseo.
2 Reyes 6:15-17

Las lecturas para hoy de *La Biblia en un año* son
2 Reyes 6:1 — 7:20; Hechos 15:36 — 16:15;
Salmo 142:1-7 y Proverbios 17:24-25.

El poder de la alabanza

A medianoche, orando Pablo y Silas, cantaban himnos a Dios; y los presos los oían. Entonces sobrevino de repente un gran terremoto, de tal manera que los cimientos de la cárcel se sacudían; y al instante se abrieron todas las puertas, y las cadenas de todos se soltaron.
Hechos 16:25-26

La alabanza de Pablo y Silas les hizo levantar los ojos de sus funestas circunstancias en una fea prisión hacia Dios, quien pudo liberarlos. Estaban desnudos y golpeados, y los habían lanzado a la prisión más profunda con los pies encadenados a cepos. Habría sido natural que estos dos discípulos se encontraran temerosos o a punto de renunciar. Pero en vez de eso, ¡oraban y cantaban himnos al Señor! Los demás prisioneros oían sus alabanzas. . . y el trono de Dios oyó su adoración. El Señor los liberó con un poderoso terremoto que estremeció por completo la prisión, haciendo que las puertas se abrieran y cayeran las cadenas de los prisioneros.

¿Te han sacudido tus propias circunstancias? ¿Tiendes a llenarte de temor o a renunciar? Empieza a alabar a Dios y a cantarle himnos y coros. Nuestra alabanza no solo ayuda a sacar nuestros temores y nuestra depresión; también es el preludio de la poderosa intervención del Señor a nuestro favor.

SEÑOR, te alabo por tu extraordinario poder que obra en nuestra vida. Exalto tu nombre, ¡porque nadie es como tú! Cuando miro mis circunstancias y me tienta «tirar la toalla» y renunciar, recuérdame el ejemplo de Pablo y Silas, y cómo interviniste por ellos. Luego pon palabras de alabanza en mi boca. ¡Tú eres mi esperanza en medio de los problemas!

TU ALABANZA Y ACCIÓN DE GRACIAS PUEDEN AYUDAR A FORMAR UNA AUTOPISTA —UNA CARRETERA AGRADABLE Y PLANA— SOBRE LA CUAL EL SEÑOR PUEDE TRANSITAR SIN DIFICULTAD PARA LIBERARNOS Y BENDECIRNOS.
Ruth Myers

Las lecturas para hoy de *La Biblia en un año* son
2 Reyes 8:1 — 9:13; Hechos 16:16-40; Salmo 143:1-12
y Proverbios 17:26.

Todo tiene que ver con Dios

Los seres humanos tendemos de manera natural a ensimismarnos en nosotros mismos, por eso es fácil hacer que todo gire a nuestro alrededor y creer que la vida cristiana tiene que ver *conmigo*... con *mis* disciplinas, con *mi* esfuerzo, con *mis* problemas y con lo que *yo* puedo hacer para solucionarlos. Sin embargo, este salmo nos vuelve a centrar, nos lleva de vuelta a la verdad: ¡todo tiene que ver con *Dios*, no conmigo! Se trata de las fuerzas y las capacidades del Señor, no de mis lastimosos esfuerzos. Es respecto al refugio, la liberación y la protección de Dios, no a mis esfuerzos por cuidarme. Cuando usamos estos versículos para alabar al Señor que es nuestra roca, nuestro amoroso aliado, nuestra fortaleza y torre de seguridad, nuestro liberador y escudo, encontramos nuestro descanso y refugio en Él y aprendemos que su poder vencedor es suficiente para cualquier cosa que me ocurra hoy.

PADRE, no sé lo que ocurrirá en las próximas veinticuatro horas, pero sé que me darás las fuerzas que necesito para manejarlo y para tratar con cualquier desafío que pueda enfrentar. ¡Te bendigo, Señor! Dame tu paz al encontrar en ti todo lo que necesito.

LA ORACIÓN ES LA EVIDENCIA DE QUE ME CONCENTRO ESPIRITUALMENTE EN DIOS.
Oswald Chambers (1874-1917)

Bendito sea Jehová, mi roca, quien adiestra mis manos para la batalla, y mis dedos para la guerra; misericordia mía y mi castillo, fortaleza mía y mi libertador, escudo mío, en quien he confiado; el que sujeta a mi pueblo debajo de mí.
Salmo 144:1-2

Las lecturas para hoy de *La Biblia en un año* son **2 Reyes 9:14—10:31; Hechos 17:1-34; Salmo 144:1-15 y Proverbios 17:27-28.**

El Señor nos sostiene

*Tu reino es reino de
todos los siglos, y tu
señorío en todas las
generaciones. Sostiene
Jehová a todos los que
caen, y levanta a todos
los oprimidos.*
Salmo 145:13-14

¿Has caído alguna vez agobiado? ¿Se ha vuelto la vida una carga? ¿Te abruman tantas responsabilidades y tanto trabajo que no logras ver ninguna manera de cumplir con todo, y aunque lo hicieras, un nuevo montón de exigencias te estaría esperando mañana? O quizá te oprime una carga de preocupaciones por niños no salvos o has caído porque las cargas que estás soportando eran muy pesadas. Qué buena noticia es que Dios se deleita en ayudar a los oprimidos. ¡Él desea levantarnos cuando nos aplasta nuestra carga personal! Entrega al Señor cualquier carga que estés llevando hoy y pídele que levante tu corazón y te muestre su fidelidad. Entonces puedes unirte al salmista al proclamar: «Clemente y misericordioso es Jehová . . . Y sus misericordias sobre todas sus obras» (Salmo 145:8-9).

*SEÑOR JESÚS, gracias por levantar nuestras cargas
cuando estamos oprimidos. Busco tu ayuda. Gracias por tu
fidelidad y por ayudar a los caídos. Te ruego que me levantes
con tu Espíritu, para que junto al salmista pueda alabar tu
clemencia y tu misericordia.*

ORAR ES DEJAR QUE JESÚS ENTRE EN NUESTRA
VIDA. ÉL TOCA Y ESPERA QUE LO DEJEMOS
ENTRAR, NO SOLO EN LAS HORAS SOLEMNES DE
ORACIÓN SECRETA; ÉL TOCA EN MEDIO DE TU
TRABAJO COTIDIANO, TUS LUCHAS DIARIAS, TUS
«DIFICULTADES» COTIDIANAS. ALLÍ ES DONDE MÁS
LO NECESITAS.
Ole Hallesby (1879-1961)

Un Dios que salva

salva

Joacaz, rey de Israel, vivía de modo malvado. Cometió todos los pecados de Jeroboam y siguió, llevando a la nación al pecado de la idolatría. Por lo tanto, el Señor había entregado al pueblo de Israel bajo la opresión de los sirios. Pero aunque Joacaz había fallado y desobedecido a Dios como rey, cuando buscó ayuda del Señor, Dios lo oyó. El Señor intervino al ver la terrible opresión bajo la cual vivía Israel; levantó un liberador y salvador (un anuncio de Cristo), alguien que los rescató de la tiranía, e Israel volvió otra vez a vivir en seguridad y paz.

Si Dios hace esto por un rey malo y una nación idólatra cuando le claman, cuánto más oirá y contestará las oraciones de sus hijos, quienes están reconciliados con Él por el sacrificio de nuestro Salvador, Jesús.

SEÑOR, gracias porque tus oídos están abiertos al clamor de tus hijos y porque actuarás a nuestro favor. Con ese conocimiento ni siquiera tenemos que dudar para pedirte ayuda e intervención en nuestra vida. ¡Qué maravilloso Padre eres!

LA ORACIÓN ES DEBILIDAD INCLINADA SOBRE OMNIPOTENCIA.
W. S. Bowden

Joacaz oró en presencia de Jehová, y Jehová lo oyó; porque miró la aflicción de Israel, pues el rey de Siria los afligía. (Y dio Jehová salvador a Israel, y salieron del poder de los sirios; y habitaron los hijos de Israel en sus tiendas, como antes).
2 Reyes 13:4-5

Las lecturas para hoy de *La Biblia en un año* son
**2 Reyes 13:1 — 14:29; Hechos 18:23 — 19:12;
Salmo 146:1-10 y Proverbios 18:2-3.**

LA
BIBLIA
EN UN AÑO

Lo que complace a Dios

No se deleita en la fuerza del caballo, ni se complace en la agilidad del hombre. Se complace Jehová en los que le temen, y en los que esperan en su misericordia.
Salmo 147:10-11

En este salmo descubrimos un importante secreto acerca de relacionarnos con el Señor. Nuestro fabuloso y poderoso Dios, quien tiene poder absoluto sobre todo en el cielo y en la tierra, no se impresiona con personas poderosas. Quienes son fuertes y poderosos en sus propias fuerzas no captan la atención del Señor. Al contrario, Él observa y apoya a los humildes y quebrantados de corazón (vv. 3, 6).

Dios no decide obrar por medio de quienes son fuertes, sino a través de quienes son débiles; y por sobre todo, no obtenemos su aprobación por ser grandes o fuertes. Él se deleita en quienes lo honran con reverencia y ponen su esperanza y confianza en el amor y la misericordia del Señor, no en su propia capacidad. Hoy, si has puesto tu esperanza en alguien más o en alguna otra cosa, pídele al Señor que te perdone. Pero no te detengas allí. Pídele que su Espíritu obre en tu vida para que honrar y agradar a Dios se convierta en tu meta principal.

SEÑOR, ha habido ocasiones — inclusive muchas — en que he confiado en alguien o algo diferente a ti. Perdóname. Todo eso es poca cosa comparado con la fortaleza que nos das cuando reconocemos nuestra debilidad y dependencia de ti. Ayúdame a poner mi confianza en ti, y muéstrame el camino a una vida que te honre. Confío en tu amor incondicional.

SIENDO DIOS QUIEN ES Y LO QUE ES, Y SIENDO NOSOTROS QUIENES SOMOS Y LO QUE SOMOS, LA ÚNICA RELACIÓN IMAGINABLE ES DE TOTAL SEÑORÍO DE SU PARTE Y COMPLETA SUMISIÓN DE LA NUESTRA. DEBEMOS DARLE TODA LA HONRA QUE PODAMOS.
A. W. Tozer (1897-1963)

LA BIBLIA EN UN AÑO

Las lecturas para hoy de *La Biblia en un año* son
2 Reyes 15:1 — 16:20; Hechos 19:31-41;
Salmo 147:1-20 y Proverbios 18:4-5.

El espíritu de alabanza

Este salmo es la máxima expresión de alabanza colectiva: ángeles, estrellas y cielos, montes y colinas, animales salvajes, reyes y gobernadores, todos los pueblos en todas partes, incluso niños y ancianos... todos están obligados a alabar el nombre del Señor. ¿Por qué? ¡Porque todo esto constituyen expresiones del esplendor y la gloria de Dios! ¡Porque toda cosa que se creó, tanto en el cielo como en la tierra, existe debido a que Él le dio vida y la sustenta con la palabra de su poder! Este es el espíritu de alabanza en que todos entraremos cuando toda rodilla se doble en la segunda venida de Cristo. Se trata de un pensamiento maravilloso, pero este salmo también nos está llamando hoy a contagiarnos del espíritu de alabanza, el cual se mueve continuamente en el cielo. Léele este Salmo en voz alta a Dios y pídele al Espíritu que te dé mucha libertad para que hoy lo alabes.

Alaben el nombre de Jehová, porque solo su nombre es enaltecido. Su gloria es sobre tierra y cielos.
Salmo 148:13

SEÑOR, me uno a todo el cielo en alabanza a ti. Levántame hasta ese reino donde el enfoque está concentrado solo en ti. ¡Tu gloria domina la tierra y el cielo! Tu nombre es grande. ¡Que mi corazón y mi voz te den la alabanza que tu gloria merece!

EN ALABANZA MI ALMA ASCIENDE A LA ADORACIÓN QUE HE RELEGADO, CONTEMPLANDO Y ALABANDO SOLAMENTE LA MAJESTAD Y EL PODER DE DIOS, SU GRACIA Y SU REDENCIÓN.
Ole Hallesby (1879-1961)

Las lecturas para hoy de *La Biblia en un año* son
2 Reyes 17:1 — 18:12; Hechos 20:1-38;
Salmo 148:1-14 y Proverbios 18:6-7.

JULIO

1

Ponerse a cubierto

*Cuando el rey Ezequías
lo oyó, rasgó sus
vestidos y se cubrió de
cilicio, y entró en la
casa de Jehová. Y envió
a Eliaquim
mayordomo, a Sebna
escriba y a los ancianos
de los sacerdotes,
cubiertos de cilicio, al
profeta Isaías hijo de
Amoz, para que le
dijesen: Así ha dicho
Ezequías: Este día es
día de angustia, de
reprensión y de
blasfemia... por tanto,
eleva oración por el
remanente que aún
queda.*
2 Reyes 19:1-4

¿Qué hizo el rey Ezequías cuando la situación se puso difícil? Se puso a cubierto... la oración cubre, ¡así es! No solo fue al templo a orar, sino que también envió a una especie de equipo de ensueño para rogar al profeta Isaías que orara por él y por su pueblo. No siempre es fácil pedir ayuda, ¿verdad? Nuestra tendencia es en el día retorcer las manos con preocupación y en la noche movernos y dar vueltas en la cama. O cuando otros nos preguntan cómo estamos, temiendo que nos menosprecien si admitimos nuestra desesperada necesidad de ayuda, sonreímos y decimos: «Bien, gracias». Ninguna de esas respuestas es buena para nuestras almas. Alguien corroe nuestra paz y algún otro nos roba el apoyo que ansiamos. Seamos reyes o personas comunes, todos debemos cubrirnos con un manto de oración. Así como el rey Ezequías, seamos rápidos en admitir nuestras necesidades a Dios y a quienes oran fielmente por nosotros.

OH, PADRE, ayúdame a recordar que corra hacia ti cuando necesito ayuda. Ayúdame a tragarme el orgullo y a pedirles a otros que oren por mí cuando mis circunstancias parezcan abrumadoras o aun antes de que lleguen a ese punto. Y gracias, Dios, por la paz que das cuando vamos a ti.

EL MAYOR DE TODOS LOS TRASTORNOS ES CREER QUE ESTAMOS REALIZADOS Y QUE NO NECESITAMOS AYUDA.
Thomas Wilson (1663-1735)

Las lecturas para hoy de *La Biblia en un año* son
**2 Reyes 18:13 — 19:37; Hechos 21:1-17;
Salmo 149:1-9 y Proverbios 18:8.**

Cuando no llegan las palabras

¿Te has alterado alguna vez tanto por algo que ni siquiera has encontrado las palabras para orar? A Ezequías le pasó eso. La noticia de su muerte inminente era más de lo que podía soportar. Cuando trató de hablar con Dios al respecto, sus emociones sacaron lo mejor de Él. Estaba tan emocionado que no fluían las palabras, por eso brotaron las lágrimas. Sin embargo, mira lo que ocurrió: Dios oyó. Dios vio. Dios contestó.

¿No es fabuloso saber que las oraciones no tienen que ser bonitas ni elaboradas para captar la atención de Dios? Muy a menudo sentimos que debemos expresar bien nuestras oraciones para que tengan poder. Pero la oración no es una tarea de redacción, y Dios no nos califica por nuestro vocabulario ni por nuestra gramática. Él nos oye aunque nuestras palabras sean inaudibles. ¿Por qué? Porque Él ve más allá de lo que decimos y entra a nuestros corazones. Él conoce nuestro sufrimiento antes de que caigan nuestras primeras lágrimas. Lo más increíble aun es que su amor lo obliga a contestar.

Consuélate hoy en saber que aunque tus lágrimas ahoguen tus palabras, Dios aún oye. Él aún ve. Él aún responde.

DIOS, a veces sencillamente no logro que mis palabras expresen lo que siente mi corazón. Gracias por recordarme que me oyes aunque no pueda hablar. Gracias por ver más allá de mis palabras y por entender, aun mejor que yo, cómo me siento. Más que todo, Señor, gracias por preocuparte en responder cuando sabes que tengo heridas.

LA ORACIÓN ES UNA CONDICIÓN MENTAL, UNA ACTITUD DEL CORAZÓN, LA CUAL DIOS RECONOCE COMO ORACIÓN YA SEA QUE SE MANIFIESTE EN PENSAMIENTO SILENCIOSO, EN SUSPIRO O EN PALABRAS AUDIBLES.
Ole Hallesby (1879-1961)

[Ezequías] volvió su rostro a la pared y oró a Jehová y dijo: Te ruego, oh Jehová, te ruego que hagas memoria de que he andado delante de ti en verdad y con íntegro corazón, y que he hecho las cosas que te agradan. Y lloró Ezequías con gran lloro. Y antes que Isaías saliese hasta la mitad del patio, vino palabra de Jehová a Isaías, diciendo: Vuelve, y di a Ezequías, príncipe de mi pueblo: Así dice Jehová, el Dios de David tu padre: Yo he oído tu oración, y he visto tus lágrimas; he aquí que yo te sano; al tercer día subirás a la casa de Jehová.
2 Reyes 20:2-5

Las lecturas para hoy de *La Biblia en un año* son
2 Reyes 20:1—22:2; Hechos 21:18-36; Salmo 150:1-6 y Proverbios 18:9-10.

LA
BIBLIA
EN
UN AÑO

gozo *Gozo por seguir a Dios*

Bienaventurado el varón que no anduvo en consejo de malos, ni estuvo en camino de pecadores, ni en silla de escarnecedores se ha sentado; sino que en la ley de Jehová está su delicia, y en su ley medita de día y de noche.
Salmo 1:1-2

Recomendaciones vulgares, duras consecuencias y mala reputación... Eso es lo que consigues cuando haces caso de consejos y de individuos mundanos. ¿Y qué obtienes cuando sigues a Dios? ¡Gozo! Hay deleite en hacer lo que el Señor quiere porque solo entonces estaremos haciendo aquello para lo que Él nos creó, cumpliendo nuestro propósito, siguiendo el consejo de un Dios sabio que lo conoce todo, y experimentando los innumerables beneficios que acompañan a todo eso: no hacemos daño a nadie ni sentimos que la culpa nos devore vivos; con nuestra conducta no nos avergonzamos constantemente (ni avergonzamos a quienes nos aman). Sin embargo, ¿cómo entonces podemos hacer *todo* lo que el Señor quiere? Rindiéndonos a Él y sumergiéndonos en su Palabra comenzaremos a deleitarnos en hacer lo que Él ha planificado. Pensar en su ley de día y de noche es lo que trae verdadero gozo, no solo a *nuestros* corazones sino también al corazón de Dios.

SEÑOR, más que nada, quiero agradarte. Deseo hacer todo lo que planeaste cuando me formaste. Quiero seguir tu consejo, deseo estar a tu lado, y lo que más anhelo es imitar tu conducta. Ayúdame a pensar constantemente en ti y en las palabras que escribiste para que yo pudiera experimentar tu gozo. Que sonrías cuando pienses en mí.

EL GOZO ES LA SEÑAL MÁS INFALIBLE DE LA PRESENCIA DE DIOS.
Léon Henri Marie Bloy (1846-1917)

Las lecturas para hoy de *La Biblia en un año* son **2 Reyes 22:3 — 23:30; Hechos 21:37 — 22:16; Salmo 1:1-6 y Proverbios 18:11-12.**

información

Obtengamos toda la información

Este proverbio nos habla de la importancia de oír los hechos *antes* de aconsejar; y de cuán fácil es aconsejar *antes* de escuchar. No estamos solos en este dilema. La Biblia da ejemplos de épocas en que la gente intentó actuar antes de tener toda la información. A Pablo casi lo azotan porque los magistrados no sabían que era ciudadano romano (lee Hechos 22). El carcelero en Hechos 16 casi se suicida porque no sabía que ningún preso había escapado durante el terremoto que liberó a Pablo y a Silas. Por otra parte, Jesús dio constantemente información a sus discípulos para que aconsejaran con exactitud. Tú y yo podemos hacer mucho daño cuando nos precipitamos en sacar conclusiones y dar consejo antes de tener todos los datos. Los consejeros deben contar con la información adecuada para que sea útil el consejo que den. Antes de ofrecer consejo, asegúrate de oír los hechos y de escuchar a quien está hablando. No hacer esto, como dice el versículo, es vergonzoso y necio.

SEÑOR, permite que el consejo que dé se base en hechos, no en sentimientos ni falsa representación. Impídeme precipitarme en sacar conclusiones y en involucrarme en la necedad. Permite que mis palabras sean coherentes con tu Palabra. Ayúdame a ser un consejero que escucha los hechos y que ofrece el consejo adecuado.

LA NATURALEZA HA DADO A LOS HOMBRES UNA LENGUA Y DOS OREJAS PARA QUE PODAMOS OÍR DE OTROS EL DOBLE DE LO QUE HABLAMOS.
Epicteto (*ca.* 50-120)

Al que responde palabra antes de oír, le es fatuidad y oprobio.
Proverbios 18:13

Las lecturas para hoy de *La Biblia en un año* son
**2 Reyes 23:31 — 25:30; Hechos 22:17 — 23:10;
Salmo 2:1-12 y Proverbios 18:13.**

LA
BIBLIA
EN UN AÑO

Conozcamos a Dios

*Tú, Jehová, eres escudo
alrededor de mí; mi
gloria, y el que levanta
mi cabeza. Con mi voz
clamé a Jehová, y él me
respondió desde su
monte santo. Yo me
acosté y dormí, y
desperté, porque Jehová
me sustentaba... La
salvación es de Jehová;
sobre tu pueblo sea tu
bendición.*
Salmo 3:3-5, 8

A veces el mundo muestra una imagen distorsionada del Señor. En realidad, lo más frecuente es que se tenga una mala representación. Para tener una clara imagen de Dios debemos leer la Biblia. En su Palabra podemos obtener una representación exacta de quién es Él y de cómo actúa. Por ejemplo, en este pasaje del Salmo 3 aprendemos lo siguiente:

• El Señor es nuestro escudo. Nos protege, nos defiende y nos vigila.
• Él es quien levanta nuestras cabezas. No debemos avergonzarnos al seguirlo.
• Él nos responde cuando le clamamos y nos vigila cuando dormimos. Qué consuelo hay al saber que él siempre está presente.
• La salvación y las bendiciones vienen de Él.

Estas son declaraciones acerca del Señor y de su carácter, sobre las cuales podemos descansar con confianza. Al apropiarnos de estas y de otras verdades acerca de Dios que encontramos en las Escrituras, obtenemos un conocimiento más profundo de quién es Él, y de cómo actúa. La Palabra nos ayuda a conocerlo cada vez más.

PADRE, ayúdame a apartar tiempo para leer tu Palabra y aprender de ti. Muéstrame tu verdadero ser: quién eres y cómo actúas. Ayúdame, Padre, a tener seguridad de tu protección y vigilancia. Abre mi corazón a tu verdad para que pueda conocerte y confiar más en ti.

LA BÚSQUEDA MÁS IMPORTANTE DE LA VIDA NO ES CONOCERSE, SINO CONOCER A DIOS ... A MENOS QUE EL SEÑOR SEA LA BÚSQUEDA MÁS IMPORTANTE DE NUESTRA VIDA, TODAS LAS DEMÁS BÚSQUEDAS SON CALLEJONES SIN SALIDA, INCLUYENDO EL TRATAR DE CONOCERNOS.
Charles R. Swindoll (n. 1934)

LA BIBLIA EN UN AÑO

Las lecturas para hoy de *La Biblia en un año* son
**1 Crónicas 1:1—2:17; Hechos 23:11-35;
Salmo 3:1-8 y Proverbios 18:14-15.**

Destierro del temor *temor*

El 11 de septiembre los ataques de piratas aéreos y terroristas fueron una conmoción y una tragedia para Estados Unidos. La magnitud de las agresiones hirió el alma de los estadounidenses, produciendo trauma y pánico. El verano siguiente se produjo el secuestro de muchos niños, algunos de sus propios hogares, de sus propios dormitorios. . . Parecía que la seguridad de la gente del país estaba bajo ataque. En la vida de muchas personas el temor había tomado el lugar de la paz y la seguridad. Mamás, papás, abuelos y jóvenes se preguntaban: *¿Cómo puedo volver a sentir seguridad?*

Así como el salmista nos recuerda en estos versículos que la verdadera alegría no se basa en que tengamos abundante grano y mosto, porque la alegría viene del Señor, la paz y la seguridad también vienen de Él. Cuando permitimos que el temor gobierne nuestra vida, no solo nos paraliza y socava nuestra fe, sino que también nos roba muchas cosas, incluyendo un tranquilo sueño en la noche. Así como el gozo viene del Señor, dormir con tranquilidad es el beneficio y el resultado de confiar en Él.

PADRE CELESTIAL, estrecha tus brazos alrededor de mí y expulsa cualquier temor. Cuando tenga miedo, ayúdame a correr hacia ti. Gracias por cuidar de mi seguridad y por darme la capacidad de acostarme a dormir tranquilo. Ayúdame siempre a mantener mi mente enfocada en ti, la fuente de mi alegría y mi paz.

MIENTRAS MEJOR CONOZCAS A DIOS, MENOS TENSIONES SIENTES Y MÁS PAZ TIENES.
Charles L. Allen (n. 1913)

Tú diste alegría a mi corazón mayor que la de ellos cuando abundaba su grano y su mosto. En paz me acostaré, y asimismo dormiré; porque solo tú, Jehová, me haces vivir confiado.
Salmo 4:7-8

Las lecturas para hoy de *La Biblia en un año* son
1 Crónicas 2:18—4:4; Hechos 24:1-27;
Salmo 4:1-8 y Proverbios 18:16-18.

LA BIBLIA EN UN AÑO

Una oración sencilla

Jabes fue más ilustre que sus hermanos, al cual su madre llamó Jabes, diciendo: Por cuanto lo di a luz en dolor. E invocó Jabes al Dios de Israel, diciendo: ¡Oh, si me dieras bendición, y ensancharas mi territorio, y si tu mano estuviera conmigo, y me libraras de mal, para que no me dañe! Y le otorgó Dios lo que pidió.

1 Crónicas 4:9-10

Qué poderoso testimonio y oración puso Dios en 1 Crónicas. Todos podemos identificarnos con una o más de las solicitudes que hizo Jabes. Pidió la bendición del Señor y la extensión de sus tierras. Oró para que Dios estuviera cerca de él; y pidió que ningún problema o sufrimiento entrara en su vida. Si el Señor hubiera concedido solo una de estas peticiones, Jabes habría recibido una gran bendición. Pero el Creador respondió a cada una de estas peticiones y al hacerlo cumplió su plan para este hombre.

Podemos aprender mucho de Jabes y de su oración. Quizá lo más importante es el hecho de que oró, pidió. Jabes buscó la bendición de Dios. Es esencial que oremos, que hablemos con el Señor. Una oración sencilla a Dios cambió de manera dramática la vida de Jabes. Tenemos la misma facilidad de acceso al mismo Padre celestial que concedió a Jabes lo que le pidió.

GRACIAS, PADRE, por poner en la Biblia a Jabes y su oración. Gracias por amarme y por estar tan accesible a mí como lo estuviste para Jabes. Que nunca dé por sentado el privilegio de orar. Gracias por escuchar mis oraciones sencillas.

ORAR ES LA COOPERACIÓN DEL HOMBRE CON DIOS EN LLEVAR DEL CIELO A LA TIERRA SUS PLANES MARAVILLOSAMENTE BUENOS PARA NOSOTROS.
Catherine Marshall (1914-1983)

LA BIBLIA EN UN AÑO

Las lecturas para hoy de *La Biblia en un año* son
1 Crónicas 4:5 – 5:17; Hechos 25:1-27;
Salmo 5:1-12 y Proverbios 18:19.

Palabras que satisfacen

Todos sabemos cómo reconforta oír palabras de vida, esperanza y ánimo. Estas pueden mejorar nuestro rendimiento y nuestras actitudes. El mensaje apropiado en el tiempo adecuado puede traernos renovado vigor para una tarea, además de desafiarnos a mejorar. La gente —trátese de jóvenes o viejos— se transforma bajo la influencia de palabras animadoras. Sin embargo, lo frecuente es no escuchar palabras de aliento. Pero peor aun es que casi nunca *expresamos* palabras de ánimo.

Nuestras lenguas tienen la capacidad de matar o de dar vida. Esa es una cantidad enorme de poder y responsabilidad. Las palabras adecuadas dan satisfacción tanto a quien las emite como a quien las escucha. Con nuestras palabras tenemos la alternativa de animar —permitir que nuestras palabras den vida— o de desanimar, y también de apabullar el espíritu de alguien. No podemos tomar esa decisión por otra persona, ni podemos controlar lo que sale de los labios de los demás. Cada uno debe escoger por sí mismo. Pero estos versículos nos dicen que la decisión que agrada a Dios es obvia: escoger las palabras apropiadas que pueden dar satisfacción.

PADRE CELESTIAL, dame palabras adecuadas para expresar, palabras que satisfagan el alma de todo oyente. Haz que mis palabras animen y no desanimen a quienes me oyen. Ayúdame a que mi lengua alimente vida y no muerte; y quizá lo más importante de todo, ayúdame a animar a otros para que a su vez animen.

OH, CANTÁDMELAS OTRA VEZ, BELLAS PALABRAS DE VIDA.
Philip P. Bliss (1838-1876)

Del fruto de la boca del hombre se llenará su vientre; se saciará del producto de sus labios. La muerte y la vida están en poder de la lengua, y el que la ama comerá de sus frutos.
Proverbios 18:20-21

Las lecturas para hoy de *La Biblia en un año* son
1 Crónicas 5:18 — 6:81; Hechos 26:1-32;
Salmo 6:1-10 y Proverbios 18:20-21.

LA BIBLIA EN UN AÑO

Apertura de mente y de corazón

*Fenezca ahora la
maldad de los inicuos,
mas establece tú al
justo; porque el Dios
justo prueba la mente y
el corazón. Mi escudo
está en Dios, que salva
a los rectos de
corazón ... Alabaré a
Jehová conforme a su
justicia, y cantaré al
nombre de Jehová el
Altísimo.*
Salmo 7:9-10, 17

¿Te has imaginado alguna vez a alguien que mire profundamente dentro de tu mente y tu corazón? En realidad, el pensamiento podría ser un poco aterrador. Por lo general, no abrimos nuestras mentes y nuestros corazones a otros. A menudo nos imaginamos que los pensamientos y recuerdos enterrados allí están ocultos de los demás. Decidimos que nadie sabrá lo que hay de veras en nuestros corazones, o lo que estamos pensando, a menos que lo permitamos. Esta clase de pensamiento no es del todo exacto. El salmista revela la verdad real. Lo cierto es que Dios no solo mira nuestros corazones y nuestras mentes, sino que mira *el interior*. También podríamos extender una invitación abierta al Señor para que nos investigue y nos conozca, porque Él puede hacerlo. Nuestra disposición a ofrecernos como voluntarios para este acceso a nuestros pensamientos privados, y a los asuntos de nuestro corazón, nos puede ayudar a guardar con pureza y rectitud nuestros corazones y nuestras mentes. Dios mira el interior. Espera con gozo esta relación íntima con Él.

PADRE, te invito a entrar a los lugares más recónditas de mi corazón y de mi mente. Mira dentro de mí. Ayúdame a tomar decisiones diarias para mantener abierta la puerta de mi corazón y mi mente para ti. Ayúdame a aceptar ansiosamente que entres e investigues allí, y a dar la bienvenida a tu presencia y deleitarme en ella en toda esfera de mi vida.

DIOS NOS CONOCE HASTA LA MÉDULA. NI EL PENSAMIENTO MÁS SECRETO, EL QUE MÁS ESCONDEMOS DE NOSOTROS MISMOS, LE ESTÁ OCULTO. ES CUANDO LLEGAMOS A CONOCERNOS HASTA LA MÉDULA QUE NOS VEMOS MÁS COMO DIOS NOS VE, Y ENTONCES PODEMOS VER BREVEMENTE SUS DESIGNIOS PARA NOSOTROS, QUE COMPRUEBAN NUESTROS DESEOS.
Edward Bouberie Pusey (1800-1882)

LA BIBLIA EN UN AÑO

Las lecturas para hoy de *La Biblia en un año* son
**1 Crónicas 7:1 — 8:40; Hechos 27:1-20;
Salmo 7:1-17 y Proverbios 18:22.**

Asombroso Dios

A Dios, y solo a Dios, se le puede describir con tan poderosas imágenes como las que este salmo describe. Su majestad y su brillantez llenan la tierra. Su gloria es más grande que los cielos. Hasta los niños y los bebés lo alaban. El Señor pone en su lugar al cielo, la luna y las estrellas, y a todas las galaxias. ¡Él es de veras un Dios asombroso! Al pensar en esas imágenes y descripciones, nuestras mentes se expanden para comprender que Dios, el Creador todopoderoso, en realidad nos tiene en cuenta. ¿Quiénes somos? Según el salmista, simples mortales y humanos. Además, el Señor no solo nos *tiene en cuenta*, sino que nos ha hecho solo un poco menores que Él mismo, nos ha coronado de gloria y de honra, y nos ha encargado de cuidar la tierra. No hay duda de que estas acciones de nuestro Padre celestial deberían hacer brotar de nuestros labios palabras de alabanza hacia Él y para Él. «¡Oh Jehová, Señor nuestro, cuán glorioso es tu nombre en toda la tierra!»

SEÑOR, te alabamos por quién eres. Tu gloria es mayor que los cielos. Tu majestad llena la tierra. Te alabamos y te adoramos. Ayúdanos a caminar como tus hijos, dándote honra y gloria, y a nunca perder de vista tu poder y tu amor. Tú eres nuestro Señor.

SOBRE LA TIERRA ÚNANSE TODAS LAS CRIATURAS PARA ENSALZARLO COMO EL PRIMERO, COMO EL ÚLTIMO, COMO EL DEL MEDIO Y COMO EL QUE NO TIENE FIN.

John Milton (1608-1674)

¡Oh Jehová, Señor nuestro, cuán glorioso es tu nombre en toda la tierra! Has puesto tu gloria sobre los cielos; de la boca de los niños y de los que maman fundaste la fortaleza, a causa de tus enemigos, para hacer callar al enemigo y al vengativo. Cuando veo tus cielos, obra de tus dedos, la luna y las estrellas que tú formaste, digo: ¿Qué es el hombre, para que tengas de él memoria, y el hijo del hombre, para que lo visites? Le has hecho poco menor que los ángeles, y lo coronaste de gloria y de honra.

Salmo 8:1-5

Las lecturas para hoy de *La Biblia en un año* son
1 Crónicas 9:1 — 10:14; Hechos 27:21-44;
Salmo 8:1-9 y Proverbios 18:23-24.

LA BIBLIA EN UN AÑO

Protección y refugio

Jehová será refugio del pobre, refugio para el tiempo de angustia. En ti confiarán los que conocen tu nombre, por cuanto tú, oh Jehová, no desamparaste a los que te buscaron.
Salmo 9:9-10

Opresión y angustia no es algo que enfrentemos con agrado. Sin embargo, en nuestra vida experimentamos la una y la otra. La opresión nos abate y dificulta nuestra capacidad de crecer y de desarrollar todo nuestro potencial. La angustia nos acosa, nos causa molestias y hace que la preocupación entre sigilosamente a nuestra vida. La opresión y la angustia hacen lo posible para evitar que disfrutemos nuestros días. Una pequeña dosis de cada una nos puede hundir. Necesitamos una solución que pueda darnos esperanza; una solución que pueda atacar la opresión y que nos proteja en momentos de angustia.

El salmista declara que el Señor es la solución. Conocer su nombre significa entender, declarar, proclamar y confesar quién es Dios y qué hace. Significa descubrir más y más la grandiosidad, la gloria y el fundamento inquebrantable de su carácter. A medida que conocemos su nombre, a medida que confiamos más plenamente en Él y lo buscamos con más diligencia, la opresión y la angustia pierden su eficacia. El Señor es nuestra protección y refugio. Él nunca ha abandonado a quienes lo buscan, ¡y nunca nos abandonará!

PADRE, ¡quiero conocer tu nombre! Guíame al proponerme aumentar mi conocimiento de ti. Ayúdame a entender la importancia de amarte, de confiar en ti y de buscarte. Cuando lleguen a mi camino la opresión y la angustia, protégeme y sé mi refugio, porque tengo la seguridad de que nunca has abandonado a nadie que te busca.

DEBEMOS CONFIAR EN DIOS. NO SOLO DEBEMOS CONFIAR EN QUE ÉL HACE LO MEJOR, SINO TAMBIÉN EN QUE ÉL CONOCE LO QUE YACE POR DELANTE.
Max Lucado (n. 1955)

Las lecturas para hoy de *La Biblia en un año* son
**1 Crónicas 11:1 – 12:18; Hechos 28:1-31;
Salmo 9:1-12 y Proverbios 19:1-3.**

Búsqueda del plan de Dios plan

En vez de hacer planes y pedirle a Dios que los bendijera, David buscó al Señor. Aunque era un gran dirigente que había disfrutado muchas victorias sucesivas, este rey encontró tiempo para preguntarle al Señor cómo proceder al enfrentar al enemigo. A pesar de que ya había propinado una buena derrota a los filisteos, no volvió a atacar del mismo modo solo porque dio resultados la primera vez. Cada intento de victoria tenía un plan diferente.

Sin embargo, a menudo ideamos un plan o seguimos un procedimiento que dio resultados hace cinco años y luego pedimos a Dios que lo apoye. Pero eso es totalmente distinto de buscar el plan y la voluntad del Señor para una batalla actual o para un nuevo problema, como hizo David: preguntar la dirección de Dios antes de seguir con un plan. Ya sea que trates con un trabajo, un asunto familiar, un dilema desconcertante o un desafío económico, pregunta al Señor qué hacer hoy. Y así como le respondió a David, te mostrará el camino.

SEÑOR, te pregunto acerca de [presenta la situación] que enfrento hoy, ¿qué debo hacer? No deseo salirme de tu plan. Quiero seguir el ejemplo de David y buscar primero tu sabiduría. Solo entonces puedo tener la seguridad de estar siguiendo tu plan. Guía mis acciones por medio de tu sabiduría y de tu verdad.

TODO EL CIELO ESTÁ ESPERANDO AYUDAR A QUIENES DESCUBREN LA VOLUNTAD DE DIOS Y LA HACEN.
J. Robert Ashcroft (1878-1958)

Vinieron los filisteos, y se extendieron por el valle de Refaim. Entonces David consultó a Dios, diciendo: ¿Subiré contra los filisteos? ¿Los entregarás en mi mano? Y Jehová le dijo: Sube, porque yo los entregaré en tus manos ... Y volviendo los filisteos a extenderse por el valle, David volvió a consultar a Dios, y Dios le dijo: No subas tras ellos, sino rodéalos, para venir a ellos por delante de las balsameras.
1 Crónicas 14:9-10, 13-14

Las lecturas para hoy de *La Biblia en un año* son
**1 Crónicas 12:19 — 14:17; Romanos 1:1-17;
Salmo 9:13-20 y Proverbios 19:4-5.**

LA BIBLIA EN UN AÑO

escondite
Jugar al escondite

¿Por qué estás lejos, oh Jehová, y te escondes en el tiempo de la tribulación?
Salmo 10:1

No es raro hacer la pregunta del salmista cuando hay dificultades en nuestra vida. Es difícil captar la idea de que un Dios amoroso se pueda esconder mientras parece estar reinando el caos. El salmista fue sincero con el Señor. No disimuló sus temores ni la sensación de que estaba solo en su lucha. Sin embargo, también se animó con estas palabras: «Tú, SEÑOR, escuchas la petición de los indefensos, les infundes aliento y atiendes a su clamor» (Salmo 10:17, NVI). Esta seguridad se originó en experiencias pasadas en que Dios lo oyó en sus momentos de necesidad y le contestó.

A veces nos sentimos frustrados o abatidos cuando no podemos con las luchas que nos amenazan o amenazan a los nuestros. La sinceridad con el Señor no es falta de fe, sino más bien una admisión de que estamos indefensos para cambiar la situación que nos rodea. La buena noticia es que la especialidad de Dios es sacar fortaleza y belleza de la oscuridad. Cuando lo buscamos en tiempos difíciles, descubrimos que Él no está lejos y que es fiel.

ABBA, PADRE, a veces siento abandono al no poder con mis circunstancias. Ayúdame a confiar en ti, y a poner esta situación en tus manos, porque tú puedes ver esta batalla desde una perspectiva que no tengo. Señor, aunque me siento débil, sé que soy fuerte cuando me apoyo en tus fuerzas y no en las mías.

DICES: «PERO ÉL NO ME HA CONTESTADO». SÍ LO HIZO, ESTÁ TAN CERCA DE TI QUE SU SILENCIO ES LA RESPUESTA. SU SILENCIO ES GRANDE Y CON TAN INCREÍBLE SIGNIFICADO QUE NO PUEDES ENTENDER AÚN, PERO LO ENTENDERÁS MÁS ADELANTE.
Oswald Chambers (1874-1917)

LA
BIBLIA
EN
UN AÑO

Las lecturas para hoy de *La Biblia en un año* son
1 Crónicas 15:1—16:36; Romanos 1:18-32; Salmo 10:1-15 y Proverbios 19:6-7.

Éxito en el balancín *éxito*

Cuando dos niños se suben a un balancín solo siguen una regla: para subir deben bajar. La verdadera humildad es la capacidad de mirar hacia arriba, por alta que sea la montaña ante la cual estás. Así como los niños juegan conjuntamente para elevarse hacia el cielo en un balancín, Dios nos levanta hacia lugares más elevados cuando dejamos nuestro orgullo, nuestra ambición y nuestros pensamientos de grandiosidad, y cuando levantamos su nombre para que todos vean. El rey David era un muchacho pastor cuando el Señor lo sacó de las verdes praderas a gobernar un reino. Debió haber sido una experiencia emocionante tener riquezas, siervos y poder al instante. No obstante, David no perdió de vista el hecho de que Dios era el medio detrás de todos sus triunfos. Aun en medio del resplandor de una batalla triunfal, David se humillaba y levantaba el nombre del Señor por sobre el suyo. Había captado el secreto de que era un gran gobernante debido al poder del único y verdadero Rey.

DIOS, tus caminos son más altos que los míos. Tú tienes planes para mí que ni siquiera puedo comprender. Pero es fácil regodearme en mis logros y olvidar que eres tú el que me has bendecido. Señor, permíteme contar hoy a alguien acerca de la bondad de Dios. Ayúdame a levantar tu nombre en alto para que todos vean.

HUMILDAD ES RECONOCER QUE DIOS Y OTROS SON RESPONSABLES POR LOS LOGROS EN MI VIDA.
Bill Gothard (n. 1934)

Entró el rey David y estuvo delante de Jehová, y dijo: Jehová Dios, ¿quién soy yo, y cuál es mi casa, para que me hayas traído hasta este lugar?
1 Crónicas 17:16

Las lecturas para hoy de *La Biblia en un año* son
1 Crónicas 16:37 — 18:17; Romanos 2:1-24;
Salmo 10:16-18 y Proverbios 19:8-9.

LA BIBLIA EN UN AÑO

JULIO
15

El precio no es el adecuado

La cordura del hombre detiene su furor, y su honra es pasar por alto la ofensa.
Proverbios 19:11

El momento de la verdad es cuando ponemos un artículo en una báscula, ya sea que estemos pesando frutas, un bebé sano, metales preciosos o nuestro propio cuerpo. Las balanzas miden con gran exactitud pérdidas o aumentos. ¿Cómo medimos el valor del dominio propio? Se podría medir calculando las pérdidas. ¿Cuánto nos cuesta dar rienda suelta a la ira? El dominio propio es el acto de detenerse a calcular las consecuencias antes de pronunciar una palabra o llevar a cabo una acción.

¿Cuántas veces hemos caído a los pies del Salvador y le hemos pedido que cubra nuestros defectos con su gracia? Y cada vez nos ha perdonado y nos ha devuelto su comunión. Parece natural contar los defectos de otros... hasta que los comparamos con nuestras propias fallas y con el amor incondicional que se nos ha concedido en Cristo.

Comparar un temperamento rebelde con el dominio propio es como comparar trozos de aluminio con oro. Uno es cortante y vale poco; el otro es de gran valor.

DIOS, ayúdame a perdonar a otros a la luz del amor incondicional que he encontrado en ti. Ayúdame a ver más allá de mi ira y a resolver desacuerdos con sabiduría y gracia. Ayúdame a medir mis palabras y acciones antes de hablar o actuar. Cuando otros me hacen mal, permite que recuerde todas las ocasiones en las que me alcanzaste y cubriste mis errores con tu misericordia, y haz que tu amor por esas personas me llene.

NO TE ENOJES CON LA PERSONA QUE ACTÚA DE MANERAS QUE TE DESAGRADAN. DALE LA SONRISA QUE LE HACE FALTA. EXTIENDE EL BRILLO DEL AMOR ILIMITADO DE DIOS.
Joni Eareckson Tada (n. 1949)

Las lecturas para hoy de *La Biblia en un año* son **1 Crónicas 19:1 — 21:30; Romanos 2:25 — 3:8; Salmo 11:1-7 y Proverbios 19:10-12.**

¡Tengo buenas nuevas!

Cuando el cántico «Sublime Gracia» resonaba en el santuario, una mujer de la banca del frente lloraba con gozo. Parecía que había sido ayer cuando se encontraba sentada en la celda de una prisión, temblando, mientras su cuerpo padecía las demandas de su vicio. Recordaba haber clamado a un Dios que no conocía, esperando que alguien oyera sus oraciones. En ese momento sombrío el Señor envió mujeres de una iglesia local a contarle las buenas nuevas de que Cristo podía sanarla y quitarle los pecados. Un año después no solo era una mujer libre de las cuatro paredes de la prisión, sino que Dios la había sanado de una adicción de diez años.

Cuando las mujeres entraron ese primer día a la prisión, se sentían tímidas, inoportunas e inseguras en ese ambiente, pero confiadas en Dios. Eran la respuesta del Señor a las oraciones de la reclusa. Muchas veces nos sentimos incompetentes para alcanzar a otros. Hacemos pesado o complicado al evangelio y tememos hablar de él. Sin embargo, se trata de un mensaje sencillo: Dios en su gracia nos ha declarado inocentes. Somos libres del pecado por medio de Jesucristo. A diario enfrentamos a muchos que están clamando a un Dios que no conocen, esperando que alguien oiga sus oraciones. ¡Hablémosles de las buenas nuevas!

SALVADOR, todos los días me rodean personas lastimadas y perdidas. Ayúdame a llevarles las buenas nuevas de que eres el Cristo, ¡y de que nos has liberado! Señor, si allí están aquellos en mi vida que claman a ti, abre mis ojos espirituales para que pueda ver, y dame el valor para llevarles el mensaje del evangelio.

JESUCRISTO ES EL TODO DE DIOS PARA LA TOTAL NECESIDAD DEL HOMBRE.
Richard C. Halverson (1916-1995)

Todos pecaron, y están destituidos de la gloria de Dios, siendo justificados gratuitamente por su gracia, mediante la redención que es en Cristo Jesús.
Romanos 3:23-24

Las lecturas para hoy de *La Biblia en un año* son
**1 Crónicas 22:1 — 23:32; Romanos 3:9-31;
Salmo 12:1-8 y Proverbios 19:13-14.**

himnos

Himnos de batalla

*En tu misericordia he
confiado; mi corazón se
alegrará en tu
salvación. Cantaré a
Jehová, porque me ha
hecho bien.*
Salmo 13:5-6

En los primeros versículos de Salmo 13, el salmista clamó a Dios y no oyó nada en respuesta. ¿Con qué podría contar que lo alentara a continuar en ese sombrío instante? Buscó en lo profundo de su mente y recordó momentos en los que Dios lo había rescatado en el pasado, épocas en las que había estado contra la pared y en las que había visto cómo se movía la mano del Señor. ¿Fueron tiempos en los que sintió abandono y más tarde descubrió que Dios había estado obrando tras bastidores de maneras milagrosas? Fueron esos recuerdos los que le permitieron cantar las bondades del Señor en medio de circunstancias abrumadoras. La experiencia del salmista se parece mucho a un soldado agazapado dentro de una trinchera, rodeado de disparos y de explosiones, ignorando que el general está en un sitio más elevado calculando el próximo movimiento del enemigo. Solo cuando el humo ha desaparecido y se revela el plan del general, el soldado entiende que nunca estuvo solo. A veces podríamos preguntarnos dónde está Dios cuando nos encontramos en medio de una batalla, pero es el recuerdo de victorias pasadas lo que nos permite cantar mientras esperamos que Él nos rescate.

SEÑOR, lo menos que puedo hacer es alabarte al recordar todas las veces que me has rescatado en el pasado. Hubo ocasiones en que sentí soledad, y solo después comprendí que tú estabas allí todo el tiempo. Veo tu obra en esos valles mientras suavemente me guiabas cuando tambaleaba, me tomabas de la mano y me llevabas una vez más hacia las cumbres. Ayúdame a confiar en ti en medio de lo que estoy enfrentando hoy.

LA PRUEBA DE NUESTRA FE ES LO VALIOSO. SI PASAMOS LA PRUEBA, HAY MUCHAS RIQUEZAS ALMACENADAS EN LA CUENTA DE NUESTRO BANCO CELESTIAL PARA EXTRAER CUANDO LLEGUE LA PRÓXIMA PRUEBA.
Oswald Chambers (1874-1917)

LA BIBLIA EN UN AÑO

Las lecturas para hoy de *La Biblia en un año* son
1 Crónicas 24:1 – 26:11; Romanos 4:1-12;
Salmo 13:1-6 y Proverbios 19:15-16.

Más que simples palabras

Es un tema repetido tanto en el Antiguo Testamento como en el Nuevo: Dios se preocupa por las necesidades de los pobres. En el Antiguo Testamento le recuerda a Israel por medio del consejo de los profetas que no olviden al necesitado, al huérfano y a la viuda. En el Nuevo Testamento Jesús mostró a los discípulos que la multitud podría comprender mejor el alimento espiritual cuando le habían satisfecho su necesidad de alimento físico. Jesús dejó de lado la preocupación de los discípulos y cargó a niños pequeños en sus rodillas. El Maestro hizo caso omiso del prejuicio cultural de su época para ofrecer agua viva a la mujer en el pozo. Cada uno de estos hechos demostró un amor que era más que simples palabras.

Un sermón significa muy poco para quienes tienen hambre física y brinda escaso calor a quien padece de frío, pero una mano extendida en misericordia y amor habla a gritos. Un incrédulo dijo en cierta ocasión: «No me digas que te interesa mi alma. Muéstrame que te preocupas, y yo responderé». ¿Estás demostrando el amor y la compasión del Señor por medio de tus acciones?

SEÑOR, reconozco que tu corazón late con misericordia por los pobres, los huérfanos y las viudas. A quienes tienen frío, déjame ofrecerles lo que necesitan para estar abrigados. A quienes tienen hambre, déjame sacrificarme para que ellos y sus hijos puedan tener alimento. Ayúdame a ver más allá de la comodidad de mi propio mundo y a tender la mano con acciones que muestren tu amor.

SI EL VERDADERO AMOR DE DIOS SE DERRAMÓ AMPLIAMENTE EN NUESTROS CORAZONES, LO MOSTRAREMOS EN NUESTRA VIDA. NO TENEMOS QUE IR DE UN EXTREMO A OTRO DE LA TIERRA PROCLAMÁNDOLO. SE MANIFESTARÁ EN TODO LO QUE DECIMOS O HACEMOS.
D. L. Moody (1837-1899)

A Jehová presta el que da al pobre, y el bien que ha hecho, se lo volverá a pagar.
Proverbios 19:17

Las lecturas para hoy de *La Biblia en un año* son
**1 Crónicas 26:12—27:34; Romanos 4:13—5:5;
Salmo 14:1-7 y Proverbios 19:17.**

LA
BIBLIA
EN
UN AÑO

Una razón para regocijarse

*Si siendo enemigos
fuimos reconciliados
con Dios por la muerte
de su Hijo, mucho más,
estando reconciliados,
seremos salvos por su
vida. Y no solo esto,
sino que también nos
gloriamos en Dios por
el Señor nuestro
Jesucristo, por quien
hemos recibido ahora la
reconciliación.*
Romanos 5:10-11

Este pasaje nos recuerda que nuestro motivo de regocijo no solo es que está asegurada nuestra salvación futura, que se nos ha liberado del castigo eterno o que Cristo murió por nosotros cuando aún éramos sus enemigos. ¡Con seguridad esa sería suficiente razón! Pero también nos regocijamos porque en el presente, exactamente aquí en la tierra, en medio de donde estamos —hoy, mañana y todos los días que estamos vivos—, podemos disfrutar de una relación nueva y maravillosa con nuestro Padre celestial. Esta no es una relación distante, sino íntima y cercana. Estamos bendecidos con esta intimidad porque la obra concluida de Cristo quitó toda barrera que se levantaba entre el Señor y nosotros y restauró nuestra relación para que pudiéramos tener amistad con Dios. No hicimos nada para lograr esto; lo recibimos por lo que Cristo hizo. Piensa en esto: ¡amigos del Dios Todopoderoso! Si nada más está yendo bien hoy, aún tenemos un gran motivo para regocijarnos.

PADRE, me regocijo en mi relación contigo... todo debido a lo que Jesucristo ha hecho por mí. Tener una relación íntima con Jesús, el amigo de pecadores, me hace tener una perspectiva eterna acerca de todo lo demás que me sucede hoy. Te alabo por el gozo que trae una amistad como esa.

EL SIGNIFICADO TOTAL DE LA ORACIÓN ES QUE PODEMOS CONOCER A DIOS.
Oswald Chambers (1874-1917)

Las lecturas para hoy de *La Biblia en un año* son
**1 Crónicas 28:1 — 29:30; Romanos 5:6-21;
Salmo 15:1-5 y Proverbios 19:18-19.**

¿Amo? ¡Amo!

amo

La palabra *siervos* evoca imágenes de trabajo fuerte, tareas de baja categoría y pérdida de la libertad. Imaginamos individuos inclinados ante la voluntad de otro, que sufren maltrato a manos de quienes tienen un poder total sobre ellos. ¿Por qué entonces el apóstol Pablo describe con esa idea tanto al pecado como a la justicia? Pablo sabía qué era vivir en esclavitud al pecado. Sin embargo, también había visto cómo su nuevo amo le rompió las cadenas. El pecado le ofrecía al apóstol destruir su propósito. No obstante, Jesús le extendió la mano cuando Pablo estaba ciego y humillado en el camino a Damasco, y lo puso en un camino diferente: la senda de vida y libertad. Pero Jesús lo liberó de los confines de su propia prisión para que adoptara el destino que Dios le tenía desde el principio. Al haber servido a ambos dueños, Pablo había aprendido el secreto y se moría de ganas por contarlo: cuando nos inclinamos ante los pies de Jesús, ¡Él es el único amo que de verdad nos libera!

JESÚS, hoy me arrodillo de nuevo a tus pies. Te pido que seas el dueño de mi corazón, de mis pensamientos, de mi ambición, de mi tiempo, de mi vida. Gracias por ser un Dios tan tierno, amable y misericordioso. Al ofrecerte mi vida encuentro vida abundante. ¡Al servirte es que encuentro verdadera libertad!

LIBERTAD NO SIGNIFICA QUE YO PUEDA HACER CUALQUIER COSA QUE DESEE. ESA ES LA PEOR CLASE DE ESCLAVITUD. LIBERTAD SIGNIFICA QUE SE ME HA LIBERADO PARA CONVERTIRME EN LO QUE DIOS QUIERE QUE YO SEA, PARA LOGRAR TODO LO QUE ÉL QUIERE QUE YO LOGRE. PARA DISFRUTAR TODO LO QUE ÉL QUIERE QUE YO DISFRUTE.
Warren W. Wiersbe (n. 1929)

Libertados del pecado, vinisteis a ser siervos de la justicia.
Romanos 6:18

Las lecturas para hoy de *La Biblia en un año* son
2 Crónicas 1:1 – 3:17; Romanos 6:1-23;
Salmo 16:1-11 y Proverbios 19:20-21.

LA
BIBLIA
EN
UN AÑO

brillar

Déjalo brillar

*[Salomón] Hizo
asimismo diez
candeleros de oro según
su forma, los cuales
puso en el templo, cinco
a la derecha y cinco a
la izquierda.*
2 Crónicas 4:7

Los candeleros en el templo eran simples ornamentos de oro hasta que los sacerdotes pusieron el aceite, recortaron las mechas y prendieron los candeleros por primera vez. Entonces el Lugar Santísimo se inundó de luz y se iluminó el templo. Un silencio llegó sobre los sacerdotes mientras la gloria de Dios se mantuvo sobre el templo y luego llenó el Lugar Santísimo. Miles sobre miles permanecían afuera, danzando, cantando y aclamando mientras celebraban la llegada de Jehová al lugar donde moraría entre su pueblo. Hoy los cristianos somos los candelabros en una nación que busca la verdad espiritual. El cristianismo se puede reducir a solo una religión más, un simple ornamento entre las muchas religiones que el mundo ofrece, o puede arder intensamente mientras la presencia del Dios vivo habita en nuestros hogares, nuestras familias y en nuestra vida diaria. Como un millón de puntos de luz, el cuerpo de Cristo puede mostrar el camino hacia el Dios viviente.

DIOS VIVO, aviva las llamas de mi pasión por ti para que otros vean tu luz dentro de mí. Permite que el fuego que arde sea una llama firme, no una que titila en el viento o que cambia o se consume con calor perjudicial. Deja que sea una luz que muestre el camino hacia ti.

SEÑOR, HAZ DE MI VIDA UNA VENTANA PARA QUE TU LUZ BRILLE A TRAVÉS DE ELLA Y UN ESPEJO QUE REFLEJE TU AMOR A TODO AQUEL QUE YO CONOZCA.
Robert H. Schuller (n. 1929)

LA
BIBLIA
EN
UN AÑO

Las lecturas para hoy de *La Biblia en un año* son
**2 Crónicas 4:1 — 6:11; Romanos 7:1-13;
Salmo 17:1-15 y Proverbios 19:22-23.**

Una vida que el Espíritu controla

En el mundo existen muchas fuerzas que intentan controlar nuestras mentes: medios de comunicación, tendencias y anuncios, filosofía secular y materialismo. Sin embargo, nada de esto nos trae verdadera vida. Por medio de computadoras, televisión, centros comerciales y música el enemigo entra como un aluvión para distraernos, apresar nuestras mentes y dominar nuestros pensamientos. También está presente nuestra naturaleza pecaminosa, de la cual los versículos de hoy dicen que nos llevarán a la muerte si le entregamos el control de nuestra vida. Pero la buena noticia está en la última parte del versículo 6: «Ocuparse del Espíritu es vida y paz». Ceder nuestras mentes y nuestros pensamientos a Cristo Jesús reflejará un espíritu de calma, una sosegada confianza de que Él tiene el control a pesar de lo que esté pasando en el mundo que nos rodea. Cuando el Espíritu nos controla, podemos pensar cosas que agradan a Dios y, como describe este versículo, Él dejará que nuestros corazones experimenten vida y paz.

SEÑOR, deseo que tu Espíritu Santo controle mi mente, mi corazón y mis pensamientos para que pueda experimentar vida y paz. Hoy cedo mi mente a ti. Dirige mis pensamientos. Haz que piense en todo lo que te agrada. Guarda mi mente de que cualquier cosa que sea contraria a tus caminos la controle. ¡Gracias por liberarme del pecado y de la muerte a través del poder de tu Espíritu dador de vida!

ESPÍRITU SANTO, PIENSA A TRAVÉS DE MÍ HASTA QUE TUS IDEAS SE CONVIERTAN EN MIS IDEAS.
Amy Carmichael (1867-1951)

Los que son de la carne piensan en las cosas de la carne; pero los que son del Espíritu, en las cosas del Espíritu. Porque el ocuparse de la carne es muerte, pero el ocuparse del Espíritu es vida y paz.
Romanos 8:5-6

Las lecturas para hoy de *La Biblia en un año* son
**2 Crónicas 6:12 — 8:10; Romanos 7:14 — 8:8;
Salmo 18:1-15 y Proverbios 19:24-25.**

Abba, Padre

No habéis recibido el espíritu de esclavitud para estar otra vez en temor, sino que habéis recibido el espíritu de adopción, por el cual clamamos: ¡Abba, Padre! El Espíritu mismo da testimonio a nuestro espíritu, de que somos hijos de Dios.
Romanos 8:15-16

«Adoptados como hijos de Dios». Qué pensamiento tan asombroso, especialmente para aquellos que no han tenido padre o para quienes los padres terrenales los han abandonado o maltratado. Tendemos a ver a Dios a través del filtro del padre que conocemos durante los años de nuestra crianza. Si nuestro padre fue cariñoso, afectivo y generoso, imaginaremos del mismo modo a nuestro Padre celestial. Pero si nuestro padre terrenal fue duro, crítico o poco amoroso, es dudoso que queramos saltar a las rodillas de Dios o descansar en su amor. Nuestra opinión del Señor podría hacer que huyamos de Él o que le cerremos nuestros corazones. Sin embargo, Dios nos dice que lo llamemos «Abba, Padre», no para encogernos de miedo o para retirarnos como esclavos temerosos, sino para comportarnos como hijos muy amados.

Piensa en tu relación con tu padre o tu madre terrenal, y en cómo influyó en tu perspectiva del Señor. Si no lo ves como «Abba, Padre», lleva tu opinión de Él ante el trono de gracia y pídele al Espíritu Santo que clarifique esa opinión para que puedas experimentar su verdadero amor de padre.

PADRE, así es como te he visto: [describe cómo ves a Dios]. Llevo ante tu altar esa opinión y todo lo que creo acerca de ti que sea indebido o contrario a tu Palabra. Quita de mí perspectivas erróneas, y renueva mi visión de ti como mi Padre paciente y misericordioso que me ama con ternura y que nunca me dejará ni me abandonará.

LA CIENCIA MÁS FABULOSA, LA ESPECULACIÓN MÁS MAJESTUOSA, LA FILOSOFÍA MÁS PODEROSA QUE ALGUNA VEZ PUEDA CAPTAR LA ATENCIÓN DE UN HIJO DE DIOS ES EL NOMBRE, LA PERSONA, LA OBRA, LAS ACTIVIDADES Y LA EXISTENCIA DEL GRAN DIOS A QUIEN LE LLAMA SU PADRE.
Charles Haddon Spurgeon (1834-1892)

Las lecturas para hoy de *La Biblia en un año* son
2 Crónicas 8:11 — 10:19; Romanos 8:9-25;
Salmo 18:16-36 y Proverbios 19:26.

Un gran recurso de oración

¿Te ha sucedido alguna vez que sencillamente no has sabido cómo ni qué orar? Quizá no te han salido las palabras, no has sabido qué decir o has tenido tanta aflicción que lo único que pudiste hacer fue gemir. Pablo explica en Romanos 8:26 un recurso de oración del cual tal vez no nos percatamos o del que quizá no nos aprovechamos: el Espíritu Santo. Cuando las circunstancias o el sufrimiento nos dejan sin palabras para orar, podemos entregarnos al Espíritu de Dios. Esto significa que no tenemos que orar en nuestra comprensión ni que debemos tratar de imaginarnos qué orar, sino que descansamos en la realidad de que Él conoce nuestro corazón y nuestra situación. El versículo 27 dice que el Padre que conoce todos los corazones sabe también lo que el Espíritu está diciendo a nuestro favor en los momentos más desconcertantes o penosos. Él saca oraciones de nuestras lágrimas, de nuestros suspiros y de nuestros gemidos. ¡Qué maravilloso saber que el Espíritu Santo está intercediendo y, más que eso, que está *rogando* por nosotros los creyentes *conforme a la voluntad de Dios!* Además, Jesús, a la diestra del Padre celestial —el lugar de más alta honra— ¡está orando por nosotros!

GRACIAS, ESPÍRITU SANTO, por orar por nosotros en perfecta voluntad con Dios y con Jesús, por interceder por nosotros ante el trono del Padre. Cuando no sabemos qué palabras decir o las palabras no nos salen, tú llevas nuestros suspiros, nuestros gemidos y nuestras lágrimas a la presencia de Dios. ¡Qué asombrosa gracia!

ESTA ES LA REVELACIÓN QUE DIOS NOS DIO: QUE CUANDO NACEMOS DE NUEVO EN EL ESPÍRITU DE DIOS Y SOMOS MORADA DEL ESPÍRITU SANTO, ÉL INTERCEDE POR NOSOTROS CON TERNURA Y COMPRENSIÓN SIMILARES A LAS DEL SEÑOR JESUCRISTO Y A LAS DE DIOS; ES DECIR, EXPRESA LO QUE PARA NOSOTROS ES IMPRONUNCIABLE.
Oswald Chambers (1874-1917)

El Espíritu nos ayuda en nuestra debilidad; pues qué hemos de pedir como conviene, no lo sabemos, pero el Espíritu mismo intercede por nosotros con gemidos indecibles. Mas el que escudriña los corazones sabe cuál es la intención del Espíritu, porque conforme a la voluntad de Dios intercede por los santos.
Romanos 8:26-27

Las lecturas para hoy de *La Biblia en un año* son
2 Crónicas 11:1—13:22; Romanos 8:26-39;
Salmo 18:37-50 y Proverbios 19:27-29.

LA BIBLIA EN UN AÑO

trinchera

Oraciones de trinchera

Clamó Asa a Jehová su Dios, y dijo: ¡Oh Jehová, para ti no hay diferencia alguna en dar ayuda al poderoso o al que no tiene fuerzas! Ayúdanos, oh Jehová Dios nuestro, porque en ti nos apoyamos, y en tu nombre venimos contra este ejército. Oh Jehová, tú eres nuestro Dios; no prevalezca contra ti el hombre.

2 Crónicas 14:11

Una oración de trinchera nace cuando por temor o desesperación alguien se sumerge en la oración, al haber fallado todos los demás recursos confiables y cuando orar es lo último que queda. Asa estaba rodeado de un millón de guerreros, pero su clamor a Dios no fue una oración de trinchera; fue una afirmación de su fe alimentada durante épocas de paz. Aunque Asa había heredado riquezas y poder de su padre, había aprendido que el Señor era su proveedor. Confiando en Él le pedía ayuda todos los días. Cuando nuestra vida no está confundida, es fácil confiar en nuestras fuerzas, y olvidarnos de que Dios es el que nos da todo aliento. Cuando llegan los momentos difíciles, los cuales nos llegan a todos, nuestra confianza diaria en Él es lo que nos permite clamar con confianza a nuestro Salvador.

GRAN PROVEEDOR, ayúdame a ejercitar a diario mi fe para que pueda mirarte por instinto tanto en los tiempos de paz como en las tormentas de la vida. Ayúdame a ver cómo te muestras aun en los detalles más insignificantes de mi vida. Gracias por los momentos de paz y por tu fortaleza durante las épocas de confusión.

TODO LO QUE HE VISTO ME ENSEÑA A CONFIAR EN EL CREADOR PARA TODO LO QUE NO HE VISTO.
Ralph Waldo Emerson (1803-1882)

Una oración por la presencia de Dios

Cuando David estaba en problemas, no solo pensaba en lo bueno que sería si el Señor se le apareciera y lo ayudara. No solo ponía su solicitud en una cadena de oración ni susurraba una oracioncita cortés: «Señor, si no estás muy ocupado, me gustaría que me ayudaras cuando tengas la oportunidad». No, David *clamaba;* lo que literalmente significa que *gritaba* o *suplicaba la ayuda de Dios en voz alta y con fervor,* creyendo que el Señor oiría y respondería sus clamores. . . y lo hacía.

Hay ocasiones en que nosotros también debemos clamar a Dios, rogando en su santuario su muy necesaria ayuda. Clamar al Señor nos trae su ayuda, protección y victoria. Cualquier cosa que enfrentes, levanta en alto tu voz y proclama la capacidad de Dios de oírte, de contestar tu clamor, de sustentarte y ayudarte, y de cumplir sus planes para ti. Si mientras lees este salmo recuerdas a alguien que conoces, personaliza esta súplica para esa persona: «¡Que el Señor conceda todas *sus* oraciones! ¡Que gritemos de gozo cuando oigamos de tu victoria!».

DIOS, te clamo hoy por [nombra la situación] o por [nombra la persona]. Me preocupa en extremo [tu preocupación]. ¡Oye desde el cielo y respóndeme! ¡Concédeme los deseos de mi corazón! ¡Envía ayuda desde tu santuario! ¡Rescata por tu gran poder! Gracias por oír y contestar los lamentos de tu pueblo.

CUANDO LA VIDA TE GOLPEA, ESTÁS EN POSICIÓN DE ORAR.
Anónimo

Jehová te oiga en el día de conflicto; el nombre del Dios de Jacob te defienda. Te envíe ayuda desde el santuario, y desde Sion te sostenga . . . Te dé conforme al deseo de tu corazón, y cumpla todo tu consejo. Nosotros nos alegraremos en tu salvación, y alzaremos pendón en el nombre de nuestro Dios; conceda Jehová todas tus peticiones.
Salmo 20:1-2, 4-5

Dependencia a diario

[Josafat] anduvo en el camino de Asa su padre, sin apartarse de él, haciendo lo recto ante los ojos de Jehová. Con todo eso, los lugares altos no fueron quitados; pues el pueblo aún no había enderezado su corazón al Dios de sus padres.
2 Crónicas 20:32-33

El padre de Josafat, Asa, era un hombre terco que no reconocía los errores que el pecado le ocasionaba. Cuando el ángel del Señor lo enfrentó, Asa furioso se puso a analizar y a racionalizar sus equivocaciones en vez de reconocerlas o arrepentirse. Cuando su hijo Josafat llegó al trono, aprendió de los errores de su padre, al menos en algunos aspectos. Cuando el pueblo necesitaba educación religiosa, o enfrentaba amenaza de guerra, Josafat se volvía a Dios en busca de guía y tomaba decisiones acertadas. Confiaba en el Señor para lo más importante, cuando las posibilidades estaban claramente en su contra. Sin embargo, cuando se trató de depender de la guía cotidiana de Dios acerca de planes y acciones, Josafat falló. Nosotros podemos repetir el error de Josafat cuando relegamos al Señor al fondo en los diarios asuntos triviales o en las decisiones fáciles de la vida. Dios no solo quiere que le entreguemos los problemas y las decisiones importantes que enfrentamos, sino también los pequeños asuntos de la vida, los que a menudo nos engañan haciéndonos creer que podemos controlarlos. Aunque quizá hoy no enfrentes algo importante, ¿has hecho una pausa suficientemente larga como para entregar tu día —con los asuntos triviales— a Dios?

SEÑOR, no permitas que deje de pasar tiempo contigo ni que dé por sentado el amor y las provisiones que tienes a diario para mi vida. Guárdame de tomar las mismas decisiones erróneas que tomó Josafat. Necesito tu guía, tanto en los días fáciles como al enfrentar dificultades. Deseo llegar a ti en oración, confiando a diario en tu control y suficiencia.

PERMITE QUE DIOS TENGA TU VIDA. ÉL PUEDE HACER CON ELLA MÁS QUE TÚ.
D. L. Moody (1837-1899)

LA BIBLIA EN UN AÑO

Las lecturas para hoy de *La Biblia en un año* son
**2 Crónicas 19:1—20:37; Romanos 10:14—11:12;
Salmo 21:1-13 y Proverbios 20:4-6.**

Sinceridad con Dios

Cuando alguien pregunta: «¿Cómo estás?», ¿respondes: «Muy bien», cuando en realidad la estás pasando mal? A veces hablamos de ese modo con Dios, y le decimos lo que creemos que Él desea oír, pero no le expresamos nuestro verdadero ser. El salmista no actúa así con el Señor. Le dijo cómo se sentía: *Soy gusano. Soy oprobio. Me desprecian. Estoy desesperado. Te necesito.* Hasta le manifestó a Dios que lo sentía distante y que le parecía que no le hacía caso. Estas podrían parecer cosas insolentes para hablar al Señor todopoderoso, pero David era sincero con Dios, y el Señor honró esa sinceridad; rescató y bendijo a David. Una gran transformación, nueva intimidad con el Señor y descanso en nuestras almas llegarán cuando seamos totalmente sinceros con Dios. ¿Enfrentas desánimo? Manifiéstaselo con sinceridad al Señor. ¿Ni siquiera sientes deseos de orar? Dios te recibe como estás y está presto a perdonarte, a darte fuerzas y a bendecirte cuando te acercas a Él.

PADRE, cuando llego a ti, ayúdame a tener tanta candidez como un niño y a expresar con sinceridad lo que pienso, cómo me siento y lo que necesito. Dame confianza de que aceptarás mi sinceridad como cualquier padre amoroso que acepta las sinceras expresiones de sentimientos o de necesidad de su hijo.

LA SINCERIDAD ES UN ELEMENTO VITAL EN LA VERDADERA ORACIÓN ... LA ORACIÓN TENDRÁ MÁS PODER Y REALIDAD CUANDO RECHACEMOS TODA FALSEDAD Y APRENDAMOS A SER TOTALMENTE SINCEROS ANTE DIOS COMO ANTE LOS HOMBRES.
A. W. Tozer (1897-1963)

Soy gusano, y no hombre; oprobio de los hombres, y despreciado del pueblo. Todos los que me ven me escarnecen; estiran la boca, menean la cabeza, diciendo: Se encomendó a Jehová; líbrele él; sálvele, puesto que en él se complacía.
Salmo 22:6-8

Las lecturas para hoy de *La Biblia en un año* son **2 Crónicas 21:1 – 23:21; Romanos 11:13-36; Salmo 22:1-18 y Proverbios 20:7.**

Un sacrificio vivo

Hermanos, os ruego por las misericordias de Dios, que presentéis vuestros cuerpos en sacrificio vivo, santo, agradable a Dios, que es vuestro culto racional. No os conforméis a este siglo, sino transformaos por medio de la renovación de vuestro entendimiento, para que comprobéis cuál sea la buena voluntad de Dios, agradable y perfecta.

Romanos 12:1-2

Quizá una de las oraciones más transformadoras de vida que podemos hacer es la oración de entrega que leemos en este versículo: «Señor, me ofrezco voluntariamente a ti como sacrificio vivo». Cuando nos rendimos del todo a Dios, Él obra, ama y piensa a través de nosotros para cumplir sus propósitos, lo cual es mucho más de lo que podríamos pedir o imaginar. Experimentamos enorme gozo cuando el Señor hace su obra por medio de nosotros. Si tratamos de vivir en nuestras fuerzas, quedamos vacíos y agotados. Pero cuando nos estamos ofreciendo continuamente al Señor, Él nos llena constantemente con su espíritu de amor, gozo, paz y paciencia.

El versículo 2 también es parte importante del proceso: debemos emparejar esa rendición a Dios con la búsqueda de su obra transformadora en nosotros. Él nos convierte en nuevas personas desde el interior al cambiar la manera en que pensamos, a medida que nuestras mentes se renuevan con su Palabra. Al pasar esto, conoceremos más y más la buena voluntad de Dios, agradable y perfecta, para nuestra vida.

SEÑOR, no sé qué habrá en este día, pero me rindo a ti como un sacrificio vivo. Renueva y transforma mi mente con tu verdad. Hazme una nueva persona y muéstrame lo que deseas que haga: la buena obra que has diseñado que haga, esa tarea para cumplir, la persona que quieres que yo ministre o anime hoy. ¡Llévate, además, toda la gloria!

ORAR ES CAMBIAR. LA ORACIÓN ES LA AVENIDA CENTRAL QUE DIOS USA PARA TRANSFORMARNOS.
Richard J. Foster (n. 1943)

LA BIBLIA EN UN AÑO

Las lecturas para hoy de *La Biblia en un año* son **2 Crónicas 24:1—25:28; Romanos 12:1-21; Salmo 22:19-31 y Proverbios 20:8-10.**

Una voz conocida

En la tradición oriental, un pastor va a la cabeza del rebaño. Esto se diferencia mucho de la tradición occidental de guiar el rebaño desde atrás. El pastor saca a las ovejas del redil temprano en la mañana para llevarlas a las charcas o pozos de agua donde pueden aplacar la sed. Luego las guía hacia verdes pastos, haciéndolas pasar por lugares rocosos donde podrían tropezar. Él ayuda a las ovejas pequeñas y frágiles levantándolas con el codo de su cayado. Levanta la mano por sobre las ovejas cuando entran al redil, contándolas y asegurándose que han regresado ilesas de la pradera. Entonces el pastor se acomoda en la noche y vigila que no haya depredadores. Cuán asombroso es que Jesús sea nuestro pastor. Él nos lleva a aguas vivas y nos guía a lo largo del camino, aunque el sendero sea rocoso; nos carga cuando tropezamos y nos vigila durante las noches sombrías de nuestra vida, haciéndonos sentir seguridad. Lo único que nos pide es que contestemos a su voz y lo sigamos.

Consuela saber que no me encuentro en soledad en el viaje llamado vida. Dios, te agradezco que estés vigilándome, encontrándote conmigo en la mañana y permaneciendo conmigo durante la noche. Permite que yo siempre conteste a tu voz y esté cerca de ti. ¡Te seguiré con alegría cuando pronuncies mi nombre!

SEÑOR, AYÚDAME A RECORDAR QUE HOY NO SUCEDERÁ NADA QUE TÚ Y YO NO PODAMOS CONTROLAR.
Anónimo

Jehová es mi pastor; nada me faltará. En lugares de delicados pastos me hará descansar; junto a aguas de reposo me pastoreará. Confortará mi alma; me guiará por sendas de justicia por amor de su nombre.
Salmo 23:1-3

Las lecturas para hoy de *La Biblia en un año* son
**2 Crónicas 26:1—28:27; Romanos 13:1-14;
Salmo 23:1-6 y Proverbios 20:11.**

manta

Una cálida manta

*Sigamos lo que
contribuye a la paz y a
la mutua edificación.*
Romanos 14:19

El hilo se puede utilizar para hacer jugar a un gato o para atarlo alrededor del dedo y así recordar que debemos comprar leche. Ese mismo hilo, puesto en manos diestras, se puede convertir en una vistosa manta tejida o en un suéter de punto. Al poner un hilo azul al lado de uno amarillo parece que ambos no combinan. Sin embargo, tejidos pueden hacer una obra de arte. Una sencilla hebra se puede hacer fácilmente a un lado, pero hebras combinadas son fuertes. Una madeja de hilo no produce mucho calor, pero convertida en un cobertor tejido esa madeja puede calentar los hombros de quienes tienen frío. Así como un campo de flores se puede agitar de varias formas y tonos de colores, el cuerpo de Cristo está rociado con diferencias. Cuando estamos unos al lado de otros, podría parecer que nuestras diferencias no combinan, pero el terreno común es un amor por Dios y un deseo de agradarlo. Cuando nos juntamos en unidad, la Iglesia se fortalece y podemos llevar belleza y calor a las vidas de los demás.

SEÑOR, ayúdame a reconocer que tú eres el artista máximo. Nos creaste como un pintor crea una obra maestra. Las diferencias con que he tropezado podrían ser las mismas cosas que necesitabas para crear una obra de arte que pueda ministrar a un mundo diverso y doliente.

NO PUEDE HABER UNIDAD, PLACER DE AMAR, ARMONÍA NI BIENESTAR DONDE NO HAY MÁS QUE UNO. PARA QUE HAYA UNIDAD SE NECESITAN AL MENOS DOS.
George Macdonald (1824-1905)

LA
BIBLIA
EN UN
AÑO

Las lecturas para hoy de *La Biblia en un año* son
**2 Crónicas 29:1-36; Romanos 14:1-23;
Salmo 24:1-10 y Proverbios 20:12.**

Cómo elevarse por sobre la tormenta

¿Has volado alguna vez en un avión a través de una tormenta? Todo lo que ves y oyes a tu alrededor es la lluvia de la tormenta que golpea y el viento que azota las paredes de la cabina. Miradas de preocupación y terror nublan los rostros de los pasajeros, quienes se preguntan: *¿Cuándo saldremos de esta tormenta?* Anhelan ver el sol, y aun antes de que el avión haya aterrizado, algunos de ellos podrían haber comenzado a formar una fila para salir. En un vuelo tan turbulento como ese podemos experimentar casi de forma instantánea y extraordinaria la luz y la paz después de una tormenta. La paz reemplaza en solo un momento a la ansiedad cuando pasamos una nube y vemos el sol y su resplandor exactamente al otro lado de la tormenta.

Como hijos de Dios no debemos esperar hasta que hayan pasado nuestras tormentas personales para ver y experimentar la luz y la paz del Hijo. La Palabra de Dios, su verdad, no solo nos sustenta en las tormentas de la vida; también nos abre los ojos para ver al Hijo, lo radiante de la gloria de Dios, cuando nos remontamos por sobre ellas.

QUERIDO SEÑOR, deseo conocer tu voluntad. Tengo la disposición de hacer tu voluntad y aguardaré en esperanza que tu verdad me guíe. No importa qué tormentas enfrente en la vida, mantendré los ojos en el brillo de tu Hijo, ¡en la claridad de tu gloria!

DIOS ES LA LUZ EN MI OSCURIDAD, LA VOZ EN MI SILENCIO.
Helen Keller (1880-1968)

Muéstrame, oh Jehová, tus caminos; enséñame tus sendas.
Encamíname en tu verdad, y enséñame, porque tú eres el Dios de mi salvación; en ti he esperado todo el día.
Salmo 25:4-5

Las lecturas para hoy de *La Biblia en un año* son
2 Crónicas 30:1—31:21; Romanos 15:1-22;
Salmo 25:1-15 y Proverbios 20:13-15.

LA BIBLIA EN UN AÑO

Una representación de la gracia de Dios

*Manasés, pues, hizo
extraviarse a Judá y a
los moradores de
Jerusalén, para hacer
más mal que las
naciones que Jehová
destruyó delante de los
hijos de Israel ... por
lo cual Jehová trajo
contra ellos los
generales del ejército del
rey de los asirios, los
cuales aprisionaron con
grillos a Manasés, y
atado con cadenas lo
llevaron a Babilonia.
Mas luego que fue
puesto en angustias,
oró a Jehová su Dios,
humillado grandemente
en la presencia del Dios
de sus padres. Y
habiendo orado a él, fue
atendido; pues Dios oyó
su oración y lo restauró
a Jerusalén, a su reino.
Entonces reconoció
Manasés que Jehová
era Dios.*

2 Crónicas 33:9-13

Manasés no solo practicó el mal; llevó a toda la nación de Judá y al pueblo de Jerusalén a hacer aun más mal del que hubieran pensado las naciones paganas. Practicó la hechicería y la brujería, quemó a sus propios hijos en un altar pagano y, por último, profanó el templo de Dios al poner allí un ídolo de Asera, la diosa del sexo. Eso colmó al Señor. Después de darle muchas advertencias, hizo que los asirios capturaran y llevaran a Manasés a Babilonia como un animal. Pues bien, si alguien no merecía la ayuda de Dios, ese era Manasés. Pero en su cautiverio clamó al Señor con humildad y arrepentimiento, y el Señor no solamente lo escuchó, sino que lo devolvió a Jerusalén y le restauró su reino. A partir de entonces Manasés supo que solo el Señor es Dios.

Para cualquiera de nosotros que se haya alejado de Dios, sea en rebelión abierta o apartándose con sutileza de su camino, este pasaje es una representación de la amorosa gracia del Señor y de su deseo de perdonar y restaurar. Dios quiere que nos humillemos ante Él, y Él sanará y redimirá nuestra vida.

SEÑOR, ¡cuán asombrosas son tu gracia, tu perdón y tu restauración! Te alabo por la misericordia y el amoroso favor que me ofreces con tanta libertad. Quiero seguirte, pero si me aparto de tus sendas, ayúdame a clamarte con humildad como hizo Manasés y hazme conocer el gozo de tu perdón y tu sanidad.

EL INGREDIENTE MÁS MARAVILLOSO EN EL PERDÓN DE DIOS ES QUE ÉL TAMBIÉN OLVIDA, LO ÚNICO QUE UN SER HUMANO NO PUEDE HACER.
Oswald Chambers (1874-1917)

LA BIBLIA EN UN AÑO

Las lecturas para hoy de *La Biblia en un año* son
**2 Crónicas 32:1 – 33:13; Romanos 15:23 – 16:9;
Salmo 25:16-22 y Proverbios 20:16-18.**

Ver con claridad

Imagínate conduciendo por una zigzagueante carretera montañosa en plena niebla con los faros apagados. Mientras avanzas lentamente haces un gran esfuerzo para ver el camino en la oscuridad, con la esperanza de no hacer un movimiento equivocado y rodar por el abismo. Esta es una ilustración aterradora, ¿verdad? Sin embargo, a veces viajamos del mismo modo por el camino de la vida, avanzando por nuestra cuenta en nuestras relaciones, pero sin la guía de la luz de la Palabra de Dios y de la oración. En las palabras finales de Pablo a los romanos en este capítulo, les advierte que se alejen de los falsos maestros y de las personas persuasivas, los insta a que eviten el mal, y que sigan la verdad. ¿Cómo pueden hacer esto? Del mismo modo que lo hacemos hoy día: pidiendo ayuda al Señor para ver con claridad lo que está bien y obedeciéndolo. La buena noticia es que no nos han dejado por nuestra cuenta para lograr tan desalentadora tarea. El Señor Jesucristo, como Aquel que ilumina el mundo, a la larga también ilumina nuestros propios senderos personales. Él nos dio su Biblia para ayudarnos a ser «ingenuos para el mal» y para hacer que su Espíritu nos lleve a toda verdad.

Vuestra obediencia ha venido a ser notoria a todos, así que me gozo de vosotros; pero quiero que seáis sabios para el bien, e ingenuos para el mal.
Romanos 16:19

QUERIDO PADRE, cuánto añoro viajar por la carretera de la vida viendo con claridad y teniendo ingenuidad para el mal. Ayúdame a depender por completo en la luz de tu Hijo Jesús, quien me ayuda a ver la senda que tienes para mí y me guía con dulzura por la verdad de tu Palabra.

DIOS QUIERE QUE SINTAMOS QUE NUESTRO CAMINO POR LA VIDA ES DIFÍCIL Y DESCONCERTANTE, PARA QUE APRENDAMOS A APOYARNOS EN ÉL CON AGRADECIMIENTO. EN CONSECUENCIA, ÉL DA PASOS PARA SACARNOS DE LA CONFIANZA EN NOSOTROS MISMOS Y NOS LLEVA A CONFIAR EN ÉL.
J. I. Packer (n. 1926)

Las lecturas para hoy de *La Biblia en un año* son **2 Crónicas 33:14—34:33; Romanos 16:10-27; Salmo 26:1-12 y Proverbios 20:19.**

LA BIBLIA EN UN AÑO

temer

No temas

Jehová es mi luz y mi salvación; ¿de quién temeré? Jehová es la fortaleza de mi vida; ¿de quién he de atemorizarme? Cuando se juntaron contra mí los malignos, mis angustiadores y mis enemigos para comer mis carnes, ellos tropezaron y cayeron. Aunque un ejército acampe contra mí, no temerá mi corazón; aunque contra mí se levante guerra, yo estaré confiado.
Salmo 27:1-3

El miedo es algo poderoso. Se puede colar en muchas esferas de nuestra vida. Todos conocemos a alguien que teme la muerte o la enfermedad, el dolor y el sufrimiento, la derrota, los accidentes o el fracaso. Es más, tú podrías tener algunos de esos aspectos —y quizá muchos otros— en tu lista de cosas a las que temes. El miedo socava nuestra fe, paraliza nuestro avance y hace borrosa la visión que hemos recibido de Dios. El temor puede robarnos el gozo y la paz.

David afirmó que su corazón no se atemorizaría; y el motivo de su confianza estaba en que el Señor era su luz, su salvación y su protector. Este salmo es un recordatorio para todos nosotros. ¿Por qué debemos temer? ¿Por qué debemos temblar? Nosotros podemos tener la misma confianza y seguridad que tenía David, si el Señor es nuestra luz y nuestra salvación. Él es quien nos protege del peligro.

PADRE, ayúdame a ver la verdad en tu Palabra. Eres mi luz y mi salvación. Eres mi protector del peligro y del mal. Ayúdame, Padre, a acercarme a ti y a descansar en la confianza que te tengo. Ayúdame a derrotar el miedo en mi vida a medida que confío en ti.

SOLO QUIEN PUEDE DECIR: «EL SEÑOR ES LA FORTALEZA DE MI VIDA», PUEDE DECIR: «¿DE QUIÉN TEMERÉ?».
Alexander Maclaren (1826-1910)

Las lecturas para hoy de *La Biblia en un año* son **2 Crónicas 35:1–36:23; 1 Corintios 1:1-17; Salmo 27:1-6 y Proverbios 20:20-21.**

Acerquémonos acercamiento

Cuando el Señor nos llama a acercarnos a su trono de gracia, a orar o a esperar en Él, cuán a menudo contestamos: *Señor, estoy ocupado. Tengo mucho que hacer hoy. No tengo tiempo para orar.* Cuando su Espíritu susurra a nuestros corazones el nombre de alguien, y nos codea ligeramente para interceder por esa persona, o para llamarla por teléfono, pensamos: *Lo haré más tarde, cuando haya hecho todo o cuando esté a punto de irme a dormir.* Nuestras intenciones podrían ser buenas, pero entonces olvidamos orar en medio de las tareas y actividades.

Una vida gobernada por listas de quehaceres y programaciones, en lugar de que lo haga el Espíritu de Dios, nos roba la intimidad que desea que experimentemos con Él. Pero cuando respondemos: «Te buscaré, oh Jehová» a los suaves susurros del Señor, somos receptivos al poder dador de vida y a la gracia del Espíritu del Señor. Entonces la ayuda fluye no solo en nuestra vida, sino también en las vidas de otros a medida que oramos a favor de ellos.

SEÑOR, dame tal deseo por ti que corra hacia ti cuando digas: «Ven». Ayúdame con la disposición de hacer a un lado mi lista de quehaceres, a llegar a tu presencia y a hablar contigo. Afina mis oídos a tu voz y haz sensible mi corazón a tu toque suave.

DIOS NOS VISITA CON FRECUENCIA, PERO LA MAYORÍA DEL TIEMPO NO ESTAMOS EN CASA.
Proverbio danés

Mi corazón ha dicho de ti: Buscad mi rostro. Tu rostro buscaré, oh Jehová.
Salmo 27:8

Las lecturas para hoy de *La Biblia en un año* son **Esdras 1:1 — 2:70; 1 Corintios 1:18 — 2:5; Salmo 27:7-14 y Proverbios 20:22-23.**

LA BIBLIA EN UN AÑO

¡Dios oye!

Bendito sea Jehová, que oyó la voz de mis ruegos. Jehová es mi fortaleza y mi escudo; en él confió mi corazón, y fui ayudado, por lo que se gozó mi corazón, y con mi cántico le alabaré.
Salmo 28:6-7

Este salmo nos anima a levantar nuestros corazones en gratitud y alabanza a Dios porque ha oído nuestros lamentos. Puesto que oyó, nuestros corazones reciben ayuda aun antes de que la situación cambie. Ya que vivimos en un mundo de tecnología muy avanzada, nos hemos acostumbrado a mensajes instantáneos y respuestas inmediatas a nuestros correos electrónicos. Identificadores de llamada, llamada en espera, buscapersonas y teléfonos celulares nos llevan casi con seguridad a no tener «períodos de espera» para conversar, y el discado a velocidad nos permite conectarnos aun más rápidamente. Sin embargo, muchas veces cuando oramos, no oímos una voz celestial de respuesta inmediata: «Tu mensaje se envió y se recibió». Podríamos haber expuesto nuestras solicitudes, pero no ver que cambien las circunstancias; no obstante, profundamente en nuestro interior podemos saber que Dios nos ha oído. Aunque no tengamos la *sensación* de ser oídos, aún tenemos la *realidad*. Tenemos la promesa de Dios: El Señor «oyó la voz de mis ruegos».

PADRE, gracias por oír mis oraciones... ¡siempre! Aunque mi situación siga igual, dame la gracia para confiar en ti y agradecerte por tu oído atento y tu misericordiosa ayuda. Debido a tu compasión, te entonaré cánticos de alabanza. Debido a tu ayuda, ¡que mi corazón esté lleno de gozo!

¡AH, SEÑOR QUE ME DAS VIDA!, ¡DAME UN CORAZÓN REPLETO DE AGRADECIMIENTO!
William Shakespeare (1564-1616)

Las lecturas para hoy de *La Biblia en un año* son
**Esdras 3:1—4:23; 1 Corintios 2:6—3:4;
Salmo 28:1-9 y Proverbios 20:24-25.**

La voz del Señor

VOZ

Nuestro Dios tiene una poderosa voz. «Tempestad poderosa le rodeará» (Salmo 50:3). Habló, y el mundo se creó. Habló, y aparecieron la luz y todas las criaturas, grandes y pequeñas. Así como creó todo por su palabra, también por su palabra lo controla todo. Su voz no es débil ni se ahoga con facilidad; truena sobre el más ruidoso de los océanos o sobre la tormenta más rugiente. Es tan poderosa que quiebra los poderosos cedros y desgaja los robles. En toda la Biblia lo vemos hablando de maneras muy distintas: por medio de ángeles, a través de visiones y sueños, por una tormenta poderosa y en un suave susurro a nuestros corazones. Sin embargo, ¿estamos escuchando o hemos olvidado cómo hacerlo? ¿Sabemos simplemente cómo hablar con Dios? Si queremos ver milagros en nuestra vida, y en la vida de nuestros seres queridos, si queremos llegar a ser todo aquello para lo cual nos creó Dios, debemos *escuchar* y seguir lo que Él dice; porque aún está hablando hoy, ¡y su voz es poderosa!

SEÑOR, te agradezco que no guardes silencio, que tu voz truene sobre toda la tierra. Pero es fácil distraerse y dejar de escuchar tu guía. Quita cualquier cosa que esté obstruyendo mis oídos espirituales para que pueda escuchar tu poderosa voz; y dame voluntad y rapidez para obedecerte.

DIOS EL PADRE ESTÁ LEJOS Y TAMBIÉN A LA MANO; SU VOZ ES, A LA VEZ, ENSORDECEDORA EN SU ESTRUENDO Y DEMASIADO SUAVE Y PEQUEÑA PARA SER FÁCILMENTE AUDIBLE.
Malcolm Muggeridge (1903-1990)

Voz de Jehová sobre las aguas; truena el Dios de gloria, Jehová sobre las muchas aguas. Voz de Jehová con potencia; voz de Jehová con gloria. Voz de Jehová que quebranta los cedros; quebrantó Jehová los cedros del Líbano . . . Voz de Jehová que desgaja las encinas, y desnuda los bosques.
Salmo 29:3-5, 9

Las lecturas para hoy de *La Biblia en un año* son
Esdras 4:24 — 6:22; 1 Corintios 3:5-23;
Salmo 29:1-11 y Proverbios 20:26-27.

LA BIBLIA EN UN AÑO

¡Auxilio!

Jehová Dios mío, a ti clamé, y me sanaste. Oh Jehová, hiciste subir mi alma del Seol; me diste vida, para que no descendiese a la sepultura.
Salmo 30:2-3

¿Cuántas veces el grito de auxilio está dirigido hacia cosas erradas? Con frecuencia las personas buscan ayuda en riquezas y fortunas. Suelen poner su confianza en el poder y el prestigio. Van tras fama, fortuna y fantasía con la esperanza de encontrar en eso lo que anhelan. Algunas tratan de conservar su juventud en un intento de obtener esperanza y ayuda. Pero la verdad es que esas *cosas* no dan la clase de ayuda y satisfacción perdurables que la mayoría desea. La influencia positiva de esas *cosas* es fugaz, a lo sumo, y en realidad quizá ni siquiera ejerza algo de influencia. Solo hay Alguien que puede traer la ayuda que nos alejará de la sepultura.

Pidamos ayuda al Señor, así como lo hizo el salmista. Dios es Aquel cuyo amor no tiene fin. Es el único con recursos sin límite. Dios es Aquel con poder definitivo. Clama a Aquel que es más que capaz de proveer cualquier ayuda y esperanza que necesites.

PADRE CELESTIAL, perdóname por buscar ayuda en lugares equivocados. Gracias por tu amor constante y tu deseo de ser mi ayuda. ¡Gracias por extenderme hoy tu ayuda! Solo tu amor no fallará. Solo tú puedes satisfacer. Solo tú puedes dar esperanza que no nos desilusiona.

ORAR NO INVOLUCRA MÁS QUE ABRIR LA PUERTA, DAR ACCESO A JESÚS A NUESTRAS NECESIDADES Y DEJARLO EJERCER SU PODER AL TRATAR CON ELLAS.
Ole Hallesby (1879-1961)

Las lecturas para hoy de *La Biblia en un año* son **Esdras 7:1—8:20; 1 Corintios 4:1-21; Salmo 30:1-12 y Proverbios 20:28-30.**

El poder de la mano de Dios

El verbo *encomendar* significa «confiar, depositar en, ceder a». ¡Qué rendición expresa esta breve oración! No solo la manifestó el salmista David, sino también Esteban, el primer mártir, cuando lo apedreaban, así como Jesús cuando colgaba en la cruz. Cada uno de estos hombres puso su propia vida en manos del Dios todopoderoso, porque sabían que esas manos eran los instrumentos de su poder... su participación personal y activa. Dios el Padre también nos hace señas de ir hacia Él y de dejar a su control nuestras esperanzas y sueños, nuestras posesiones, nuestras familias y nuestras carreras. Nos invita a poner bajo su cuidado toda preocupación o carga, y cortésmente nos invita, por medio del derramamiento de la sangre de su Hijo, a dejar incluso nuestra vida en sus poderosas manos. Como el medio de lograr esto, el Señor nos ha dado la oración. Al encomendarnos a Dios empezamos a experimentar su poder transformador en nuestra vida cada vez más a imagen de su Hijo Jesús.

AH, PADRE, este día encomiendo mi espíritu, mi propia vida, en tus manos. Eres más poderoso de lo que puedo imaginar y me has provisto el camino para lograrlo a través de la sangre de Jesús. ¡Cuánto te alabo por la oración, porque por medio de ella puedo encomendar y entregar mi vida en tu mano!

CONFIAR INVOLUCRA ABANDONARTE Y SABER QUE DIOS TE ATRAPA.
James C. Dobson (n. 1936)

En tu mano encomiendo mi espíritu.
Salmo 31:5

Las lecturas para hoy de *La Biblia en un año* son
Esdras 8:21—9:15; 1 Corintios 5:1-13; Salmo 31:1-8
y Proverbios 21:1-2.

LA BIBLIA EN UN AÑO

integridad

Andar en integridad

*Hacer justicia y juicio
es a Jehová más
agradable que un
sacrificio.*
Proverbios 21:3

¿Te has sentido compungido al ver la corrupción existente en el mundo comercial y en la cultura en general? Casi semanalmente los periódicos muestran otro ejemplo de falta de integridad generalizada de parte de un individuo o de una organización. Parece que cada vez menos personas creen que es importante hacer lo bueno sencillamente porque es bueno. Pero Dios tiene una respuesta, una vía para que escapemos de la corrupción de esta época actual mediante el poder de su vida dentro de nosotros. A través del único sacrificio perfecto —la muerte y resurrección de Jesús— podemos llegar con humildad al Padre, recibir su sabiduría y confiar en que su Espíritu nos guíe en hacer lo adecuado y justo.

¿Qué alternativas enfrentas hoy en tu matrimonio o familia, en tu negocio o tu economía? Debido a que el Señor te ama mucho, ha provisto su Palabra escrita, la oración y la obra transformadora de su Espíritu para que puedas vivir de manera justa y para que camines humildemente con Él, porque esto le agrada.

QUERIDO SEÑOR, en todas las decisiones y alternativas que enfrento cada día, ayúdame a caminar en obediencia a ti y, por consiguiente, en honestidad e integridad. Dame el poder de tu Espíritu para hacer lo justo y bueno, con el fin de que lleve una vida que te agrade y que refleje tu carácter.

DIOS NO NOS PROPORCIONA CARÁCTER, NOS OFRECE LA VIDA DE SU HIJO. PODEMOS HACERLE CASO OMISO Y NEGARNOS A OBEDECERLE, O PODEMOS OBEDECERLE LLEVANDO CAUTIVO TODO PENSAMIENTO E IMAGINACIÓN PARA QUE LA VIDA DE JESÚS SE MANIFIESTE EN NUESTRA CARNE MORTAL.
Oswald Chambers (1874-1917)

LA BIBLIA EN UN AÑO

Las lecturas para hoy de *La Biblia en un año* son
**Esdras 10:1-44; 1 Corintios 6:1-20; Salmo 31:9-18
y Proverbios 21:3.**

Cuando el Espíritu de Dios nos mueve

Cuando Nehemías, copero del rey Artajerjes de Persia, se enteró del sufrimiento y la desgracia de los judíos en Jerusalén —habían quemado las puertas y destruido los muros— lo lamentó durante días, ayunando y clamando a Dios. El Señor se había propuesto reconstruir los muros, pero fue Nehemías el que sintió la motivación de ponerse en la brecha. Totalmente identificado con el pecado y la necesidad del pueblo, se volcó al arrepentimiento y a la intercesión, y luego puso en acción sus oraciones al volver a Jerusalén para dirigir el esfuerzo de reconstrucción. Nosotros también podemos ser parte de la respuesta del Señor ante el sufrimiento y las maldades de este mundo cuando nos ponemos a orar debido al impacto que Dios ha dejado en nosotros. Entonces estaremos dispuestos a ser parte de la restauración. ¿Qué situación en la comunidad, en la ciudad o en la nación entristece tu corazón? Esa tristeza podría ser la manera en que Dios te estremece, así como hizo con Nehemías, para unirte en el cumplimiento de sus propósitos en la tierra.

OH, DIOS, quiero que mi corazón se conmueva por lo que hay en el tuyo, por tus propósitos y por tu pueblo. Hazme sensible a la motivación de tu Espíritu y al sonido de tu voz. Y cuando haya buscado tu voluntad y dirección, haz que tenga ansias gozosas de participar en tu plan.

DIOS QUIERE VENIR A ESTE MUNDO, PERO DESEA VENIR POR MEDIO DEL HOMBRE. ESTE ES EL MISTERIO DE NUESTRA EXISTENCIA, LA OPORTUNIDAD SOBREHUMANA DE LA HUMANIDAD.
Martin Buber (1878-1965)

Y dije: Te ruego, oh Jehová, Dios de los cielos, fuerte, grande y temible, que guarda el pacto y la misericordia a los que le aman y guardan sus mandamientos; esté ahora atento tu oído y abiertos tus ojos para oír la oración de tu siervo, que hago ahora delante de ti día y noche, por los hijos de Israel tus siervos; y confieso los pecados de los hijos de Israel que hemos cometido contra ti; sí, yo y la casa de mi padre hemos pecado.
Nehemías 1:5-6

Las lecturas para hoy de *La Biblia en un año* son Nehemías 1:1—3:14; 1 Corintios 7:1-24; Salmo 31:19-24 y Proverbios 21:4.

presencia

Un camino iluminado con la presencia del Señor

Te haré entender, y te enseñaré el camino en que debes andar; sobre ti fijaré mis ojos. No seáis como el caballo, o como el mulo, sin entendimiento, que han de ser sujetados con cabestro y con freno, porque si no, no se acercan a ti.
Salmo 32:8-9

En este pasaje Dios declara su deseo e intención de guiar, enseñar y *orientar* a sus hijos. No solo promete su amorosa protección, sino también un camino que su mismísima presencia y su Palabra iluminan, para que no nos confundamos acerca de qué dirección tomar. Por supuesto, así como los jóvenes pueden rechazar el consejo y la guía de sus padres, así como un caballo puede oponer resistencia a la conducción de su amo, podemos rechazar el camino que Dios ha marcado para nosotros y a la vez seguir nuestro propio sendero. Hacemos eso al seguir los caminos del mundo en vez del camino del Señor. Podríamos hacer caso omiso de su guía al no pasar tiempo con Él, al estar demasiado ocupados para leer su Biblia o al buscar en todas partes respuestas a nuestros dilemas y no consultar al Pastor, quien siempre nos dirigirá en la dirección adecuada. A medida que meditas en estos versículos, deja que te lleven poco a poco a la guía del Señor que necesitas hoy.

PADRE, ayúdame a no ser como el caballo sin entendimiento que se revela a tu control. Quiero que me guíes día a día por el mejor camino para mi vida. Gracias por asegurarme tu dirección y tu protección, y en especial por tu promesa de que tu amor incondicional cubre a quienes confían en ti.

ANTE NOSOTROS ESTÁ UN FUTURO TOTALMENTE DESCONOCIDO, UNA SENDA POR NADIE ANDADA; A NUESTRO LADO ESTÁ UN AMIGO AMADO Y CONOCIDO: ESE AMIGO ES DIOS.
Anónimo

LA BIBLIA EN UN AÑO

Las lecturas para hoy de *La Biblia en un año* son
**Nehemías 3:15 – 5:13; 1 Corintios 7:25-40;
Salmo 32:1-11 y Proverbios 21:5-7.**

Canten con alegría *alegres*

Este salmo está repleto de razones para entonar cánticos de gozo al Señor y para alabarlo a pesar de las dificultades que enfrentemos: porque su Palabra es verdadera y todo lo que Él hace es digno de nuestra confianza. Porque su amor incondicional llena la tierra. Porque con solo una orden suya se crearon los cielos y la tierra. Porque sus planes permanecen firmes para siempre. Y a pesar de las estratagemas del enemigo, y hasta las acciones de naciones poderosas, las intenciones de Dios para ti y para su reino no se pueden detener.

No obstante, ¿y qué si hoy no te sientes como para entonar cánticos de alegría? ¿Y si circunstancias dolorosas o difíciles han robado tu gozo? Te asaltan frustraciones; cargas o responsabilidades aprisionan tu corazón de tal modo que lo menos que quieres hacer es cantar con alegría. Pídele a Dios la gracia para alabarlo; pídele que abra tus ojos espirituales para que te asombres ante Él, porque «es propio de los íntegros alabar al Señor».

SEÑOR, abre mis ojos para ver tu amor y tu bondad sin límites. Renueva mi confianza en tu Palabra. Con una orden creaste las estrellas en los cielos y pusiste los mares en su sitio. Nada puede frustrar tus planes. Llena mi corazón con cánticos de alegría. ¡Tú eres digno de mi eterna alabanza!

EL GOZO ES UNA FUENTE INCESANTE QUE BULLE EN EL CORAZÓN; UN MANANTIAL SECRETO QUE EL MUNDO NO PUEDE VER, Y DEL QUE NO CONOCE NADA. EL SEÑOR DA A SU PUEBLO GOZO PERPETUO CUANDO ESTE CAMINA EN OBEDIENCIA A ÉL.
D. L. Moody (1837-1899)

Canten al SEÑOR con alegría, ustedes los justos; es propio de los íntegros alabar al SEÑOR. Alaben al SEÑOR al son del arpa; entonen alabanzas con el decacordio. Cántenle una canción nueva; toquen con destreza y den voces de alegría. La palabra del Señor es justa; fieles son todas sus obras. El Señor ama la justicia y el derecho; llena está la tierra de su amor.
Salmo 33:1-5, NVI

Las lecturas para hoy de *La Biblia en un año* son **Nehemías 5:14—7:73a; 1 Corintios 8:1-13; Salmo 33:1-11 y Proverbios 21:8-10.**

LA BIBLIA EN UN AÑO

Solo el Señor salva

Vano para salvarse es el caballo; la grandeza de su fuerza a nadie podrá librar...
Nuestra alma espera a Jehová; nuestra ayuda y nuestro escudo es él.
Salmo 33:17, 20

Aunque en la guerra un caballo de batalla era muy importante para la confianza de un soldado, este pasaje describe la dependencia en la fortaleza del caballo en lugar de la fortaleza del Señor como esperanza falsa y vana, incluso engañosa. Un «caballo de batalla» en nuestra vida podría ser una persona, un plan, una estrategia o una técnica en que confiamos que nos ayudará a obtener la victoria o a resolver un problema. Todos enfrentamos diferentes batallas que nos hacen volver hacia alguien más en busca de defensa o ayuda. Hasta podríamos pasar horas hablando, considerando detenidamente y planeando con personas de fortaleza espiritual, mental, emocional o legal para que nos ayuden a triunfar, especialmente cuando nos han tratado de manera injusta. Dios no nos dice: «No tengas un caballo». Dice: «No cuentes con tu caballo». En otras palabras, debemos depender de la fortaleza del Señor, que nos salva en las batallas que enfrentamos, y no en los complicados preparativos que hacemos, en la influencia o la inteligencia de alguien más. Debemos estar preparados, pero una vez logrado eso, podemos descansar en la seguridad de que hemos hecho todo lo posible y que ahora la victoria está verdaderamente con Dios.

QUERIDO SEÑOR, gracias por ser mi victoria, por pelear mis batallas por mí. Cuando empiecen a preocuparme los planes de batalla, ayúdame a depender de ti para que me protejas y me salves. Mi confianza no está en caballos, sino en el Dios viviente. Ayúdame a poner mi confianza en tus fuerzas y no en la fortaleza de otro.

EL CRISTIANO TRIUNFADOR NO LUCHA POR LA VICTORIA; CELEBRA UNA VICTORIA YA GANADA.
Reginald Wallis

Las lecturas para hoy de *La Biblia en un año* son **Nehemías 7:73b—9:21; 1 Corintios 9:1-18; Salmo 33:12-22 y Proverbios 21:11-12.**

Dichoso

dichoso

Dos veces en estos cortos versículos vemos la idea de alegría relacionada con la acción de confiar. Esta dicha existe y abarca al pueblo de Dios y lo lleva a expresar: «¡Dichoso . . . !» aun en medio de sufrimiento, frustración o problemas.

Quizá, igual que yo, has conocido personas que parecen tener un resplandor especial en sus palabras, sus acciones o sencillamente en su sola presencia. Nos alejamos de ellas no solo con curiosidad respecto de cómo viven en un gozo tan luminoso, sino también con deseo de conocer y experimentar nosotros mismos ese gozo. Por consiguiente, ¿cómo podemos irradiar esta clase de gozo en el Señor? Buscando evidencias de la mano de Dios que ha estado en acción todo el día, buscando saber más de Él y meditando en las maravillas de sus obras y no en los líos y problemas de esta vida. Una vez que nuestra perspectiva ha cambiado, comenzamos a esperar con expectativa que Él se muestre como alguien digno de confianza. Descubriremos nuestra realización en Él y estaremos llenos de gozo.

QUERIDO SEÑOR, ayúdame a mirarte y a confiar hoy en ti. Hay gran alegría cuando me doy cuenta de que vivo con los ojos fijos en ti. Ayúdame a hacer esto para que mi vida se irradie con tu gozo. Que otros se acerquen a ti debido al gozo que has puesto en mi corazón. ¡Dichoso el hombre que confía en Jesús!

EL GOZO TIENE ALGO INTRÍNSECO QUE VA MÁS ALLÁ QUE LA FELICIDAD Y LA TRISTEZA. A ESE ALGO SE LE LLAMA BENDICIÓN ... ESTA HACE POSIBLE EL GOZO DE VIDA EN MEDIO DEL PLACER Y EL DOLOR, EN LA FELICIDAD Y LA INFELICIDAD, EN EL ÉXTASIS Y EN LA TRISTEZA. DONDE HAY GOZO, HAY SATISFACCIÓN. Y DONDE HAY SATISFACCIÓN, ALLÍ ESTÁ EL GOZO.
Paul Tillich (1886-1965)

Los que miraron a él fueron alumbrados ... Dichoso el hombre que confía en él.
Salmo 34:5, 8

Las lecturas para hoy de *La Biblia en un año* son
Nehemías 9:22—10:39; 1 Corintios 9:19—10:13; Salmo 34:1-10 y Proverbios 21:13.

LA BIBLIA EN UN AÑO

Lleno de paz

¿Quién es el hombre que desea vida, que desea muchos días para ver el bien? Guarda tu lengua del mal, y tus labios de hablar engaño. Apártate del mal, y haz el bien; busca la paz, y síguela.
Salmo 34:12-14

Este salmo explica cómo vivir en longevidad y bondad. ¿Quién no querría una vida así? Entre la lista de instrucciones que da el salmista, nos dice específicamente: «Busca la paz, y síguela». Nos esforzamos mucho en variadas cosas —profesiones, proyectos, actividades, planificación de actos, programación, tareas hogareñas, mantenimiento del patio— y todo eso parece exigir lo mejor de nosotros. Sin embargo, el Señor dice que debemos ocuparnos así de duro para vivir en paz con los demás, y buscar armonía en nuestras relaciones cuando su Espíritu de paz vive en nosotros y toca las vidas de otros. Todo esto empieza con oración. A medida que oras por la paz con los demás, el Espíritu de Dios te puede llevar a perdonar, a cooperar, a servir, a dar o simplemente a escuchar. Cuando haces eso, estás sembrando semillas que finalmente darán una cosecha de paz. ¿Existe alguna relación en tu vida que no sea de paz? ¿Una relación caracterizada más por la tensión o el conflicto que por el amor? Pregúntale hoy al Señor qué debes hacer o qué debes orar para que puedas vivir en paz con esa persona.

SEÑOR, mi deseo es vivir en paz con los demás. Abre mis ojos para ver cómo me estás dirigiendo, con el fin de que esa paz pueda fluir a través de mí en las vidas de otros. Muéstrame dónde podría haber contribuido a tener conflicto o tensiones con otros, y ayúdame a buscar humildemente perdón y a sembrar semillas de paz para el futuro.

SEMBRAR SEMILLAS DE PAZ ES COMO SEMBRAR FRIJOLES. NO TIENES QUE SABER CÓMO TRABAJA; SOLO SABES QUE LO HACE. LAS SEMILLAS SE PLANTAN Y LAS CAPAS DE HERIDAS SE DESVANECEN.
Max Lucado (n. 1955)

LA BIBLIA EN UN AÑO

Las lecturas para hoy de *La Biblia en un año* son **Nehemías 11:1 — 12:26; 1 Corintios 10:14-33; Salmo 34:11-22 y Proverbios 21:14-16.**

¿Quién como tú?

quién

Una vez más los enemigos de David atacaban, intentando destruirlo no solo con lanzas o jabalinas, sino con calumnias y acusaciones. En los primeros versículos del Salmo 35 expresa con sinceridad sus temores relacionados con sus adversarios, y clama a Dios que lo rescate y que derrote a quienes se le oponen. Pero luego David levanta su mejor arma de todas: la adoración. Cuando alaba al Señor desde las profundidades de su corazón, su actitud pasa de desánimo a esperanza, de desesperación a devoción.

Cuando alabamos a Dios desde el fondo de nuestros corazones, también nos consume la esperanza en el Señor, quien rescata al débil y afligido y protege al pobre y menesteroso, y quien hace a nuestro favor más de lo que podemos hacer nosotros. Su Espíritu puede abrir los ojos de nuestro entendimiento para ver, conocer y proclamar: Señor, «¿quién como tú?». En realidad, nada se compara con el amor, la misericordia y el poder salvador de nuestro Dios.

AH, SEÑOR, MI DIOS, ¡cuán digno de alabanza eres! Te alabo desde el fondo de mi corazón. Levanto mi voz para proclamar tu identidad, tu carácter, tus obras maravillosas, tu disposición de rescatar a quienes no pueden hacerlo por sí mismos. Estoy entre ellos, Señor, y por eso te alabo. Señor, ¿quién como tú?

A LA MAYORÍA DE LOS VERSÍCULOS ESCRITOS EN LA PALABRA DE DIOS ACERCA DE LA ALABANZA LOS ACUÑARON HOMBRES Y MUJERES QUE ENFRENTARON APABULLANTES AFLICCIONES, INJUSTICIA, TRAICIÓN, CALUMNIA Y MUCHAS OTRAS SITUACIONES INTOLERABLES.
Joni Eareckson Tada (n. 1949)

Todos mis huesos dirán: Jehová, ¿quién como tú, que libras al afligido del más fuerte que él, y al pobre y menesteroso del que le despoja?
Salmo 35:10

Las lecturas para hoy de *La Biblia en un año* son **Nehemías 12:27 – 13:31; 1 Corintios 11:1-16; Salmo 35:1-16 y Proverbios 21:17-18.**

LA BIBLIA EN UN AÑO

Transformador de corazones

Mejor es morar en tierra desierta que con la mujer rencillosa e iracunda.
Proverbios 21:19

Seamos hombres o mujeres, la mayoría de nosotros tiene días en los que otros nos podrían describir como rencillosos e iracundos. Una de mis estudiantes del instituto solía llamarlo un «mal día», un día en que las cosas parecen imposibles y, más que todo, en que me siento totalmente inútil de manejarlo. En días como ese nuestra actitud decae, y todo —absolutamente todo— nos irrita. La causa podría ser insomnio, un montón de cuentas sin pagar, fiebre ocasionada por enfermedad de los niños o tedio debido el décimo día gris sin siquiera un rayo de sol.

Cualquiera que sea la causa de nuestras rencillas y quejas, hay un antídoto: volvernos de nuestra mala actitud a Aquel que puede traer un cambio, no solo en nuestro día, sino en nosotros. Dios es el gran transformador de corazones, el que levanta las actitudes. A medida que le entrego lo que ensombrece mi día, Él puede ser el Sol en mi alma. Cuando me vuelvo a Él y oro, Él se deleita en quitar la pesadez de mi corazón y en darme un espíritu de agradecimiento.

SEÑOR, tal como soy, vengo a ti. Gracias por recibirme y amarme tanto cuando me siento mal como cuando tengo un buen día. Ayúdame a recordar que este es un día que tú hiciste. Cambia mi corazón para que en vez de quejarme pueda agradecerte por todo lo que eres y por todo lo que has hecho por mí.

CUANDO A TU ALMA O MENTE INQUIETA, TRASTORNADA Y PERTURBADA EL SEÑOR LE DICE: «VEN A MÍ», ESTÁ DICIENDO SAL DE LA CONTIENDA Y DE LAS DUDAS, Y LUCHA POR LO QUE PASA EN EL MOMENTO EN QUE TE ENCUENTRAS, PARA ENTRAR A AQUELLO QUE ERA, ES Y SERÁ: LO ETERNO, LO ESENCIAL, LO ABSOLUTO.
Phillips Brooks (1835-1893)

Las lecturas para hoy de *La Biblia en un año* son **Ester 1:1 —3:15; 1 Corintios 11:17-34; Salmo 35:17-28 y Proverbios 21:19-20.**

Oración con ayuno *ayuno*

La respuesta de Ester al enfrentar inminente pérdida para ella, su familia y toda la nación judía, fue ayunar, orar y convocar al pueblo para que también ayunara y orara antes de entrar a apelar ante el rey.

    ¿Qué hacemos cuando llegan tiempos difíciles, cuando enfrentamos nuestras propias situaciones desesperadas? Buscar a Dios en oración y ayuno no debería ser nuestro último recurso; debería ser el primer lugar donde empezar. Como en el caso de Ester, cuando ayunamos nuestras acciones le demuestran a Dios: «Señor, más de lo que deseo alimento, televisión, comodidad o cualquier otra cosa, te quiero a ti y estoy buscando la manera en que quieres que trate con este asunto». Como los judíos buscaron a Dios de todo corazón, Él le otorgó a Ester un plan que dio lugar a una poderosa liberación tanto para ella como para el pueblo del Señor. Cuando añadimos a nuestras oraciones la disciplina de ayunar, Dios abrirá nuestros corazones a sus estrategias y nos mostrará cosas que nunca conoceríamos en el orden natural de las cosas. Puesto que nos acercamos a Él de este modo, entramos en una intimidad más directa con el Señor a través de su Espíritu.

SEÑOR, muéstrame cuándo tu Espíritu me llama para que ponga todo lo demás a un lado y te busque, y dame la gracia para responder a ese llamado. Dame la disciplina que necesito para poder seguirte, y fe para saber que puedes liberarme en cualquier circunstancia en que me encuentre. Haz que mi corazón sea obediente, como fue el de Ester, para buscarte por sobre mi pan diario.

APOYA LAS MANOS CAÍDAS, POR LA FE Y LA ORACIÓN; ESFUERZA LAS RODILLAS VACILANTES. ¿TIENES ALGUNOS DÍAS DE AYUNO Y ORACIÓN? IRRUMPE AL TRONO DE GRACIA Y PERSEVERA ALLÍ, Y VENDRÁ LA MISERICORDIA.
John Wesley (1703-1791)

Ve y reúne a todos los judíos que se hallan en Susa, y ayunad por mí, y no comáis ni bebáis en tres días, noche y día; yo también con mis doncellas ayunaré igualmente, y entonces entraré a ver al rey, aunque no sea conforme a la ley; y si perezco, que perezca.
Ester 4:16

Las lecturas para hoy de *La Biblia en un año* son
Ester 4:1–7:10; 1 Corintios 12:1-26; Salmo 36:1-12 y Proverbios 21:21-22.

LA BIBLIA EN UN AÑO

deleite

El Señor es nuestro deleite

Deléitate asimismo en Jehová, y él te concederá las peticiones de tu corazón.
Salmo 37:4

Muy a menudo mis oraciones se centran en lo que deseo que el Señor haga: intercedo por personas críticamente enfermas que luchan contra el cáncer. Hay una gran necesidad en una familia misionera en Tailandia, por lo que elevo una petición diaria para que Dios los ayude. Una amiga permanece en cama durante un embarazo delicado. En casa quisiéramos que a nuestros hijos les fuera mejor en la escuela, que mejore nuestra situación de trabajo o nuestra situación matrimonial, que haya alivio del estrés y muchísimos otros deseos. Todas estas son solicitudes válidas, y nos deleitaríamos si recibieran la contestación que esperamos. Sin embargo, este versículo nos invita a un enfoque diferente de oración: detenernos, centrar nuestro corazón en el Señor y deleitarnos en Él. ¿Y la promesa resultante? «Él te concederá las peticiones de tu corazón».

Deleitarse significa complacerse mucho o encontrar gozo y satisfacción en algo. Si te es difícil complacerte y deleitarte en gran manera en Dios, anímate. Aunque es imposible para nosotros hacer eso en nuestras fuerzas, el Padre ha provisto un modo: su Espíritu nos revela gentilmente a Jesús y hace que nos enamoremos más y más de Él. Entonces encontramos gran deleite en Él y en su presencia.

SEÑOR, ¡quiero deleitarme en ti! Centra mi corazón en conocerte más y en amarte más día a día. Ayúdame a descubrir que hay plenitud de gozo en tu presencia, y a deleitarme en gran manera en mi relación contigo. Que mi corazón te anhele por sobre todo lo demás.

EL GOZO EN DIOS ES TANTO LA RAÍZ COMO EL FRUTO DE LA FE ... EL MISMO CRISTO SE HA CONVERTIDO EN PRECIOSA ARCA DE GOZO SANTO. EL ÁRBOL DE LA FE SOLO CRECE EN EL CORAZÓN QUE ANSÍA EL SUPREMO REGALO QUE CRISTO DIO AL MORIR; NO ES SALUD, NO ES RIQUEZA, NO ES PRESTIGIO, ¡ES DIOS!
John Piper (n. 1946)

LA BIBLIA EN UN AÑO

Las lecturas para hoy de *La Biblia en un año* son **Ester 8:1 – 10:3; 1 Corintios 12:27 – 13:13; Salmo 37:1-11 y Proverbios 21:23-24.**

El dador de dones

dador

Pablo nos enseña en este pasaje de 1 Corintios la maravillosa variedad de dones espirituales: cómo el Señor nos ha diseñado exclusivamente a cada uno de nosotros, y cómo ha decidido qué dones tendremos, cómo el Espíritu Santo los distribuye, y lo diferente e importante que es cada don espiritual. Ya sea el don de enseñar, de dirigir, de fe, de milagros o de ayudar a otros, nos recuerda que el Espíritu de Dios es la fuente detrás de cada don. Sin embargo, es fácil, o no, mirar a quienes parecen muy dotados en enseñanza, liderazgo, canto, administración de empresas, o que se exceden en hospitalidad, y preguntarnos dónde estábamos cuando se repartieron los dones. Pero en este versículo Dios nos anima a pedirle que nos dé los dones espirituales que serán de más ayuda al cuerpo de Cristo. Con su gracia podemos recibir, cultivar y utilizar nuestros dones espirituales. Cuando haya provecho y éxito podemos jactarnos no en nuestras capacidades o talentos, sino en el Señor, quien creó y distribuyó todos los dones para sus propósitos. ¡A Dios sea la gloria!

También vosotros; pues que anheláis dones espirituales, procurad abundar en ellos para edificación de la iglesia.
1 Corintios 14:12

SEÑOR, te pido que me des los dones espirituales que sabes que serán de verdadera ayuda a toda la Iglesia, y que cumplirán tu propósito y destino para mi vida. Gracias por crearme con intereses y talentos particulares. Ayúdame a descubrir oportunidades de usarlos para servir a otros y para glorificarte.

ESTOS SON DONES DE DIOS DISPUESTOS POR SABIDURÍA INFINITA, NOTAS QUE COMPLETAN LOS RESULTADOS DE LA SINFONÍA MÁS MAJESTUOSA DE LA CREACIÓN, HILOS QUE COMPONEN EL TAPIZ ORIGINAL DEL UNIVERSO.
A. W. Tozer (1897-1963)

Las lecturas para hoy de *La Biblia en un año* son **Job 1:1—3:26; 1 Corintios 14:1-17; Salmo 37:12-29** y **Proverbios 21:25-26.**

La Palabra de Dios grabada

*La ley de su Dios está
en su corazón; por
tanto, sus pies no
resbalarán.*
Salmo 37:31

Al ver que se acerca el día en que Cristo regresará en gloria, este salmo pasa de ser direccional o perceptible —lo cual es importante, por supuesto— a ser *vital* en nuestra vida espiritual. Grabar diariamente en nuestros corazones la Palabra de Dios por medio del Espíritu Santo es fundamental si hemos de seguir caminando sobre el escabroso sendero a través de la puerta estrecha que lleva a la vida.

Un pirograbador prácticamente graba o quema su marca en la veta de la madera, dejando una huella permanente. Así debería estar grabada la ley de Dios dentro de nosotros. Cuando con corazones enseñables leemos y meditamos en su Palabra, el Espíritu Santo graba sus verdades en nuestra vida para que también quede en nosotros una marca permanente de Dios y de su amor. Aunque a veces nos desviamos de su consejo, el amor y la gracia del Padre nos harán volver a esa verdad que ha grabado muy profundamente en nuestros corazones.

SEÑOR, ayúdame a llenar mi corazón con tu ley para que nunca me desvíe de tu camino. Graba tus verdades en mi corazón y en mi mente para que tu amor y tu misericordia estén esculpidos para siempre en mi vida. Mantén mis pies en la senda que lleva a la vida, de modo que esté preparada para tu glorioso regreso.

UNA DE LAS FUNCIONES MÁS ELEVADAS Y NOBLES DE LA MENTE DEL HOMBRE ES ESCUCHAR LA PALABRA DE DIOS, Y ASÍ LEER SU MENTE Y REFLEXIONAR EN SUS PENSAMIENTOS ANTE ÉL.
John R. W. Stott (n. 1921)

Las lecturas para hoy de *La Biblia en un año* son
**Job 4:1 – 7:21; 1 Corintios 14:18-40; Salmo 37:30-40
y Proverbios 21:27.**

Dios oye todos nuestros suspiros

En medio de este salmo de tristeza está escondida una maravillosa verdad: aunque Dios ha escarmentado a David por su falta, y le ha hecho soportar el dolor físico y las consecuencias espirituales que su insensatez y su pecado provocaron, con todo el Señor oía cada suspiro de David y sabía que anhelaba sanidad, restauración y ayuda. El Señor no puso oídos sordos a sus lamentos solo porque David había cometido una enorme equivocación. Dios tampoco se aleja de nosotros debido a nuestras faltas. Qué verdad tan asombrosa y tierna: nuestro Padre creador sabe exactamente lo que añoramos con lágrimas. Él sabe el significado y el sentimiento detrás de cada suspiro. No podemos dar un respiro en nuestra soledad, desilusión o pena sin que nuestro bondadoso Padre celestial oiga y esté allí para ayudarnos y traer restauración. ¡Qué maravillosa motivación para que llevemos todo al Señor en oración!

Señor, delante de ti están todos mis deseos, y mi suspiro no te es oculto.
Salmo 38:9

QUERIDO PADRE, gracias por saber lo que anhelo y por oír todos mis suspiros. Y gracias por no alejarte de mí cuando cometo una insensata equivocación. ¡Qué Padre tan amoroso y misericordioso eres! Hoy quiero darte mis deseos más profundos, porque tú estás cerca, estás aquí.

¡QUERIDÍSIMO SEÑOR! MÁS QUE LAS PALABRAS, SON DIVINAS TODAS TUS MARAVILLAS; BENDICIÓN, HONRA, PODER Y GLORIA, ESTÉN EN ADELANTE BRILLANDO ETERNAMENTE.
Charles Haddon Spurgeon (1834-1892)

LA BIBLIA EN UN AÑO

Frenemos la lengua

Yo dije: Atenderé a mis caminos, para no pecar con mi lengua; guardaré mi boca con freno, en tanto que el impío esté delante de mí. Enmudecí con silencio, me callé aun respecto de lo bueno; y se agravó mi dolor. Se enardeció mi corazón dentro de mí; en mi meditación se encendió fuego, y así proferí con mi lengua... Y ahora, Señor, ¿qué esperaré? Mi esperanza está en ti. Líbrame de todas mis transgresiones; no me pongas por escarnio del insensato.
Salmo 39:1-3, 7-8

David sabía la importancia de frenar su lengua. Pero aun con este conocimiento luchaba por no atacar, hablar o actuar de manera pecaminosa hacia quienes describe como impíos. ¿Cuán a menudo nos vemos en una situación parecida? La cortante respuesta está en la punta de nuestras lenguas. La fogosa defensa está solo a un respiro de distancia. Luchamos para evitar que nuestras palabras vuelen hacia nuestros enemigos. Esta lucha es natural y, obviamente, nada nuevo.

Por lo tanto, ¿cuál es la respuesta? ¿Contamos hasta diez o respiramos profundamente? Esas no son malas ideas, y pueden ayudar, pero David tenía una respuesta que es mucho más probable que provea éxito en esta batalla con nuestras lenguas. David puso su esperanza en Dios y clamó: «Líbrame de todas mis transgresiones». Y en verdad, solo el Señor puede liberarnos de nuestra confusión interior. Solo Él puede rescatarnos de nuestro pecado.

PADRE, líbrame de todas mis transgresiones. Pongo mi esperanza en ti y solo en ti. Dame el deseo y el poder de frenar mi lengua y de controlar lo que digo y hago. Ayúdame, Señor, a extinguir la ira y a guardar silencio cuando hay impíos alrededor. Evita que mis pensamientos de ira enciendan fuego de palabras. Solo tú puedes hacerlo.

LA LENGUA ES LA EMBAJADORA DEL CORAZÓN.
John Lyly (*ca.* 1554-1606)

Las lecturas para hoy de *La Biblia en un año* son
**Job 12:1 — 15:35; 1 Corintios 15:29-58;
Salmo 39:1-13 y Proverbios 21:30-31.**

Esperemos en Dios *esperar*

Aunque la clase de espera que describe este salmo es de algún modo ajena a la exigencia de nuestro siglo XXI de respuestas rápidas, soluciones rápidas y resultados rápidos, constituye en realidad una clave para la oración eficaz. Podríamos tender a pensar que la espera es algo pasivo, sentarnos y no hacer nada hasta que alguien o algo cambien. O podríamos considerar la espera como una pérdida de tiempo (queremos estar ocupados logrando cosas). Pero en este pasaje esperar es muy activo; es seguir orando para que Dios obre, y estar expectantes a que muestre su poder. Para aguardar con la clase de expectativa optimista y con la confianza que David mostró, debemos conocer a Aquel que estamos esperando... no a un Dios «lento», sino a uno paciente. No esperamos a un Dios que no se involucra, sino a Aquel cuya santa presencia está más cerca de nosotros que nuestro propio aliento. Él es el Señor que en un instante puede sacarnos del foso de la desesperación, quien puede sujetarnos e inundarnos con un cántico nuevo. Este es el Dios en quien aguardamos, y Él premia a quien le espera.

SEÑOR, miro hacia ti para que conformes dentro de mí un espíritu de paciente espera. Dame esperanza y expectativa mientras veo que muestras tu gracia en mi vida. No permitas que me desilusione o que me vuelva impaciente, y haz que siga orando mientras espero ver cómo obra tu poderosa mano.

ES POR LA PRESENCIA DE DIOS CÓMO ÉL PUEDE HACERSE CONOCER EN CRISTO POR MEDIO DE SU ESPÍRITU SANTO. ES ASÍ COMO PUEDE MANTENER EL ALMA BAJO SU COBERTURA Y SU SOMBRA, LO CUAL DESPERTARÁ Y FORTALECERÁ AL VERDADERO ESPÍRITU DE ESPERA. PERMITE QUE ESTEMOS EN CALMA, Y QUE ESPEREMOS Y ADOREMOS HASTA QUE SEPAMOS CUÁN CERCA ESTÁ DIOS, Y ENTONCES DIGAMOS: «EN TI ESPERAMOS.»
Andrew Murray (1828-1917)

Pacientemente esperé a Jehová, y se inclinó a mí, y oyó mi clamor. Y me hizo sacar del pozo de la desesperación, del lodo cenagoso; puso mis pies sobre peña, y enderezó mis pasos. Puso luego en mi boca cántico nuevo, alabanza a nuestro Dios. Verán esto muchos, y temerán, y confiarán en Jehová.
Salmo 40:1-3

Las lecturas para hoy de *La Biblia en un año* son
**Job 16:1 — 19:29; 1 Corintios 16:1-24;
Salmo 40:1-10 y Proverbios 22:1.**

LA
BIBLIA
EN
UN AÑO

26

consuelo

Conductos de consuelo

Bendito sea el Dios y Padre de nuestro Señor Jesucristo, Padre de misericordias y Dios de toda consolación, el cual nos consuela en todas nuestras tribulaciones, para que podamos también nosotros consolar a los que están en cualquier tribulación, por medio de la consolación con que nosotros somos consolados por Dios.
2 Corintios 1:3-4

Consolar es una palabra poderosa que significa «fortalecer, ayudar, animar, dar esperanza, aliviar penas, levantar el espíritu de alguien que está en soledad o dolor». Cuando Pablo escribió sobre el consuelo en su segunda carta a los cristianos corintios, no estaba hablando en alguna manera hipotética o teórica. El apóstol había experimentado profundo sufrimiento y aflicción, y había recibido gran consuelo y aliento de parte de Dios y del pueblo de Dios. Pablo quería que los creyentes de esa época, y de todas las épocas siguientes, supieran que su sufrimiento no había sido en vano. Estaba transmitiendo la verdad de que el consuelo que recibimos es parte del fabuloso plan de Dios de fortalecer y ayudar a quienes están en necesidad. Aunque la fuente de toda consolación es el Señor mismo, el Padre de nuestro Señor Jesucristo, Él nos da el privilegio de ser conductos de su consuelo para quienes conocemos.

¿Te ha dado Dios consuelo y esperanza cuando oleadas de sufrimiento te hacían sentir consternación? En un momento de enfermedad o quebranto, ¿te ha levantado la oración de apoyo de alguien? Dios no pretende que el consuelo se estanque en nuestros corazones una vez que lo recibimos. Quiere que lo ofrezcamos a un mundo lastimado.

SEÑOR, gracias por las veces que me has consolado. Sé que lo has hecho para que yo pueda hacer lo mismo por otros. Este mundo está lleno de personas heridas. Hazme sensible a quienes encuentro y que necesitan tu toque de consuelo. Hazme como una vasija abierta a través de la cual puedan fluir tu vida, tu amor y tu consolación.

DIOS NO NOS CONSUELA PARA DARNOS COMODIDAD, SINO PARA HACERNOS CONSOLADORES.
John Henry Jowett (1864-1923)

Las lecturas para hoy de *La Biblia en un año* son **Job 20:1 – 22:30; 2 Corintios 1:1-11; Salmo 40:11-17 y Proverbios 22:2-4.**

Promesas de Dios

Pablo predicó de manera comprometida acerca de Jesucristo, quien es el cumplimiento de todas las promesas del Señor a Abraham, a Moisés, a David y a su pueblo en todo el Antiguo Testamento. Paz, provisión, salvación, liberación, perdón... Jesús es la afirmación divina a todas las promesas de Dios. Saber que sus promesas son ciertas nos da fortaleza, ánimo y un sólido fundamento para nuestras oraciones. Comprender que Dios tiene el poder de hacer lo que ha prometido, y que nunca rompe sus promesas, nos da confianza al llegar ante su trono de gracia. Cuando meditamos en sus promesas, nos recuerda su fidelidad a todas las generaciones. Pero el Señor no desea que solo pensemos en sus fabulosas promesas, ni que simplemente le agradezcamos por ellas. Él quiere que las convirtamos en oraciones y peticiones; quiere que le pidamos que las siga cumpliendo, porque reflejan su voluntad y su propósito para nuestra vida y para su iglesia.

El Hijo de Dios, Jesucristo, que entre vosotros ha sido predicado por nosotros, por mí, Silvano y Timoteo, no ha sido Sí y No; mas ha sido Sí en él; porque todas las promesas de Dios son en él Sí, y en él Amén, por medio de nosotros, para la gloria de Dios.
2 Corintios 1:19-20

¡GRACIAS, SEÑOR, por tus promesas fabulosas y preciosas! Gracias por recordarnos hoy que Jesús es el «Sí» divino, la afirmación de todas tus promesas. Al confiar en ti, ayúdame a sentir y a experimentar tu amor detrás de cada promesa. Ayúdame, además, a orar con confianza, porque sé que nunca fallará ninguna de tus promesas.

AUNQUE LA BIBLIA ESTÁ CORONADA DE PROMESAS DORADAS DE PRINCIPIO A FIN, AÚN ESTAS SERÁN INOPERANTES A MENOS QUE LAS CONVIRTAMOS EN ORACIÓN.
F. B. Meyer (1847-1929)

¿Dónde está Dios?

*Como el ciervo brama
por las corrientes de las
aguas, así clama por ti,
oh Dios, el alma mía.
Mi alma tiene sed de
Dios, del Dios vivo;
¿cuándo vendré, y me
presentaré delante de
Dios? Fueron mis
lágrimas mi pan de día
y de noche, mientras me
dicen todos los días:
¿Dónde está tu Dios?
... ¿Por qué te abates,
oh alma mía, y por qué
te turbas dentro de mí?
Espera en Dios; porque
aún he de alabarle,
Salvación mía y Dios
mío.*

Salmo 42:1-3, 11

¿Dónde está el Señor cuando nos encontramos en la sala de emergencias de un hospital con un ser amado herido de gravedad? ¿Dónde estaba Dios cuando explosionaron el edificio federal Alfred P. Murrah en la ciudad de Oklahoma, en 1995? ¿Dónde estaba el Señor cuando ocurrieron los ataques terroristas del 11 de septiembre de 2001? Cuando golpea la aflicción o la tragedia, añoramos a Dios, al Dios viviente. ¿Quién puede decirnos dónde está el Señor? Su Palabra nos dice una y otra vez: Él está en quienes visitan a los presos; está en quienes dan de comer al hambriento; está en el consuelo de un brazo amoroso que se extiende alrededor de quienes están dolidos. Él está en las oraciones de una madre por su hijo enfermo. Está en los socorristas que trabajan para salvar vidas y en los misioneros que dejan familia, amistades y comodidades personales para hablarles del evangelio a quienes están en tinieblas. Su mejor manifestación es, sin embargo, en la cruz, donde dio a su Hijo unigénito, Jesucristo, para que pudiéramos tener esperanza en esta vida y en la eternidad.

*SEÑOR, alabo que seas Emanuel —Dios con nosotros—
en todo lo que experimentamos al caminar por este mundo
destruido y lastimado. Ayúdame a ser hoy tus manos y pies,
tus palabras de consuelo y aliento a quienes necesitan saber
«dónde estás» en sus momentos de profunda necesidad.*

LA PRESENCIA DE DIOS ES UNA REALIDAD DE LA VIDA. SAN PABLO DIJO ACERTADAMENTE ACERCA DEL SEÑOR: «EN ÉL VIVIMOS, Y NOS MOVEMOS, Y SOMOS». JESÚS MANIFESTÓ: «EL REINO DE DIOS ESTÁ ENTRE VOSOTROS». SI DESOBEDECEMOS EL PROPÓSITO DE DIOS, NOS PODRÍAMOS AISLAR DE SU PRESENCIA. SI NO NOS ARREPENTIMOS DE NUESTROS PECADOS, PODRÍAMOS EXCLUIR LA SENSACIÓN DE DIOS, PORQUE NOS NUBLA UNA SENSACIÓN DE CULPA. QUIZÁ POR UNA FALTA AJENA DEJEMOS DE SENTIR AL DIOS QUE ES TODO ACERCA DE NOSOTROS. PERO LA REALIDAD QUE PERMANECE ES QUE ÉL ESTÁ CON NOSOTROS TODO EL TIEMPO.

John Bertram Phillips (1906-1982)

Las lecturas para hoy de *La Biblia en un año* son **Job 28:1–30:31; 2 Corintios 2:12-17; Salmo 42:1-11 y Proverbios 22:7.**

Confianza en Dios *confianza*

Si alguien pudo haberse sentido apto o calificado, ese fue el apóstol Pablo. Con sus admirables referencias y lo extenso de su ministerio y de su influencia pudo haberse ideado mucho acerca de en qué confiar. Sin embargo, en este versículo declara que su aptitud y competencia no venían de sus propios recursos humanos, sino de los de Dios. Sabía que el Señor era su única fuente de poder y autoridad. Nada que mereciera la pena venía del mismo Pablo. Solo Dios lo hizo apto como siervo del nuevo pacto.

¿Te sientes hoy inepto? ¿Hay una tarea o responsabilidad que está pesándote? Este versículo nos invita a depender pletóricos de esperanza. El Señor ha ordenado nuestra dependencia en Él. Dios nos diseñó para que funcionáramos mejor con Él, no apartados de Él. Esos desafíos y esas tareas que están más allá de nuestras capacidades y que nos hacen sentir ineptos no pretenden hacernos temer, sino más bien llevarnos al Señor que *es* apto, de modo que desarrollemos una confianza en Dios que no se pueda debilitar.

SEÑOR, gracias por las esferas en que lucho o siento ineptitud, porque me acercan a ti. Solo por medio de tu poder puedo cumplir lo que me pides. Gracias por tu Palabra, ¡porque en ella conozco que eres mi suficiencia! Que mi confianza esté siempre en ti por medio de Jesucristo. Entonces recibirás alabanza.

LO QUE CUENTA NO ES MI CAPACIDAD, SINO MI RESPUESTA A LA CAPACIDAD DE DIOS.
Corrie ten Boom (1892-1983)

No que seamos competentes por nosotros mismos para pensar algo como de nosotros mismos, sino que nuestra competencia proviene de Dios.
2 Corintios 3:5

Las lecturas para hoy de *La Biblia en un año* son **Job 31:1—33:33; 2 Corintios 3:1-18; Salmo 43:1-5 y Proverbios 22:8-9.**

poder

Glorioso poder del Señor

Tenemos este tesoro en vasos de barro, para que la excelencia del poder sea de Dios, y no de nosotros, que estamos atribulados en todo, mas no angustiados; en apuros, mas no desesperados; perseguidos, mas no desamparados; derribados, pero no destruidos.
2 Corintios 4:7-9

La vida de Pablo fue una demostración clara e inequívoca del poder de Dios contenido en un vaso de barro. No estuvo exento de dificultades por ser siervo del Señor; es más, las abrumadoras circunstancias, aflicciones y angustias mentales que lo acompañaron sirvieron para mostrar el glorioso mensaje de Cristo y para revelar el poder de Dios en la vida del apóstol. En el pasaje de hoy nos revela el secreto de que el Señor nos ha diseñado como vasos terrenales, y que el tesoro de su luz, poder y gloria está contenido en nuestros cuerpos perecederos y débiles. ¿Por qué? Para que todos sepan que este poder y esta grandeza son de Dios, no de nosotros, sino del Señor. Por eso podemos decir con Pablo que aunque nos derriben, nos pondremos de pie otra vez y continuaremos. Podríamos sufrir, pero no nos angustiaremos. Podríamos estar atribulados o frustrados, pero no nos dejaremos llevar por la desesperación, todo debido al tesoro de Jesús, quien vive dentro de nosotros por su Espíritu.

SEÑOR, gracias por diseñarme para ser un vaso de barro que contiene un increíble tesoro. Aunque las circunstancias de la vida me presionen, tú nunca me abandonarás. Que otros vean tu poder y tu luz a través de mi vida. Que te llenes de gloria de verdad en mi debilidad, en este vaso terrenal que soy.

DIOS NO ESPERA QUE IMITEMOS A JESUCRISTO. ESPERA QUE EN NOSOTROS SE MANIFIESTE LA VIDA DE JESÚS.
Oswald Chambers (1874-1917)

LA BIBLIA EN UN AÑO

Las lecturas para hoy de *La Biblia en un año* son **Job 34:1 – 36:33; 2 Corintios 4:1-12; Salmo 44:1-8 y Proverbios 22:10-12.**

Nuestra leve tribulación

Algunas personas discutirían que el concepto que Pablo presenta en estos versículos es una evasión, un sedante. En realidad, podrían tener razón, si estamos tratando de evadir las presiones de la vida y de asegurar algún placer futuro. Sin embargo, si fijamos nuestros ojos en el Dios eterno, y si Él nos transforma a su imagen, ¡esa es otra historia!

Nuestro reto es aprender a ver a Jesús como es. Pablo nos dice que dejemos atrás nuestro entendimiento terrenal y que nos ocupemos del Tesoro verdadero y eterno: Cristo mismo. Jesús dijo a la mujer samaritana: «Dios es espíritu», y en consecuencia se discierne de manera espiritual, y «en aquel día» los discípulos «se darán cuenta de que yo estoy en mi Padre, y ustedes en mí, y yo en ustedes» (Juan 14:20, NVI). «Aquel día» fue después de su resurrección y es *ahora*. Nuestros problemas actuales los diseñó para llevar nuestra atención de lo temporal hacia lo eterno, para que podamos vivir en la gloria de Dios, ¡ahora y por siempre!

SEÑOR JESÚS, enfoca mis ojos claramente en lo eterno, porque eso pone mis problemas actuales en una perspectiva adecuada. Ayúdame a verte como eres, a percibirte con mi espíritu, no solo con mi mente, y a comprender que tú estás en mí y yo en ti. ¡Qué gloria!

DIOS ESTÁ HABLANDO A JOB DESDE EL TORBELLINO Y LE DICE: «EN EL SOL Y EL CALOR NO ME PUEDES HALLAR; PERO EN EL HURACÁN Y LA OSCURIDAD, CUANDO OLA TRAS OLA HA BARRIDO A TRAVÉS DEL ALMA, TÚ VERÁS MI FORMA Y SABRÁS QUE TU REDENTOR VIVE».
Frederick William Robertson (1816-1853)

Esta leve tribulación momentánea produce en nosotros un cada vez más excelente y eterno peso de gloria; no mirando nosotros las cosas que se ven, sino las que no se ven; pues las cosas que se ven son temporales, pero las que no se ven son eternas.
2 Corintios 4:17-18

Las lecturas para hoy de *La Biblia en un año* son
Job 37:1 – 39:30; 2 Corintios 4:13 – 5:10;
Salmo 44:9-26 y Proverbios 22:13.

LA BIBLIA EN UN AÑO

Una nueva realidad

De aquí en adelante a nadie conocemos según la carne; y aun si a Cristo conocimos según la carne, ya no lo conocemos así.

2 Corintios 5:16

Cuando por su gracia el Señor nos abre los ojos, con el fin de recibir la vida que ha provisto para nosotros en Jesús, tendemos a comprender las cosas del Espíritu por medio de la base de referencia que hemos adquirido con los años. El problema es que no podemos captar cosas espirituales por medio de procesos naturales. Anteriormente nuestra vida se relacionaba solo con los elementos de este mundo físico, pero ahora comprendemos que la vida eterna supera nuestra peregrinación momentánea en este planeta. En Romanos 12, Pablo instruyó a los creyentes que no se conformaran a este mundo, sino que se transformaran por la renovación de sus mentes, para que pudieran comenzar a llevar la vida a la que Dios los había llamado. En el versículo de hoy, el apóstol nos ayuda a entender que este principio se aplica a todo. Pablo nos reta a aprender a vivir en una realidad superada, que se relaciona con todo y con todo el mundo desde esta nueva perspectiva. Debemos agradecer que el Señor sea el autor de esta apreciación renovada en nosotros, y que la lleve a su terminación.

GRACIAS, SEÑOR, por la gracia que me da visión espiritual para ver cosas que ningún ojo físico puede ver. Ayúdame a trabajar junto a ti en todo este proceso mientras me transformas a tu semejanza por el poder de tu Espíritu. Que yo aproveche tu luz, la cual es la sustancia detrás de las sombras.

DIOS NO HACE NADA CON NOSOTROS, SOLO A TRAVÉS DE NOSOTROS.
Oswald Chambers (1874-1917)

Las lecturas para hoy de *La Biblia en un año* son **Job 40:1 – 42:17; 2 Corintios 5:11-21; Salmo 45:1-17 y Proverbios 22:14.**

Dios es nuestra fortaleza

¿Cuál es la fuente de tranquilidad del salmista y de nuestro aliento en tiempos de angustia? Estos versículos no dicen que la razón para no temer durante terremotos y sucesos confusos en que se derrumba todo a nuestro alrededor se relacione con el hecho de que seamos fuertes, poderosos o invencibles; más bien se debe a *quién es Dios:* nuestro amparo y fortaleza, Aquel que siempre está presente con nosotros y listo para ayudar en momentos de aflicción. El hecho de que el Señor todopoderoso esté aquí entre nosotros, y sea nuestra fortaleza, es razón suficiente para no dejarnos llevar por el pánico cuando a nuestro alrededor se sacude todo lo que puede temblar. Las circunstancias de nuestra vida podrían cambiar, nuestra nación o nuestro mundo podrían alborotarse, pero nuestra posición en la seguridad del amor y la protección de Dios permanece constante. . . porque Él se deleita en nosotros, nos cuida y siempre está listo a ayudar. ¿Vendrán épocas conflictivas a las vidas de los santos? Seguro que sí. ¿Estará allí el Señor para protegernos y fortalecernos? En el salmo de hoy Dios ha prometido hacer eso mismo . . . y Él siempre cumple sus promesas.

Dios es nuestro amparo y fortaleza, nuestro pronto auxilio en las tribulaciones. Por tanto, no temeremos, aunque la tierra sea removida, y se traspasen los montes al corazón del mar.
Salmo 46:1-2

SEÑOR, cuando todo en mi vida parezca estar a punto de hundirse y derrumbarse, ayúdame a experimentarte como mi amparo y fortaleza, como mi firme fundamento. Tú eres quien mueve montes, pero también quien sostiene la creación en la palma de la mano. Padre, eres siempre fiel y fuerte, guíame cuando te confío mis «montes».

A PESAR DE TODAS LAS APARIENCIAS EN SENTIDO CONTRARIO, DIOS TIENE UN PLAN PARA ESTE MUNDO EN BANCARROTA; ÉL AÚN TIENE ALGO RESERVADO PARA ESTE MUNDO. ESTA TIERRA SOMBRÍA Y SATÁNICA, ANEGADA EN SANGRE Y LÁGRIMAS, ESTA TIERRA NUESTRA, DIOS AÚN LA QUIERE COMO ESCENARIO PARA SU GRACIA Y SU DIRECCIÓN GLORIOSA.
Helmut Thielicke (1908-1986)

Las lecturas para hoy de *La Biblia en un año* son
Eclesiastés 1:1 — 3:22; 2 Corintios 6:1-13;
Salmo 46:1-11 y Proverbios 22:15.

LA
BIBLIA
EN UN AÑO

Palabras vanas

Donde abundan los sueños, también abundan las vanidades y las muchas palabras; mas tú, teme a Dios. . . Ciertamente las muchas palabras multiplican la vanidad. ¿Qué más tiene el hombre?

Eclesiastés 5:7; 6:11

Soy una persona de muchas palabras. Por eso cuando leo estos versículos de Eclesiastés me declaro culpable de «exagerar» cuando de hablar se trata. Puedo decir palabras rápidamente sin pensar primero o sin orar acerca de la situación. A veces mis palabras dan más información de la que el oyente debe saber. A menudo el flujo de palabras brota porque me preocupa o me incumbe algo. Pero la instrucción «mas tú, teme a Dios» no significa simplemente callarse o guardar silencio. Significa entender que Dios es el primer lugar al cual ir; significa que podemos sacar, y llevarle en oración, nuestros pensamientos, nuestras ansiedades y nuestras inquietudes en vez de seguir hablando de una situación con otros. Entonces las palabras que expresemos no ocasionarán daño. Cuando rendimos a Dios nuestra conversación, y pedimos al Espíritu Santo que inspire y guíe nuestras palabras, estas no serán vacías ni dichas en vano; al contrario, estarán llenas de vida.

SEÑOR, perdóname por expresar palabras vanas sin pensar primero, y por las ocasiones en que hablo mucho y digo muy poco. Deseo que mis palabras estén llenas de vida, que sean de ayuda y valor a los demás, y que reflejen tu amor y tu gracia. Enséñame a volverme primero a ti y a revelarte mis preocupaciones y pensamientos. Entonces tu Espíritu me dará las palabras exactas que debo decir.

PALABRAS, ¿COMPRENDES POR COMPLETO SU PODER? ¿PUEDE ALGUNO DE NOSOTROS CAPTAR DE VERAS LA PODEROSA FUERZA QUE HAY DETRÁS DE LO QUE DECIMOS? ¿NOS DETENEMOS A PENSAR ANTES DE HABLAR Y CONSIDERAMOS LA POTENCIA DE LAS FRASES QUE PROFERIMOS?

Joni Eareckson Tada (n. 1949)

Las lecturas para hoy de *La Biblia en un año* son **Eclesiastés 4:1 — 6:12; 2 Corintios 6:14 — 7:7; Salmo 47:1-9 y Proverbios 22:16.**

Palabras de sabios *sabios*

Es maravillosamente alentador pensar que el Señor desea escribir sus caminos y palabras en nuestros corazones. ¡Cuán asombroso es pensar que el Dios a quien servimos, quien domina los vientos, las olas y el universo entero, también se compromete a ser nuestro instructor y guía personal! Solo tenemos que aplicar nuestros corazones a su sabiduría y presentarnos ante Él. El Señor no solo toma la iniciativa, sino que también promete enseñarnos. ¿Cómo «aplicamos nuestros corazones»? Haciendo nuestra parte de leer la Biblia con regularidad y de meditar en sus principios inmutables; aprendiendo a oír a quienes son sabios, es decir, a quienes conocen y viven la verdad de Dios y han crecido en la sabiduría y el conocimiento del Señor. No tendremos que esforzarnos por ser sabios... porque, como nos dice este versículo, Dios mismo nos enseñará y nos guiará a confiar sin reservas en Él.

GRACIAS, PADRE, por tu deseo y disposición de enseñarme hoy. Me llamas a confiar en el hecho de que te haces cargo de instruirme, así como un amoroso padre terrenal instruye a sus propios hijos. Planta tu verdad profundamente dentro de mí para que tu nombre siempre esté en mis labios. A medida que aplico mi corazón y mi mente a tu Palabra, llévame a confiar con más profundidad en ti.

SE SUPONE QUE LA PÁGINA SAGRADA NO ES EL FIN, SINO SOLO EL MEDIO HACIA EL FIN, EL CUAL ES CONOCER A DIOS EN PERSONA.
A. W. Tozer (1897-1963)

Inclina tu oído y oye las palabras de los sabios, y aplica tu corazón a mi sabiduría; porque es cosa deliciosa, si las guardares dentro de ti; si juntamente se afirmaren sobre tus labios. Para que tu confianza sea en Jehová, te las he hecho saber hoy a ti también.
Proverbios 22:17-19

Las lecturas para hoy de *La Biblia en un año* son
Eclesiastés 7:1 — 9:18; 2 Corintios 7:8-16;
Salmo 48:1-14 y Proverbios 22:17-19.

Hoy

*El que al viento
observa, no sembrará; y
el que mira a las nubes,
no segará.*
Eclesiastés 11:4

Existe un lugar en el futuro del que hablamos con frecuencia. Lo llamamos «un día», el momento en que lograremos lo que siempre hemos anhelado hacer; el tiempo en que habremos perdido las libras que queríamos y recuperado nuestro gozo; la época en que daremos con generosidad a los necesitados o trabajaremos en el ministerio que emociona nuestros corazones. Haremos grandes cosas para Dios cuando nuestra economía prospere o cuando el tiempo no sea tan escaso... ¡un día! Sin embargo, hay dos lugares a los que no podemos ir. No podemos volver al pasado ni lanzarnos al futuro. Lo único que tenemos es hoy. Cuando entregamos nuestro tiempo o nuestros recursos económicos en proporción a lo que tenemos a la mano en el momento actual, Dios ve el corazón del dador, no la ofrenda. Dios es el que multiplica y bendice ese obsequio... así como hizo cuando alimentó a una multitud con el escaso almuerzo de un muchacho, compuesto de panes y peces. ¿Qué nos ha pedido Dios que hagamos hoy? Cuando somos fieles en cosas pequeñas, se realizan grandes cosas en el reino del Señor.

DIOS TODOPODEROSO, aunque mis esfuerzos podrían parecer insignificantes comparados con los de otros, te ruego que tenga yo fidelidad en las cosas pequeñas que me pones a hacer, para que un día sea fiel con abundancia de tiempo, dinero o dones. Gracias por bendecir esa fidelidad y por producir resultados mucho mayores que cualquier cosa que pueda hacer por mi cuenta.

DEBIDO A LA MAJESTAD DEL SEÑOR QUE MORA EN TI, HAZ LAS COSAS PEQUEÑAS COMO SI FUERAN GRANDES; Y, DEBIDO A LA OMNIPOTENCIA DE DIOS, HAZ GRANDES COSAS COMO SI FUERAN PEQUEÑAS.
Blaise Pascal (1623-1662)

Las lecturas para hoy de *La Biblia en un año* son **Eclesiastés 10:1 — 12:14; 2 Corintios 8:1-15; Salmo 49:1-20 y Proverbios 22:20-21.**

Sacrificio de alabanza

¿Qué quiere Dios de nosotros? ¿Quiere representación o espectáculo externo, asistencia a gran cantidad de reuniones de iglesia o entrega sacrificada de cierta cantidad de dinero para su obra? ¿Desea obediencia fingida o respuestas a ciertas palabras? No, en estos versículos dice que en nuestros momentos de aflicción quiere agradecimiento sincero y sencillo, y confianza en Él. Quizá no sientas agradecimiento hoy porque tus oraciones aún no han recibido respuesta. Tal vez no hayas visto la provisión de dinero que necesitas, o quizá alguien que amas no haya vuelto de su vida pecaminosa. ¿Cómo podemos agradecer a Dios a la luz de las dificultades sin resolver que nos desaniman y nos sujetan? ¿Cómo podemos alabarlo cuando el vaso parece vacío? El Señor sabe cuánto nos agobian estos problemas, y halla un dulce regalo cuando en nuestro quebrantamiento decidimos agradecerle y reconocer que Él nos rescatará. Allí es exactamente cuando nuestro agradecimiento se convierte en el sacrificio que su Palabra dice que lo honrará y que le dará gloria.

SEÑOR, gracias por no interesarte en demostraciones externas, sino en la condición de mi corazón. Quiero ofrecerte ese sacrificio agradable de gratitud. Ayúdame a volverme a ti en momentos de dificultad, a confiar en ti y aun a tener gratitud, porque de este modo te daré gloria.

TÚ QUE ME HAS DADO MUCHO, DAME ALGO MÁS: UN CORAZÓN AGRADECIDO. PERO NO SOLO CUANDO ALGO ME AGRADA, COMO SI TUS BENDICIONES ME HUBIERAN AHORRADO DÍAS, SINO UN CORAZÓN TAL QUE SUS LATIDOS PUEDAN SER ALABANZA PARA TI.
George Herbert (1593-1633)

¿He de comer yo carne de toros, o de beber sangre de machos cabríos? Sacrifica a Dios alabanza, y paga tus votos al Altísimo; e invócame en el día de la angustia; te libraré, y tú me honrarás.
Salmo 50:13-15

Las lecturas para hoy de *La Biblia en un año* son
**Cantares 1:1 — 4:16; 2 Corintios 8:16-24;
Salmo 50:1-23 y Proverbios 22:22-23.**

LA
BIBLIA
EN UN
AÑO

Verdad neotestamentaria

*Crea en mí, oh Dios, un
corazón limpio, y
renueva un espíritu
recto dentro de mí...
Vuélveme el gozo de tu
salvación, y espíritu
noble me sustente.*
Salmo 51:10, 12

La palabra hebrea que se traduce «crea» es *bara, que*
significa «sacar algo de la nada». Cuando leemos en
Génesis 1:1 que Dios creó los cielos y la tierra, la palabra que se traduce «creó» es la misma palabra *bara,*
que refleja el sobrenatural dinamismo creativo por
medio del cual Dios saca algo de la nada. Esta era la
oración de David. Quería que el Señor le realizara un
trasplante de corazón, un procedimiento de «sacar lo
viejo» y «traer lo nuevo». Deseaba un corazón totalmente nuevo, uno que no había existido antes. David
no estaba orando solo para que el Señor le restaurara
el corazón viejo; lo quería regenerado. Deseaba una
«nueva naturaleza». Por lo tanto, David llevó al Padre
su pecado, su culpa y su deseo de un nuevo inicio y le
pidió que le restaurara el gozo.

Así como con David, cuando pecamos perdemos el
gozo de la salvación que el Señor nos da. Sin embargo,
Él nada quiere más que crear en nosotros un corazón
limpio y restaurar ese gozo *a diario.* Este fue el propósito
de la cruz: hacer un camino para que conociéramos la
constante comunión con el Padre a través de nuevas misericordias y nueva gracia cada mañana, y para vivir bajo la luz y la belleza del gozo de su salvación.

*PADRE, es grande mi bendición de tener la oportunidad de
vivir cada día con un corazón nuevo... un corazón puro...
un corazón regenerado de manera sobrenatural y lleno del
aliento de tu Espíritu. Crea en mí un corazón limpio, y
restáurame el gozo de tu salvación.*

UN CORAZÓN RENOVADO EN CADA PENSAMIENTO
LLENO DEL AMOR DIVINO,
PERFECTO, JUSTO, PURO Y BUENO,
UNA COPIA, SEÑOR, DEL TUYO.
Charles Wesley (1707-1788)

Las lecturas para hoy de *La Biblia en un año* son
**Cantares 5:1 — 8:14; 2 Corintios 9:1-15;
Salmo 51:1-19 y Proverbios 22:24-25.**

Armas maravillosas

El título del devocional de hoy parece lleno de ironía, ¿no es así? Armas que son *maravillosas*... Cuando pensamos en la guerra, lo menos que creemos es que en algún aspecto sea maravillosa, extraordinaria o fenomenal, especialmente en cuanto a las armas, que por lo general se usan para ocasionar heridas o muerte. Sin embargo, «las poderosas armas de Dios» confieren *bendición* en vez de heridas, y *vida* en lugar de muerte, porque sus armas son la Palabra de Dios, la sangre del Cordero y la oración. Cuando intercedemos por otros, o cuando estamos bajo ataque espiritual, las fortalezas podrían parecer invencibles; o quizá nos sintamos abatidos y ya vencidos por el enemigo. Cuando esto ocurre, debemos detenernos y tomar una profunda bocanada de verdad: «Las armas de nuestra milicia no son carnale, sino poderosas en Dios para la destrucción de fortalezas».

Las poderosas armas divinas de guerra destruirán las fortalezas demoníacas, ya sean fortalezas de intelectualidad, orgullo, incredulidad o adicción. El creyente más nuevo o el santo más débil que guerrean con armas espirituales pueden traspasar la oscuridad del conflicto. Veremos la victoria del Señor a través de la sangre del Cordero y al proclamar la verdad de la Palabra de Dios.

SEÑOR, gracias por tus armas de guerra, las cuales son poderosas, invencibles y sobrenaturales. Enséñame a usarlas cuando enfrento al enemigo. Fortaléceme cuando intercedo por otros. Te ruego que destruyas las oscuras fortalezas del diablo y establezcas tu reino de luz y verdad.

A SATANÁS LE ATERRA LA ORACIÓN DEL SANTO MÁS DÉBIL EN LA TIERRA QUE VIVE EN EL ESPÍRITU Y BUSCA LA JUSTICIA DE DIOS. LOS MISMOS PODERES DE LAS TINIEBLAS SE PARALIZAN POR LA ORACIÓN ... NO ASOMBRA ENTONCES QUE SATANÁS TRATE DE MANTENER RECARGADAS NUESTRAS MENTES CON TRABAJO ACTIVO PARA QUE NO PODAMOS PENSAR EN LA ORACIÓN.
Oswald Chambers (1874-1917)

Aunque andamos en la carne, no militamos según la carne; porque las armas de nuestra milicia no son carnales, sino poderosas en Dios para la destrucción de fortalezas.
2 Corintios 10:3-4

Las lecturas para hoy de *La Biblia en un año* son
**Isaías 1:1 — 2:22; 2 Corintios 10:1-18; Salmo 52:1-9
y Proverbios 22:26-27.**

maravillados

¡Cuidado con maravillarnos!

*No es maravilla,
porque el mismo
Satanás se disfraza
como ángel de luz.*
2 Corintios 11:14

«¡Maravilla!» Por lo general utilizamos esta expresión en el contexto de algo emocionante y extraordinario o cuando se revela algo asombroso. Pero el versículo bíblico de hoy usa la palabra «maravilla» con el significado de «no te asombres, no te confundas ni te impresiones». Pablo afirmaba con claridad que Satanás y sus maneras engañosas de retorcer y contaminar la verdad no lo tomarían desprevenido. «Ángel de luz» se refiere al hecho de que Satanás puede aparecer disfrazado como mensajero de la verdad, pero no hay verdad en él. Así como hay empleados bancarios que aprenden a detectar billetes falsos al estudiar a conciencia los auténticos, aprendemos a ver al enemigo al familiarizarnos muy bien con los caminos de nuestro Padre. Así que, ¡cuidado con maravillarte! Mantente alerta. Ármate con la Palabra de Dios y aprende sus caminos, para que cuando seas el blanco de los engaños de Satanás no caigas en sus artimañas, sino que por el contrario veas y conozcas la verdad.

SEÑOR, cuán valiosos y perfectos son tus caminos y tu Palabra. Te ruego que se fortalezca mi relación contigo a través del derramamiento de la sangre de Cristo, y que tu Palabra se profundice en mi corazón. Entonces los engaños del enemigo no me tomarán por sorpresa. Lo reconoceré por lo que es: el padre de mentiras.

EL DIABLO NUNCA DUERME Y TU CARNE ESTÁ MUY ACTIVA. PREPÁRATE PARA LA BATALLA. A TU ALREDEDOR HAY ENEMIGOS QUE NO DESCANSAN.
Tomás de Kempis (*ca.* 1380-1471)

Las lecturas para hoy de *La Biblia en un año* son **Isaías 3:1 – 5:30; 2 Corintios 11:1-15; Salmo 53:1-6 y Salmo 22:28-29.**

Algo nuevo

nuevo

El rey Acaz y su pueblo estaban aterrados ante la presencia de sus enemigos y la inminente invasión por parte de un ejército demasiado grande para resistirlo con éxito. Pero el plan de Dios era enseñarles una lección, que también podemos aprender hoy. Nuestra tendencia natural es buscar señales externas y tangibles de la dirección del Señor, y como fundamento para nuestra fe en Él. Sin embargo, Dios quiere alimentar en nosotros una fe y una confianza que no exija apoyo externo. La clase de fe que Él desea que tengamos descansa en el personaje de la cruz, y prepara el camino para la suprema intervención del Señor. Él no está tratando de levantar algo nuevo en nosotros. ¡Su anhelo es que veamos y crezcamos a la luz de lo que Dios ya puso en nosotros por medio de Jesús!

Habló también Jehová a Acaz, diciendo: Pide para ti señal de Jehová tu Dios, demandándola ya sea de abajo en lo profundo, o de arriba en lo alto. Y respondió Acaz: No pediré, y no tentaré a Jehová.
Isaías 7:10-12

PADRE ETERNO, perdóname por buscar señales exteriores en vez de acercarme más a una relación íntima contigo. Aunque el cielo y la tierra pasen, tú eres el mismo ayer, hoy y siempre por los siglos de los siglos, y te pertenezco. Nada puede cambiar eso. Que te complazcas en mí y te glorifiques a medida que confío, no que pruebo, en ti.

CONFÍA EN DIOS DONDE NO LE PUEDAS SEGUIR LA PISTA. NO TRATES DE ATRAVESAR LA NUBE QUE ÉL TRAE SOBRE TI; MÁS BIEN MIRA EL ARCO QUE ESTÁ SOBRE ESA NUBE. EL MISTERIO ES DE DIOS; LA PROMESA ES TUYA.
John Ross MacDuff (1818-1895)

Las lecturas para hoy de *La Biblia en un año* son
**Isaías 6:1 — 7:25; 2 Corintios 11:16-33; Salmo 54:1-7
y Proverbios 23:1-3.**

LA
BIBLIA
EN
UN AÑO

descanso
Hallemos descanso en el Señor

Está atento, y respóndeme; clamo en mi oración, y me conmuevo ... ¡Quién me diese alas como de paloma! Volaría yo, y descansaría.
Salmo 55:2, 6

¿Has estado alguna vez tan estresado que solo anhelabas subirte a un avión y escapar? La mayoría de nosotros en una época u otra de su vida ha tenido problemas tan abrumadores y situaciones tan onerosas y pesadas que, así como el salmista, hemos deseado volar como un ave y descansar. Podríamos imaginar una huida a una playa tranquila o a las montañas, un lugar donde no haya preocupaciones, aflicciones ni responsabilidades interminables. Soñamos con darle un giro de 180° a una situación apremiante para no tener que preocuparnos más al respecto. Pero Dios ofrece una clase de descanso que es diferente de lo que pueden concebir nuestras mentes. Él nos ofrece descanso *en medio* de nuestra angustia. Y este es el único descanso verdadero. Un respiro interior que viene al dejarnos llevar por el Señor y al confiar en Él, por abrumadores que sean nuestros problemas o nuestras aflicciones. En vez de volar, corre directamente a los brazos de Dios y descansa hoy en su cuidado y en su amor por ti.

AH, SEÑOR, deseo que mis problemas se solucionen y que se vayan mis angustias, pero desde el peso aplastante de mis cargas vuelvo mis ojos a ti. Confío estos desconciertos a ti. Haz que encuentre descanso en ti, para descubrir un lugar de más profundo abandono y de seguridad en tu amor eterno. Eres mi única roca. Eres mi único descanso.

¿CÓMO DESCANSAREMOS EN DIOS?
ENTREGÁNDONOS POR COMPLETO A ÉL.
Jean Nicolas Grou (1731-1803)

LA BIBLIA EN UN AÑO

Las lecturas para hoy de *La Biblia en un año* son **Isaías 8:1 — 9:21; 2 Corintios 12:1-10; Salmo 55:1-23 y Proverbios 23:4-5.**

Más allá de nuestros temores

¿Te has visto alguna vez en una situación tan aterradora que active tu «botón de pánico»? Algunas personas enfrentan esa clase de temor debido a una terrible circunstancia. Otros podrían tener miedo al fracaso, al rechazo, a la enfermedad o a la muerte. Los niños a menudo temen a la oscuridad y quieren que sus padres los tomen de las manos cuando entran a una habitación oscura.

Cualquiera que sea tu temor, no tienes que enfrentarlo esforzándote, tratando de dominar los hechos, viviendo en negación, o peor aun, evadiendo a Dios y sus promesas. Al contrario, estos versículos bíblicos nos dicen que podemos volvernos al Señor cuando tenemos miedo. Cuando admitimos con sinceridad nuestro temor, este en realidad puede acercarnos más al Señor de lo que alguna vez creímos posible. Leer las promesas de Dios en la Biblia nos asegura que no estamos solos en este lugar aterrador. Él ha prometido estar contigo en toda situación y no abandonarte, así que puedes confiar en Él. El Señor es la fuente de tu valor y seguridad. Él puede convertir tu miedo en fe.

SEÑOR, tú has dicho que cuando tenga miedo, hasta el mismo punto de la angustia, puedo poner mi confianza en ti y experimentar tu protección. Te agradezco por tu Palabra que promete tu presencia conmigo. Eres mi Padre celestial, así que sostén mi mano en circunstancias tristes y aterradoras, y ayúdame a confiar en ti y a caminar hoy cerca de ti.

TU TEMOR ES UNA MANIJA PARA SOSTENERTE DE DIOS. CUANDO DEJAS DE CORRER Y ENFRENTAS TU TEMOR CON FE, ENCUENTRAS A DIOS. SU PRESENCIA Y SU PODER NOS LLEVAN MÁS ALLÁ DE NUESTROS TEMORES.
Bruce Larson

En el día que temo, yo en ti confío. En Dios alabaré su palabra; en Dios he confiado; no temeré; ¿Qué puede hacerme el hombre?
Salmo 56:3-4

Las lecturas para hoy de *La Biblia en un año* son **Isaías 10:1 — 11:16; 2 Corintios 12:11-21; Salmo 56:1-13 y Proverbios 23:6-8.**

LA BIBLIA EN UN AÑO

Plan soberano de Dios

Jehová de los ejércitos juró diciendo: Ciertamente se hará de la manera que lo he pensado, y será confirmado como lo he determinado ... Este es el consejo que está acordado sobre toda la tierra, y esta, la mano extendida sobre todas las naciones. Porque Jehová de los ejércitos lo ha determinado, ¿y quién lo impedirá? Y su mano extendida, ¿quién la hará retroceder?
Isaías 14:24, 26-27

Cuando nuestros planes se detienen o nuestros sueños se destruyen, cuando sentimos que hemos perdido todo, estos versículos en Isaías nos animan a volvernos al Señor, cuyos planes no se pueden frustrar. Aunque hayamos visto perderse o derrumbarse *nuestros* sueños, Dios aún tiene un plan para todo el mundo... y para nosotros. ¡Cómo consuela recordar que *nada* puede cambiar los planes del Señor! Sus propósitos permanecen para siempre. Su mano se extiende y se mueve en la tierra y nadie puede hacerla volver ni detenerla.

Recuerda que frente a la peor tragedia o desastre, Dios tiene un plan soberano para toda la tierra, para nuestra nación, para toda nación en el mundo y para cada uno de nosotros individualmente. Por eso podemos clamar al Señor con confianza, sabiendo que Él cumplirá sus propósitos para cada uno de nosotros, para nuestras familias y para nuestro mundo.

PADRE, cuánto te alabo por tu soberanía, tu eterna estabilidad inquebrantable y por tu perfecta sabiduría y propósito. Frente a mis sueños destrozados o mis planes frustrados, cuánto agradezco tu Palabra. En ella encuentro ánimo profundo y maravilloso de que nada puede frustrar tus propósitos. Sé, además, que cumplirás tus planes perfectos para mi vida.

COMO LIRIOS PUROS Y BLANCOS, LOS PLANES DEL SEÑOR SE ABREN. NO DEBEMOS ROMPER LOS PÉTALOS MÁS CERRADOS. EL TIEMPO REVELARÁ LOS CÁLICES DE ORO.
Mary Riley Smith (1842-1927)

LA BIBLIA EN UN AÑO

Las lecturas para hoy de *La Biblia en un año* son **Isaías 12:1 – 14:32; 2 Corintios 13:1-13; Salmo 57:1-11 y Proverbios 23:9-11.**

Búsqueda de aprobación

Pablo sabía que si iba a ser un verdadero siervo de Cristo, no podía andarse por las ramas con el mensaje que los cristianos de Galacia debían oír. Ellos estaban en gran peligro de que falsas enseñanzas los llevaran por mal camino, y el apóstol no tuvo ningún reparo en ser franco y claro en llevarlos de vuelta a la verdad. Pablo sabía que trataba con asuntos de vida o muerte porque la perversión de los judaizantes del evangelio de Cristo se extendía como un reguero de pólvora por toda Galacia. «Estoy tratando de agradar al Señor», proclamó. Él tenía claro quién era su verdadera audiencia: Dios. ¿Está nuestro enfoque puesto en agradar a las personas o al Señor? ¿Qué dilemas, situaciones, asuntos o personas enfrentas que hacen que no hables con valentía o no vivas de una manera que dé a Dios la mayor honra y gloria? Así como Pablo hizo, podemos dejar de agradar a las personas para ir tras un llamado mucho más enaltecido: ¡Ser siervo de Cristo!

¿Busco ahora el favor de los hombres o el de Dios? ¿O trato de agradar a los hombres? Pues si todavía agradara a los hombres, no sería siervo de Cristo.
Gálatas 1:10

SEÑOR, deseo vivir como siervo de Cristo y no como quien quiere complacer a la gente. Comprendo que no puedo buscar aprobación en otros mientras vivo para ti. Tu aprobación es lo único que busco, la aprobación que cuenta de veras. Ayúdame a hablar y a actuar con valor y amor mientras te sirvo.

ENSÉÑANOS, BUEN SEÑOR, A SERVIRTE COMO
    MERECES;
A DAR SIN CONTAR EL COSTO, A LUCHAR SIN
    CONTAR LAS HERIDAS;
A TRABAJAR Y A NO BUSCAR DESCANSO,
A LABORAR SIN PEDIR RECOMPENSA,
EXCEPTO SABER QUE HACEMOS TU VOLUNTAD.
    AMÉN.
San Ignacio de Loyola

Las lecturas para hoy de *La Biblia en un año* son
Isaías 15:1 — 18:7; Gálatas 1:1-24; Salmo 58:1-11
y Proverbios 23:12.

mañana
Gozo en la mañana

Yo cantaré de tu poder, y alabaré de mañana tu misericordia; porque has sido mi amparo y refugio en el día de mi angustia.
Salmo 59:16

David siempre parecía encontrar algo sobre qué cantar. Por peligrosa que fuera su situación, sin importar cuántos enemigos lo estuvieran persiguiendo, tenía un cántico de alabanza para su Rey. Vivía con la conciencia de que fue el Señor quien lo salvó en su día de angustia, en el que su vida estaba en peligro. Era Dios, y solo Dios, quien lo protegía. David sabía que su lugar de refugio estaba en los brazos poderosos del Señor. Por eso quería cantar.

Cuán adecuado y maravilloso es para nosotros recibir cada nuevo día con una alabanza en nuestros corazones debido al amor incondicional del Señor en nuestra vida, porque cada día es un regalo de Él. Podemos recordar lo que Él nos ha dado por medio de su prometida presencia en cada día de nuestra vida. Comprender de nuevo la gracia y el amor de Dios provoca tal emoción en nuestros espíritus que pareciera que en momentos de aflicción brotaran cantos de alabanza y nos llevaran a descansar en los poderosos brazos del Señor. ¡Qué manera de empezar el día: descansando gozosos en los poderosos brazos de Dios!

SEÑOR, mañana tras mañana veo nuevas misericordias. Quiero comenzar hoy cantando acerca de tu poder y bendiciendo tu nombre cada mañana. Gracias por ser mi lugar de refugio en el día de mi angustia. Te alabo por este nuevo día. Que hoy descanse en tus poderosos brazos y mañana cante otra vez tus misericordias.

NO APRENDES A ALABAR EN UN DÍA, ¡ESPECIALMENTE PORQUE QUIZÁ TE HAS ESTADO QUEJANDO DURANTE AÑOS! DESARROLLAR NUEVOS HÁBITOS LLEVA TIEMPO. PERO PUEDES EMPEZAR HOY, PRACTICAR MAÑANA Y PASADO MAÑANA, HASTA QUE SE VUELVA PARTE DE TI.
Erwin W. Lutzer (n. 1941)

LA
BIBLIA
EN
UN AÑO

Las lecturas para hoy de *La Biblia en un año* son **Isaías 19:1—21:17; Gálatas 2:1-16; Salmo 59:1-17 y Proverbios 23:13-14.**

Cristo vive en mí

vive

¿Has experimentado la frustración de tratar de dar muerte a tu naturaleza egocéntrica? ¡Es más o menos como apagar un incendio con gasolina! No podemos destruir en nosotros mismos los caminos antiguos, así como no podemos justificarnos. Y allí está la clave: solamente la presencia viva del Espíritu Santo *en* nosotros puede lograr eso. Nuestra vida en nuestros cuerpos físicos debe estar cautivada por la revelación del amor incondicional de Dios por nosotros, demostrado en la vida, muerte y resurrección de Jesús. Este amor no solo es una esperanza futura, sino una realidad actual: ¡Ahora! Así como la luz desplaza a la oscuridad, Cristo en nosotros desplaza lo que debe morir cuando enfocamos nuestra atención en Él. Usará nuestras circunstancias para llevarnos al punto en el que seamos enseñables y en el que estemos listos para aprender de verdad a poner nuestra confianza en Él. Ese es el momento en el que podemos empezar a combatir nuestra naturaleza egoísta, a través del poder de Cristo que vive en nosotros.

AH, SEÑOR, gracias por amarme y entregarte por mí. Gracias por tu deseo de vivir a través de mí y por hacer que viva para ti. Que la verdad de tu Palabra me dé la visión para confiar en ti todo lo que soy, para que todo lo que eres pueda morar en mí.

ALIMÉNTATE EN CRISTO, Y LUEGO VE Y VIVE TU VIDA, Y ES CRISTO EN TI QUIEN VIVE TU VIDA, QUIEN AYUDA A LOS POBRES, QUIEN DICE LA VERDAD, QUIEN PELEA LA BATALLA Y QUIEN GANA LA CORONA.
Phillips Brooks (1835-1893)

Con Cristo estoy juntamente crucificado, y ya no vivo yo, mas vive Cristo en mí; y lo que ahora vivo en la carne, lo vivo en la fe del Hijo de Dios, el cual me amó y se entregó a sí mismo por mí.
Gálatas 2:20

Las lecturas para hoy de *La Biblia en un año* son
Isaías 22:1 – 24:23; Gálatas 2:17 – 3:9;
Salmo 60:1-12 y Proverbios 23:15-16.

LA BIBLIA EN UN AÑO

SEPTIEMBRE
17

Una paz que Dios prometió

Tú guardarás en completa paz a aquel cuyo pensamiento en ti persevera; porque en ti ha confiado.
Isaías 26:3

En este versículo, la paz que Dios prometió tiene dos condiciones: la primera es para quien confía en el Señor, lo que significa comprometernos con Él, apoyarnos en Él y esperar confiadamente en Él. La segunda es para aquel cuyo pensamiento persevera en Él. Con frecuencia nos preocupamos, y centramos nuestras mentes en muchas otras cosas. Parece que algunos de nosotros tenemos una cinta de vídeo en nuestras mentes que se la pasa reproduciendo una lista de responsabilidades, tareas y actividades para hacer, problemas y cargas, y tragedias y asuntos espantosos que suceden en el mundo que nos rodea. Pero cuando fijamos nuestros pensamientos y nuestra mente en el carácter y los atributos del Señor nuestro Dios, algo diferente se reproduce en nuestras mentes: el recordatorio de que Él es nuestra roca eterna, nuestro refugio en momentos de dificultad, el Señor todopoderoso que sostiene en sus manos al mundo entero y a cada uno de nosotros. Con Dios como nuestro centro, y con nuestra fe puesta firmemente en Él, podemos experimentar la verdad del versículo de hoy: él nos mantendrá en perfecta y continua paz a pesar de lo que suceda. Es una promesa.

SEÑOR, escucho esta «lista» reproduciéndose en mi cabeza, y necesito tu paz para hoy. Te pido que me ayudes a hacer esto: apoyarme en ti, meditar en tu carácter y en tus atributos y confiar en ti con todo mi corazón. Gracias por tu promesa de que tu perfecta paz protegerá mi corazón y mi mente.

EN CRISTO ESTAMOS TRANQUILOS Y EN PAZ EN MEDIO DE LAS CONFUSIONES, LOS DESCONCIERTOS Y LAS INCERTIDUMBRES DE ESTA VIDA. LA TORMENTA RUGE, PERO NUESTROS CORAZONES DESCANSAN. HEMOS HALLADO PAZ... ¡AL FIN!
Billy Graham (n. 1918)

Las lecturas para hoy de *La Biblia en un año* son **Isaías 25:1 — 28:13; Gálatas 3:10-22; Salmo 61:1-8 y Proverbios 23:17-18.**

Amigo íntimo

amigo

Este versículo es una invitación abierta a ser sinceros y muy auténticos con el Señor. Nos pide quitarnos nuestras máscaras y derramar ante Dios nuestros verdaderos pensamientos y sentimientos; nos pide estar ante Él diciéndole cómo están las cosas, no como creemos que deberían ser. Cuán liberador es comprender que podemos ser totalmente sinceros con el Señor y expresarle nuestra tristeza o gozo, nuestros temores, nuestras faltas y debilidades, nuestros sufrimientos, deseos y sueños. Cuán liberador es saber que el contenido de nuestros corazones en realidad está seguro en Dios, nuestro refugio. Este versículo también nos recuerda que aunque los patrones o formatos específicos de la oración son excelentes principios para orar individualmente o en grupo, no tenemos que seguirlos para que el Señor nos oiga, ni tenemos que ocultar nuestras emociones y actitudes negativas solo para fingir bondad. Dios ya conoce todo lo que estamos sintiendo y con qué luchamos, por eso podemos llegar ante Él sencillamente como somos y derramar nuestros corazones «en todo momento». En medio de conflictos, tensiones, responsabilidades y frustraciones, Él nos invita a buscarlo como nuestro más cercano confidente, como nuestro amigo íntimo.

Cuánto agradezco que anheles oír acerca de mi confianza y seguridad y que desees consolarme. Conoces y entiendes todos los pensamientos de mi corazón mejor que yo, y me invitas ahora a derramar mi corazón ante ti. Así lo haré...

EL ESPÍRITU DE ORACIÓN NOS HACE TAN ÍNTIMOS CON DIOS QUE DIFÍCILMENTE HEMOS PASADO POR UNA EXPERIENCIA ANTES DE HABLAR CON ÉL AL RESPECTO, YA SEA MEDIANTE SÚPLICA, SUSPIRO, PONIENDO NUESTRAS CONGOJAS ANTE ÉL, EN FERVIENTE SOLICITUD O EN ACCIÓN DE GRACIAS Y ADORACIÓN.
Ole Hallesby (1879-1961)

Esperad en él en todo tiempo, oh pueblos; derramad delante de él vuestro corazón; Dios es nuestro refugio.
Salmo 62:8

Las lecturas para hoy de *La Biblia en un año* son
**Isaías 28:14—30:11; Gálatas 3:23—4:31;
Salmo 62:1-12 y Proverbios 23:19-21.**

Confianza tranquila

*Así dijo Jehová el
Señor, el Santo de
Israel: En descanso y
en reposo seréis salvos;
en quietud y en
confianza será vuestra
fortaleza.*
Isaías 30:15

Este versículo describe el corazón de Dios revelado a la humanidad. El anhelo del Señor para su pueblo siempre ha sido que vuelva a Él, aunque este pueblo haya sido rebelde y haya rechazado su llamado a cobijarse bajo el abrigo de sus alas. A pesar de la condición endurecida de los corazones de las personas en la época en que Isaías escribió estos versículos, Dios declaró que este era su deseo: recibir a los arrepentidos, extenderles salvación y concederles descanso, tranquilidad y fortaleza. ¡Qué extraordinaria promesa para nosotros hoy! Estemos donde estemos en la vida, cualquiera que sea el desorden que hayamos provocado, y por sombrío que sea el panorama, Dios nos invita a volver a Él. El Señor sabe que solo en Él podemos hallar verdadero descanso para nuestras almas mientras vivamos en este mundo conmocionado. Nos llama al arrepentimiento para que podamos experimentar su salvación. Nos invita a estar tranquilos, en calma y confiando en Él para que podamos experimentar su fortaleza.

OH, SEÑOR, gracias por invitarme siempre a regresar a ti. Mi deseo es caminar en armonía contigo. Pero a veces me alejo de ti. Aun entonces sé que no te has alejado de mí. Siempre estás esperando mi regreso, mi arrepentimiento y que encuentre descanso en ti.

¿NO ES PRECISAMENTE LA ORACIÓN EN SÍ MISMA PAZ, SILENCIO Y FORTALEZA, PUES ES UNA MANERA DE ESTAR CON DIOS?
Jacques Ellul (1912-1994)

Las lecturas para hoy de *La Biblia en un año* son **Isaías 30:12 — 33:9; Gálatas 5:1-12; Salmo 63:1-11 y Proverbios 23:22.**

Fruto espiritual

fruto

Suponte que deseas iniciar un huerto de manzanas. A principio de la primavera cortas con cuidado docenas de ramitas de un manzano y las entierras cuidadosamente a tres metros una de la otra. Riegas, fertilizas, observas y esperas. Sin embargo, en el otoño no tienes manzanas para recoger. ¿Por qué? Porque esas ramitas no pudieron madurar y dar fruto una vez separadas del árbol en que estaban. Lo mismo se aplica al fruto espiritual. Solo cuando pertenecemos a Cristo, y permanecemos con Él, es que su Espíritu vive en nosotros y produce las virtudes, o «fruto», que se enumeran en el versículo de hoy.

El esfuerzo personal no produce este fruto. Las buenas intenciones no producirán amor, gozo, paz, paciencia o benignidad. En vez de eso, cuando nos rendimos a Cristo, su Espíritu vive en nosotros, se mueve libremente a través de nosotros y toca a otros por medio de nuestra vida. Expresamos su mansedumbre al responder a niños; exponemos su gran paciencia cuando nos topamos con personas difíciles. Demostramos su fidelidad cuando cumplimos compromisos, y participamos su benignidad y bondad cuando bendecimos a otros.

El fruto del Espíritu es amor, gozo, paz, paciencia, benignidad, bondad, fe, mansedumbre, templanza.
Gálatas 5:22-23

SEÑOR, enséñame a rendirme al control del Espíritu Santo. Comprendo que ninguna de las virtudes reside en mi carne. Pero este entendimiento es un regalo de ti que me hace humilde ante ti, y confío por completo en que tu Espíritu se levante dentro de mí. Hazlo, Señor, y que tu fruto acerque a otros a ti.

TENGO UN GUANTE AQUÍ EN MI MANO. EL GUANTE NO PUEDE HACER NADA POR SÍ MISMO, PERO CUANDO MI MANO ESTÁ EN ÉL, PUEDE HACER MUCHAS COSAS. ES VERDAD, NO ES EL GUANTE, SINO MI MANO DENTRO DEL GUANTE LA QUE ACTÚA. SOMOS GUANTES. EL ESPÍRITU SANTO EN NOSOTROS ES LA MANO, QUIEN HACE EL TRABAJO. DEBEMOS HACER ESPACIO PARA LA MANO, DE TAL MODO QUE TODOS LOS DEDOS ESTÉN RELLENOS.
Corrie ten Boom (1892-1983)

Las lecturas para hoy de *La Biblia en un año* son **Isaías 33:10—36:22; Gálatas 5:13-26; Salmo 64:1-10 y Proverbios 23:23.**

desmayar

No desmayemos

No nos cansemos, pues, de hacer bien; porque a su tiempo segaremos, si no desmayamos. Así que, según tengamos oportunidad, hagamos bien a todos, y mayormente a los de la familia de la fe.

Gálatas 6:9-10

¿Cómo no desmayar cuando enfrentamos abrumadoras tareas, retos, quebranto, oposición y mal en el mundo que nos rodea? ¿Cómo no desfallecer o renunciar, sino seguir haciendo el bien a todos, aun a quienes son difíciles? Pablo nos dice aquí que solo al fijar nuestros ojos en Jesús podemos correr triunfalmente nuestra carrera con fortaleza, y sin consumirnos por hacer lo bueno. Nuestra fe, nuestra capacidad para bendecir y hacer bien a nuestros hermanos y hermanas, o para lograr algo de valor eterno, depende de Cristo de principio a fin. Cuando levantamos los ojos al Dios todopoderoso y misericordioso, podemos confiarle nuestro camino y recibir su seguridad de que en el tiempo del Señor segaremos lo que Él ha preparado abundantemente para nosotros —una cosecha de bendiciones— a medida que cada día saquemos nuevas fuerzas de su inagotable provisión para seguir corriendo en sus pasos.

SEÑOR, gracias porque en mis momentos de desánimo me muestras que no puedo hacer nada sin ti. Eres mi vida, mi fortaleza, mi salvación. Me entrego a ti y te pido que el poder de tu vida restaure mi gozo y renueve mi visión, para seguir haciendo tu voluntad y el bien a quienes me rodean.

CUANDO HAYAMOS AGOTADO NUESTRA
    PROVISIÓN DE FORTALEZA,
CUANDO NUESTRAS FUERZAS HAYAN FALLADO
    ANTES DE QUE EL DÍA SE COMPLETE,
CUANDO LLEGUEMOS AL FINAL DE NUESTROS
    ACUMULADOS RECURSOS,
LA TOTAL ENTREGA DE NUESTRO PADRE SOLO
    HABRÁ EMPEZADO.

Annie Johnson Flint (1862-1932)

Las lecturas para hoy de *La Biblia en un año* son **Isaías 37:1 – 38:22; Gálatas 6:1-18; Salmo 65:1-13 y Proverbios 23:24.**

Plan eterno de Dios

Esta es una de las oraciones más fabulosas que Pablo hizo por la Iglesia Primitiva y para nosotros es importante que la oremos hoy: que conozcamos íntimamente a Dios, que nuestros corazones se inunden de luz para que podamos comprender el futuro brillante que el Señor promete y que veamos cuán grande es su poder para nosotros los creyentes. Así como Pablo sabía que esta revelación no ocurriría separados del Espíritu Santo de Dios, no podemos percibir estas cosas solo con nuestro intelecto, porque se trata de verdades espirituales, no intelectuales. Estos versículos nos animan a pedirle al Señor que nos dé buena vista y visión espiritual respecto del carácter de Dios, de la esperanza que nos ha dado tanto para esta vida como para la venidera y del increíble poder dinámico disponible para nosotros a través de su Espíritu. Esta es una oración para orar con frecuencia, no solo por ti, sino por todos aquellos que amas y deseas ver caminando con el Señor. Cuando oramos la Palabra de Dios, preparamos el terreno para que su voluntad y su propósito se cumplan en nuestra vida.

PADRE, me emociona pensar que desde la eternidad pasada hayas planeado y provisto un camino para compartir conmigo tus riquezas, tu gracia, tu poder y tu misma naturaleza a través del sacrificio de Jesús a mi favor. Señor, abre mis ojos e inunda mi corazón de visión para contemplar esta increíble verdad.

SI DESEAMOS ORAR CON CONFIANZA Y ALEGRÍA, LAS PALABRAS DE LA SANTA BIBLIA DEBERÁN SER EL SÓLIDO FUNDAMENTO DE NUESTRA ORACIÓN. PORQUE ENTONCES SABEMOS QUE JESUCRISTO, EL VERBO DE DIOS, NOS ENSEÑA A ORAR. LAS PALABRAS QUE VIENEN DE DIOS SE CONVIERTEN EN LOS PASOS SOBRE LOS CUALES HALLAMOS NUESTRO CAMINO A DIOS.
Dietrich Bonhoeffer (1906-1945)

Que el Dios de nuestro Señor Jesucristo, el Padre de gloria, os dé espíritu de sabiduría y de revelación en el conocimiento de él, alumbrando los ojos de vuestro entendimiento, para que sepáis cuál es la esperanza a que él os ha llamado, y cuáles las riquezas de la gloria de su herencia en los santos, y cuál la supereminente grandeza de su poder para con nosotros los que creemos, según la operación del poder de su fuerza.
Efesios 1:17-19

Las lecturas para hoy de *La Biblia en un año* son
**Isaías 39:1 — 41:16; Efesios 1:1-23; Salmo 66:1-20
y Proverbios 23:25-28.**

LA
BIBLIA
EN UN
AÑO

Cuando llegan los sufrimientos

Cuando pases por las aguas, yo estaré contigo; y si por los ríos, no te anegarán. Cuando pases por el fuego, no te quemarás, ni la llama arderá en ti.

Isaías 43:2

Dos palabras importantes se repiten varias veces en este pasaje: *cuando* y *pasar*. Como hijos de Dios, cada uno de nosotros experimentará tiempos de problemas, sufrimientos y pruebas. Habrá temporadas en que nuestras circunstancias serán aterradoras o dolorosas. A veces no solo enfrentaremos un problema, sino oleadas de dificultades. Por esto el Señor dice «cuando», no «si», las aguas se elevan, los ríos se inundan y el fuego arde. Sin embargo, en estos versículos el Señor también nos asegura que nos hará «pasar por». No importa cuán profundas sean las aguas, alcanzarás la otra orilla. Por duras que sean las feroces tribulaciones, experimentarás victoria porque Él es «Dios tuyo . . . tu Salvador» (v. 3). Usa estos versículos de Isaías para recordarte que el Señor no solo puede guardarte y protegerte cuando te encuentres en ríos de dificultad, sino que se ha comprometido a hacerte pasar por ellos.

SEÑOR, gracias por tus promesas de liberación y protección. Puesto que has dicho: «Estaré contigo», ¿qué temeré? Ayúdame a confiar en ti, no solo en los pequeños detalles de la vida, sino también en momentos de gran tribulación. Eres mi Señor, mi Dios y mi Salvador.

¡CRISTIANO! EN ORACIÓN PIDE GRACIA PARA VER EN CADA PROBLEMA, GRANDE O PEQUEÑO, EL DEDO DEL PADRE QUE SEÑALA A JESÚS, Y QUE DICE: MORA EN ÉL.
Andrew Murray (1828-1917)

Profundidades del amor de Dios

Esta oración no es una súplica al Señor por más conocimiento mental acerca de su amor, sino para que lo podamos *entender y comprender:* que asimilemos de veras ese amor, y que pase de ser un conocimiento mental a un conocimiento de corazón acerca de cuánto nos ama Dios. Por sobre todo, la oración es una súplica a fin de que *experimentemos de manera personal* el amor de Cristo. El conocimiento no es suficiente. No bastan fabulosos discursos o sermones, ni siquiera basta oír lo que el Señor hizo en la vida de otra persona. Es necesario que el Espíritu de Dios nos transmita poder a cada uno de nosotros para entender la profundidad, la longitud, la anchura y la naturaleza incomparable del asombroso amor que Dios nos tiene en Jesucristo. Así como Pablo oraba de todo corazón por los efesios cristianos, nosotros debemos pedir que nuestras raíces penetren con profundidad en la tierra del maravilloso amor del Señor. Cuando perseveramos en esta oración transformadora de vida, bebemos profundamente este amor. Cuando recibimos y experimentamos el amor de Cristo en nuestros corazones, su amor puede fluir a otros a través de nosotros.

SEÑOR JESÚS, quiero comprender y experimentar tu amor de una manera más profunda que nunca. Que tu amor sea mi ancla cuando tu Espíritu profundice mis raíces en ti. Dame el poder para entender la ilimitada extensión de tu amor. Sé el centro de mi vida, ¡y revélate hoy a mí!

DEBEMOS LLEGAR DIARIAMENTE A LA FUENTE DE AMOR DIVINO. AQUÍ YACE EL PROPÓSITO DE TODA ORACIÓN.
Margaret Therkelsen

Que habite Cristo por la fe en vuestros corazones, a fin de que, arraigados y cimentados en amor, seáis plenamente capaces de comprender con todos los santos cuál sea la anchura, la longitud, la profundidad y la altura, y de conocer el amor de Cristo, que excede a todo conocimiento, para que seáis llenos de toda la plenitud de Dios.
Efesios 3:17-19

Las lecturas para hoy de *La Biblia en un año* son **Isaías 43:14—45:10; Efesios 3:1-21; Salmo 68:1-18 y Proverbios 24:1-2.**

Cuidado eterno

*Oídme, oh casa de
Jacob, y todo el resto de
la casa de Israel, los
que sois traídos por mí
desde el vientre, los que
sois llevados desde la
matriz. Y hasta la
vejez yo mismo, y hasta
las canas os soportaré
yo; yo hice, yo llevaré,
yo soportaré y
guardaré.*
Isaías 46:3-4

Dios está hablando al remanente fiel de los israelitas, exhortándolos primero a oírlo, porque Él tenía algo importante que decirles. Entonces después de captar su atención, y la nuestra, nos recuerda su fidelidad en el pasado y nos asegura su cuidado y salvación para nuestro futuro, aun en nuestra vejez. Desde el momento en que nos concibieron y en que nacimos en este mundo, hasta el mismo final de nuestra vida, nuestro Creador, quien nos formó en la matriz de nuestras madres —el mismo Señor eterno e inmutable que creó los cielos y la tierra— es Aquel que nos ha cuidado todo el tiempo por medio de las manos de padres y demás personas que nos han amado, alimentado y enseñado. Es el Señor, además, quien nos sustentará a lo largo de nuestra infancia y juventud, en nuestros años activos de trabajo y paternidad, y también en los años de senectud, cuando nuestro cabello se torna blanco con la edad y ya no podemos cuidarnos, sino que dependemos del cuidado de otros. Nuestro Padre celestial es nuestro Dios que nos cuida por toda la eternidad.

*SEÑOR, ayúdame a comprender que eternamente eres mi
Padre, y que estás relacionado íntimamente conmigo y con
todo momento de mi vida entera. Ayúdame a confiar en ti en
toda época de mi vida y a descansar en el conocimiento de
que aun cuando llegue a la vejez, estarás cuidándome.*

DIOS HA DADO AL HOMBRE UN CORTO TIEMPO
AQUÍ EN LA TIERRA, Y CON TODO DE ESTE CORTO
TIEMPO DEPENDE LA ETERNIDAD.
Jeremy Taylor (1613-1667)

Las lecturas para hoy de *La Biblia en un año* son
**Isaías 45:11 — 48:11; Efesios 4:1-16; Salmo 68:19-35
y Proverbios 24:3-4.**

Palabras que dan gracia gracia

Cuando Pablo escribió a los creyentes en Efesios 4 les dio instrucciones acerca de cómo vivir de manera diferente a los impíos: no robar, trabajar con honestidad, dar con generosidad, etc. Sin embargo, en este versículo el apóstol enseña sobre la importancia de las palabras habladas, un mensaje tan aplicable a los creyentes del siglo XXI como a esos primeros cristianos. Para la mayoría de nosotros «palabra corrompida» no es una metedura de pata sino que se refiere a palabras de crítica, de juicio, sin amor, duras o sutilmente sarcásticas que se escapan de vez en cuando y que lastiman a quienes nos rodean (en especial a los más íntimos). Pablo tiene para nosotros un estándar más elevado: hablar solo palabras que animen y edifiquen a otros. En momentos de conflicto, irritación o frustración, fácilmente pueden salir palabras vanas de nuestra boca. Ah, cuánto necesitamos que el Espíritu Santo obre con la misericordia y el amor de Cristo en nuestros corazones, para que las palabras que digamos sean de veras mensajes que den gracia.

Ninguna palabra corrompida salga de vuestra boca, sino la que sea buena para la necesaria edificación, a fin de dar gracia a los oyentes.
Efesios 4:29

SEÑOR, que mi corazón y las palabras que pronuncie hoy estén llenas de ánimo y que den gracia a otros. Obra en mí tu ternura y tu paciencia para que no responda con rapidez en maneras que no te honran. «Que las palabras de mi boca, y que los pensamientos de mi corazón, te agraden, Señor, mi roca y mi salvación».

MI DIOS, PERMANECE CONMIGO; NO PERMITAS QUE DE MIS LABIOS SALGAN PALABRAS QUE NO SEAN LAS TUYAS Y NO PERMITAS QUE NINGÚN PENSAMIENTO QUE NO SEA TU PENSAMIENTO ENTRE A MI MENTE.
Malcolm Muggeridge (1903-1990)

Las lecturas para hoy de *La Biblia en un año* son
Isaías 48:12 — 50:11; Efesios 4:17-32; Salmo 69:1-18 y Proverbios 24:5-6.

LA BIBLIA EN UN AÑO

bienvenido

Bienvenido, Espíritu Santo

*No os embriaguéis con
vino, en lo cual hay
disolución; antes bien
sed llenos del Espíritu,
hablando entre vosotros
con salmos, con himnos
y cánticos espirituales,
cantando y alabando al
Señor en vuestros
corazones; dando
siempre gracias por
todo al Dios y Padre, en
el nombre de nuestro
Señor Jesucristo.*
Efesios 5:18-20

Solo hay un prerrequisito para vivir llenos del Espíritu:
aceptar, creer y confiar en Jesucristo como nuestro
Salvador y nuestro Señor. Sin embargo, experimentamos en nuestra vida la manifestación del poder del Espíritu y de Cristo cuando a diario nos rendimos a su
control. En el texto original, el versículo 19 dice: «Ha-
blándonos a nosotros mismos». Esto significa tomar una
decisión consciente de alabar al Señor y de centrar nuestra vida en Cristo. Al hacerlo, estamos poniendo la al-
fombra de bienvenida a la presencia de su Espíritu
Santo en nuestros corazones y en nuestra vida. Cada día
podemos celebrar la bondad y la fidelidad de Dios. Tómate unos minutos para meditar sobre las numerosas
maneras en las que Él te ha bendecido, tanto a ti como a
tu familia. Pídele la llenura de su Espíritu, y no olvides
agradecerle. No hay mejor modo de vivir que pasar
nuestros días bendiciendo y alabando siempre al Señor
con nuestros labios (Salmo 34:1, NVI).

*PADRE, doy la bienvenida a tu Espíritu Santo para que me
llene y tome todo el control de mi vida. Gracias por tu
precioso Espíritu que me da poder y por todo lo que has
hecho en mi vida. Si me detuviera y comenzara de verdad a
contar las maneras en las que me has bendecido, mi corazón
rebosaría de alabanza hacia ti. Oh, Espíritu Santo, llena
mi corazón con esa clase de gratitud y alabanza.*

LA RAZÓN MÁS FABULOSA DE QUE SE NOS HAYA
DADO EL ESPÍRITU DESDE EL CIELO FUE HACER
QUE LA PRESENCIA DE CRISTO SE MANIFIESTARA
EN NOSOTROS.
Andrew Murray (1828-1917)

Oración en el Espíritu

¿Te has hartado o cansado alguna vez de orar? Todos somos culpables de eso, pero en este versículo vemos cómo salir de esta oración rutinaria. La oración continua y del todo adecuada no es, ni puede ser, un ejercicio de nuestra carne; es el ejercicio del Espíritu dentro de nosotros. Pablo nos da en Romanos 8:26 una perspectiva adicional a este asunto esencial cuando señala que «el Espíritu mismo intercede por nosotros con gemidos indecibles». Típicamente nos sorprendemos tratando de proyectar nuestras oraciones y peticiones a través del espacio hacia algún lugar lejano donde mora Dios y donde tenemos una mansión que espera nuestra llegada. Pero Pablo nos dice en Efesios que el Señor nos está edificando juntamente para ser morada de Él en el Espíritu (2:22). Nuestro destino eterno es ser de manera colectiva e individual el lugar donde habite el Espíritu, y a través del cual Él intercede. Dios está usando toda circunstancia para ayudarnos a captar esta verdad y para enseñarnos a dejar que por nosotros fluyan «ríos de agua viva».

BENDITO DIOS, enséñame a reconocer la presencia de tu Espíritu dentro de mí y a caminar y vivir teniendo conciencia de esto. Que vivas libremente en mí, que expreses tu corazón a través de mí y que ores por medio de mí. Sé que no puedo lograr nada de esto por mis propios esfuerzos, ¡pero contigo nada es imposible!

EL ESPÍRITU DE ORACIÓN NO SOLO TE MOSTRARÁ EL VERDADERO SIGNIFICADO Y EL PROPÓSITO DE LA ORACIÓN. TAMBIÉN EN MEDIO DE TU INCAPACIDAD TE LEVANTARÁ HASTA EL MISMO CORAZÓN DE DIOS DONDE SU AMOR TE CALENTARÁ, CON EL FIN DE QUE PUEDAS EMPEZAR A ORAR DE ACUERDO CON SU VOLUNTAD, PIDIENDO SOLAMENTE LO QUE ESTÁ EN ARMONÍA CON LOS PLANES Y PROPÓSITOS DEL SEÑOR.
Ole Hallesby (1879-1961)

Orando en todo tiempo con toda oración y súplica en el Espíritu, y velando en ello con toda perseverancia y súplica por todos los santos.
Efesios 6:18

Las lecturas para hoy de *La Biblia en un año* son **Isaías 54:1 — 57:14; Efesios 6:1-24; Salmo 70:1-5 y Proverbios 24:8.**

SEPTIEMBRE
29

corazón

El corazón de Dios para contigo

Así dijo el Alto y Sublime, el que habita la eternidad, y cuyo nombre es el Santo: Yo habito en la altura y la santidad, y con el quebrantado y humilde de espíritu, para hacer vivir el espíritu de los humildes, y para vivificar el corazón de los quebrantados.
Isaías 57:15

Este versículo es una hermosa imagen de la relación del Señor con su pueblo. Él es alto y santo, el único glorioso y exaltado. Reina en todo el cielo y la tierra. El Señor todopoderoso no necesita casa, porque su lugar de morada es toda la eternidad. Y, sin embargo, prefiere morar, literalmente habitar y hacer su morada, con quienes son cualquier cosa menos «altos y santos», y que lo conocen. Más bien son aquellos cuyos espíritus son humildes, contritos, abiertos y dóciles. En vez de ser como el fariseo en Lucas 18, quien agradecía a Dios por no ser como los injustos o como otras personas impías, son como el publicano que clamaba la misericordia del Señor. Estos sabían que eran indignos del amor y la misericordia de Dios. Pero el corazón santo y amoroso del Señor se conmueve por individuos que se humillan y que reconocen su debilidad y dependencia en Él. Entonces Él renueva, reanima y da nuevo valor a estas almas arrepentidas. ¡Cuán misericordioso es nuestro Dios!

OH DIOS, eres alto y sublime, ¡glorioso y exaltado! Y yo no. Me inclino ante ti y te pido que desarrolles en mí un corazón humilde. Tu Palabra dice que no despreciarás un corazón arrepentido, por eso te pido que obres hoy en mí. Gracias por encontrarme donde estoy y por dar renovado valor a mi vida.

NO EXISTEN BARRERAS ENTRE EL CORAZÓN CONTRITO Y HUMILLADO Y LA MAJESTAD DEL CIELO; LA ÚNICA CONTRASEÑA ES LA ORACIÓN.
Hosea Ballou (1771-1852)

LA BIBLIA EN UN AÑO

Las lecturas para hoy de *La Biblia en un año* son
Isaías 57:15 — 59:21; Filipenses 1:1-26;
Salmo 71:1-24 y Proverbios 24:9-10.

Corazones humildes

En este pasaje Pablo estaba exhortando a los creyentes en Filipos a demostrar de maneras prácticas la unidad que les pertenecía en Jesucristo, una unidad no forjada por medios humanos, sino por el Espíritu Santo dentro de ellos. El apóstol los instaba a no vivir por motivos egoístas, sino por amor, dándose a sí mismos como hizo Jesús; los instaba a que se preocuparan más de agradar a Dios que de causar buena impresión en los demás.

Nuestra tendencia natural humana es hacia el egoísmo y no a sacrificarnos y servir, pero en un mundo que premia la autopromoción y que pone a los famosos en pedestales, en estos versículos Dios nos llama a adoptar una posición humilde, como hizo Jesús cuando vino a la tierra a servir, no a que lo sirvieran. Este Rey de reyes y Señor de todos los señores se rebajó y no se aferró a sus derechos como Dios, sino que se humilló obedientemente hasta el punto de morir en la cruz. Él está invitándonos a unirnos a su familia de siervos, a inclinarnos hacia los caídos y levantarles la carga, a ser sus manos y pies, y a que invitemos a otros para que lleguen hasta Dios.

ESPÍRITU SANTO, pon en mí un deseo de agradarte en lugar de un anhelo de impresionar a la gente. Perdóname por mi egoísmo y por enfocarme en mi vida, en mis necesidades y en mis problemas. Ayúdame a preocuparme más por los otros y por sus necesidades y a tener un corazón de siervo para que puedas hacer tu obra a través de mí.

EN LA FAMILIA DE DIOS DEBE HABER UN GRAN CUERPO DE PERSONAS: SIERVOS. ES MÁS, EN EL REINO DEL SEÑOR ESE ES EL CAMINO HACIA LA CUMBRE.
Charles R. Swindoll (n. 1934)

Nada hagáis por contienda o por vanagloria; antes bien con humildad, estimando cada uno a los demás como superiores a él mismo; no mirando cada uno por lo suyo propio, sino cada cual también por lo de los otros. Haya, pues, en vosotros este sentir que hubo también en Cristo Jesús, el cual, siendo en forma de Dios, no estimó el ser igual a Dios como cosa a que aferrarse, sino que se despojó a sí mismo, tomando forma de siervo, hecho semejante a los hombres.
Filipenses 2:3-7

Las lecturas para hoy de *La Biblia en un año* son **Isaías 60:1—62:5; Filipenses 1:27—2:18; Salmo 72:1-20 y Proverbios 24:11-12.**

El descenso del Señor

¡Oh, si rompieses los cielos, y descendieras, y a tu presencia se escurriesen los montes, como fuego abrasador de fundiciones, fuego que hace hervir las aguas, para que hicieras notorio tu nombre a tus enemigos, y las naciones temblasen a tu presencia! Cuando, haciendo cosas terribles cuales nunca esperábamos, descendiste, fluyeron los montes delante de ti. Ni nunca oyeron, ni oídos percibieron, ni ojo ha visto a Dios fuera de ti, que hiciese por el que en él espera.
Isaías 64:1-4

Al «descender», el Dios todopoderoso viene de maneras asombrosas y majestuosas. Muy a menudo, cuando menos esperamos experimentar u oír sobre Él, nos sorprende con su presencia y con su voz. Ahí es cuando ocurre una incursión en un ambiente; se va la oscuridad y vemos la luz del día. A veces por impaciencia o desánimo nos preguntamos si el Señor puede ayudarnos y ya no esperamos que «descienda». Pero este pasaje de Isaías nos anima a no perder la expectativa del impulso divino en nuestra vida. Los versículos nos instan a esperar en el Señor, y nos invitan a recordar que es por medio de su misericordia, su perdón, su compasión y por el derramamiento de la sangre de su Hijo que se nos permite estar sobrecogidos ante Él, quien hace temblar los montes y las naciones. Antes de que el tiempo comenzara, nadie había imaginado ni visto un Dios como el nuestro, quien obra a favor de quienes esperan en Él.

SEÑOR, ¡me asombro ante ti! Te agradezco por hacer cosas tan maravillosas, por obrar más allá de mis esperanzas más elevadas. Sigues haciendo tales cosas por quienes esperan en ti. Ayúdame a aguardar en ti con esperanza. Lléname de expectativa santa en tu venida y glorifícate a través de mi vida.

EN MI CORAZÓN TENGO UN TEMOR ... CADA DÍA QUE PASA ANHELO LLEGAR A TENER MÁS DEVOCIÓN. LLÁMALO «TEMOR DEL SEÑOR», ES DECIR, SOBRECOGERME ANTE ÉL Y TEMER CUALQUIER PECADO QUE PUEDA ESTROPEAR MI VIDA EN ESTE MOMENTO.
Anne Ortlund

Las lecturas para hoy de *La Biblia en un año* son **Isaías 62:6 – 65:25; Filipenses 2:19 – 3:3; Salmo 73:1-28 y Proverbios 24:13-14.**

Enfoque en la meta *meta*

Estrellas deportivas de talla mundial como el ciclista Lance Armstrong, la campeona de tenis Venus Williams y el golfista Tiger Woods han sido objetos de investigación por parte de personas que intentan determinar por qué estas estrellas ganan campeonatos contra otros atletas que tienen igual talento y capacidad. ¿Cuál es su secreto? Estos personajes no solamente dejan de lado distracciones y hacen sacrificios para practicar y afinar sus habilidades. Su capacidad debe estar *enfocada bajo presión*. Este versículo nos dice que la recompensa suprema y celestial está en aquello que debe ser nuestro enfoque: no en ganar el Tour de Francia ni el Wimbledon, ni el Abierto de los Estados Unidos, ni una Medalla de Oro en los Juegos Olímpicos, sino en el premio más grande de todos: conocer a Jesucristo y seguirlo cuando nos invita a subir de gloria en gloria. Olvidemos el pasado, pidamos resistencia y fortaleza para terminar la carrera, ¡y enfoquemos todas nuestras energías solamente en este premio eterno!

SEÑOR, ayúdame a mantener los ojos en la meta, donde me haces señas hacia arriba y adelante hacia Jesús. Evita que el pasado me distraiga: mis pecados y las malas decisiones se han lavado en la sangre de Cristo. Por consiguiente, concédeme la gracia y la fortaleza para no retroceder, e incluso cuando esté bajo gran presión, ayúdame a mantener los ojos en la recompensa eterna: ¡vida eterna en tu gloriosa presencia!

EL ALMA HUMANA MUESTRA SU DIVINO ESPLENDOR Y SU ALIANZA CON EL DIOS INFINITO, NO EN EL LOGRO, SINO EN LA ENTEREZA.
Edwin Hubbel Chapin (1814-1880)

Hermanos, yo mismo no pretendo haberlo ya alcanzado; pero una cosa hago: olvidando ciertamente lo que queda atrás, y extendiéndome a lo que está delante, prosigo a la meta, al premio del supremo llamamiento de Dios en Cristo Jesús.
Filipenses 3:13-14

Las lecturas para hoy de *La Biblia en un año* son
Isaías 66:1-24; Filipenses 3:4-21; Salmo 74:1-23 y Proverbios 24:15-16.

LA BIBLIA EN UN AÑO

paz

Experimentemos la paz de Dios

Por nada estéis afanosos, sino sean conocidas vuestras peticiones delante de Dios en toda oración y ruego, con acción de gracias. Y la paz de Dios, que sobrepasa todo entendimiento, guardará vuestros corazones y vuestros pensamientos en Cristo Jesús.

Filipenses 4:6-7

Este patrón dado en Filipenses 4, de llevar nuestras preocupaciones ante Dios y centrar nuestros pensamientos en Él y en todo lo que ha hecho, es un importante secreto de oración. Todos tenemos diferentes «botones de pánico», o experiencias que hacen acelerar nuestros corazones y mentes, y que obligan a titubear a nuestra confianza y fortaleza. Tu botón de pánico se podría relacionar con la seguridad de tus hijos, con tu economía, con tu salud o con un incierto empleo futuro. Cualquiera que sea la razón, estas necesidades y cargas en realidad pretenden acercarnos a Dios en oración. Si abrimos nuestros corazones e invitamos a Jesús a entrar en nuestra necesidad y si ponemos nuestro enfoque en Él, tranquilizará nuestros pensamientos inquietos y nos dará una sensación de calma. Su paz, que es más maravillosa de lo que nuestras mentes humanas pueden comprender, trae entonces consuelo y orden a nuestros corazones. En medio de este mundo en que vivimos, atormentado por la ansiedad y lleno de temores, el Señor desea revelarse como el Dios que calma nuestros temores y convierte nuestras preocupaciones en admiración ante cuán gran Dios es Él.

ESPÍRITU SANTO, he aquí mi ansiedad. He aquí mi necesidad. Te las entrego y te pido que tranquilices mi corazón ansioso y que calmes mis acelerados pensamientos. Céntralos hoy en Jesucristo, y en su poder y suficiencia. Debido a que te pertenezco, sé que tu paz guardará mi corazón y mi mente.

LA ÚNICA MANERA EN QUE PODEMOS PONER EN ORDEN Y MANTENER SERENAS NUESTRAS MENTES Y NUESTROS ERRANTES PENSAMIENTOS ES CENTRÁNDOLOS EN JESUCRISTO ... DEJEMOS QUE CRISTO CONQUISTE, ATRAIGA, CAUTIVE Y JUNTE A SU ALREDEDOR TODOS NUESTROS INTERESES. ENTONCES NUESTRAS SESIONES DE ORACIÓN SE CONVERTIRÁN EN VERDADERAS REUNIONES CON DIOS ... Y LA PAZ DE DIOS DESCENDERÁ CON SANIDAD Y BENDICIÓN SOBRE NUESTRA DISTRAÍDA ALMA.
Ole Hallesby (1879-1961)

LA BIBLIA EN UN AÑO

Las lecturas para hoy de *La Biblia en un año* son
**Jeremías 1:1 — 2:30; Filipenses 4:1-23;
Salmo 75:1-10 y Proverbios 24:17-20.**

Pidamos en grande

pedir

Pablo está pidiendo a Dios mucho a favor de los cristianos colosenses: sabiduría espiritual para entender los caminos y propósitos reales del Señor, con el fin de que sus vidas le agraden y lo honren siempre; fortaleza para caminar en paciencia y perseverancia; y no solo una mentalidad de supervivencia, sino corazones llenos de gozo y agradecimiento a pesar de lo que ocurra. Estas son nobles peticiones, casi más de lo que podríamos esperar. Pero puesto que esta es en realidad la voluntad de Dios, declarada con claridad en su Palabra no solo para los cristianos del siglo I, sino para todos los creyentes, podemos comenzar a ver las profundidades de lo que el Señor quiere y desea conceder a través de la oración. Por lo tanto... ¡pide en grande! Pide el paquete completo de sabiduría, entendimiento y fortaleza del glorioso poder del Señor que se expresa en estos versículos. Pide que tu voluntad sea llena de *tanto gozo* que agradecerás continuamente a Dios, quien nos creó para participar en su herencia maravillosa y eterna.

SEÑOR, gracias por proveer un medio para que me ilumine la comprensión de tu voluntad, ¡y por desear que yo capte por completo tus propósitos para mi vida! Lléname con sabiduría espiritual. Fortaléceme con tu glorioso poder para que tenga toda la paciencia y la perseverancia que necesito, y lléname de tu gozo para que te agradezca constantemente.

GOZO ES ESA CONFIANZA QUE DEPOSITO PROFUNDAMENTE EN DIOS DE QUE ÉL TIENE EL CONTROL DE CADA ASPECTO DE MI VIDA.
Paul Sailhamer

Pedirmos que Dios les haga conocer plenamente su voluntad con toda sabiduría y comprensión espiritual, para... dar fruto en toda buena obra, crecer en el conocimiento de Dios y ser fortalecidos en todo sentido con su glorioso poder. Así perseverarán con paciencia en toda situación, dando gracias con alegría al Padre. Él los ha facultado para participar de la herencia de los santos en el reino de la luz.
Colosenses 1:9-12, NVI

Las lecturas para hoy de *La Biblia en un año* son **Jeremías 2:31—4:18; Colosenses 1:1-17; Salmo 76:1-12 y Proverbios 24:21-22.**

LA BIBLIA EN UN AÑO

Cristo en nosotros

> Dios quiso dar a
> conocer las riquezas de
> la gloria de este
> misterio entre los
> gentiles; que es Cristo
> en vosotros, la
> esperanza de gloria.
> Colosenses 1:27

He aquí el núcleo del cristianismo, lo cual lo distingue de cualquier religión en el mundo. No es simplemente algún espíritu universal de bondad que mora en la humanidad lo que debemos tratar de comprender. Tampoco se trata de una serie de pautas y regulaciones que nos llevará a unirnos con nuestro Creador. La única esperanza y seguridad que tenemos de esa vida eterna, ese objetivo de la búsqueda humana, es lo que Dios mismo nos ha dado en Cristo.

Si hemos aceptado el regalo de nuestro Hacedor —perdón de pecados y nueva vida por medio de Jesucristo— podemos comenzar a vivir cada día en íntima comunión con Él. Nuestra debilidad humana no logra alcanzar ni entorpecer esa meta. Se trata de una realidad que ya se logró. A causa de Cristo, el lugar de morada de Dios no está en alguna parte al otro lado del cosmos. Él habita en los espíritus de quienes han «nacido en Dios», y constantemente nos invita: «Ven a mí».

AMADO DIOS, que a medida que transcurra este día yo sea consciente del hecho de que Jesús está viviendo de veras en mí por medio de su Espíritu. No empiezo a entender cómo puede ser esto, pero ayúdame a darme cuenta de que tu presencia en mí es una realidad, y mi única vida y esperanza. En tal conocimiento, dame la libertad de disfrutar este tiempo en tu compañía.

EL HOMBRE ENCUENTRA VERDADERA PAZ EN LAS PROFUNDIDADES DE SU PROPIO CORAZÓN, EL LUGAR DE MORADA DE DIOS.
Johann Tauler (*ca.* 1300-1361)

LA BIBLIA EN UN AÑO

Las lecturas para hoy de *La Biblia en un año* son **Jeremías 4:19—6:15; Colosenses 1:18—2:7; Salmo 77:1-20 y Proverbios 24:23-25.**

Completos en Cristo

Este versículo expresa la singularidad «del unigénito Hijo de Dios» (Juan 3:18). El Mesías no fue solo un profeta sobre el cual se posaba ocasionalmente el Espíritu de Dios. Aun en el principio, Jesús estaba «con Dios, y... era Dios» (Juan 1:1). Si Jesús fuera algo menos, el cristianismo solo sería otro intento humano de traer paz a la tierra. La plenitud de Dios —todo lo que Él es— vive en Jesús, Jesús vive en nosotros, y nosotros estamos completos en Él. ¡Imagínate!

Cuando luchamos con nuestras preocupaciones diarias, y perdemos de vista nuestro propósito en la vida, por lo general empezamos a sentir que nos falta mucho. ¡Eso es cierto! En realidad, exactamente por eso Dios nos lleva por las tribulaciones en la vida. Justo cuando creemos haberlo alcanzado todo es que tendemos a estar más alejados de Dios. Pero si reconocemos nuestra verdadera necesidad de Dios, descubrimos que en Él estamos completos.

SEÑOR JESÚS, ¡eres completamente fabuloso y asombroso! ¿Cómo es posible que hayas decidido vivir en mí? Y sin embargo, así es. Ayúdame a confiar en ti, sabiendo que tienes el control y que estás utilizando todo lo que ocurre en mi vida para mostrarme que tengo plenitud en ti, y que no me falta nada.

SANTO TIENE LA MISMA RAÍZ QUE *ÍNTEGRO*, QUE SIGNIFICA COMPLETO. UN HOMBRE NO ESTÁ COMPLETO EN ESTATURA ESPIRITUAL SI TODA SU MENTE, TODO SU CORAZÓN, TODA SU ALMA Y TODAS SUS FUERZAS NO SE ENTREGAN A DIOS.
R. J. Stewart

En él [Cristo] habita corporalmente toda la plenitud de la Deidad, y vosotros estáis completos en él, que es la cabeza de todo principado y potestad.
Colosenses 2:9-10

Las lecturas para hoy de *La Biblia en un año* son
Jeremías 6:16—8:7; Colosenses 2:8-23;
Salmo 78:1-31 y Proverbios 24:26.

Busca las cosas de arriba

Si, pues, habéis resucitado con Cristo, buscad las cosas de arriba, donde está Cristo sentado a la diestra de Dios. Poned la mira en las cosas de arriba, no en las de la tierra. Porque habéis muerto, y vuestra vida está escondida con Cristo en Dios.
Colosenses 3:1-3

En su carta a los cristianos de Roma, Pablo nos amonesta: «No os conforméis a este siglo, sino transformaos por medio de la renovación de vuestro entendimiento» (Romanos 12:2). En los versículos de hoy, el apóstol nos muestra un paso importante en el proceso de transformación. Nuestra tendencia innata es dirigir nuestra vida en esta tierra, de acuerdo con lo que percibimos con nuestros cinco sentidos. La realidad es que si hemos aceptado a Cristo, nuestro apego a este mundo físico ya no es el elemento que define nuestra existencia. Ahora quien define nuestra vida es Jesús mismo.

Si esperamos escapar de las garras de la oscuridad del mundo actual, el enfoque principal de nuestra atención debe llegar a ser nuestra nueva vida y la presente realidad del amor de Cristo por nosotros. Ninguna actividad religiosa, por trascendental que sea, puede liberarnos. Las realidades del cielo se convierten en el fundamento de nuestra vida solo cuando ponemos nuestra mira en aquel en quien está escondida nuestra existencia.

SEÑOR, ayúdame hoy a ver con nuevos ojos. Que en vez de los problemas de mi vida en este mundo, enfoque mi visión en ti, el autor y consumador de mi fe, quien ama y guarda mi alma. Ayúdame a confiar más en las realidades de tu reino que en lo que pueda experimentar con mi cuerpo físico.

UN HOMBRE CON LA VISIÓN DE DIOS NO ESTÁ DEDICADO SIMPLEMENTE A UNA CAUSA NI A UN ASUNTO EN PARTICULAR, SINO A DIOS MISMO.
Oswald Chambers (1874-1917)

La obra más extraordinaria

Cuando Epafras oraba para que sus compañeros cristianos colosenses estuvieran firmes en todo lo que Dios quería que hicieran para convertirse en creyentes maduros, no pronunciaba una oración casual de vez en cuando. Pablo nos dice en este versículo que Epafras oraba encarecidamente, lo cual significa que estaba «siempre luchando en oración» (NVI). Esto insinúa orar muchísimo. En el mundo moderno vemos soluciones de treinta minutos en programas de cadenas de televisión. Debido al nivel de tecnología que tenemos a nuestra disposición, hemos llegado a esperar respuestas o resultados rápidos, y queremos que la oración sea tan ligera y fácil como sea posible. Los santos de antaño entendieron la verdad que expresa este versículo: la oración es esfuerzo. Es fácil llegar a pensar que la obra más importante en la que podemos invertir tiempo y energía es nuestra carrera, nuestro ministerio o las tareas de dirigir una organización, apoyar una causa política o administrar una casa. Sin embargo, la oración es la obra más importante de todas y vale la pena nuestro esfuerzo, nuestro tiempo, nuestra persistencia y nuestra pasión incondicional.

SEÑOR, dame la misma perseverancia y fortaleza de corazón que tenía Epafras para orar de forma encarecida y fiel, y hasta de manera categórica por mis hijos, tanto naturales como espirituales, y por otros creyentes que has predestinado como mi círculo de oración. Fortalécenos, complétanos y ayúdanos a vivir con plena confianza en tu voluntad.

DEBEMOS ESFORZARNOS INCANSABLEMENTE EN LA ORACIÓN IGUAL QUE UN HOMBRE QUE TRABAJA EN SUS ACTIVIDADES DIARIAS. DEBEMOS PONER NUESTRA ENERGÍA EN ESTE TRABAJO HASTA CANSARNOS.
George H. C. MacGregor (1864-1900)

Os saluda Epafras, el cual es uno de vosotros, siervo de Cristo, siempre rogando encarecidamente por vosotros en sus oraciones, para que estéis firmes, perfectos y completos en todo lo que Dios quiere.
Colosenses 4:12

Las lecturas para hoy de *La Biblia en un año* son
Jeremías 10:1 — 11:23; Colosenses 3:18 — 4:18;
Salmo 78:56-72 y Proverbios 24:28-29.

LA BIBLIA EN UN AÑO

Un legado de oración

Damos siempre gracias a Dios por todos vosotros, haciendo memoria de vosotros en nuestras oraciones.
1 Tesalonicenses 1:2

Algunas personas tienen tantos recursos que al morir dejan grandes cantidades de dinero a sus seres queridos. Otros dejan un gran legado a través de edificios de hospitales y universidades a los cuales les ponen sus propios nombres. Unos pocos dejan grandes propiedades o florecientes negocios familiares. No obstante, este versículo expresa el mayor legado que podemos dejarles a nuestros hijos, nietos y demás seres queridos: el legado de la oración. ¡No son en vano tus oraciones por tus familiares y por quienes Dios te pide interceder! Si llevas una vida de intercesión, el Señor oirá tus oraciones. Él bendecirá a aquellos por quienes oras y cumplirá sus planes para sus vidas. Pero la bendición no se detendrá cuando dejes este cuerpo terrenal para ir al cielo. Tus oraciones seguirán influyendo. En esta vida puedes darles muchos regalos a tus hijos y a los demás seres amados, y ser una influencia positiva, pero la mayor influencia, el mayor regalo que puedes darles es por medio de tus oraciones.

PADRE, te agradezco por el regalo de la oración y por mis hijos, por mis nietos, por otros miembros de la familia y por mis amigos. Intercedo hoy a favor de [nombre]. Bendícelos, llévalos a una relación más íntima contigo, ¡y ayúdame a orar fielmente por ellos mientras tenga aliento!

ALREDEDOR DE NOSOTROS ESTÁ UN MUNDO PERDIDO EN EL PECADO; SOBRE NOSOTROS ESTÁ UN DIOS DISPUESTO A SALVAR Y CAPAZ DE HACERLO. DEBEMOS CONSTRUIR UN PUENTE QUE CONECTE EL CIELO Y LA TIERRA, Y LA ORACIÓN ES EL PODEROSO INSTRUMENTO QUE HACE EL TRABAJO. SI HACEMOS NUESTRA PARTE, DIOS HARÁ LA SUYA.
E. M. Bounds (1835-1913)

Las lecturas para hoy de *La Biblia en un año* son **Jeremías 12:1 – 14:10; 1 Tesalonicenses 1:1 – 2:8; Salmo 79:1-13 y Proverbios 24:30-34.**

Hambre por la Palabra de Dios

Dependiendo de los hábitos de las personas y de la versión bíblica que estén usando, se podría estar malinterpretando el significado de este versículo. La *Nueva Versión Internacional* traduce así la primera frase: «Al encontrarme con tus palabras, yo las devoraba». En este versículo, Dios nos ordena acercarnos a su Palabra con abundante apetito. . . con un hambre atroz. Sus palabras, nuestro maná, están allí para que nos demos un festín todos los días. Pero igual que Jeremías, debemos elegir cada día meditar en las instrucciones y promesas del Señor, porque solo al leer y seguir la Biblia encontramos verdadero gozo. Cuando confiamos a diario en la nutrición de los mensajes de Dios, diremos como dijo el salmista: «Los juicios de Jehová son . . . dulces más que miel, y que la que destila del panal» (Salmo 19:9-10). Día a día su Palabra nos sustentará y experimentaremos gozo. Si no tienes esta clase de hambre y dependencia en la Palabra de Dios, pídele que el Señor haga esto realidad en tu vida.

Fueron halladas tus palabras, y yo las comí; y tu palabra me fue por gozo y por alegría de mi corazón; porque tu nombre se invocó sobre mí, oh Jehová Dios de los ejércitos.
Jeremías 15:16

SEÑOR, ¡gracias por tu santa y poderosa Palabra! Levanta en mí una sed más profunda por ella, y mayor dependencia en ella día a día. Guíame mientras consumo tus instrucciones, promesas y testimonios. A través de ellas me sustentarás, y ellas serán mi gozo y el deleite de mi corazón.

UNA DE LAS FUNCIONES MÁS PURAS Y NOBLES DE LA MENTE DEL HOMBRE ES ESCUCHAR LA PALABRA DE DIOS, Y DE ESTE MODO LEER LA MENTE DEL SEÑOR Y REFLEXIONAR EN SUS PENSAMIENTOS.
John R. W. Stott (n. 1921)

Las lecturas para hoy de *La Biblia en un año* son
Jeremías 14:11—16:15; 1 Tesalonicenses 2:9—3:13; Salmo 80:1-19 y Proverbios 25:1-5.

LA BIBLIA EN UN AÑO

Profundas raíces

Maldito el hombre que ponga su confianza en el hombre mortal y desvíe de Dios su corazón . . . Pero bienaventurado el hombre que confía en el Señor y en el Señor ha puesto su esperanza y fe. Es como árbol plantado a orillas de un río, cuyas raíces penetran hasta encontrar el agua; árbol al que no agobia el calor ni angustian los largos meses de sequía. Su follaje se mantiene verde y produce en todo tiempo jugoso fruto.
Jeremías 17:5-8
La Biblia al Día

Qué marcado contraste describe Jeremías en estos versículos entre quienes confían en Dios y quienes confían en seres humanos y se han alejado del Señor. En vez de mejorar y progresar, las personas que buscan ayuda y salvación en simples seres humanos viven de manera improductiva y seca, como un raquítico arbusto que languidece en el desierto por falta de agua.

Pero aquellos cuyos corazones confían en Dios, aquellos para quienes el Señor es su esperanza y confianza, sentirán su bendición. Igual que los árboles que se plantan junto al agua, el calor y las épocas difíciles no los destruirán porque sus raíces están profundamente arraigadas en los recursos y en la vida de Dios. Aun en meses de sequía, incluso en la vejez, permanecerán verdes y darán fruto, no cualquier fruto, sino jugoso fruto. Aunque sus cuerpos podrían declinar en fortaleza o volverse más frágiles con el paso de los años, el Espíritu de Dios renovará sus fuerzas día tras día. Al estar enraizados en la provisión inagotable de Cristo seguirán siendo productivos y dando gloria a Dios mientras vivan.

SEÑOR, pongo mi confianza en ti. Eres mi esperanza y mi confianza. No permitas que me aleje de ti. A medida que mis raíces se profundizan en ti, te agradezco por tu promesa de llevar fruto —jugoso fruto— a mi vida, y de prosperar mi alma, incluso en temporadas largas de sequía.

UN HOMBRE SIN ORACIÓN ES COMO UN ÁRBOL SIN RAÍCES.
Papa Pío XII (1876-1958)

Las lecturas para hoy de *La Biblia en un año* son **Jeremías 16:16—18:23; 1 Tesalonicenses 4:1—5:3; Salmo 81:1-16 y Proverbios 25:6-8.**

Lecciones espirituales *lecciones*

Cuando nos confrontan directrices espirituales como las que Pablo nos da aquí —estar siempre gozosos, orar sin cesar, agradecer siempre a pesar de lo que suceda— nuestra respuesta natural es: «¡Eso es imposible!». Tendemos a sentirnos incompetentes e incapaces de agradar a Dios. ¿Cómo podemos regocijarnos en la tragedia, orar cuando estamos muy ocupados o agradecer en épocas de adversidad? La clave está en las siguientes palabras de Pablo: «No apaguéis al Espíritu».

El propósito de nuestra existencia no es simplemente ser «buenas» personas. Dios nos formó y nos redimió para conformarnos a su semejanza a medida que recorremos con Él las experiencias de la vida. Debemos convertirnos en un lugar de morada para su Espíritu. ¡Nuestro desafío es aprender a dejar que Dios haga lo imposible a través de nosotros! Él usa todo en nuestra vida para enseñarnos que separados de Él no podemos hacer nada, pero que por medio de su Espíritu podemos hacerlo todo, hasta regocijarnos siempre, orar sin cesar y dar gracias en todo.

SEÑOR, ayúdame a entender que de veras haces que todas las cosas me ayuden a bien este día. Quiero ser obediente a lo que me pide tu Palabra. No puedo hacer esto por mi cuenta. Pero en el poder de tu Espíritu puedo hacer lo que me pides hacer. Anhelo que seas mi gozo y permite que yo esté consciente de tu constante presencia conmigo en Jesús.

ORAR SIN DESMAYAR ES EL LEMA QUE CRISTO NOS DA PARA LA ORACIÓN. ESTA ES LA PRUEBA DE NUESTRA FE, Y MIENTRAS MÁS GRAVE SEA EL SUFRIMIENTO Y MÁS LARGA LA ESPERA, MÁS GLORIOSO SERÁ EL RESULTADO.
E. M. Bounds (1835-1913)

Estad siempre gozosos. Orad sin cesar. Dad gracias en todo, porque esta es la voluntad de Dios para con vosotros en Cristo Jesús. No apaguéis al Espíritu.
1 Tesalonicenses 5:16-19

Las lecturas para hoy de *La Biblia en un año* son **Jeremías 19:1—21:14; 1 Tesalonicenses 5:4-28; Salmo 82:1-8 y Proverbios 25:9-10.**

LA BIBLIA EN UN AÑO

digno

¿Quién es digno?

Asimismo oramos siempre por vosotros, para que nuestro Dios os tenga por dignos de su llamamiento, y cumpla todo propósito de bondad y toda obra de fe con su poder, para que el nombre de nuestro Señor Jesucristo sea glorificado en vosotros, y vosotros en él, por la gracia de nuestro Dios y del Señor Jesucristo.
2 Tesalonicenses
1:11-12

Todos hemos experimentado sensaciones de ineptitud e indignidad en algunas esferas de nuestra vida. Como cristianos, nuestras inseguridades a menudo nos impiden entrar valientemente a la presencia de Dios, y así recibir su poder para servir. Pablo sabía que los tesalonicenses se sentían indignos en su llamado actual al sufrimiento y la persecución. El apóstol quería animarlos clarificándoles que el Señor mismo los haría dignos (1:5). ¿A qué vida te ha llamado el Señor? ¿A predicar o enseñar la Palabra de Dios? ¿A cuidar niños pequeños? ¿A servir al Señor en el mundo empresarial o a llevar el evangelio a una tierra extranjera? Cualquiera que sea nuestro llamado, separados del poder del Espíritu Santo, nuestras mejores intenciones y nuestras buenas obras no lograrán nada de valor eterno. Cuando morimos a nuestras capacidades, y rendimos nuestra obra a Dios, es que Él infundirá su poder a nuestros débiles esfuerzos. Cuando humildemente buscamos al Señor en oración, admitimos nuestra ineptitud y le pedimos su gracia y su adecuada eficiencia, de manera divina Él permitirá que cumplamos nuestro llamado. Dios, y solo Dios, nos puede hacer dignos de la vida a la cual nos ha llamado.

GRACIAS, SEÑOR, porque mi eficiencia para tu llamado no depende de mis habilidades. En tu gracia, transmíteme tu poder para que pueda llevar la vida a la cual me has llamado. Hazme una vasija de tu gloria para que quienes vean mis obras no se enfoquen en mí sino se acerquen a ti.

«¿TE HAS VISTO, OH DIOS, EN LO QUE DIJE, EN LO QUE PENSÉ Y EN LO QUE HICE HOY? ¿CUIDÉ DE OTROS DE LA MANERA QUE LO HABRÍAS HECHO TÚ?» A TRAVÉS DE ESTAS PREGUNTAS ENCUENTRO LAS RESPUESTAS A LOS INTERROGANTES MÁS GRANDIOSOS DE LA VIDA: ¿CUMPLÍ HOY MI DESTINO? ¿GLORIFIQUÉ A DIOS?
John Hannah

LA BIBLIA EN UN AÑO

Las lecturas para hoy de *La Biblia en un año* son **Jeremías 22:1 — 23:20; 2 Tesalonicenses 1:1-12; Salmo 83:1-18 y Proverbios 25:11-14.**

Caminos de gozo *gozo*

El Salmo 84 refleja un anhelo por la presencia de Dios. Sin embargo, el salmista sabe que no debe esperar a llegar al cielo para encontrar felicidad. Quienes han puesto sus mentes en Cristo pueden caminar cada día en sendas de gozo.

No obstante, ¿qué pasa si estamos en el «valle de lágrimas» (v. 6)? ¿Y si el diagnóstico es cáncer? ¿Y si nuestros hijos toman decisiones desastrosas? ¿Y si perdemos nuestro trabajo? ¿De qué viviremos nuestros últimos días?

Nuestra esperanza no está en una ciudad lejana con calles de oro; está en el Señor Dios omnipresente, quien viaja con nosotros en cada paso de nuestro camino. Él es quien emite luz en nuestro oscuro camino y quien nos protege del mal. Su gracia y su gloria convierten nuestro desierto en un lugar de refrescantes manantiales con estanques de bendiciones. Puesto que no nos negará nada bueno, podemos tener paz en su fidelidad para suplirnos todo lo que necesitamos.

En nuestras oraciones por necesidades diarias no perdamos de vista a Aquel que está con nosotros. Pongamos nuestra mente en la meta: vivir cada día fortalecidos en la gloriosa luz de la presencia de Dios.

SEÑOR, perdóname porque mi miopía me hace enfocar en cosas del mundo. Dame una perspectiva eterna sobre todo lo que me ocurra hoy. Fija mi mente y mi corazón en ti para que pueda sentir tu presencia en todo momento. Señor, sé mi fortaleza y mi esperanza.

¡AH, QUÉ VIDA DE GOZO ESPLÉNDIDO, DE AVENTURA Y DE AMOR SIEMPRE PROFUNDO AL QUE EL BUEN PASTOR NOS LLEVA! A MEDIDA QUE LO SEGUIMOS POR LA SENDA DE LA VIDA, PERMITAMOS QUE SEA ÉL QUIEN ESCOJA CADA PASO DEL CAMINO, MIENTRAS VIVIMOS EN SU RADIANTE PRESENCIA Y MIENTRAS NOS GUÍA A LUGARES AUN MÁS ELEVADOS.
Hannah Hurnard (1905-1990)

Bienaventurado el hombre que tiene en ti sus fuerzas, en cuyo corazón están tus caminos ... Porque sol y escudo es Jehová Dios; gracia y gloria dará Jehová. No quitará el bien a los que andan en integridad.
Salmo 84:5, 11

Las lecturas para hoy de *La Biblia en un año* son **Jeremías 23:21 — 25:38; 2 Tesalonicenses 2:1-17; Salmo 84:1-12 y Proverbios 25:15.**

LA BIBLIA EN UN AÑO

Extensión del evangelio

Hermanos, orad por nosotros, para que la palabra del Señor corra y sea glorificada, así como lo fue entre vosotros.
2 Tesalonicenses 3:1

El apóstol Pablo fue un gran comunicador con referencias ejemplares. Sin embargo, por gran comunicador del evangelio que fuera, no creía poder extender la Palabra de Dios por sus propias fuerzas. Sabía que necesitaba desesperadamente el poder del Espíritu Santo, el cual se libera por medio de la oración y la intercesión de otros, con el fin de lograr lo que Dios lo había llamado a hacer.

¡Hoy día aún hay una gran necesidad de orar por la extensión del evangelio! Hay millones de personas que viven en tinieblas y que no han oído las buenas nuevas de salvación por medio de Jesús. Existen grupos de personas a los que no se han alcanzado y que no tienen la Biblia en sus lenguajes nativos. Además, hay evangelistas, pastores y misioneros en todo el mundo con pasión por extender la Palabra de Dios que necesitan apoyo mediante intercesión. Cuando somos fieles en orar, esas personas reciben poder, el mensaje del Señor se extiende y se honra su nombre.

SEÑOR, muéstrame los «Pablos» a quienes fielmente debo apoyar en oración a medida que extienden tu verdad en toda nuestra ciudad, en nuestra nación y en el mundo. Fortalece los corazones de quienes predican el evangelio. Equípalos en toda forma para que hagan tu voluntad y haz que tu nombre y tu mensaje reciban honra dondequiera que vayan estos mensajeros.

ES EN LAS SENDAS DE LA ORACIÓN INTERCESORA QUE ENTRAMOS A LOS MÁS RICOS CAMPOS DE CRECIMIENTO ESPIRITUAL, Y ES AHÍ DONDE RECOGEMOS COSECHAS INVALUABLES. ORAR POR OTROS ES MANDATO DIVINO Y REPRESENTA LA MÁS ELEVADA FORMA DE SERVICIO CRISTIANO.
E. M. Bounds (1835-1913)

Las lecturas para hoy de *La Biblia en un año* son **Jeremías 26:1—27:22; 2 Tesalonicenses 3:1-18; Salmo 85:1-13 y Proverbios 25:16.**

Nuestro futuro y nuestra esperanza

Qué mensaje tan alentador debió haber sido este para los israelitas, quienes acababan de saber que deberían exiliarse en Babilonia durante setenta años. Cuando proliferaban el caos y la confusión, cuando sus vidas estaban al revés, este mensaje de esperanza llegó para guiarlos durante sus años de cautiverio. Cuando nuestra vida no tiene sentido, y cuando nuestro futuro parece no tener esperanza, la profunda verdad en estos versículos nos ofrece una nueva perspectiva. Dios dice: «Yo *sé* los pensamientos que tengo acerca de vosotros» [cursivas añadidas]. Él no espera recordar algo, ni se retuerce las manos mientras se pregunta qué fue lo que salió mal. Sus planes eternos para ti y para mí se establecieron antes de la fundación del mundo y nada puede desbaratarlos.

¿Cuál es la condición para que los planes de Dios se cumplan en nuestra vida? Este pasaje nos dice que busquemos al Señor con sinceridad, no de mala gana ni por ocasión, sino con todo nuestro corazón. A través de la oración ferviente esperamos ver sus buenos planes para nuestro futuro y nuestra esperanza. En el proceso, nuestra esperanza también es encontrar a Dios.

SEÑOR, gracias por haber planeado un futuro y una esperanza para mi vida. Debido a tu poder y tu fidelidad, sé que nada en mi vida está fuera de tu control. Ayúdame a someterme por completo y voluntariamente a tu voluntad para mi futuro. Haz que te busque de manera ferviente, y que ore de todo corazón. Que mi esperanza se afirme en tu carácter inmutable.

¿LE HAS ESTADO PREGUNTANDO A DIOS QUÉ VA A HACER? NUNCA TE LO DIRÁ. EL SEÑOR NO TE DIRÁ LO QUE VA A HACER; DIOS TE REVELA QUIÉN ES ÉL.
Oswald Chambers (1874-1917)

Yo sé los pensamientos que tengo acerca de vosotros, dice Jehová, pensamientos de paz, y no de mal, para daros el fin que esperáis. Entonces me invocaréis, y vendréis y oraréis a mí, y yo os oiré; y me buscaréis y me hallaréis, porque me buscaréis de todo vuestro corazón.
Jeremías 29:11-13

Las lecturas para hoy de *La Biblia en un año* son **Jeremías 28:1 — 29:32; 1 Timoteo 1:1-23; Salmo 86:1-17 y Proverbios 25:17.**

LA BIBLIA EN UN AÑO

Señor, bendice a mis enemigos

*Exhorto ante todo a
que se hagan rogativas,
oraciones, peticiones y
acciones de gracias por
todos los hombres; por
los reyes y por todos los
que están en eminencia.*
1 Timoteo 2:1-2

Pablo sabe que sin oración no sucede nada de trascendencia eterna, por lo tanto insta al joven Timoteo a orar «por todos los hombres», y en el versículo dos especifica quiénes son «todos»: los reyes y quienes están en autoridad. Si yo hubiera sido Timoteo, habría protestado: «Pablo, quienes están en autoridad te metieron preso. Además, Nerón está capturando a nuestros hermanos y nuestras hermanas, los cubre de brea y los usa como antorchas humanas para iluminar sus jardines. ¡Seguro que no esperas que yo pida misericordia y agradezca por estos enemigos de la cruz!»

¿Espera de veras Pablo que pidamos a Dios misericordia para quienes sin piedad nos hacen sufrir? El apóstol comprendió cabalmente la gran misericordia y la paciencia de Dios para con él, «el peor de los pecadores» (1:16, NVI). Si en realidad nos asimos de la misericordia y de la paciencia que Dios nos ha concedido por gracia, es más fácil pedir misericordia para nuestros enemigos. La compasión del Señor hace que la gente se vuelva del mal y se arrepienta. Su misericordia ofrece salvación a candidatos poco probables (1:16). Hasta podemos agradecer a Dios por nuestros enemigos, porque sabemos que Él utiliza todo —aun a ellos— para lograr sus propósitos bondadosos.

*PADRE COMPASIVO, gracias por tu misericordia que me
dio salvación. Gracias por usar a mis enemigos para
ponerme de rodillas, desarraigar el orgullo y producir
humildad. Te ruego que extiendas tu misericordia sobre los
enemigos de tu cruz, compasión que los llevará al
arrepentimiento y la salvación. Gracias porque en tu
misericordia usas todas las cosas para cumplir tus
propósitos eternos.*

EN REALIDAD, MIS ENEMIGOS ME HAN FORZADO A
SOLTARME DEL MUNDO Y HAN HECHO QUE MI
MANO SE EXTIENDA HASTA EL DOBLADILLO DE TU
VESTIDO. BENDICE, SEÑOR, A MIS ENEMIGOS.
INCLUSO YO LOS BENDIGO Y NO LOS MALDIGO.
San Nicolás de Zicha y Ochrid (1880-?)

Las lecturas para hoy de *La Biblia en un año* son
**Jeremías 30:1 – 31:26; 1 Timoteo 2:1-15;
Salmo 87:1-7 y Proverbios 25:18-19.**

¿Habrá algo difícil?

¿Has pasado por una situación difícil que se mantuvo inalterable a pesar de que oraste fervientemente? De ser así, quizá comenzaste a dudar de la capacidad de Dios para intervenir. ¿Te has preguntado si tus problemas estaban fuera del poder del Señor para ayudar tu difícil matrimonio? ¿A tu economía descontrolada? ¿A tu mala salud? ¿A un hijo caprichoso? El mensaje de Dios para Jeremías es una poderosa declaración de quién es el Señor y qué puede hacer. Él es único Dios verdadero, el gobernador soberano sobre toda la tierra. La pregunta retórica: «¿Habrá algo que sea difícil para mí?» es en realidad una afirmación del poder supremo de Dios en toda circunstancia. Si algo fuera demasiado difícil para Él, no sería Dios. Si el Señor no es soberano sobre todo, ¡no es soberano en absoluto!

Puesto que nada es demasiado difícil para Dios, podemos descansar seguros de que nada en nuestra vida está fuera de su poderoso control. Tal vez no entendamos por qué no ha contestado nuestras oraciones como deseamos, pero sabemos que mientras más grandes sean las dificultades, estas constituyen oportunidades de acercarnos a Él. Podemos tener paz en toda circunstancia cuando tenemos confianza absoluta en que nada es demasiado difícil para Dios.

GRACIAS, SEÑOR, porque nada en mi vida está fuera de tu alcance; nada es demasiado grande ni difícil para tu poderosa mano. Ayúdame a recordar que muestras mejor tu poder en mis situaciones imposibles. Dame más comprensión de quién eres para que mi confianza en ti sea total.

NINGUNA ORACIÓN ES DEMASIADO DIFÍCIL PARA QUE DIOS LA CONTESTE, NINGUNA NECESIDAD ES DEMASIADO GRANDE PARA QUE ÉL LA SATISFAGA, NINGUNA PASIÓN ES DEMASIADO FUERTE PARA QUE ÉL LA DOMINE; NINGUNA TENTACIÓN ES DEMASIADO PODEROSA PARA QUE ÉL LIBRE, NINGÚN SUFRIMIENTO ES DEMASIADO PROFUNDO PARA QUE LO ALIVIE.
Arthur Pink (1889-1952)

Vino palabra de Jehová a Jeremías, diciendo: He aquí que yo soy Jehová, Dios de toda carne; ¿habrá algo que sea difícil para mí?
Jeremías 32:26-27

Las lecturas para hoy de *La Biblia en un año* son
**Jeremías 31:27—32:44; 1 Timoteo 3:1-16;
Salmo 88:1-18 y Proverbios 25:20-22.**

OCTUBRE
19

Sé ejemplo

Ninguno tenga en poco tu juventud, sino sé ejemplo de los creyentes en palabra, conducta, amor, espíritu, fe y pureza.

1 Timoteo 4:12

La Iglesia Primitiva sufría persecución y necesitaba desesperadamente fuertes dirigentes espirituales. Según parece, algunos creían que Timoteo era muy joven para ser candidato serio para el ministerio. Pero Pablo lo animó a mantenerse enfocado en el don espiritual que había recibido cuando los ancianos le impusieron las manos (4:14). El apóstol sabía que si Timoteo vivía lo que enseñaba, y si modelaba una vida de amor, fe y pureza, demostraría a los críticos que en realidad estaba siguiendo el llamado de Dios. Cuando hacemos lo que el Señor nos está guiando a hacer, podríamos enfrentar crítica u otros podrían cuestionar nuestro derecho para ministrar. Quizá nos desanimemos por comentarios poco cuidadosos acerca de nuestras debilidades y empecemos a dudar de la capacidad de Dios de obrar por medio de nosotros.

Al reconocer con humildad nuestras debilidades, y al mismo tiempo reconocer que Dios nos ha capacitado para servirlo con eficiencia, podemos seguir ministrando en fe. A medida que en nuestra vida aumenta la devoción, demostrada a través de amor, fe y pureza, se hará más evidente a los demás que estamos siguiendo la voluntad de Dios.

SEÑOR, te agradezco que tu opinión sobre mí es más importante que la de los demás. La obra que cumples a través de mí es igualmente eficaz en mis dones o en mis debilidades, porque mis debilidades ocasionan mayor dependencia en ti. Ayúdame a no evitar el uso de los dones que me has dado y hazme un ejemplo de tu amor, fe y pureza.

UNA VIDA EN QUE SE ESCUCHA EL LLAMADO DECISIVO DE DIOS ES UNA VIDA QUE SE LLEVA ANTE UNA AUDIENCIA QUE TRIUNFA POR SOBRE LAS DEMÁS: LA AUDIENCIA DE DIOS.
Os Guinness

Las lecturas para hoy de *La Biblia en un año* son **Jeremías 33:1—34:22; 1 Timoteo 4:1-16; Salmo 89:1-13 y Proverbios 25:23-24.**

Llamado a adorar

El Señor nos creó para adorarlo. Para eso vivimos aquí en la tierra y para eso viviremos a través de la eternidad. A veces nuestro concepto de adoración es ir a la iglesia una hora a la semana. Pero Dios desea comunión íntima con nosotros y quiere que llevemos un estilo de vida cuya característica principal sea la adoración. ¿Cómo es posible eso? Adoramos al Señor cuando emprendemos nuestro día deleitándonos en lo que a Él le deleita, encontrando nuestra mayor satisfacción y gozo en Él, honrándolo en todo lo que hacemos, y atribuyéndole la gloria debida a su nombre. Ya se que nuestros días estén repletos de pañales por lavar y de platos sucios, estemos sentados ante una computadora o enseñando a seminaristas, podemos experimentar la adoración como un estilo de vida. La verdadera adoración es cuando cumplimos con el llamado divino de obedecer con gozo y hacer nuestra obra para la gloria de Dios. Las expresiones externas de adoración como arrodillarse, inclinarse, orar y levantar las manos podrían realzar nuestra experiencia de adoración, pero la verdadera adoración emana de nuestros corazones. Respondamos con gozo al llamado del Señor de adorar. ¡Recibiremos más bendición de la que hemos soñado cuando caminemos todo el día a la luz de su presencia!

Bienaventurado el pueblo que sabe aclamarte; andará, oh Jehová, a la luz de tu rostro. En tu nombre se alegrará todo el día, y en tu justicia será enaltecido.
Salmo 89:15-16

SEÑOR, ¡qué privilegio es adorarte! Purifica mi corazón y mis pensamientos para que pueda aprender a adorarte constantemente. Ayúdame a realizar hoy todos mis deberes en gozosa obediencia a ti para que hasta mi trabajo se vuelva auténtica adoración. Eres grande y grandioso para ser alabado.

AL EXPERIMENTAR LA PRESENCIA DE DIOS, Y MIRARLO CONTINUAMENTE, EL ALMA SE RELACIONA CON EL SEÑOR HASTA EL PUNTO EN QUE PASA CASI TODA LA VIDA EN CONTINUA ACCIÓN DE AMOR, ALABANZA, CONFIANZA, GRATITUD, OFRENDA Y PETICIÓN.
Hermano Lorenzo de la Resurrección (1605-1691)

Las lecturas para hoy de *La Biblia en un año* son **Jeremías 35:1 – 36:32; 1 Timoteo 5:1-25; Salmo 89:14-37 y Proverbios 25:25-27.**

batalla

Pelea la buena batalla

Pelea la buena batalla de la fe, echa mano de la vida eterna, a la cual asimismo fuiste llamado, habiendo hecho la buena profesión delante de muchos testigos.
1 Timoteo 6:12

En las instrucciones finales a Timoteo, Pablo quiere recalcar en este joven la necesidad de asirse fuerte, de perseverar y de pelear la buena batalla. El apóstol sabe que el camino que enfrentará Timoteo no será fácil. Dondequiera que se predique el evangelio habrá luchas y persecución. Pero Pablo sabe que la lucha mayor no es contra carne y sangre. Es contra los gobernadores de las tinieblas y autoridades del mundo invisible.

Lo que creemos es que la batalla está ganada, y los que perseveran obtendrán el premio de la vida eterna prometida a quienes confiesen a Jesús como Señor.

¿A pesar de todos tus esfuerzos sigue rugiendo la batalla a tu alrededor? ¿Se han impuesto tus enemigos? ¿Te has debilitado o has perdido de vista el premio? El Señor no nos llamó a pelear solos nuestras batallas. Él las peleará por nosotros si lo buscamos en oración y reconocemos nuestra debilidad y fatiga. Algún día estaremos a la puerta del cielo y veremos maravillados el premio frente a nosotros, y las batallas detrás de nosotros serán un débil recuerdo.

PADRE CELESTIAL, ayúdame a no agotarme en las batallas que enfrento, sino a buscarte siempre para que pelees la buena batalla a mi favor. Dame fidelidad y perseverancia. Gracias por tu promesa de vida eterna en tu presencia.

PUESTO QUE DIOS HA DESEADO QUE SU VERDAD
TRIUNFE POR MEDIO DE NOSOTROS,
NO TEMEREMOS AUNQUE ESTE MUNDO LLENO DE
MALDAD AMENACE CON DESHACERNOS.
EL PRÍNCIPE DE LAS TINIEBLAS DESALIENTA, PERO
NO NOS HACE TEMBLAR:
PODEMOS SOPORTAR SU FURIA, ¡PERO VÁLGAME
DIOS! SU CONDENA ES SEGURA:
UNA PEQUEÑA PALABRA LO HARÁ CAER.
Martín Lutero (1483-1546)

Las lecturas para hoy de *La Biblia en un año* son **Jeremías 37:1 – 38:28; 1 Timoteo 6:1-21; Salmo 89:38-52 y Proverbios 25:28.**

días

¡Buenos días!

¿De qué rutina matutina dependes más para empezar bien tu día? ¿Una ducha caliente? ¿Tu primera taza de café? ¿Revisar tu lista de actividades?

Moisés, el autor del Salmo 90, no estaba previendo una refrescante ducha al levantar su tienda para enfrentar otro día en el ardiente y yermo desierto. Por lo general, en su lista de actividades solo había una cosa: caminar hasta que Dios ordenara detenerse.

Moisés comenzaba cada día con algo que muchos de nosotros estamos perdiendo: una inquebrantable seguridad en el amor incondicional del Señor. Su confianza en el amor y el cuidado de Dios era lo único que necesitaba para enfrentar cada día en el desierto.

Tenemos la misma promesa que tuvo Moisés. Nada que hagamos o digamos alterará el amor apasionado que el Señor derrama sobre nosotros. Al momento de despertar, antes de que nuestras mentes se abarroten de preocupaciones, antes de que nuestros pies toquen el suelo, podemos orar: «Señor, satisfáceme hoy con tu amor incondicional». Cuando el amor de Dios se convierte en nuestra mayor fuente de satisfacción, el gozo nos permitirá sobrellevar las tensiones diarias y Dios pondrá un canto en nuestros corazones... durante todos nuestros días.

De mañana sácianos de tu misericordia, y cantaremos y nos alegraremos todos nuestros días.
Salmo 90:14

AMOROSO PADRE, gracias por tu promesa de amor incondicional. Inculca en mi corazón una conciencia profunda de tu amor y de tu cuidado para conmigo. Dame ojos para ver todas las maneras en que me expresas esto durante este día. Perdóname por buscar satisfacción en posesiones materiales, familia, amigos y trabajo. Te ruego que te conviertas en mi más grande fuente de satisfacción y gozo.

TU RELACIÓN CON DIOS DEBE DARTE MÁS GOZO, SATISFACCIÓN Y PLACER QUE CUALQUIER OTRA RELACIÓN, ACTIVIDAD O POSESIÓN MATERIAL QUE TENGAS.
Henry T. Blackaby (n. 1935)

Las lecturas para hoy de *La Biblia en un año* son
**Jeremías 39:1 — 41:18; 2 Timoteo 1:1-18;
Salmo 90:1 — 91:16 y Proverbios 26:1-2.**

LA BIBLIA EN UN AÑO

herencia

Una rica herencia

Tú, pues, hijo mío, esfuérzate en la gracia que es en Cristo Jesús. Lo que has oído de mí ante muchos testigos, esto encarga a hombres fieles que sean idóneos para enseñar también a otros.

2 Timoteo 2:1-2

Dios solo tiene un plan para propagar el evangelio de Jesucristo hasta el último confín de la tierra: la palabra hablada. Alguien que experimentó el favor del Señor en Cristo transmite esa verdad a otra persona digna de confianza.

Si alguien te ha transmitido una herencia de fe que te dio salvación, entonces en realidad has experimentado el favor de Dios. ¿Quién te abrió primero las páginas de la Biblia? ¿Quién utilizó al Espíritu Santo para que te diera salvación? ¿Quién te disciplinó en las verdades de la fe cristiana? Todos los que hemos llegado a un conocimiento salvador de Jesucristo llegamos a la fe por medio del testimonio fiel de confiables hermanos y hermanas en Cristo.

Se ha dicho que el cristianismo está siempre a una generación de la extinción. Tenemos el maravilloso privilegio de transmitir a la próxima generación la verdad que alguien confió en nosotros. Quizá Dios te esté invitando a invertir tiempo y verdad en un niño pequeño, en un colega, en un pariente o en un adolescente. Confía en que el Espíritu Santo te dé el corazón y la sabiduría para transmitir tu rica herencia de fe a otra persona confiable.

SEÑOR, gracias por el bendito privilegio de ser utilizado por tu Espíritu Santo en las vidas de otros. Prepara los corazones de aquellos a quienes me estás llamando a testificar. Dame valor mezclado con amor, y no permitas que pierda ninguna oportunidad de transmitir a otros las grandes verdades que han cambiado mi vida.

COMO REPRESENTANTE DE DIOS Y PORTADOR DE SU SEMEJANZA EN LA TIERRA, EL HOMBRE REDIMIDO, MEDIANTE SUS ORACIONES, ES QUIEN DEBE DETERMINAR LA HISTORIA DE ESTE PLANETA.
Andrew Murray (1828-1917)

LA BIBLIA EN UN AÑO

Las lecturas para hoy de *La Biblia en un año* son **Jeremías 42:1 — 44:23; 2 Timoteo 2:1-21; Salmo 92:1 — 93:5 y Proverbios 26:3-5.**

El poder de las Escrituras

Comenzar nuestro tiempo en calma con el Señor sin nuestras Biblias abiertas es como tratar de leer en la oscuridad: solo tendremos un entendimiento limitado y vago, en vez de la brillante iluminación de la Palabra de Dios. Sin el conocimiento bíblico no solo estamos perdidos acerca de cómo orar en concordancia con el Espíritu Santo, sino que también esto afecta nuestra capacidad de recibir respuestas del Señor.

Alguien dijo en cierta ocasión: «Cuando oro, hablo a Dios; cuando leo la Biblia, Dios me habla». Podríamos añadir: «Cuando oro las Escrituras, ¡oro las palabras de Dios!». Cuando la Palabra de Dios guía nuestras oraciones, estas llegan a ser un vivo intercambio de hablar y escuchar.

¿Deseas sabiduría divina en tus decisiones? ¿Necesitas poder para vivir y caminar por el Espíritu? ¿Te gustaría ver la intervención del Señor en las vidas de otros? Lleva tu Biblia contigo a tu lugar cerrado de oración. A través de ella el Espíritu te guiará a cómo orar y te preparará y te equipará para todo lo bueno que el Señor quiere que hagas.

GRACIAS, SEÑOR, por no dejarnos caminar en la oscuridad y por darnos la luz de tu Palabra para guiarnos. Ayúdame a apreciar el maravilloso regalo que tengo en tus santas Escrituras y a recibir su enseñanza y su instrucción para mi vida. Guía mis oraciones por medio de la inspiración de tu Palabra.

LA ORACIÓN Y LA PALABRA SE VINCULAN DE MANERA INSEPARABLE: EL PODER EN EL USO DE LA UNA DEPENDE DE LA PRESENCIA DE LA OTRA.
Andrew Murray (1828-1917)

Toda la Escritura es inspirada por Dios, y útil para enseñar, para redargüir, para corregir, para instruir en justicia, a fin de que el hombre de Dios sea perfecto, enteramente preparado para toda buena obra.
2 Timoteo 3:16-17

Las lecturas para hoy de *La Biblia en un año* son
Jeremías 44:24 – 47:7; 2 Timoteo 2:22 – 3:17;
Salmo 94:1-23 y Proverbios 26:6-8.

Alabanza verdadera

*Cantad a Jehová,
bendecid su nombre;
anunciad de día en día
su salvación.
Proclamad entre las
naciones su gloria, en
todos los pueblos sus
maravillas.*
Salmo 96:2-3

La Biblia habla a menudo de la importancia de alabar. La alabanza nos levanta de nosotros mismos y redirige nuestra atención a nuestro Padre celestial. Es fácil proclamar la grandeza del Señor cuando Él ha extendido las manos de bendición. Pero si las cosas no están yendo bien, y el estrés de la vida cotidiana presiona sin cesar, ¿podemos aún alabar a Dios? La alabanza que irradia de nosotros en la cálida luz del verano, pero que desaparece en la fría oscuridad del invierno, no es verdadera alabanza. La verdadera alabanza se cimienta en la fe de quién es Dios, no solamente en lo que Él hace. Cuando nos enfocamos en el carácter y en los atributos del Señor, obtenemos una perspectiva eterna de la vida, y la alabanza se convierte en nuestra respuesta natural.

Si el Dios todopoderoso ha venido a morar dentro de ti y ha escrito tu nombre en el libro de la vida del Cordero, «canta a Jehová, bendice su nombre». Si recibiste liberación de la maldición del pecado y la muerte, «anuncia de día en día que Cristo salva». Cuando recibas respuestas a tus oraciones, «proclama entre las naciones la gloria del Señor». Además, al tener evidencia de la gracia, la misericordia y el amoroso favor de Dios en tu vida, «proclama en todos los pueblos las maravillas de Jesús».

*SEÑOR, gracias por darme el regalo de la alabanza.
Ayúdame a cantarte y a bendecir tu nombre de día en día.
Dame un corazón gozoso para hablar a otros de las
maravillas que haces. Sigue revelándome más de ti para que
pueda alabarte más y más.*

QUÉ NO DARÍA POR UNA MENTE AMPLIADA Y ORDENADA PARA CONCEBIR LA DIVINA MAJESTAD DEL SEÑOR; LUEGO, POR EL REGALO DEL HABLA PARA ATAVIAR EL PENSAMIENTO EN LENGUAJE ADECUADO; ENTONCES POR UNA VOZ COMO DE MUCHAS AGUAS, PARA PARECER DE NOBLE RAZA. ¡PERO AY! ESTAMOS HUMILLADOS ANTE NUESTROS FRACASOS, Y ESTO NOS IMPIDE ALABAR AL SEÑOR COMO NOS GUSTARÍA HACERLO.
Charles Haddon Spurgeon (1834-1892)

Las lecturas para hoy de *La Biblia en un año* son **Jeremías 48:1 — 49:22; 2 Timoteo 4:1-22; Salmo 95:1 — 96:13 y Proverbios 26:9-12.**

Nuestra libertad en Cristo

Si alguna vez has ganado una batalla espiritual, si has experimentado victoria sobre la tentación o si has recibido libertad de una adicción, conoces el gozo de ser libre. La libertad es emocionante, pero a menudo el gozo de la victoria lo contamina la amenaza de perder de nuevo la libertad. Conservar nuestra libertad puede ser tan intimidatorio como obtenerla. Las palabras divinas de esperanza para Israel en Jeremías 50 nos pueden guiar en nuestras oraciones para obtener y conservar nuestra libertad. El Señor describe lo que ocurrirá cuando libere a su pueblo después de setenta interminables años de cautiverio. Para su viaje de regreso, Israel y Judá experimentarán unidad, llorarán arrepentidos y buscarán al Señor y su consejo. Estos elementos son cruciales al pedirle a Dios que lleve a cabo en nosotros lo mismo, con el fin de obtener libertad.

Sin embargo, la clave para *conservar* nuestra libertad se encuentra en el versículo 5: «Venid, y juntémonos a Jehová con pacto eterno que jamás se ponga en olvido». Si permanecemos conectados al Señor, su poder nos dará las fuerzas para resistir lugares, personas, pensamientos y pecados que nos llevan al cautiverio en primer lugar.

SEÑOR, gracias por el regalo de libertad que me diste en la cruz. Gracias porque en Cristo ya no camino como esclavo. Guarda mis pasos y mis pensamientos de lugares que me atraparán de nuevo, y úsame para ayudar a otros a caminar en tu libertad.

RECUERDA: NO ENCONTRAMOS LIBERTAD A LA ESCLAVITUD EN LA INDEPENDENCIA. LA HALLAMOS AL TOMAR LAS MISMAS ESPOSAS QUE UNA VEZ NOS ATABAN AL PECADO Y ATÁNDONOS A LA MUÑECA DE CRISTO.
Beth Moore

En aquellos días y en aquel tiempo, dice Jehová, vendrán los hijos de Israel, ellos y los hijos de Judá juntamente; e irán andando y llorando, y buscarán a Jehová su Dios. Preguntarán por el camino de Sion, hacia donde volverán sus rostros, diciendo: Venid, y juntémonos a Jehová con pacto eterno que jamás se ponga en olvido.
Jeremías 50:4-5

Las lecturas para hoy de *La Biblia en un año* son **Jeremías 49:23 — 50:46; Tito 1:1-16; Salmo 97:1 — 98:9 y Proverbios 26:13-16.**

Un estilo piadoso de vida

*Las ancianas …
enseñen a las mujeres
jóvenes a amar a sus
maridos y a sus hijos, a
ser prudentes, castas,
cuidadosas de su casa,
buenas, sujetas a sus
maridos, para que la
palabra de Dios no sea
blasfemada.*
Tito 2:3-5

Este pasaje exhorta a los mayores a guiar a otros con el ejemplo para que vivan un estilo de vida piadoso. ¡Pero no tienes que estar en la tercera edad para ser un hombre o una mujer estilo Tito 2! Si has estado casado algunos pocos años, podrías guiar a una pareja comprometida, o quizá podrías discipular a un estudiante universitario. Si tienes experiencia en finanzas o negocios, tu sabiduría sería valiosa para una persona joven. Si tienes hijos adultos podrías animar a madres jóvenes en la crianza de hijos y en el mantenimiento del hogar, ayudarlas con sus hijos y ser ejemplo de una madre piadosa.

Este estilo de vida es útil por dos razones: la fidelidad en nuestro ministerio, tanto en el hogar como en la familia, rinde honor a Dios; y guiar a otros levanta el cuerpo de Cristo, lo cual también lo honra. Sin embargo, no se conseguirá con solo tener buenas intenciones acerca de mostrar a otros cómo vivir. Necesitamos la gracia del Señor para equiparnos y luego para que nos muestre cómo transmitir a otros lo que sabemos. ¿Conoces a alguien que pueda beneficiarse de tu experiencia, tanto de manera práctica como espiritual? Empieza hoy a forjar una relación con esa persona.

SEÑOR, quiero ser alguien que con firme amor, paciencia y fe ayude a otros más jóvenes que yo a que lleven vidas piadosas. Puesto que no puedo hacer nada lejos de ti, te pido que tu gracia y el poder de tu Espíritu Santo me llenen y me enseñen a ser una persona como la de Tito 2, un ejemplo brillante que guíe a otros a vivir de manera que te honren y te glorifiquen.

UN BUEN EJEMPLO ES EL MEJOR SERMÓN.
Thomas Fuller (1608-1661)

Las lecturas para hoy de *La Biblia en un año* son
**Jeremías 51:1-53; Tito 2:1-15; Salmo 99:1-9 y
Proverbios 26:17.**

Da las gracias *gracias*

Este salmo es un cántico de acción de gracias que el pueblo de Dios usaba en el templo junto con los sacrificios de alabanza que ofrecía. El salmista nos dice que lleguemos ante la presencia del Señor con corazones agradecidos y expresiones de acción de gracias, porque Él es un Dios bueno —todo el tiempo— aunque pasemos circunstancias difíciles o pensemos que nuestras oraciones aún no han tenido respuesta. Expresamos nuestra gratitud porque Él es el creador de todo y le pertenecemos; además, por cuanto su amor incondicional continúa para siempre, y su fidelidad perdura en cada nueva generación. Puesto que somos propensos a olvidar su bondad y lo que Él ya ha hecho por nosotros —o simplemente porque olvidamos agradecer—, quizá la Biblia nos recuerda muy a menudo, como sucede con este salmo, llegar a Dios con acción de gracias. Cuando ores hoy, comienza por enumerar algunas de las muchas bendiciones que el Señor te ha dado, y luego agradécele y bendice su nombre. Entra a su presencia con palabras de alabanza en tus labios y en tu corazón.

SEÑOR, transforma mi corazón y dame una actitud de gratitud. Abre mis ojos para ver tu mano en cada esfera de mi vida. Si olvido tu bondad, recuérdame el maravilloso Dios que eres y el sinnúmero de cosas por las que debo agradecer. Gracias por tu bondad, amor y fidelidad que me has mostrado de estas maneras y que han bendecido mi vida:

_____, _____,

_____.

LA ORACIÓN MÁS IMPORTANTE EN EL MUNDO TIENE SOLO UNA PALABRA: «GRACIAS».
Meister Eckhart von Hochheim (*ca.* 1260-1327)

Entrad por sus puertas con acción de gracias, por sus atrios con alabanza; alabadle, bendecid su nombre. Porque Jehová es bueno; para siempre es su misericordia, y su verdad por todas las generaciones.
Salmo 100:4-5

Las lecturas para hoy de *La Biblia en un año* son **Jeremías 51:54—52:34; Tito 3:1-15; Salmo 100:1-5 y Proverbios 26:18-19.**

LA BIBLIA EN UN AÑO

Oración por los niños

Levántate, da voces en la noche, al comenzar las vigilias; derrama como agua tu corazón ante la presencia del Señor; alza tus manos a él implorando la vida de tus pequeñitos, que desfallecen de hambre en las entradas de todas las calles.

Lamentaciones 2:19

Cuando el enemigo devastó Jerusalén y los pobladores no tenían esperanza, Jeremías los invitó a «derramar como agua sus corazones ante la presencia del Señor». Este es un llamado a orar con fervor, a orar con lágrimas (agua), con especialidad a favor de los niños hambrientos. Los exhortó a que en lugar de que cayeran en desesperación, se volvieran a Dios como su única esperanza y le clamaran, de ser necesario sin dejar de orar toda la noche. Tal vez los niños en algunas naciones no experimenten ese nivel de hambre en sentido físico, pero millones están hambrientos espiritualmente. En la escuela de la calle de tu casa hay niños que mueren en sus espíritus, hambrientos de la verdad, sin nadie que les muestre el camino. Ora por estos niños. Ora para que sus padres lleguen a conocer a Cristo, para que se levanten madres en intercesión por cada escuela. Ora para que haya maestros cristianos en nuestros salones de clase, y para que en nuestra nación se produzca un gran avivamiento.

SEÑOR, dame una carga por los niños perdidos en mi vecindario, en mi ciudad y en mi nación —incluso por los niños de otras naciones— y aumenta mi fe para interceder por ellos. Acércame a otras personas para orar por esta generación de niños y jóvenes. Te pido que traigas obreros para que niños con hambre física, emocional o espiritual satisfagan en ti todas sus necesidades.

DEBEMOS TENER MADRES DE ORACIÓN PARA QUE LES DEN A LUZ, HOGARES DE ORACIÓN QUE INFLUYAN EN SUS VIDAS, Y AMBIENTES DE ORACIÓN QUE IMPACTEN SUS MENTES Y QUE PONGAN LOS CIMIENTOS PARA VIDAS DE ORACIÓN. LOS SAMUELES QUE ORAN VIENEN DE LAS ANAS QUE ORAN.
E. M. Bounds (1835-1913)

Las lecturas para hoy de *La Biblia en un año* son
Lamentaciones 1:1—2:22; Filemón 1-25;
Salmo 101:1-8 y Proverbios 26:20.

El tiempo del Señor es perfecto

En una cultura como la nuestra que se mueve con rapidez, en la cual el tiempo se mide en nanosegundos y aun en fracciones menores, esperar en medio del tránsito o en el consultorio médico más tiempo del que planeamos puede echar a perder nuestro programa. Nos podemos irritar cuando las cosas no salen según nuestro repleto orden del día. De igual modo nos podemos frustrar con Dios cuando, según nuestro programa, Él no parece contestar nuestras oraciones tan rápido como hemos esperado, ni intervenir en una situación de necesidad. A veces oramos y entregamos nuestras peticiones al Señor, y luego nos volvemos y salimos del sitio de oración antes de tener tiempo para ser conscientes de su respuesta. Pero este pasaje nos habla del gran beneficio de aprender a esperar en el Señor... tanto a que llegue su tiempo como su presencia, pasando momentos de quietud y esperando oír su «vocecita». Dios es maravillosamente bueno con quienes esperan en Él y continúan buscándolo.

SEÑOR, tranquiliza mi corazón y mi mente para que esté dispuesto a esperar en ti, no con quejas y frustración, sino con la esperanza y la seguridad de que haces todo en tu tiempo perfecto. Dame paciencia y ayúdame a buscar tus respuestas a las peticiones que te hago. Aumenta, además, mi fe de que estás obrando, aunque deba esperar tu respuesta.

ESPERAR EN DIOS EJERCITA TU DON DE GRACIA Y PRUEBA TU FE. POR LO TANTO, SIGUE AGUARDANDO CON ESPERANZA, PORQUE AUNQUE LA PROMESA PODRÍA TARDAR, NUNCA LLEGARÁ DEMASIADO TARDE.
Charles Haddon Spurgeon (1834-1892)

Bueno es Jehová a los que en él esperan, al alma que le busca. Bueno es esperar en silencio la salvación de Jehová.
Lamentaciones 3:25-26

Las lecturas para hoy de *La Biblia en un año* son
Lamentaciones 3:1-66; Hebreos 1:1-14;
Salmo 102:1-28 y Proverbios 26:21-22.

LA BIBLIA EN UN AÑO

OCTUBRE
31

el mismo

El mismo por siempre

Tú, Jehová,
permanecerás para
siempre; tu trono de
generación en
generación.
Lamentaciones 5:19

En medio de la continua agitación del mundo que nos rodea, de los estragos de la guerra en la nación de Judá que el profeta ha lamentado en este versículo, de las enormes mutaciones que vemos como consecuencia de guerras, ataques terroristas, cambios culturales, trastornos climáticos o desastres naturales, ¿te has preguntado alguna vez dónde está Dios? La respuesta a esa pregunta es que Él aún está en su trono, y que reina en todo el cielo y en toda la tierra. A Dios no le asusta, ni le sorprende, ni le alarma ni le trastorna lo que ocurre en el mundo. Nada puede frustrar sus planes. Cómo anima y consuela recordar que en un mundo cambiante, Dios no cambia. Sus misericordias son hoy tan nuevas como el día en que creímos por primera vez. Su gracia está hoy tan disponible como el día en que su Hijo murió en la cruz para que todo aquel que cree en Él no se pierda, sino que tenga vida eterna (Juan 3:16). No importa lo que suceda, tenemos expectativa porque nuestra esperanza está en Él, no en lo que podemos ver a nuestro alrededor. Él reina de generación en generación, ¡y sus planes están saliendo perfectamente bien!

TODOPODEROSO E INMUTABLE DIOS que
permaneces por los siglos de los siglos, te alabo por tu
fidelidad y por tu amor sin límites. Eres el mismo por
siempre. ¡Reinas sobre todos los cielos y en toda la tierra.
¡Eres la razón que esperamos!

QUÉ PAZ TRAE AL CORAZÓN DEL CRISTIANO DARSE CUENTA DE QUE NUESTRO PADRE CELESTIAL NUNCA DIFIERE DE SÍ MISMO... HOY, EN ESTE MOMENTO, SIENTE HACIA SUS CRIATURAS, HACIA LOS BEBÉS, HACIA LOS ENFERMOS, HACIA LOS CAÍDOS, HACIA LOS PECADORES, LO MISMO QUE SINTIÓ CUANDO ENVIÓ A SU UNIGÉNITO HIJO AL MUNDO A MORIR POR LA HUMANIDAD.
A. W. Tozer (1897-1963)

Las lecturas para hoy de *La Biblia en un año* son **Lamentaciones 4:1 — 5:22; Hebreos 2:1-18; Salmo 103:1-22 y Proverbios 26:23.**

Mantén tu confianza

Este pasaje nos invita a una fe más profunda y a una alegre confianza que se basa en nuestra esperanza en Cristo. Así como la incredulidad impidió a la primera generación de israelitas entrar a la tierra que Dios les había prometido y les había preparado, cuando pasamos pruebas, sufrimientos o temporadas desiertas, nuestros corazones se pueden alejar del Señor por la incredulidad. Quizá sigamos mostrando todas las señales externas, como ir a la iglesia o asistir a reuniones, pero por dentro tenemos desánimo y nuestra confianza falla. Nos preguntamos si en realidad esto le importa a Dios. Comenzamos a dudar de su amor y a tratar de vivir con nuestras propias fuerzas, en vez de depender de Él. Cuando no estamos en sintonía con la voz del Señor, estamos en sintonía con la del mundo. Por eso el escritor de Hebreos nos exhorta a mantener nuestra confianza y esperanza en Cristo, y a escuchar la voz del Señor. Dios no nos deja que nos las arreglemos solos para lograr esta confianza; está listo a llenarnos de nuevo con esperanza y valor siempre que lo pidamos.

PADRE, gracias por hacerme parte de tu casa. Te pido Espíritu Santo que me llenes y renueves mi confianza en Jesucristo, en su obra que se concluyó en la cruz y en su gloriosa segunda venida. Fortaléceme para mantener hoy mi seguridad, y dame poder para creer tu Palabra, para escuchar atentamente tu voz y para mantener la confianza porque mi esperanza está en Cristo.

LA RESURRECCIÓN DE JESUCRISTO ES NUESTRA ESPERANZA HOY. CONSTITUYE NUESTRA SEGURIDAD DE QUE TENEMOS UN SALVADOR VIVO QUE NOS AYUDA A VIVIR COMO DEBEMOS HACERLO AHORA, Y QUE CUANDO AL FINAL PARTAMOS EN ESE ÚLTIMO GRAN VIAJE, NO SEGUIREMOS UN CURSO DESCONOCIDO, SINO MÁS BIEN IREMOS EN UNA TRAVESÍA PLANEADA: DE VIDA A MUERTE, Y LUEGO A VIVIR ETERNAMENTE.
Raymond MacKendree

Cristo . . . es fiel como Hijo al frente de la casa de Dios. Y esa casa somos nosotros, con tal que mantengamos nuestra confianza y la esperanza que nos enorgullece. Por eso, como dice el Espíritu Santo: «Si ustedes oyen hoy su voz» (NVI).
Hebreos 3:6-7

Las lecturas para hoy de *La Biblia en un año* son
Ezequiel 1:1 — 3:15; Hebreos 3:1-19; Salmo 104:1-23 y Proverbios 26:24-26.

LA
BIBLIA
EN
UN AÑO

NOVIEMBRE
2

El trono de la gracia

No tenemos un sumo sacerdote que no pueda compadecerse de nuestras debilidades, sino uno que fue tentado en todo según nuestra semejanza, pero sin pecado. Acerquémonos, pues, confiadamente al trono de la gracia, para alcanzar misericordia y hallar gracia para el oportuno socorro.
Hebreos 4:15-16

Este pasaje de Hebreos contiene una de las verdades más esenciales en el Nuevo Testamento relacionada con Cristo y con quien cree en Él. También contiene una de las promesas e invitaciones más fabulosas en la Biblia: acerquémonos confiadamente al trono de la gracia y alcanzaremos misericordia y gracia en nuestros momentos de necesidad. ¿Por qué? No porque seamos buenos ni lo merezcamos, sino porque Jesús está en su lugar a la diestra del Padre y es nuestro gran Sumo Sacerdote. Por eso tenemos acceso continuo a la gracia de Dios; por eso podemos llevarle todas nuestras necesidades y problemas en oración. . . ¡porque Él está ahora en el trono de Dios haciéndonos señas para que alcancemos la misericordia y la gracia que Él está listo a darnos! Él no está ajeno a la realidad de nuestra humanidad; es más, entiende nuestra debilidad. Hay ayuda cuando más la necesitamos, misericordia y fortaleza cuando estamos débiles, suficiente gracia para cualquier cosa que enfrentemos. . . con solo llegar ante el trono de nuestro compasivo Dios, pedir y recibir. ¡Ven a Él hoy!

SEÑOR JESÚS, gracias por enfrentar las mismas tentaciones y los mismos problemas que enfrentamos, y por entender por completo nuestra debilidad. Gracias por entregar tu vida en la cruz, por resucitar y por estar a la diestra del Padre. Tu trono es un lugar de gracia para tus hijos, donde podemos recibir tu misericordia y ayuda cuando más las necesitamos. Vengo hoy a ti ,Señor, y te pido. . .

EL ÚNICO REFUGIO DE SEGURIDAD ESTÁ EN LA MISERICORDIA DE DIOS, COMO SE MANIFESTÓ EN CRISTO, EN QUIEN ESTÁ COMPLETO CADA COMPONENTE DE NUESTRA SALVACIÓN.
Juan Calvino (1509-1564)

Las lecturas para hoy de *La Biblia en un año* son
Ezequiel 3:16 — 6:14; Hebreos 4:1-16;
Salmo 104:24-35 y Proverbios 26:27.

Búsqueda de Dios

El salmista nos invita en estos versículos a alabar a Dios, a agradecerle, a proclamar su grandeza y a hacer que el mundo sepa lo que Él ha hecho; pero también nos invita a buscar al Señor y su fortaleza, y a mantenernos siempre en la búsqueda de todo esto. Buscar significa examinar con cuidado y a fondo en un esfuerzo por encontrar algo importante. El texto hebreo original da la idea de buscar con todo nuestro corazón de manera continua, regular y diaria, y entonces depender de las fuerzas de Dios para todos los desafíos que enfrentamos al vivir como sus seguidores, en vez de vivir por nuestras propias fuerzas.

En respuesta a nuestra búsqueda, al Señor le gusta revelársenos y luego manifestar su fortaleza en nuestra vida. Él no ha ocultado a su pueblo su carácter; una y otra vez en toda la Biblia —a través de su Hijo Jesús, y por medio de su Espíritu y de su creación— Él ha revelado su corazón, su gloria y su naturaleza para que podamos conocerlo. Quienes buscan a Dios y apartan tiempo para conocerlo encuentran satisfechas en Él todas sus necesidades.

SEÑOR, ¡te agradezco y proclamo tu grandeza! Quiero contar a todo el mundo lo que has hecho. Gracias por las muchas promesas en tu Palabra acerca de que vendrás, me fortalecerás y te revelarás a mí. Así podré conocerte de manera más íntima. Haz que te busque con todo mi corazón, que te busque a diario y durante toda mi vida y que dependa de tus fuerzas cada día.

A NUESTRO DIOS LE ENCANTA VENIR; ÉL QUIERE PRESENTARSE A NOSOTROS Y LEVANTAR EN NOSOTROS TODA SU BELLEZA.
Margaret Therkelsen

Alabad a Jehová, invocad su nombre; dad a conocer sus obras en los pueblos. Cantadle, cantadle salmos; hablad de todas sus maravillas. Gloriaos en su santo nombre; alégrese el corazón de los que buscan a Jehová. Buscad a Jehová y su poder; buscad siempre su rostro.
Salmo 105:1-4

Las lecturas para hoy de *La Biblia en un año* son
Ezequiel 7:1—9:11; Hebreos 5:1-14; Salmo 105:1-15
y Proverbios 26:28.

El ancla de nuestras almas

*Queriendo Dios
mostrar más
abundantemente a los
herederos de la promesa
la inmutabilidad de su
consejo, interpuso
juramento; para que
por dos cosas
inmutables, en las
cuales es imposible que
Dios mienta, tengamos
un fortísimo consuelo
los que hemos acudido
para asirnos de la
esperanza puesta
delante de nosotros. La
cual tenemos como
segura y firme ancla
del alma, y que penetra
hasta dentro del velo.*
Hebreos 6:17-19

Después de los ataques terroristas del 11 de septiembre, agresiones de francotiradores al año siguiente, bombardeos, violencia escolar, trastornos en el mercado de valores y la caída de importantes empresas otrora sólidas, diversos estudios mostraron que la mayoría de los estadounidenses había perdido su sensación de seguridad. Como seres humanos, anhelamos seguridad. Mientras el mundo más parezca fuera de control, más grande es nuestra necesidad de un ancla, algo de qué asirnos y en que confiar. Pero nuestra seguridad y nuestra ancla no vendrán del gobierno, de la economía ni de cualquier otra circunstancia. Los versículos de hoy dicen que Dios ha provisto un ancla segura, firme y confiable para nuestras almas. Tal ancla es nuestra esperanza en Cristo y nuestra confianza en las promesas divinas para nosotros. Así como el pacto de Dios con Abraham le permitió perseverar y le dio valor para esperar pacientemente lo que el Señor había prometido, nosotros podemos esperar el cumplimiento de todo lo que Él nos ha prometido cuando meditamos en su Palabra y ponemos nuestra fe en Jesús.

SEÑOR, gracias por proveer algo de qué asirnos cuando todo en este mundo parece tambalear. Mi esperanza en Jesús es un ancla para mi alma y me mantendrá firme en todas las tormentas de la vida. Gracias por la promesa de que quienes buscan tu refugio pueden tener nuevo valor porque tus promesas son ciertas, ¡y nunca faltas a tu palabra!

A TRAVÉS DE ESTA NOCHE TEMPESTUOSA Y OSCURA
LA FE PERCIBE UNA DÉBIL LUZ
QUE EN LO ALTO SURCA LA NEGRURA;
SABIENDO QUE EL TIEMPO DE DIOS ES EL MEJOR
EN UNA PACIENTE ESPERANZA YO DESCANSO
¡POR EL PLENO Y TOTAL AMANECER!
John Greenleaf Whittier (1807-1892)

Las lecturas para hoy de *La Biblia en un año* son
Ezequiel 10:1 — 11:25; Hebreos 6:1-20;
Salmo 105:16-36 y Proverbios 27:1-2.

El gran Proveedor

Este es un cántico a la provisión divina. Aunque el Salmo 105 resume la extensa historia de los israelitas y su asombrosa liberación de Egipto, también ilustra un panorama de la provisión de Dios. El Señor los protegió con la nube y los dirigió con el fuego; los alimentó con maná y codornices, y les proporcionó suficiente agua como para formar un río cuando estaban sedientos. Él les fue fiel en cada paso al deambular por el desierto. Todo esto ocurrió para que pudieran seguir los principios del Señor y obedecer sus leyes, dice el versículo 45. Esos versículos me recuerdan que el mismo Dios que proporcionó la nube como protección y el fuego para iluminar la oscuridad, y que llenó de gozo a los israelitas, es nuestro Dios que anhela protegernos, dirigirnos y darnos poder. El mismo Señor que dio a su pueblo maná y codornices del cielo, y agua de una roca, desea hoy darnos su provisión, sean cuales fueren nuestras necesidades, para que lo sigamos y le obedezcamos. Ora todo este gran salmo. Pronuncia sus versículos en voz alta a Dios y agradécele por su provisión en el pasado, en el presente y en el futuro.

AH, SEÑOR, mi proveedor, te alabo. Gracias por tu Palabra, la cual me recuerda tu fiel provisión para tu pueblo a través de la historia. Gracias por todas las maneras —físicas, espirituales, emocionales y de relación— que has provisto para mis necesidades. Ayúdame a responder con acción de gracias y con obediencia a tus principios y a tu voluntad.

EL SEÑOR MI PASTO PREPARARÁ
Y ME ALIMENTARÁ CON CUIDADO DE PASTOR;
SU PRESENCIA SUPLIRÁ MI NECESIDAD,
Y CUAL CENTINELA ME GUARDARÁ.
Joseph Addison (1672-1719)

[El Señor] Extendió una nube por cubierta, y fuego para alumbrar la noche. Pidieron, e hizo venir codornices; y los sació de pan del cielo. Abrió la peña, y fluyeron aguas; corrieron por los sequedales como un río.
Salmo 105:39-41

Las lecturas para hoy de *La Biblia en un año* son
**Ezequiel 12:1 – 14:11; Hebreos 7:1-17;
Salmo 105:37-45 y Proverbios 27:3.**

LA BIBLIA EN UN AÑO

Alaba al Señor

Aleluya. Alabad a Jehová, porque él es bueno; porque para siempre es su misericordia. ¿Quién expresará las poderosas obras de Jehová? ¿Quién contará sus alabanzas?

Salmo 106:1-2

El Salmo 106 es una oración de remembranza. David recuerda cómo a pesar de que él y sus antepasados habían pecado y olvidado las muchas acciones bondadosas del Señor para con ellos, con todo Dios los salvaba y los rescataba de sus enemigos. Ellos seguían descarriándose, pero una y otra vez Dios los liberaba debido a su fiel amor y bondad.

Leer este salmo hace que me detenga y agradezca al Señor y que enumere en mi diario sus gloriosos milagros, a pesar de lo que hoy me preocupe. Imagina qué deleite sería para Dios si, en vez de un día, apartáramos todo noviembre para centrarnos en expresarle nuestra gratitud! Al mirar mis listas de oraciones del último mes, y agradecer a Dios por cada avance, por cada cosa que Él ha hecho en los corazones y en las vidas de aquellos por quienes he orado, me he maravillado, y mi corazón se ha renovado mediante una novedosa sensación de la grandeza y la gloria de Dios. Te animo a escribir lo que el Señor ha hecho, ya sea en ti o en tu familia. Luego agradécele en voz alta, porque «¿quién expresará las poderosas obras de Jehová? ¿Quién contará sus alabanzas?»

SEÑOR, me has dado mucho. Me has bendecido con la salvación para que pueda disfrutar abundante vida aquí en la tierra y por toda la eternidad en el cielo. Ayúdame a alabarte no solo en un día especial y fijado de Acción de Gracias, sino de manera regular y continua. Que yo, igual que David, ¡empiece y salpique mis oraciones con alabanza y acción de gracias! Tu amor perdura para siempre. Nunca te podré alabar suficientemente.

DE DAVID APRENDE A AGRADECER POR TODO. CADA SURCO EN EL LIBRO DE LOS SALMOS SE SIEMBRA CON LAS SEMILLAS DE ACCIÓN DE GRACIAS.

Jeremy Taylor (1613-1667)

Las lecturas para hoy de *La Biblia en un año* son **Ezequiel 14:12 — 16:41; Hebreos 7:18-28; Salmo 106:1-12 y Proverbios 27:4-6.**

Un nuevo pacto

pacto

Este es un extraordinario pasaje de libertad: las buenas nuevas de que Dios ha hecho un nuevo pacto con su pueblo. El antiguo pacto falló porque está más allá de nuestra capacidad humana para cumplir las leyes del Señor. Por consiguiente, Él se comprometió a proporcionar su propio Espíritu para que viva dentro de nosotros. El Señor escribe sus leyes en nuestras mentes para que las entendamos; escribe sus palabras en nuestros corazones para que las obedezcamos; nos libera de luchar en el cumplimiento de la letra de la ley, y nos lleva a una comunión íntima con Él. Este nuevo pacto a través de nuestro nuevo nacimiento en Jesucristo proporciona una nueva relación: todos, del más pequeño al más grande, lo conocerán (v. 11). Cuando comprendemos que Dios toma la iniciativa de obrar dentro de nosotros por su Espíritu que lo está agradando, podemos descansar de nuestros vanos intentos de vivir de manera cristiana en nuestras propias fuerzas. Esta es una gran noticia... ¡pues no depende de mí! Dios nos ha perdonado, nos ha limpiado por medio de la sangre de Cristo, nos ha dado su Espíritu y completará su obra en nosotros a medida que confiamos en Él.

SEÑOR, gracias por la increíble libertad y descanso que se produce en mí al comprender que por medio del nuevo pacto en Jesucristo te puedo obedecer. Gracias por impulsarme a la intimidad contigo a través de Jesús. Dame poder para aferrarme de ti y escribe tus palabras en mi corazón. Abre los ojos de mi corazón para ver tu gran obra en quienes creen.

[SI CAPTÁRAMOS] EL ENTENDIMIENTO COMPLETO DE LO QUE DIOS DESEA HACER POR NOSOTROS: LA SEGURIDAD DE QUE TODO SE CONSEGUIRÁ POR MEDIO DE UNA FUERZA TODOPODEROSA, Y DE QUE AL SEÑOR MISMO NOS ACERCAMOS SI NOS RENDIMOS, SI DEPENDEMOS Y SI ESPERAMOS QUE SUS PLANES SE CUMPLAN; TODO ESTO HARÍA DEL PACTO LA MISMÍSIMA PUERTA DEL CIELO.
Andrew Murray (1828-1917)

Este es el pacto que haré con la casa de Israel después de aquellos días, dice el Señor: Pondré mis leyes en la mente de ellos, y sobre su corazón las escribiré; y seré a ellos por Dios, y ellos me serán a mí por pueblo.
Hebreos 8:10

Las lecturas para hoy de *La Biblia en un año* son
Ezequiel 16:42—17:24; Hebreos 8:1-13;
Salmo 106:13-31 y Proverbios 27:7-9.

LA BIBLIA EN UN AÑO

NOVIEMBRE

8

velo
Se rompe el velo

Solo el sumo sacerdote una vez al año [cumple los oficios del culto], no sin sangre, la cual ofrece por sí mismo y por los pecados de ignorancia del pueblo; dando el Espíritu Santo a entender con esto que aún no se había manifestado el camino al Lugar Santísimo.

Hebreos 9:7-8

En el Antiguo Testamento las personas no podían entrar al Lugar Santísimo para pedir la ayuda o la misericordia de Dios. Los sacerdotes ministraban allí a diario, pero solo el sumo sacerdote —y solo en el Día de la Expiación— podía entrar a la presencia del Señor en el Lugar Santísimo, con el fin de ofrecer un sacrificio de sangre por sus pecados y por los pecados del pueblo e interceder por la gente. Incluso entonces al sumo sacerdote le ataban una cuerda alrededor del pie para que si Dios lo hería de muerte, los demás sacerdotes pudieran sacar su cuerpo.

Cuando crucificaron a Jesús, entró al Lugar Santísimo de una vez por todas al derramar su propia sangre como el sacrificio perfecto por nuestros pecados. Cuando murió, se rompió el grueso velo que separaba a las personas del Lugar Santísimo. ¡Imagínate! Debido a Jesús tenemos acceso ilimitado al Señor. No tenemos que esperar una reunión anual con el Señor. No tenemos que pedirle a otra persona que interceda ante el Señor por nosotros. Podemos entrar al trono en cualquier momento del día o de la noche. Entra libremente a la presencia de Dios, y agradécele por su extraordinario regalo mediante Jesús, y por este maravilloso y fácil acceso a través de la oración.

Jesús, te agradezco con todo mi corazón el sacrificio perfecto por mis pecados y por los pecados de todo el mundo. Cuando tu sangre se presentó en el trono celestial de misericordia, y entregaste tu Espíritu, el velo del templo se rasgó para siempre, dándome acceso a la misma presencia del Padre. Cuánto te agradezco. Señor, yo voy, yo voy...

DIOS NO NOS OCULTA NADA. SU MISMA OBRA DESDE EL PRINCIPIO ES REVELACIÓN: HACER A UN LADO VELO TRAS VELO, MOSTRAR A LOS HOMBRES VERDAD TRAS VERDAD. INTERMINABLEMENTE DESDE LA REALIDAD DIVINA ÉL AVANZA, HASTA QUE POR FIN EN SU HIJO JESÚS DEVELA SU MISMO ROSTRO.
George Macdonald (1824-1905)

Las lecturas para hoy de *La Biblia en un año* son **Ezequiel 18:1—19:14; Hebreos 9:1-10; Salmo 106:32-48 y Proverbios 27:10.**

En nuestra angustia

Cuatro veces en este salmo vemos la asombrosa respuesta de Dios cuando su pueblo, en medio de la desesperación, le suplicó libertad. Algunos vagaron por el desierto (v. 4); otros se revelaron, los encadenaron y los quebrantaron con duro trabajo (v. 12). Otros más estaban angustiados a causa de sus pecados y se hallaban al borde de la muerte (vv. 17-18). Hubo quienes salieron en naves mercantes y los zarandeó una tormenta (vv. 23-25). Pero cuando clamaron al Señor en su angustia, en su inquebrantable fidelidad y gran amor, Dios oyó sus lamentos y los rescató; los dirigió en el desierto a una ciudad donde pudieran vivir; rompió las cadenas de quienes estaban atados por las duras labores y la esclavitud; arrancó a los moribundos de las puertas de la destrucción y envió su Palabra para sanarlos. Además, el Señor calmó la tormenta, salvando a quienes habían sido lanzados al mar, llevándolos a puerto seguro. Cómo nos alienta esto hoy. A pesar de cuán trastornada esté nuestra vida, seamos culpables o no de nuestra aflicción, cuando nos humillamos y clamamos al Señor, Él sin lugar a dudas oye y nos rescata de manera maravillosa.

PADRE, ayúdanos a ser sabios y a tomarnos esto a pecho para que podamos ver en la historia de tu pueblo, y en nuestra propia historia aún por escribirse «las misericordias del Señor» (v. 43). Ayúdanos a levantar nuestros ojos y ver las cosas increíbles que haces en respuesta a nuestros sinceros clamores pidiéndote ayuda. En nuestra angustia, Señor, ¡glorifícate!

CUANDO LO ÚNICO QUE NOS QUEDA ES DIOS,
TOMAMOS CONCIENCIA DE QUE DIOS ES
SUFICIENTE.
Agnes Maude Royden (1876-1956)

Anduvieron perdidos por el desierto, por la soledad sin camino, sin hallar ciudad en donde vivir. Hambrientos y sedientos, su alma desfallecía en ellos. Entonces clamaron a Jehová en su angustia, y los libró de sus aflicciones. Los dirigió por camino derecho, para que viniesen a ciudad habitable. Alaben la misericordia de Jehová, y sus maravillas para con los hijos de los hombres.
Salmo 107:4-8

Las lecturas para hoy de *La Biblia en un año* son
Ezequiel 20:1-49; Hebreos 9:11-28; Salmo 107:1-43
y Proverbios 27:11.

LA
BIBLIA
EN
UN AÑO

¡Despierta!

Mi corazón está dispuesto, oh Dios; cantaré y entonaré salmos; esta es mi gloria. Despiértate, salterio y arpa; despertaré al alba.
Salmo 108:1-2

Muchas veces he leído: «Despertaré al alba» con mi cántico y he deseado hacer esto. Pero como una madre joven que está despierta toda la noche con tres hijos pequeños enfermos, como la madre de adolescentes que estudian hasta altas horas de la noche, y más recientemente como la abuela que ayuda a cuidar un bebé de catorce meses mientras la madre permanece hospitalizada, ¿cómo puedo levantarme temprano para pasar tiempo con Dios? Solo pidiéndole la energía, el deseo y el poder para hacerlo: *Señor, hazme oír tu voz llamándome cada día. Abre mi corazón para contestar a tu Espíritu.* Así es, a menudo estamos débiles, frágiles y agotados, pero Dios promete su fortaleza en nuestra debilidad. Esto no es un simple asunto de despertar a cierta hora para cumplir con nuestro deber cristiano y tener nuestros devocionales; es un clamor por buscar de manera apasionada y constante al Señor antes de que empiece el día con todas sus responsabilidades. Aun antes de levantar nuestras cabezas de la almohada podemos expresar nuestro amor al Señor y entregarle el día. Pide la ayuda de su Espíritu, y obsérvalo obrar.

GRACIAS, SEÑOR, porque siempre me invitas a acercarme a ti. Ese es mi deseo, por lo tanto espero en ti para que obres en mí y me des el poder y la energía para encontrarme contigo mañana a mañana. Mi corazón está confiado en ti, Señor. ¡No asombra que pueda cantar tus alabanzas! Antes de ocuparme de los deberes diarios, este día me entrego a ti y digo: «¡Levántate, alma mía!».

EL SOL NO ESCOGE LAS COSAS, DIOS LO HACE. ÉL DECIDE QUE SALGA CADA MAÑANA. SIN EMBARGO, EL SEÑOR DEL UNIVERSO ME PIDE QUE YO ESCOJA SEGUIRLO, PARA PARTICIPAR EN LA FLUIDA ACCIÓN QUE ES SU VOLUNTAD, ASÍ COMO LO HIZO CRISTO.
Elisabeth Elliot

Las lecturas para hoy de *La Biblia en un año* son **Ezequiel 21:1—22:31; Hebreos 10:1-17; Salmo 108:1-13 y Proverbios 27:12.**

Mantengamos la esperanza

Cada vez que leo este pasaje me estimula rotundamente a transmitir a otros el aliento que Dios ofrece. Muchas cosas en nuestro mundo pueden desanimar, hacer perder el entusiasmo y agotar la energía de alguien. Todos necesitamos dosis regulares de ánimo para contrarrestar estos aspectos negativos y para saber que alguien nos ama y se preocupa por nosotros; más que nada, debemos conocer a Aquel que siempre está allí para nosotros (1 Juan 4:4) y que es quien nos alienta (2 Tesalonicenses 2:16-17). El escritor de Hebreos también está hablando de animar en el campo *espiritual*. Nos recomienda mantener firme la esperanza que aseguramos tener y alentarnos en la fe unos a otros. Nos pide animarnos mutuamente a dar muestras de amor y de buenas obras y a no dejar de congregarnos. Tus palabras inspirarán confianza en Dios y mostrarán amor y apoyo. Estimularán y levantarán al cansado; y debido a ti aquellos cuyos corazones están decepcionados o distantes de Cristo y de su cuerpo, se acercarán al Señor. Pídele a Dios que te muestre quién necesita ánimo en este momento: una madre soltera agotada, un anciano solitario, un adolescente estresado o un vecino cercano.

PADRE, dame poder para mantener firme mi esperanza, de tal modo que pueda fortalecer a quienes me rodean. ¿Quién necesita hoy inspiración para amar y para hacer buenas obras? ¿A quién puedo animar con dulzura a reunirse conmigo y con otros creyentes para adorarte y orar? Utilízame para dar seguridad y esperanza a otros. ¡Dame ideas creativas que animen a otros a dar muestras de amor y de buenas obras! Además, te daré toda la gloria.

SÉ PORTADOR DE PALABRAS, DE FIRMES PALABRAS DE ÁNIMO: ¡PALABRAS QUE TENGAN ALAS! ... PALABRAS DE GLORIA, PALABRAS QUE ALCANCEN; PALABRAS DE EDIFICACIÓN, CON VIDA PROFUNDA EN SU INTERIOR.
Jo Petty

Mantengamos firme, sin fluctuar, la profesión de nuestra esperanza, porque fiel es el que prometió. Y considerémonos unos a otros para estimularnos al amor y a las buenas obras; no dejando de congregarnos, como algunos tienen por costumbre, sino exhortándonos; y tanto más, cuanto veis que aquel día se acerca.
Hebreos 10:23-25

Las lecturas para hoy de *La Biblia en un año* son
**Ezequiel 23:1-49; Hebreos 10:18-39; Salmo 109:1-31
y Proverbios 27:13.**

NOVIEMBRE
12

Aumenta mi fe

Sin fe es imposible agradar a Dios; porque es necesario que el que se acerca a Dios crea que le hay, y que es galardonador de los que le buscan.

Hebreos 11:6

Este versículo resalta dos elementos esenciales de la oración: fe en la existencia de Dios y fe en que Él se preocupa lo suficiente como para escuchar, contestar y actuar a favor de quienes lo buscan. Cada uno de los hombres y mujeres en el «salón de la fe» de Hebreos 11 que vieron lo invisible y creyeron que Dios podía hacer lo imposible, agradaron al Señor y recibieron grandes recompensas debido a su confianza y fe en Él. Por fe Enoc llegó al cielo sin morir; la familia de Noé se salvó; Abraham, Isaac y Jacob dejaron sus hogares y siguieron a Dios; Sara dio a luz un hijo en su vejez. ¿Cómo era esta fe? Aunque las circunstancias de estas figuras eran diferentes, es la fe en lo que el Señor dijo, fe en quién es Dios, fe en que el Creador les mostraría el camino hacia un futuro que ellos no podían ver. Pero al creer verían lo que habían creído. Esta es una fe sobre la que podemos levantar nuestra vida, y sin ella no podemos agradar para nada al Señor. Ora de todo corazón para que tu fe en Dios crezca a través del Espíritu Santo.

SEÑOR, aumenta mi fe para que pueda confiar en ti aunque el camino sea oscuro e incierto. A medida que oro, dame poder y fortaleza para creer que eres quien dices ser en tu Palabra, y que contestarás y premiarás a quienes te buscan. Deseo vivir por fe en el Hijo de Dios, ¡quien me amó y dio su vida por mí!

LA FE NO SABE HACIA DÓNDE LA ESTÁN LLEVANDO. PERO AMA Y CONOCE A AQUEL QUE ESTÁ GUIANDO.
Oswald Chambers (1874-1917)

Las lecturas para hoy de *La Biblia en un año* son **Ezequiel 24:1 — 26:21; Hebreos 11:1-16; Salmo 110:1-7 y Proverbios 27:14.**

Mantengamos nuestro enfoque

En vez de escuchar las voces de Faraón y de personas negativas entre su propio pueblo, Moisés se volvió al Señor y se mantuvo firme en la dirección que Él le guiaba. En lugar de poner los ojos en los tesoros de Egipto, miró hacia delante y comprendió el valor infinitamente mayor de las cosas que no se ven, y estuvo dispuesto a sufrir en vez de quedarse en la corte de Faraón y prosperar. Moisés mantuvo los ojos en Dios. Dejó el poder y el prestigio de Egipto y escogió el pueblo del Señor y las promesas, aunque significaban dificultad, porque estaba enfocado en una sola cosa: obedecer la voz de Dios. Ese enfoque resuelto e incondicional lo conservó sin miedo de la terrible ira de Faraón. Esta fue la fuente de su confianza y fortaleza al sacar a los israelitas de la esclavitud y atravesar el Mar Rojo. Así sucede con nosotros: cuando mantenemos nuestros ojos en Aquel que es invisible en lugar de ponerlos en los abrumadores problemas y en las personas difíciles con quienes nos topamos en nuestro camino, podemos ir a donde el Señor nos dirija. Además, mientras estemos centrados en Él, percibiremos las realidades de lo invisible y encontraremos la clave de caminar por fe, no por vista.

SEÑOR, ayúdame a mantener los ojos en ti que eres invisible. Lléname de la fe y el enfoque que tenía Moisés, para que no tema y pueda seguirte adondequiera que me lleves. Deseo ser obediente a tu llamado en mi vida. Ayúdame a caminar por fe y no por vista y a entender el mayor valor de las cosas invisibles.

RENUNCIAR A LAS CARGAS Y A LOS TEMORES EMPIEZA DONDE LA ADORACIÓN Y EL FERVOR A DIOS SE VUELVEN LA OCUPACIÓN DEL ALMA.
Frances J. Roberts

Teniendo [Moisés] por mayores riquezas el vituperio de Cristo que los tesoros de los egipcios; porque tenía puesta la mirada en el galardón. Por la fe dejó a Egipto, no temiendo la ira del rey; porque se sostuvo como viendo al Invisible.
Hebreos 11:26-27

Las lecturas para hoy de *La Biblia en un año* son
Ezequiel 27:1 – 28:26; Hebreos 11:17-31;
Salmo 111:1-10 y Proverbios 27:15-16.

LA
BIBLIA
EN UN AÑO

bendición

El camino de bendición

Bienaventurado el hombre que teme a Jehová, y en sus mandamientos se deleita en gran manera. Su descendencia será poderosa en la tierra; la generación de los rectos será bendita . . . Resplandeció en las tinieblas luz a los rectos; es clemente, misericordioso y justo.
Salmo 112:1-2, 4

Este salmo nos habla de dos puntos fundamentales para la felicidad: temer a Dios y deleitarse en seguir —no solo en leer u oír— sus mandamientos. Para quienes temen, quienes tienen una actitud de profunda humildad y con saludable asombro y respeto reconocen la majestad del Señor, hay bendiciones específicas: prosperidad, luz incluso en momentos sombríos, honor de parte de Dios e incluso estabilidad emocional hasta el punto de no temer al futuro, a las malas noticias o a personas malvadas. Cuando tememos al Señor y nos deleitamos en vivir según sus principios, Él abre el camino de bendición.

Pasa tiempo contemplando la maravillosa majestad y el esplendor del Creador y Sustentador del universo, quien nada ha escatimado por revelar su corazón de Padre. Comprométete a Él y a vivir según sus caminos. Pídele que te confiera el poder de su Espíritu para alegrarte al hacer lo que Dios ordena.

SEÑOR, revélate a mí en tu soberana majestad, y lléname de asombro y humildad ante ti. Desarrolla en mí un temor sano de ti y un deseo de no solo leer tu Palabra, sino de comprometerme a cumplir todo lo que ordenas. Gracias por tu promesa de bendecir a quienes te temen y te obedecen, y de que mientras yo te siga será bendita toda una generación.

HAY UN TEMOR VIRTUOSO QUE ES EFECTO DE LA FE, Y UN TEMOR VICIOSO QUE ES PRODUCTO DE LA DUDA Y LA DESCONFIANZA. EL PRIMER TIPO DE TEMOR LLEVA A LA ESPERANZA AL CONFIAR EN DIOS, MIENTRAS QUE LA SEGUNDA CLASE DE TEMOR INCLINA A LA DESESPERACIÓN . . . QUIENES ESTÁN EN EL PRIMER CASO TEMEN PERDER A DIOS; LOS QUE ESTÁN EN EL SEGUNDO CASO TEMEN ENCONTRARLO.
Blaise Pascal (1623-1662)

Las lecturas para hoy de *La Biblia en un año* son **Ezequiel 29:1 — 30:26; Hebreos 11:32 — 12:13; Salmo 112:1-10 y Proverbios 27:17.**

Determinación para alabar

Este salmo es una invitación a alabar al Señor en todo tiempo y lugar en el mundo. ¡A qué Dios servimos! Aunque está entronizado en el cielo, por sobre las naciones, Él viene a la tierra a dar consuelo y a salvar a los oprimidos. El Señor es digno de nuestra alabanza. ¿Encuentras difícil alabar hoy a Dios? ¿Simplemente no sientes ninguna gratitud? Háblale de tus sentimientos, de tus problemas y hasta de tu dificultad en alabarlo. Pídele la gracia para alabarlo en medio de tus circunstancias. Lee este salmo en voz alta como tu sacrificio de alabanza. En el cielo hay alabanza todo el tiempo, y cuando nos proponemos sobrepasar nuestros problemas para entrar en esa alabanza, la gracia de Dios está allí para hacernos pasar. Podemos sentir que nos levantamos por sobre nuestros problemas debido a la fuerza vital que es la alabanza. Cuando alabas al Señor de todo corazón, Él quitará tus ojos de los problemas terrenales y los llevará a la gloria y a la idoneidad de nuestro Rey y Señor; además, obtendrás perspectiva eterna de Dios para enfrentar las dificultades en tu vida.

TE ALABO, SEÑOR, porque estás por encima de las naciones, y porque tu gloria está más allá de cualquier otra cosa en la tierra o en el cielo. Levanto tu poderoso nombre y te alabo por quien eres. Concédeme gracia para adorarte de todo corazón. Añade mi alabanza a las que siempre se producen en el cielo. Bendito sea el nombre del Señor por siempre. ¡Alabado sea el nombre del Señor!

AGRADECER CUANDO NO LO SIENTES NO ES HIPOCRESÍA; ES OBEDIENCIA.
Dr. Jack Mitchell

Alabad, siervos de Jehová, alabad el nombre de Jehová. Sea el nombre de Jehová bendito desde ahora y para siempre. Desde el nacimiento del sol hasta donde se pone, sea alabado el nombre de Jehová. Excelso sobre todas las naciones es Jehová, sobre los cielos su gloria.
Salmo 113:1-4

Las lecturas para hoy de *La Biblia en un año* son Ezequiel 31:1 – 32:32; Hebreos 12:14-29; Salmo 113:1 – 114:8 y Proverbios 27:18-20.

LA BIBLIA EN UN AÑO

aptos

Totalmente aptos

El Dios de paz que resucitó de los muertos a nuestro Señor Jesucristo, el gran pastor de las ovejas, por la sangre del pacto eterno, os haga aptos en toda obra buena para que hagáis su voluntad, haciendo él en vosotros lo que es agradable delante de él por Jesucristo; al cual sea la gloria por los siglos de los siglos. Amén.
Hebreos 13:20-21

Pablo acababa de pedir a los hebreos cristianos que oraran para que él y sus seguidores tuvieran buenas conciencias y se comportaran de manera honorable en todas sus acciones. Luego promete orar por ellos, en especial para que obedezcan la voluntad del Señor. Pídele a Dios que los bendiga con paz, esperanza en Cristo y con todo lo que necesitan para vivir el destino al que los ha llamado por medio del poder de Jesucristo.

La oración de Pablo por los hebreos cristianos puede ser una oración maravillosa para que la digamos por nosotros mismos y por quienes intercedemos: que Dios nos preparará y nos abastecerá de todo lo necesario para hacer su voluntad, y que obrará en nosotros de tal modo que nuestra vida le agradará. Nada de esto sucede aparte del poder de resurrección de Jesús. Solo cuando Cristo obra, al permitir nosotros que el Espíritu Santo y la Palabra de Dios hagan su morada en nuestras existencias, se puede producir una vida que agrade al Señor. Por lo tanto, permite que esta oración sea el clamor de tu corazón.

SEÑOR, fortaléceme y equípame con todo lo bueno para que pueda hacer tu voluntad. Prepárame para lo que me estás preparando; y abre más mi corazón a la obra de tu Espíritu para que mi vida te honre, tanto por dentro como por fuera. A través del poder de Jesucristo, desarrolla en mí todo lo que te agrada.

DIOS MISERICORDIOSO, DAME GRACIA PARA ANHELAR FERVIENTEMENTE TODO LO QUE TE AGRADA, PARA EXAMINARLO CON PRUDENCIA, PARA RECONOCERLO FIELMENTE Y PARA REALIZARLO A LA PERFECCIÓN, PARA ALABANZA Y GLORIA DE TU NOMBRE. AMÉN.
Santo Tomás de Aquino (1225-1274)

Las lecturas para hoy de *La Biblia en un año* son **Ezequiel 33:1—34:31; Hebreos 13:1-25; Salmo 115:1-18 y Proverbios 27:21-22.**

Dios se inclina y escucha

Este versículo expresa una de las más grandes verdades y bendiciones de la vida cristiana: Dios nos oye. Es más, este Señor maravilloso y todopoderoso no solo nos oye, sino que también nos hace parte del desarrollo de su voluntad en la tierra a través de nuestras oraciones. Nos ama tanto que se inclina y nos escucha. En el lenguaje original la palabra para *ha oído* significa que se inclina o que afina sus oídos para escucharnos cuando oramos. Él quiere que le contemos nuestras necesidades, nuestras heridas y nuestros deseos; y no solo se limita a escuchar; contesta nuestras oraciones y peticiones. Dios interviene en los asuntos de la humanidad. Él actúa a favor de quienes le piden ayuda. Él ha iniciado y ha establecido esta vía para nuestras súplicas, como el medio por el cual se muestra con poder y cumple su voluntad. ¡Dios oye! Y esa es razón suficiente para amarlo y para seguir orando mientras tengamos aliento.

Amo a Jehová, pues ha oído mi voz y mis súplicas; porque ha inclinado a mí su oído; por tanto, le invocaré en todos mis días.
Salmo 116:1-2

SEÑOR, gracias por el increíble privilegio de la oración. Cuán asombroso es que te inclines y me escuches, que oigas mis oraciones y las contestes. Gracias por el privilegio de asociarme contigo cuando cumples tus propósitos, y gracias por mostrarte con poder mientras oro. ¡Dame el poder para orar mientras tenga aliento!

HÁBLALE, PORQUE DIOS OYE, Y ESPÍRITU CON ESPÍRITU PUEDEN ENCONTRARSE. MÁS CERCA ESTÁ ÉL QUE EL ALIENTO, Y MÁS CERCANO QUE LAS MANOS Y LOS PIES.
Barón Alfred Tennyson (1809-1892)

Las lecturas para hoy de *La Biblia en un año* son
Ezequiel 35:1 – 36:38; Santiago 1:1-18;
Salmo 116:1-19 y Proverbios 27:23-27.

LA
BIBLIA
EN UN AÑO

Tardos para airarse

Mis amados hermanos, todo hombre sea pronto para oír, tardo para hablar, tardo para airarse; porque la ira del hombre no obra la justicia de Dios.
Santiago 1:19-20

Vale la pena orar a menudo este versículo porque la tendencia humana es a hacer exactamente lo opuesto. Puedo decir con mucha rapidez lo que hay en mi mente, negarme a escuchar a los demás y airarme con facilidad. Pero cuando damos rienda suelta a nuestro enojo, casi nunca actuamos con amor ni hacemos bien las cosas. Al contrario, terminamos hiriendo los sentimientos de las personas y arrepintiéndonos de nuestras palabras.

El Señor nos llama a una mejor manera de manejar relaciones, y nos da el poder y la gracia que necesitamos para vivir de este modo. Solo debemos pedirle y pasar tiempo con Él para que su naturaleza pueda crecer dentro de nosotros, y para que podamos extraer profundamente de su ilimitado abastecimiento de bondad y amor. Entonces tendremos confianza en que Dios está obrando en medio de nuestra difícil situación o relación, y podremos encomendársela. Pasa algunos momentos en la presencia del Señor, y pídele que te revele momentos o lugares en que has tenido tentación de hablar muy rápidamente, o de responder con ira en vez de volverte a Él por gracia para contestar del modo en que quiere que lo hagas.

SEÑOR, gracias por ser lento para la ira y lleno de misericordia y paciencia. Perdona mis reacciones rápidas o de enojo. Ayúdame hoy a ser pronto para escuchar, lento para hablar y tardo para la ira, como eres tú. Obra en mí por tu Espíritu Santo. Ayúdame a entregarte las cosas que me lastiman y me frustran y a confiar en que obras en situaciones difíciles de maneras que no puedo.

NO TE ENOJES CON LA PERSONA QUE ACTÚA DE MANERAS QUE TE DESAGRADAN. DALE LA SONRISA QUE LE FALTA. EXTIÉNDELE EL SOL DEL AMOR ILIMITADO DE TU SEÑOR.
Joni Eareckson Tada (n. 1949)

Las lecturas para hoy de *La Biblia en un año* son **Ezequiel 37:1 — 38:23; Santiago 1:19 — 2:17; Salmo 117:1-2 y Proverbios 28:1.**

Sabiduría del cielo

Santiago contrasta en este pasaje la sabiduría humana con la celestial. Dice que jactarse de buenas obras o tratar de parecer mejor que los demás, no es sabiduría; así como tampoco lo es hacer cualquier otra cosa que el egoísmo o la envidia la motiven. La sabiduría que viene de Dios tiene una diferencia de ciento ochenta grados: es pura, pacífica y amable en todo tiempo; es fácil de pedir, no muestra parcialidad y siempre es sincera. Quienes tienen sabiduría piadosa son misericordiosos y dispuestos a ceder ante otros, y producen buen fruto en sus relaciones.

La sabiduría que es de lo alto es primeramente pura, después pacífica, amable, benigna, llena de misericordia y de buenos frutos, sin incertidumbre ni hipocresía.
Santiago 3:17

¿Cómo podemos obtener esta sabiduría? Primero, comprendiendo que el Señor nos creó para enfrentar la vida con nuestra sabiduría humana. La verdadera sabiduría, como la que necesitamos con desesperación, pertenece solo a Dios; por eso debemos pedírsela y, aun más, debemos crecer en sabiduría aprendiendo a actuar en unidad con nuestro Señor. Entonces comenzamos a ver las cosas desde el punto de vista de Dios. Cuando reconocemos nuestra falta de esa sabiduría y se la pedimos, Él nos la da (Santiago 1:5). ¿Tienes que tomar una decisión, o te enfrentas con una situación difícil en tu trabajo o en tu familia? Busca hoy la sabiduría del Señor.

GRACIAS, SEÑOR, por tu sabiduría que es pacífica, amable, misericordiosa y dispuesta a ceder ante otros. Gracias por la provisión de tu sabiduría día tras día mientras vivo en ti. Muéstrame qué hacer en las situaciones difíciles que enfrente hoy. Necesito tu punto de vista celestial de las cosas. ¡Gracias por hacer que tu sabiduría divina esté a mi disposición por medio de la morada de tu Santo Espíritu!

SABIDURÍA ES VER LA VIDA DESDE LA PERSPECTIVA DE DIOS.
Bill Gothard (n. 1934)

Las lecturas para hoy de *La Biblia en un año* son
**Ezequiel 39:1 — 40:27; Santiago 2:18 — 3:18;
Salmo 118:1-18 y Proverbios 28:2.**

LA
BIBLIA
EN
UN AÑO

Gozo y alegría

Este es el día que hizo Jehová; nos gozaremos y alegraremos en él.
Salmo 118:24

Algunos días despertamos con todo menos con un espíritu de gozo. Quizá no nos sintamos bien físicamente; tal vez el sol no haya salido en días. Nuestras condiciones de vida podrían ser estresantes; probablemente tengamos cargas en nuestros corazones que pesen demasiado. Es posible que hayamos experimentado una pérdida. Tal vez las oraciones que creemos que el Señor no contestó se hayan amontonado tanto como nuestras cuentas todavía sin cancelar. Sin embargo, Dios nos ha dado este día, y nos invita a regocijarnos en él. No importa lo que esté pasando, el Señor aún es Dios, el Padre, el Creador, que gobierna desde su trono y declara su gloria en toda brizna de pasto, en toda ave que canta, en todo rayo de sol. Piensa en esto, ¡cada día es nuevo! Sus misericordias son nuevas. Él nos ha hecho nuevas criaturas en Jesucristo, y nos ha dado un mundo pletórico de su belleza. Este día es otra oportunidad de amar a nuestra familia y a nuestros amigos. Es otro día para servir a Dios, otro día para que Él extienda su reino por medio de nosotros. Es otro día de oportunidad para confiar en Él y verlo obrar aun en los problemas y las dificultades que enfrentamos.

SEÑOR, este es el día que tú has hecho, un lugar de nuevos inicios para mí. Muestras tu gloria en toda la creación. Ayúdame a ver tu bondad, a levantar la cabeza y a alegrarme. Sin importar lo que pase en las próximas veinticuatro horas, ¡ayúdame a gozarme y alegrarme en el día que hiciste! Ayúdame, además, a ver aun mis problemas como una oportunidad más de depender de ti.

NO HAY UNA BRIZNA DE HIERBA, NO HAY COLOR EN ESTE MUNDO QUE NO SE HAYAN CREADO PARA NUESTRO REGOCIJO.
Juan Calvino (1509-1564)

Las lecturas para hoy de *La Biblia en un año* son **Ezequiel 40:28 — 41:26; Santiago 4:1-17; Salmo 118:19-29 y Proverbios 28:3-5.**

Practica la oración *oración*

Este versículo enseña un principio clave para la intercesión eficaz: mantenerse orando hasta que se produzca un progreso respecto al tema de la oración.

La verdadera construcción de la represa tarda por lo general muchos meses, y luego el agua empieza a acumularse detrás de ella. Gota a gota y día a día sube el nivel del agua; sin embargo, si observamos del otro lado de la represa, parece que nada está sucediendo. Entonces, cuando el nivel del agua finalmente alcanza la altura adecuada, las compuertas se abren de par en par. El agua empieza a hacer girar los generadores y se libera un poder increíble.

Ya sea que suframos enfermedad física, problemas económicos o rotura de relaciones, a veces parece como si las cosas no fueran a cambiar. Este versículo nos anima a seguir adelante. Sigue orando hasta que hayas acumulado una gran cantidad de oración. Reúnete con otros para interceder por ti. La respuesta podría estar solamente a la vuelta de la esquina.

SEÑOR, quiero seguirte con fidelidad y no dejar de orar por tardanza, desánimo o debilidad. No te demorarás un día ni un momento más de lo necesario para lograr tus propósitos. Permíteme seguir orando hasta que lleguen las respuestas, y ayúdame para que agradezca y bendiga tu nombre continuamente.

A MENUDO LA ORACIÓN SE DEBE «ACUMULAR» HASTA QUE DIOS VEA QUE SU MEDIDA ESTÁ LLENA. ENTONCES VIENE LA RESPUESTA. ASÍ COMO CADA UNA DE DIEZ MIL SEMILLAS ES PARTE DE LA COSECHA FINAL, LA ORACIÓN CONSTANTE Y REPETIDA CON FRECUENCIA ES NECESARIA PARA ADQUIRIR UNA BENDICIÓN ANHELADA … LA VERDADERA FE NO SUFRE DESALIENTO. SABE QUE DEBE AUMENTAR PARA EJERCER SU PODER, EXACTAMENTE COMO EL AGUA, HASTA QUE LA CORRIENTE PUEDA BAJAR CON TODA SU FUERZA.
Andrew Murray (1828-1917)

¿Está alguno entre vosotros afligido? Haga oración. ¿Está alguno alegre? Cante alabanzas.
Santiago 5:13

Las lecturas para hoy de *La Biblia en un año* son
Ezequiel 42:1 — 43:27; Santiago 5:1-20; Salmo 119:1-16 y Proverbios 28:6-7.

LA BIBLIA EN UN AÑO

Gran misericordia

Bendito el Dios y Padre de nuestro Señor Jesucristo, que según su grande misericordia nos hizo renacer para una esperanza viva, por la resurrección de Jesucristo de los muertos, para una herencia incorruptible, incontaminada e inmarcesible, reservada en los cielos para vosotros.
1 Pedro 1:3-4

Estos versículos en 1 Pedro son una oración de agradecimiento a Dios por el maravilloso regalo del nuevo nacimiento que los creyentes tenemos a causa de la resurrección de Jesucristo. No solo debemos estar agradecidos por nuestra nueva vida en la tierra; también nacemos de nuevo a una esperanza viva y eterna. La naturaleza del Señor transforma nuestra naturaleza terrenal y nos da propósito, significado y esperanza no solo para esta vida, sino para la venidera. Tenemos una expectativa maravillosa de nuestro futuro en el cielo, y una «herencia incorruptible» porque somos hijos y herederos de Dios. Esta herencia no es como las que se reciben en la tierra. El Señor cuida esta herencia, y la mantiene «incontaminada e inmarcesible». Aparta tiempo para meditar en la gran misericordia de Dios y en la herencia incorruptible que ha reservado para ti, todo porque Cristo resucitó de los muertos. Pídele al Señor que aumente tu esperanza de que lo mejor está por venir.

PADRE, te bendigo y te alabo por la esperanza, la expectativa y la herencia que has proporcionado mediante la resurrección de tu Hijo, nuestro Salvador. Te alabo por la gran misericordia que me dio el privilegio de nacer de nuevo a una esperanza viva. Gracias por darme vida con una maravillosa expectativa, debido a que has reservado una herencia invaluable para mí y para todos tus hijos.

LA VERDADERA FE NO SE ENCUENTRA SOLA; ESTÁ ACOMPAÑADA DE EXPECTATIVA.
C. S. Lewis (1898-1963)

Las lecturas para hoy de *La Biblia en un año* son **Ezequiel 44:1 — 45:12; 1 Pedro 1:1-12; Salmo 119:17-32 y Proverbios 28:8-10.**

Dios nos ha escogido

Este es un mensaje maravilloso de ánimo, y refleja el gran destino de todo creyente. Quienes antes no éramos un pueblo ahora somos el pueblo de Dios, tenidos en gran estima y amor, su propia posesión. Por lo tanto, tenemos un gran llamado: ser sus embajadores, proclamando sus atributos y viviendo de tal modo que demuestre su bondad, para que otros puedan ver y experimentar el amor compasivo e inagotable de Dios. Puesto que el Señor nos «llamó de las tinieblas a su luz admirable», debemos ser testigos a un mundo vigilante, no solo con nuestras palabras, sino también con nuestras acciones: la manera en que llevamos nuestros asuntos, tratamos a nuestros vecinos y cuidamos a nuestros hijos. ¡Cuánto necesitamos al Espíritu para parecernos más a Jesús, de modo que otros quieran conocerlo por lo que ven en nosotros! Pídele a Dios que te ayude a rendirle más de ti, para que pueda liberar más de su luz sobre tu vida. Que el Señor te ayude a mostrar su bondad en tu hogar, en tu trabajo y dondequiera que vayas.

Vosotros sois linaje escogido, real sacerdocio, nación santa, pueblo adquirido por Dios, para que anunciéis las virtudes de aquel que os llamó de las tinieblas a su luz admirable.
1 Pedro 2:9

ESPÍRITU SANTO, gracias por llevarme de la oscuridad a tu luz admirable a causa de tu misericordia. Gracias por hacernos tu pueblo, tu mismísima posesión. Ayúdame a rendirme constantemente a ti para que la vida y el carácter de Cristo se formen en mí. Entonces otros podrán ver tu bondad y se acercarán a ti.

DIOS ESTÁ PREPARÁNDOTE COMO SU FLECHA YA ESCOGIDA. MIENTRAS TANTO, TU ASTIL ESTÁ ESCONDIDA EN SU ALJABA, EN LAS SOMBRAS … PERO EN EL MOMENTO PRECISO EN QUE ESTA SE REVELE CON EL MÁS FABULOSO EFECTO, EL SEÑOR TE TOMARÁ Y TE LANZARÁ AL LUGAR DE LA CITA QUE HA PREPARADO.
Charles R. Swindoll (n. 1934)

Las lecturas para hoy de *La Biblia en un año* son
Ezequiel 45:13—46:24; 1 Pedro 1:13—2:10;
Salmo 119:33-48 y Proverbios 28:11.

LA BIBLIA EN UN AÑO

Coherederos de vida

Vuestro atavío [mujeres] no sea el externo de peinados ostentosos, de adornos de oro o de vestidos lujosos, sino el interno, el del corazón, en el incorruptible ornato de un espíritu afable y apacible, que es de grande estima delante de Dios ... Vosotros, maridos, igualmente vivid con ellas sabiamente, dando honor a la mujer como a vaso más frágil, y como a coherederas de la gracia de la vida, para que vuestras oraciones no tengan estorbo.

1 Pedro 3:3-4, 7

Este pasaje anima a los esposos a nutrir y apreciar lo que Dios ha puesto dentro de ellos, y a relacionarse mutuamente como coherederos «de la gracia de la vida». Podemos deducir que la perspectiva de ser «coherederos» facilita la oración porque vemos la idea contrastante en estos versículos: cuando los esposos demuestran falta de respeto y comprensión hacia sus esposas, Dios no oirá sus oraciones. Por eso Pedro exhorta a las esposas a respetar a sus esposos y a cultivar una belleza interior caracterizada no por adornos externos llamativos, sino por un espíritu afable y apacible. A los esposos les ordena honrar a sus esposas como a iguales, y a vivir con ellas de manera sabia para que sus oraciones no se descarríen. Cuando perdemos de vista quiénes somos y quiénes son nuestros cónyuges en Cristo, con humildad podemos pedir perdón a Dios. Así comenzaremos de nuevo a vivir mutuamente en gracia y perdón como los compañeros que el Señor nos ha llamado a ser.

Pídele al Señor que te revele cualquier cosa en tu matrimonio que pueda estar deteriorando la armonía u obstaculizando tus oraciones. Pídele en oración una nueva perspectiva hacia tu cónyuge como socio en el regalo divino de nueva vida.

SEÑOR, ¡necesitamos el poder de tu gracia en nuestro matrimonio! Ayúdanos a nutrir y a valorar la maravillosa nueva vida dentro de cada uno de nosotros, a honrarnos y respetarnos, y a glorificar juntos a tu Hijo en nuestra vida. Enséñanos tu camino de compasión, entendimiento, amor y perdón, y retira todo obstáculo en nuestra vida de oración.

A MENOS QUE EL ESPOSO Y LA ESPOSA SEAN HEREDEROS DE LA GRACIA DE VIDA, Y SE TRATEN COMO LOS SANTOS EN QUE SE HAN CONVERTIDO, ¿CÓMO PUEDEN ESPERAR QUE SUS ORACIONES TENGAN ALGÚN PESO ANTE DIOS?
Herbert Lockyer

Las lecturas para hoy de *La Biblia en un año* son **Ezequiel 47:1 — 48:35; 1 Pedro 2:11 — 3:7; Salmo 119:49-64 y Proverbios 28:12-13.**

Dios de revelación

En una época trascendental, Daniel no se apoyó en su propio entendimiento ni en su conocimiento. Tampoco entró en pánico cuando el rey ordenó que este y todos los sabios del rey murieran porque no habían podido interpretar su sueño. Al contrario, Daniel pidió más tiempo al rey, fue a casa e instó a sus tres amigos a unírsele en oración, y juntos pidieron al Señor que les mostrara su misericordia revelándoles el secreto del sueño del rey. La oración de alabanza y acción de gracias que hizo Daniel es un recordatorio para nosotros de que Dios «revela lo profundo y lo escondido» —asuntos invisibles, inexplorados y velados para la mente natural— a quienes lo buscan y le piden su sabiduría, en vez de intentar entender las cosas por su cuenta. ¿En qué aspecto de tu vida sientes que hay más perplejidad? ¿Dónde necesitas más sabiduría: en tu papel de padre, en tus negocios, en tus relaciones o en tu ministerio? Alaba a Dios hoy por ser la fuente de toda sabiduría, luz y fortaleza, y por ser Aquel que puede revelarte exactamente lo que necesitas.

SEÑOR, alabo tu nombre. Eres el Dios del «poder y la sabiduría», quien guía los acontecimientos mundiales. Das «sabiduría y fuerza», y conoces «lo que está en tinieblas» y todos los misterios. Pido hoy tu sabiduría y fortaleza en esta situación...

DIOS SE REVELA INDEFECTIBLEMENTE A QUIEN LO BUSCA CON AHÍNCO.
Honoré de Balzac (1799-1850)

Daniel habló y dijo: Sea bendito el nombre de Dios de siglos en siglos, porque suyos son el poder y la sabiduría ... Él revela lo profundo y lo escondido; conoce lo que está en tinieblas, y con él mora la luz. A ti, oh Dios de mis padres, te doy gracias y te alabo, porque me has dado sabiduría y fuerza, y ahora me has revelado lo que te pedimos; pues nos has dado a conocer el asunto del rey.
Daniel 2:20, 22-23

Las lecturas para hoy de *La Biblia en un año* son
**Daniel 1:1 — 2:23; 1 Pedro 3:8 — 4:6; Salmo 119:65-80
y Proverbios 28:14.**

Amor que cubre

Ante todo, tened entre vosotros ferviente amor; porque el amor cubrirá multitud de pecados.
1 Pedro 4:8

¿Has tenido días en los que no muestras a otros el «ferviente amor» del que habla Pedro? Yo sí. Es más, hay ocasiones en las que —a pesar de mis intenciones— mi amor se seca, incluso hacia personas que de veras me interesan. Esa es la triste verdad de la condición humana. Apartados del Creador es imposible amar del modo en que Él nos diseñó: como vasijas de su amor. Con el tiempo se acabará nuestro amor natural por nuestros cónyuges, hijos o amigos. Pero en ese momento tenemos la gran oportunidad de recurrir al amor incondicional y eterno de Dios. Este es un recurso constante y renovable que está a nuestra disposición veinticuatro horas al día.

¿Y tú? Quizá las decisiones de tu cónyuge te han producido dolor. Tal vez has perdido el sueño y estás estresado. Posiblemente alguien ha dicho cosas hirientes de ti. Piensa por unos minutos en la relación que encuentras más complicada, o en la persona a la que consideras más difícil de amar. Ora para que el Espíritu de Dios derrame en tu corazón el amor que cubre multitud de pecados.

SEÑOR, admito mi falta de amor y mi desesperada necesidad de tu amor incondicional hacia [nombre]. Ayúdame a entregarme a tu Espíritu y a experimentar una intimidad más profunda contigo y con tu amor por mí. Entonces tu amor me llenará de tal modo que otros a mi alrededor se salpicarán cuando tu amor rebose en mí. Y en esas relaciones que me resultan más difíciles, concédeme tu amor, que cubre multitud de pecados.

LOS MANANTIALES DE AMOR ESTÁN EN DIOS, NO EN NOSOTROS. DE MANERA NATURAL ES ABSURDO BUSCAR EL AMOR DE DIOS EN NUESTROS CORAZONES; ESTE SE ENCUENTRA ALLÍ SOLO CUANDO SE DERRAMA DE NUESTROS CORAZONES POR ACCIÓN DEL ESPÍRITU SANTO.
Oswald Chambers (1874-1917)

Las lecturas para hoy de *La Biblia en un año* son **Daniel 2:24 — 3:30; 1 Pedro 4:7 — 5:14; Salmo 119:81-96 y Proverbios 28:15-16.**

Valor de la Palabra

valor

En esta oración podemos unirnos al salmista cuando expresa agradecimiento por las palabras del Señor. Ellas nos nutren, nos dan inteligencia y nos alejan de caminos engañosos. ¡No asombra que sean mejores que los alimentos más selectos! La Palabra de nuestro Señor proporciona alimento para nuestro crecimiento espiritual y para nuestra salud y nos da la guía que necesitamos para cada paso del viaje. Casi todos los versículos del Salmo 119 hablan de este extenso tema: el gran valor de la Palabra revelada de Dios. Esta nos invita a volver a las Escrituras y a enfocar su lectura como un deleite, no como un deber. Nos recuerda qué gran regalo es tanto saber lo que Dios dice como poder seguir esa senda que nos lleva a la vida eterna, en vez de seguir el falso sendero que lleva a la destrucción. Pídele al Espíritu de Dios que aumente tu gusto por las Escrituras y que abra tus ojos a sus maravillosos caminos. Ora para tener más hambre de su Palabra que de tu platillo favorito, para que puedas decir como Moisés: «Las palabras de esta ley ... no os es cosa vana; es vuestra vida» (Deuteronomio 32:46-47).

¡Cuán dulces son a mi paladar tus palabras! Más que la miel a mi boca. De tus mandamientos he adquirido inteligencia; por tanto, he aborrecido todo camino de mentira.
Salmo 119:103-104

PADRE, gracias por tu Palabra, ¡la cual es mi vida! Ella me ofrece la comprensión que necesito para mantenerme en el buen camino y para vivir de tal modo que te honre. Lléname de gusto por la Biblia, y aumenta mi agradecimiento por ella a medida que cada año pasa. Evita que me distraiga cuando me siente a leer, y permite que nunca dé por sentado el gran privilegio de saber lo que has dicho.

DIOS NO ESCRIBE UN LIBRO Y LO ENVÍA POR MEDIO DE MENSAJEROS PARA QUE A LA DISTANCIA LO LEAN LAS MENTES SIN AYUDA. ÉL HABLÓ UN LIBRO Y VIVE EN LAS PALABRAS QUE HA DICHO, PRONUNCIÁNDOLAS CONSTANTEMENTE Y HACIENDO QUE EL PODER DE ELLAS PERSISTA A TRAVÉS DE LOS AÑOS.
A. W. Tozer (1897-1963)

Las lecturas para hoy de *La Biblia en un año* son
Daniel 4:1-37; 2 Pedro 1:1-21; Salmo 119:97-112 y Proverbios 28:17-18.

LA BIBLIA EN UN AÑO

Desfallecer por ver

*Mis ojos desfallecieron
por tu salvación, y por
la palabra de tu
justicia. Haz con tu
siervo según tu
misericordia, y
enséñame tus estatutos.*
Salmo 119:123-124

¿Has desfallecido alguna vez por ver liberación divina?
Anhelamos ver cumplidas las promesas del Señor. Añoramos su respuesta. Quizá deseas ver que tu hijo se aleje
de un estilo de vida ocioso y reciba a Jesús como Señor.
Tal vez anheles que Dios restaure la salud a alguien por
quien has estado orando, o que abra las puertas del gozo
en tu matrimonio. La Biblia está llena de personajes que
desfallecieron por ver la liberación de Dios y el cumplimiento de sus promesas. Pasaron veinticinco años desde
que Dios prometió a Abraham y a Sara que les daría un
hijo y el cumplimiento de esa promesa. Ana se consumió
y esperó el hijo que deseaba hasta que el Señor le dio a
Samuel. José pasó largos períodos de lucha hasta que finalmente Dios cumplió el sueño que le había dado años
atrás.

También para nosotros puede haber períodos de
espera, ¡no tan largos —esperamos— como el que experimentó Abraham! En esos momentos de espera se
prueba nuestra fe en gran medida. Sin embargo, en
esa misma debilidad y prueba podemos mirar hacia el
Señor para que trate amorosamente con nosotros y
nos otorgue confianza y paciencia mientras esperamos en Él.

*SEÑOR, mis ojos desfallecen por ver tu liberación, ¡y por
ver cumplida la verdad de tus promesas! Fortaléceme en esos
lugares en que me canso de esperar. En tu bondad, renueva
mi confianza cada vez menor en ti. Trata conmigo en tu
amor y en tu compasión incondicional, y enséñame día a día
a confiar en ti y en tus principios, aunque me encuentre en
las salas de espera de la vida.*

SEÑOR, MI DIOS, COMPRENDEMOS LAS
ESTACIONES DE LA NATURALEZA; SABEMOS CÓMO
ESPERAR EL FRUTO QUE ANHELAMOS. DANOS
SEGURIDAD DE QUE NO TARDARÁS UN MOMENTO
MÁS DEL NECESARIO Y DE QUE NUESTRA FE
ACELERARÁ LA RESPUESTA.
Andrew Murray (1828-1917)

Las lecturas para hoy de *La Biblia en un año* son
**Daniel 5:1-31; 2 Pedro 2:1-22; Salmo 119:113-128
y Proverbios 28:19-20.**

Devoción para orar devoción

Todo el curso de una nación y de la historia humana se alteró como consecuencia del sencillo acto de Daniel de seguir con devoción a Dios. No fue su elocuencia, su fortaleza física ni su vocación lo que causó tal impacto en el mundo. No, el Señor usó el ejercicio más básico del espíritu humano —volvernos a Él en oración— para lograr lo que ningún ejército pudo haber imaginado que se conseguiría alguna vez. A menudo cometemos la equivocación de creer que «ministrar» es algo que Dios espera que hagamos por Él. No obstante, la obra del Señor es creer en Aquel a quien el Padre envió. Jesús nos invita: «Sígueme». Nuestra oración perseverante, nuestra «pertinaz» fidelidad en Cristo y nuestra creciente intimidad con Él frente a las adversidades en esta tierra darán como resultado nuestra victoria y la liberación del mundo. La carne engendra carne. Solo el Espíritu Santo puede producir el fruto que glorificará al Padre en el Hijo.

PADRE, este día ayúdame a confiar en ti y a reconocer tu íntima presencia conmigo y en mí. Dame devoción y tenacidad para orar, como las que tenía Daniel. Permíteme vivir en constante comunión contigo —aunque me estoy esforzando por hacer con excelencia todo lo que está delante de mí—, y haz que siempre preste atención a tu invitación de seguirte.

LA POTENCIA DE LA ORACIÓN HA SOMETIDO LA FORTALEZA DEL FUEGO; HA PUESTO FRENO A LA FURIA DE LEONES, HA ACALLADO LA ANARQUÍA, HA EXTINGUIDO GUERRAS, HA APACIGUADO LOS ELEMENTOS, HA EXPULSADO DEMONIOS, HA ROTO LAS CADENAS DE LA MUERTE, HA EXPANDIDO LAS PUERTAS DEL CIELO, HA MITIGADO MALES, HA REPELIDO FRAUDES, HA RESCATADO CIUDADES DE LA DESTRUCCIÓN, HA MANTENIDO AL SOL EN SU CURSO Y HA OBSTRUIDO EL AVANCE DEL RAYO.
San Juan Crisóstomo (347-407)

Cuando Daniel supo que el edicto había sido firmado, entró en su casa, y abiertas las ventanas de su cámara que daban hacia Jerusalén, se arrodillaba tres veces al día, y oraba y daba gracias delante de su Dios, como lo solía hacer antes.
Daniel 6:10

Las lecturas para hoy de *La Biblia en un año* son
**Daniel 6:1-28; 2 Pedro 3:1-18; Salmo 119:129-152
y Proverbios 28:21-22.**

LA BIBLIA EN UN AÑO

tesoro
Gran tesoro

*Mira, oh Jehová, que
amo tus
mandamientos;
vivifícame conforme a
tu misericordia. La
suma de tu palabra es
verdad, y eterno es todo
juicio de tu justicia.
Príncipes me han
perseguido sin causa,
pero mi corazón tuvo
temor de tus palabras.
Me regocijo en tu
palabra como el que
halla muchos despojos.*
Salmo 119:159-162

Cada día hacemos frente a personas que nos acosan, o
a retos que se convertirán en escollos o en peldaños,
dependiendo de nuestra reacción. Aunque la meta de
todo cristiano debería ser llevar cada situación al corazón mismo de Jesús, es importante entender que logramos este objetivo principalmente al permitir que la
Palabra de Dios more con generosidad en nosotros. El
Espíritu Santo siempre ha vivido y obrado a través de
la Biblia. Mientras la gente del Antiguo Testamento
trataba de justificar sus caminos observando la ley y
guardando los mandamientos del Señor, ahora tenemos el gozo de Jesús, la manifestación física de su Palabra, que vive dentro de nosotros en su Espíritu. Por
eso nos regocijamos en la Biblia como quien encuentra un tesoro. Es la Palabra de Dios en nuestros corazones y en nuestras mentes la que proporciona al
Espíritu un vehículo a través del cual la voluntad del
Señor se cumple tanto en la tierra como en el cielo.

*SEÑOR, gracias por el tesoro de tu Palabra. «Tu palabra
es verdad, y eterno es todo juicio de tu justicia». Dame sed
insaciable por tu Palabra. Que mi corazón tiemble ante sus
verdades. Que siempre me regocije en tu Palabra, y que ella
se manifieste en mí con vida y poder.*

LA BIBLIA ES VIVA, ME HABLA; TIENE PIES, CORRE
DETRÁS DE MÍ; TIENE MANOS, ME SOSTIENE.
Martín Lutero (1483-1546)

Las lecturas para hoy de *La Biblia en un año* son
**Daniel 7:1-28; 1 Juan 1:1-10; Salmo 119:153-176
y Proverbios 28:23-24.**

El canto del peregrino *canto*

Al Salmo 120 se le llama a veces el canto del peregrino porque se entonaba mientras los israelitas iban camino a Jerusalén para celebrar las fiestas anuales. En esta canción particular, en la angustia de los peregrinos participaban personas embusteras que constantemente los acosaban y mentían acerca de los israelitas. Estos habían sufrido entre los bribones de Mesec (v. 5), su propio pueblo que debió haber sido pacífico solo quería guerra. A medida que el salmista suplicaba liberación a Dios y presentaba su dolor, sentía confianza en que el Señor había contestado sus oraciones. Dios era su centro y la oración su primer recurso. Él había llevado sus problemas al lugar adecuado; por lo tanto, pudo agradecer al Señor por contestar su oración aun antes de que hubiera cambiado en algo la situación. Quizá no estemos en nuestro camino a Jerusalén, pero como creyentes también somos peregrinos y extranjeros en este mundo y enfrentaremos oposición. Podríamos encontrar hostilidad y problemas más allá de nuestra capacidad para poder manejar estos aspectos. Otras personas quizá mientan acerca de nosotros, o nos traicionen, como le pasó a David; sin embargo, este pasaje nos asegura que cuando llevamos al Señor todas nuestras aflicciones y le clamamos, Él *contestará* nuestra oración.

A Jehová clamé estando en angustia, y él me respondió. Libra mi alma, oh Jehová, del labio mentiroso y de la lengua fraudulenta.
Salmo 120:1-2

PADRE, te agradezco que no haya problema en que no puedas ayudar. Cuando te llevo mis angustias, cuando clamo a ti, siempre estás allí, escuchando, contestando y obrando en mi vida. Aunque me acosen o me aflijan, tú eres mi refugio seguro. Eres mi torre fuerte, y corro hacia ti con confianza. ¡Gracias por oír y contestar mis oraciones!

ES LA RESPUESTA A LA ORACIÓN LO QUE HACE QUE ORAR SEA UN PODER PARA DIOS Y PARA EL HOMBRE, Y LO QUE HACE QUE LA ORACIÓN SEA VERDADERA Y DIVINA.
E. M. Bounds (1835-1913)

Las lecturas para hoy de *La Biblia en un año* son **Daniel 8:1-27; 1 Juan 2:1-17; Salmo 120:1-7 y Proverbios 28:25-26.**

LA BIBLIA EN UN AÑO

DICIEMBRE
2

No estamos solos

Alzaré mis ojos a los montes; ¿de dónde vendrá mi socorro? Mi socorro viene de Jehová, que hizo los cielos y la tierra. No dará tu pie al resbaladero, ni se dormirá el que te guarda. He aquí, no se adormecerá ni dormirá el que guarda a Israel.
Salmo 121:1-4

Así como el salmista que viajaba a Jerusalén, nuestra fortaleza y ayuda no vienen de los montes, sino de Aquel que los hizo. Quien nos creó puede sustentarnos. Él nos permite concluir cualquier viaje en que estemos, aunque a lo largo del camino se presente debilidad, enfermedad o problemas. Quien nos guarda *nunca* se quedará dormido en medio de su trabajo. Él está despierto toda la noche protegiendo a los suyos, cuidando sus vidas.

Mi madre llamaba a este el salmo del viajero, porque nos asegura que no importa dónde estemos, ya sea que viajemos en auto, avión, tren o a pie, que velemos o durmamos, no estamos solos. Ella oraba este salmo en voz alta siempre que emprendía un viaje. Su corazón, que a menudo estaba ansioso, se calmaba cuando proclamaba que Dios la cuidaba y que vigilaba sus salidas y sus entradas. A medida que se recordaba quién estaba a su lado, vigilándola, preparándole el camino por delante, evitándole todo mal y preservándole la vida (v. 7), mi madre podía descansar en los brazos amorosos de Dios mientras viajaba por montañas y colinas, al volar sobre las nubes y cuando hizo su viaje final de esta vida hacia la eternidad.

SEÑOR, miro hacia los montes, pero mi ayuda no viene de allá. ¡Mi ayuda viene de ti, que hiciste los cielos y la tierra! Puesto que me sostienes, no tropezaré ni caeré. Puesto que me vigilas, no temeré. Gracias por tu continuo cuidado y protección. Mi seguridad está en ti. Bendice mi entrada y mi salida, tanto ahora como por siempre.

EL CONOCIMIENTO DE QUE NO ESTAMOS SOLOS TRANQUILIZA EL AGITADO MAR DE NUESTRA VIDA E INFUNDE PAZ A NUESTRAS ALMAS.
A. W. Tozer (1897-1963)

Las lecturas para hoy de *La Biblia en un año* son **Daniel 9:1—11:1; 1 Juan 2:18—3:6; Salmo 121:1-8 y Proverbios 28:27-28.**

Paz en Jerusalén

paz

Jerusalén no siempre había sido la «ciudad santa». Hubo un tiempo en que estuvo en manos de los jebuseos, pero a estos los expulsaron. La ciudad estaba ahora en total posesión de los hijos de Dios. Se administraría la justicia según el sentir de Dios, sin influencia ni interferencia externa. Cuando el pueblo hizo su peregrinaje anual a Jerusalén para celebrar las tres fiestas, David escribió este salmo como un anuncio. ¡Quería que toda la gente supiera que Jerusalén era la población donde el Señor establecería su nombre! Aunque el rey tenía un interés especial en la ciudad, no solicitaba su bienestar. Él era un hombre de adoración y amaba la casa de Dios. Su deseo era que el arca, el templo y la gloria del Señor siguieran morando en Jerusalén.

Hoy día el nombre de Dios aún se recuerda en Jerusalén. Ora por la paz de esa ciudad. Pídele al Señor, que no se cansa ni se duerme, que lleve descanso a su pueblo y vele sobre Israel.

JEHOVÁ, tú creaste el universo. Eres consciente del conflicto entre las naciones, de las súplicas de quienes piden paz. Te ruego que protejas a tu pueblo. Te suplico que reines en Jerusalén. Ayúdanos como pueblo y nación a recordar a quienes están sufriendo malestar y conflicto. Dios omnipotente e infatigable, oro porque traigas paz y restauración a tu ciudad santa.

PARA LA MAYORÍA DE LOS HOMBRES, EL MUNDO ESTÁ CENTRADO EN EL EGO, LO CUAL ES DESDICHA: PAZ ES TENER AL MUNDO CENTRADO EN DIOS.
Donald Hankey (1874-1917)

Pedid por la paz de Jerusalén; sean prosperados los que te aman. Sea la paz dentro de tus muros, y el descanso dentro de tus palacios. Por amor de mis hermanos y mis compañeros diré yo: La paz sea contigo. Por amor a la casa de Jehová nuestro Dios buscaré tu bien.
Salmo 122:6-9

Las lecturas para hoy de *La Biblia en un año* son **Daniel 11:2-35; 1 Juan 3:7-24; Salmo 122:1-9 y Proverbios 29:1.**

amor *Confianza en el amor del Señor*

Nosotros hemos conocido y creído el amor que Dios tiene para con nosotros. Dios es amor; y el que permanece en amor, permanece en Dios, y Dios en él. En esto se ha perfeccionado el amor en nosotros, para que tengamos confianza en el día del juicio; pues como él es, así somos nosotros en este mundo. En el amor no hay temor, sino que el perfecto amor echa fuera el temor; porque el temor lleva en sí castigo. De donde el que teme, no ha sido perfeccionado en el amor.

1 Juan 4:16-18

Qué maravilloso es que podamos confiar en el amor de Dios. Cuánto asombra que podamos experimentar ese amor, porque todos los que viven en amor viven en el Señor, y el Señor vive en ellos. Ese amor no se origina en nosotros, sino en el amor de Dios por nosotros. Nuestro amor por él no es perfecto ni completo, pero el suyo sí lo es, y a medida que moramos en Él por su Espíritu, nuestro amor se perfecciona más. En todos nuestros sufrimientos podemos conocer que Dios nos ama más de lo que podemos imaginar. Este amor nos rescató de la oscuridad y nos llevó a su luz admirable. Este amor cubre todos nuestros pecados, y nos preparará para que en el día del juicio estemos ante el Señor con confianza, no con temor. Este amor es tan poderoso que podemos vivir de manera victoriosa y sin temor porque «el perfecto amor echa fuera el temor». Medita por unos instantes en el amor de Dios, y acércate en acción de gracias y alabanza.

SEÑOR DE AMOR, ¡gracias porque me amaste primero! Al vivir en ti, tu amor se perfecciona más. Aunque no entienda todos los sufrimientos por los que pueda pasar, confío en tu amor por mí. Ayúdame a morar en ti. Lléname de tu perfecto amor que echa fuera todo temor, para que pueda vivir en confianza, descansar en ti y hacer partícipes de tu maravilloso amor a quienes me rodean.

TODO LO QUE DIOS HACE ES AMOR, AUN CUANDO NO ENTENDAMOS AL SEÑOR.
Madre Basilea Schlink (1904-2001)

Las lecturas para hoy de *La Biblia en un año* son **Daniel 11:36—12:13; 1 Juan 4:1-21; Salmo 123:1-4 y Proverbios 29:2-4.**

Oración del seto de espinos

¿Te has sentido alguna vez como si no te quedaran oraciones en tu vida por un ser querido (ya sea un adolescente, un sobrino, una sobrina o un cónyuge), y que esa persona aún está encaminándose directamente a la destrucción? De ser así, te podrías identificar con Oseas, cuya esposa Gomer estaba continuamente en la senda equivocada, tras sus amantes. Dios dijo que le bloquearía el camino con una pared de setos espinosos para que ella no pudiera seguir con sus andanzas.

Cuando las personas que amamos no tienen la sabiduría necesaria para ver las sendas destructivas en las que están, podemos orar por un «seto de espinos». Pidamos a Dios que separe a nuestros seres amados de las influencias destructivas, de modo que quienes los llevan hacia el mal pierdan el interés, y así los pródigos pierdan interés en esas personas. Así como las acciones del Señor apartaron a los amantes de Gomer, esta oración puede formar una barricada, o un cerco doble, que mantenga fuera a las influencias destructivas y dentro a nuestros seres queridos. Esta oración no puede cambiar la voluntad de una persona, pero Dios puede erradicar malas influencias y frustrar los intentos del pródigo de tener contacto con quienes van a influir mal sobre él. Luego puedes orar porque en esa frustración el pródigo se vuelva al Señor.

SEÑOR, te pido que levantes un seto de espinos alrededor de [nombre], para que separes a mi ser querido de cualquier influencia que no hayas ordenado. Te pido que quienes son malas influencias pierdan interés y huyan, y que mi ser amado también pierda interés en ellos. Que ese seto de espinos lo defienda contra cualquier contacto con quienes están fuera de tu voluntad.

DIOS ESTÁ DESEOSO Y ES CAPAZ DE LIBERAR Y BENDECIR AL MUNDO QUE HA REDIMIDO, SI SU PUEBLO ESTUVIERA DISPUESTO, SI ESTUVIERA LISTO PARA CLAMARLE DÍA Y NOCHE.
Andrew Murray (1828-1917)

Yo rodearé de espinos su camino, y la cercaré con seto, y no hallará sus caminos. Seguirá a sus amantes, y no los alcanzará; los buscará, y no los hallará. Entonces dirá: Iré y me volveré a mi primer marido; porque mejor me iba entonces que ahora.
Oseas 2:6-7

Las lecturas para hoy de *La Biblia en un año* son
Oseas 1:1 – 3:5; 1 Juan 5:1-21; Salmo 124:1-8 y Proverbios 29:5-8.

DICIEMBRE

6

Nada de importancia

Oíd palabra de Jehová, hijos de Israel, porque Jehová contiende con los moradores de la tierra; porque no hay verdad, ni misericordia, ni conocimiento de Dios en la tierra.

Oseas 4:1

Nadie desea recibir un citatorio, pero eso es exactamente lo que ocurrió con Israel. El Rey de reyes había entablado una demanda y las acusaciones eran graves. Aunque la nación tenía un rico historial, y Dios había prometido un futuro abundante, no había nada de valor perdurable en la tierra. Una nación importante se había vuelto insignificante. ¿Cómo todo un pueblo pierde su herencia? La pierde poco a poco, cuando los ídolos reemplazan a Dios, cuando una generación no enseña los preceptos de la fe a la siguiente, cuando las personas claman al Señor solo en tiempos de crisis.

Israel no supo el alcance de su pérdida hasta cuando el citatorio llamó a la puerta. Nosotros podríamos señalar los problemas de nuestra nación, pero un país es tan fuerte como lo son sus pobladores. Por lo tanto, es sensato examinar primero nuestras propias vidas. ¿Somos fieles? ¿Somos amables con los demás? ¿Conocemos a Dios y obedecemos su Palabra? ¿Estamos enseñando sus preceptos a la siguiente generación? Tómate un momento y pídele al Señor que extienda su luz en tu corazón y en tu hogar, y que siembre semillas de importancia en tu vida.

PADRE, te pido que sea fiel, amable y que tenga conocimiento de ti. Ayúdame a apreciar lo que tiene valor eterno, porque encuentro importancia a través de ti. Padre, levanto mi nación ante ti. Ayúdanos a reconocer qué tiene valor y qué no lo tiene. Abre nuestros ojos para que cambien nuestros caminos. Cambia mi nación, Señor, pero comienza conmigo.

EL VALOR HUMANO NO ES EL MÁXIMO, SINO EL SEGUNDO; EL VALOR DEFINITIVO Y MÁS SUBLIME ES DIOS EL PADRE. SOLO ÉL ES LA CAUSA Y LA MEDIDA DE TODAS LAS COSAS, CAUSA Y MEDIDA DE TODAS LAS VALORACIONES, CAUSA Y MEDIDA DE TODO AMOR.
Karl Adam (1876-1966)

Las lecturas para hoy de *La Biblia en un año* son **Oseas 4:1–5:15; 2 Juan 1-13; Salmo 125:1-5 y Proverbios 29:9-11.**

Andemos en la verdad verdad

El gozo de Juan es inequívoco en esta carta. ¡Había recibido un buen informe! Su querido amigo Gayo andaba en la verdad. Esto era algo prometedor en un panorama por demás oscuro. Diótrefes, el dirigente local de la iglesia, había maltratado a un grupo de maestros viajeros. Cuando las personas de la iglesia intervinieron para defenderlos, él las sacó de la iglesia; de manera malvada inventó chismes acerca de Juan, y debilitó la autoridad de los líderes. En alguna parte del camino Diótrefes perdió de vista la verdad. Le gustaba ser dirigente, pero había olvidado cómo servir.

¿Qué significa vivir en la verdad? Significa no solo estudiar la Palabra de Dios, sino también ponerla en práctica. Significa evitar riñas insignificantes y luchas de poder. Significa servir a otros en vez de servirse de los demás. Tiene que ver con ser fieles a las tareas que nos encomiendan. Los pastores y dirigentes a menudo portan cargas pesadas y muchas veces hacen un gran sacrificio personal. Tú tienes la capacidad de aligerar su carga. Al vivir en la verdad, decides facilitar la carga de quienes sirven.

DIOS, levanto a todo aquel en autoridad. Su labor es difícil. Ayúdame a ser de bendición en vez de ser una carga. Ayúdame a ser fiel y a practicar lo que creo. Señor, te ruego no solo por mi pastor sino por todos los líderes en mi iglesia. Minístralos. Extiende tus brazos alrededor de sus familias. ¡Ayúdame a ser un punto luminoso en sus ministerios, viviendo en la verdad!

BUSCA LA VERDAD, ESCUCHA LA VERDAD, ENSEÑA LA VERDAD, AMA LA VERDAD, MORA EN LA VERDAD Y DEFIENDE LA VERDAD HASTA LA MUERTE.
Juan Huss (1370-1415)

Amado, yo deseo que tú seas prosperado en todas las cosas, y que tengas salud, así como prospera tu alma. Pues mucho me regocijé cuando vinieron los hermanos y dieron testimonio de tu verdad, de cómo andas en la verdad.
3 Juan 1:2-3

Las lecturas para hoy de *La Biblia en un año* son
Oseas 6:1 — 9:17; 3 Juan 1-15; Salmo 126:1-6 y Proverbios 29:12-14.

LA
BIBLIA
EN UN
AÑO

majestad

Gloria y majestad

A aquel que es poderoso para guardaros sin caída, y presentaros sin mancha delante de su gloria con gran alegría, al único y sabio Dios, nuestro Salvador, sea gloria y majestad, imperio y potencia, ahora y por todos los siglos. Amén.
Judas 24-25

Después de una larga defensa de la fe, y de un análisis de la condena que espera a quienes rechazan el camino de Dios, la bendición de Judas es esperanzadora y reconfortante. Nos anima a que, aunque vivamos en un mundo pecaminoso, Dios puede evitar que caigamos. Debido a que es su poder el que nos salva, nos impide tropezar, y un día nos presentará completamente limpios e inocentes de pecado ante su trono. Sería suficiente para nosotros que el Señor nos lleve seguros al hogar celestial, pero Judas dice también que esto se producirá «con gran alegría». Este pensamiento puede darnos el descanso que viene al creer que el Señor es completamente capaz de lograr esta hazaña, y podemos depender de su total poder y fortaleza. Cuán maravilloso es saber que mi salvación no depende de mí, ni de esforzarme ni alistarme para entrar ese gran día en la gloriosa presencia del Señor. Mi parte es creer y descansar en Aquel que es mi salvación, ceder a su obra que refina y purifica mi corazón y mi vida, y darle honra y gloria ahora y por siempre.

GRACIAS, Padre, por el gran regalo de la salvación a través de Jesucristo nuestro Señor. Gloria a ti, Dios, el único capaz de evitar que yo tropiece, ¡y de llevarme a su gloriosa presencia sin mancha y con gran alegría! Ayúdame a depender de tu poder y de tus fuerzas mientras obras en mí para agradarte. ¡Toda gloria, majestad, poder y autoridad te pertenecen desde el principio, ahora y por siempre!

¿CÓMO DESCANSAREMOS EN DIOS? DÁNDONOS POR COMPLETO A ÉL. SI TE DAS POR MITADES NO PUEDES ENCONTRAR EL DESCANSO TOTAL; SIEMPRE HABRÁ UN DESASOSIEGO ACECHANDO EN ESA MITAD QUE SE RETIENE.
Jean Nicolas Grou (1731-1803)

Las lecturas para hoy de *La Biblia en un año* son **Oseas 10:1 — 14:9; Judas 1-25; Salmo 127:1-5 y Proverbios 29:15-17.**

Arrepentimiento y regreso

El primer capítulo de Joel es un llamado a «prestar oído» y se dirige a líderes y ancianos de Judá. Cuando la plaga de langostas cae sobre la tierra que rodea Jerusalén, las cosechas y viñas quedan destruidas; se secan palmeras, granados y árboles frutales; y las personas se encuentran devastadas. Frente a esta plaga, la única esperanza para el pueblo de Judá es volverse a Dios en verdadero arrepentimiento.

Hoy día nuestras naciones enfrentan diferentes enemigos, que no son menos feroces ni menos destructivos, por lo que Dios nos invita a volvernos a Él mientras aún hay tiempo. Él dice: «Denme sus corazones. No hagan solo una demostración externa de arrepentimiento o dolor (rasgarse las vestiduras); quiero arrepentimiento profundo de corazón, y deseo que regresen a mí como el centro de sus vidas y su nación». El Señor presenta el mismo patrón en toda la Biblia: si el pueblo responde a su llamado, llega en humildad y arrepentimiento y ora, Él perdona sus pecados, sana y restaura su tierra, sus vidas y sus familias. Él nos promete lo mismo a nosotros.

GRACIAS, DIOS, por ser compasivo y misericordioso, tardo para la ira y lleno de amabilidad y anhelo por tu pueblo. Concédeme a mí, y concede a mi nación, el regalo del arrepentimiento, el regalo de las lágrimas, para que podamos volver a ti con todo nuestro corazón. Gracias no solo por oír mis clamores de ayuda, sino también por traer sanidad y restauración hoy a mi vida.

DIOS DARÁ NUEVE PASOS HACIA NOSOTROS, PERO NO DARÁ EL DÉCIMO. NOS INCLINARÁ AL ARREPENTIMIENTO, PERO NO PUEDE ARREPENTIRSE POR NOSOTROS.
A. W. Tozer (1897-1963)

La vid está seca, y pereció la higuera; el granado también, la palmera y el manzano; todos los árboles del campo se secaron, por lo cual se extinguió el gozo de los hijos de los hombres. Ceñíos y lamentad, sacerdotes; gemid, ministros del altar; venid, dormid en cilicio, ministros de mi Dios; porque quitada es de la casa de vuestro Dios la ofrenda y la libación.
Joel 1:12-13

Las lecturas para hoy de *La Biblia en un año* son
Joel 1:1 – 3:21; Apocalipsis 1:1-20; Salmo 128:1-6 y Proverbios 29:18.

LA BIBLIA EN UN AÑO

Primer amor

Yo conozco tus obras, y tu arduo trabajo y paciencia ... Pero tengo contra ti, que has dejado tu primer amor. Recuerda, por tanto, de dónde has caído, y arrepiéntete.
Apocalipsis 2:2, 4-5

Alguien dijo una vez que el primer amor es dejar todo por un amor que ha dejado todo. Se refiere a tal devoción a Cristo, que abandonaremos todo por Aquel que dio su vida por nosotros. Quizá cuando te rendiste por primera vez a Cristo se te hacía imposible dejar de pasar tiempo con Él; leías ávidamente la Biblia y estabas pendiente de toda palabra. Luego te ocupaste trabajando para el Señor, y en el camino perdiste la frescura de disfrutar en su presencia. Personas y responsabilidades comenzaron a ocupar el primer lugar. El Señor encomendó a los creyentes que se esforzaran, perseveraran y sufrieran pacientemente sin renunciar, pero también los estaba llamando —y está llamando a todos los cristianos en la historia— a volver a ese primer amor y relación vital con Él. ¡Cómo anima saber que aunque no podemos forzar ni fabricar esta clase de amor, Cristo nuestro novio siempre está allí cortejándonos para que volvamos a Él!

SEÑOR, confieso que he estado trabajando para ti y haciendo mucho, pero que he perdido la sencilla devoción de amarte. Gracias porque siempre me estás invitando a volver a la intimidad contigo. Gracias porque tus brazos están abiertos para recibirme. Ayúdame a abandonarme una vez más en ti, a experimentar tu amor incondicional por mí y a vivir en devoción pura cerca de tu corazón.

DEBEMOS RENUNCIAR ESPIRITUALMENTE A TODOS LOS DEMÁS AMORES POR EL AMOR DE DIOS, O AL MENOS DEBEMOS TENERLOS EN SUBORDINACIÓN A ESTE AMOR Y ESTAR LISTOS A RENUNCIAR A ELLOS A FAVOR DEL AMOR DE NUESTRO SEÑOR. SIN EMBARGO, CUANDO ENCONTRAMOS A DIOS, O MÁS BIEN CUANDO SABEMOS QUE LO HEMOS DESCUBIERTO, ENCONTRAMOS EN ÉL TODOS LOS AMORES A LOS QUE POR SU CAUSA HEMOS TENIDO QUE RENUNCIAR.
Sir William Temple (1628-1699)

Las lecturas para hoy de *La Biblia en un año* son **Amós 1:1 – 3:15; Apocalipsis 2:1-17; Salmo 129:1-8 y Proverbios 29:19-20.**

Recuerda quién es el Señor

En medio del duro juicio y del anuncio de más desastres venideros, en todo Amós 5 el Señor invita de manera misericordiosa a su pueblo a salir de la idolatría, dejar la maldad, la corrupción y la injusticia y volver a Él. Los invita: «Buscad a Jehová, y vivid», antes de «que acometa como fuego a la casa de José y la consuma». Los invita a recordar lo que ha hecho, a mirar la creación, las constelaciones y las estrellas en la noche. Les recuerda quién es Él: el bendito controlador de todo en la naturaleza. Él convierte la oscuridad en mañana y el día en noche; recoge las aguas de los océanos y las derrama como lluvia. Su poder destruye al fuerte y aniquila todas sus defensas, hace que tropiece el orgulloso y fortalece al débil. ¡Señor Todopoderoso es su nombre! Nos ocurre lo que pasó con los israelitas que se extraviaron al olvidarse de Dios y de sus hechos. Uno de los grandes valores de las Escrituras es que nos regresan a la verdad de quién es Dios. Nos dan imágenes escritas del poder y la grandeza del Señor, para que nos volvamos a Él en rendición y devoción... para que vivamos.

SEÑOR TODOPODEROSO, que creaste las estrellas y conviertes la oscuridad en amanecer y el día en noche, me inclino ante ti. Te alabo porque gobiernas en el cielo y en la tierra, y porque con velocidad y poder enceguecedor aplastas al malvado. ¡Nada puede resistir tu poder! Gracias por tu Palabra, la cual me recuerda quién eres y me invita a volver a la lealtad y la verdad. Aléjame del mal, y guíame en el camino de la vida.

QUE HAYA CORAZONES QUE SE INCLINEN A LA VERDAD MUY A MENUDO PRESENTADA EN LAS ESCRITURAS, ¡Y QUE POR CONSIGUIENTE EL SEÑOR LOS PROTEJA DE LA CONTAMINACIÓN DEL MALIGNO!

H. A. Ironside (1876-1951)

Buscad a Jehová, y vivid; no sea que acometa como fuego a la casa de José y la consuma, sin haber en Bet-el quien lo apague ... buscad al que hace las Pléyades y el Orión, y vuelve las tinieblas en mañana, y hace oscurecer el día como noche; el que llama a las aguas del mar, y las derrama sobre la faz de la tierra; Jehová es su nombre; que da esfuerzo al despojador sobre el fuerte, y hace que el despojador venga sobre la fortaleza.

Amós 5:6, 8-9

Las lecturas para hoy de *La Biblia en un año* son
**Amós 4:1—6:14; Apocalipsis 2:18—3:6;
Salmo 130:1-8 y Proverbios 29:21-22.**

Tranquiliza mi corazón

Jehová, no se ha envanecido mi corazón, ni mis ojos se enaltecieron; ni anduve en grandezas, ni en cosas demasiado sublimes para mí. En verdad que me he comportado y he acallado mi alma como un niño destetado de su madre; como un niño destetado está mi alma. Espera, oh Israel, en Jehová, desde ahora y para siempre.
Salmo 131:1-3

Cuando estábamos en Maryland visitando a nuestro hijo, a nuestra nuera y a su bebita, tomé fotografías de mi nieta. Josephine no estaba comiendo, exigiendo alguna cosa ni peleándose por conseguir algo; simplemente estaba descansando en el regazo de su madre, tomando el dedo de su progenitora y disfrutando su cercanía. Este momento de tranquilidad podría haber durado muy poco, pero es parecido a la imagen de este salmo de ingenua confianza en el Señor. David no es arrogante ni orgulloso, aunque es un gran rey que ha tenido muchas victorias en el campo de batalla. No se jacta de su propia grandeza. No se preocupa de «cosas demasiado sublimes», ni trata de realzar sus actividades. Al contrario, reposa tranquilamente, y depende del Señor.

Podrías estar pensando: *Yo no lograría tener tanta calma con todo lo que me preocupa ahora.* Pero el salmista concluye en el versículo 3: «Espera en Jehová, desde ahora y para siempre». Ya sea que estemos en tinieblas o en la luz de la mañana, en tiempos difíciles o en una temporada de alegría, Él nos invita a una confianza ingenua y humilde en el Señor, a estar en calma para que Dios obre, a esperar en Él hoy y todos nuestros mañanas. Pídele al Señor que le dé a tu alma esa clase de tranquilidad a medida que te acercas a Él.

SEÑOR, gracias por invitarme a tener confianza de niño. ¡Eres totalmente fiel y digno de confianza! Vengo a ti con humildad y te pido que tranquilices mi corazón acelerado y mi mente atareada. Como un niño pequeño que descansa tranquilamente en el regazo de su madre, que descanse en ti, dependa de ti y confíe hoy completamente en ti. Ayúdame a depositar en ti todas mis cargas y a disfrutar en tu presencia.

NO ES NUESTRA CONFIANZA LO QUE NOS PROTEGE, SINO EL DIOS EN QUIEN PONEMOS NUESTRA CONFIANZA.
Oswald Chambers (1874-1917)

Las lecturas para hoy de *La Biblia en un año* son
Amós 7:1 — 9:15; Apocalipsis 3:7-22; Salmo 131:1-3 y Proverbios 29:23.

Dejemos de lado nuestras coronas

Gran parte del Apocalipsis es desconcertante y está más allá de nuestra comprensión; ilustra algo que experimentaremos solo en la otra vida. Ahora solo entendemos fragmentos del gran panorama del final de los tiempos. Uno de ellos se encuentra en los versículos de hoy. Cuando se reúne la compañía celestial, los veinticuatro ancianos se postran ante Dios, dejan ante Él sus coronas y alaban al unísono: «¡Digno eres! Tú creaste todo».

Así como los veinticuatro ancianos echan sus coronas, nosotros debemos hacer a un lado nuestros mejores esfuerzos, nuestras victorias, nuestros talentos y nuestros ministerios e inclinarnos en adoración. Nada tenemos que no hayamos recibido de Dios. Corrie ten Boom decía que a menudo, después de hablar, las personas la llenaban de elogios y halagos. Pero cuando ella volvía a su cuarto, se inclinaba ante el Señor y —como un ramo de flores— le ofrecía toda palabra de alabanza que había recibido. Un día toda rodilla se postrará, y nos uniremos a los ancianos y a la compañía celestial para adorar al Rey de reyes; pero mientras tanto, aún podemos adorar al Creador y Sustentador del universo, quien es digno de recibir toda la gloria, la honra y el poder.

SEÑOR, gracias por esta ilustración de tu gloria celebrada en el cielo. ¡Eres digno! Por ti y debido a ti es que existen todas las cosas. Muéstranos cuán infinito, ilimitado y majestuoso eres, para que tu gloria sea nuestro enfoque. Llévanos a adorarte. Echo mis coronas ante ti, Señor... todo lo que he hecho o he logrado, todo lo que soy, te lo entrego.

LA GLORIA DE DIOS, Y —COMO NUESTRO ÚNICO MEDIO DE GLORIFICARLO— LA SALVACIÓN DE LAS ALMAS HUMANAS, ES LO QUE VERDADERAMENTE IMPORTA EN LA VIDA.
C. S. Lewis (1898-1963)

Siempre que aquellos seres vivientes dan gloria y honra y acción de gracias al que está sentado en el trono, al que vive por los siglos de los siglos, los veinticuatro ancianos se postran delante del que está sentado en el trono, y adoran al que vive por los siglos de los siglos, y echan sus coronas delante del trono, diciendo: Señor, digno eres de recibir la gloria y la honra y el poder; porque tú creaste todas las cosas, y por tu voluntad existen y fueron creadas.
Apocalipsis 4:9-11

Las lecturas para hoy de *La Biblia en un año* son **Abdías 1-21; Apocalipsis 4:1-11; Salmo 132:1-18 y Proverbios 29:24-25.**

LA
BIBLIA
EN
UN AÑO

oración

Una oración en el vientre

Jehová tenía preparado un gran pez que tragase a Jonás; y estuvo Jonás en el vientre del pez tres días y tres noches. Entonces oró Jonás a Jehová su Dios desde el vientre del pez, y dijo: Invoqué en mi angustia a Jehová, y él me oyó; desde el seno del Seol clamé, y mi voz oíste. Me echaste a lo profundo, en medio de los mares, y me rodeó la corriente; todas tus ondas y tus olas pasaron sobre mí.
Jonás 1:17 – 2:1-3

¿Has hecho alguna vez una oración en una sala de emergencia? ¿Has gemido por una relación rota o por un fracaso comercial? De ser así, podrías identificarte con la oración de Jonás desde el vientre del gran pez. En lugar de obedecer a Dios y advertir al pueblo de Nínive su inminente destrucción, Jonás había tratado de huir del Señor. Sin embargo, Dios estuvo con él cuando la tripulación lo lanzó por la borda. Estuvo con Jonás en el vientre del gran pez que había preparado para que lo tragara. Estuvo con él en su aflicción, y esa aflicción activó en Jonás arrepentimiento y necesidad de Dios.

Jonás perdió toda esperanza bajo las olas. Pero cuando clamó en medio de la desesperación y la consternación, el Señor lo oyó y lo rescató. No hay lugar donde Dios no pueda oír y contestarnos: ningún hoyo es demasiado profundo, ningún problema es demasiado aterrador, ninguna situación es demasiado difícil para Él. Cuando clamamos a Dios desde cualquier «vientre» en que nos encontremos, Él contestará.

SEÑOR, cuánto te agradezco que en medio de los problemas más profundos escuches y contestes como hiciste con Jonás. Me alegra que no haya lugar demasiado oscuro ni situación demasiado desesperada de la que no puedas liberar. Te ofreceré sacrificios con cánticos de alabanza, ¡porque mi salvación solo viene de ti!

LA ORACIÓN FUE LA FUERZA PODEROSA QUE SACÓ A JONÁS DEL «VIENTRE DEL INFIERNO». LA ORACIÓN, LA ORACIÓN PODEROSA, ASEGURÓ EL FINAL. LA ORACIÓN HIZO QUE DIOS RESCATARA AL INFIEL JONÁS, A PESAR DE SU PECADO DE ESCAPAR DEL DEBER. DIOS NO PUDO RECHAZAR LA ORACIÓN DE ESTE PROFETA. NADA ESTÁ MÁS ALLÁ DEL ALCANCE DE LA ORACIÓN, PORQUE NINGUNA ORACIÓN ES DEMASIADO DIFÍCIL PARA QUE DIOS LA CONTESTE.
E. M. Bounds (1835-1913)

LA
BIBLIA
EN UN
AÑO

Las lecturas para hoy de *La Biblia en un año* son
**Jonás 1:1 – 4:11; Apocalipsis 5:1-14; Salmo 133:1-3
y Proverbios 29:26-27.**

No existen límites *límites*

Quizá Agur no fuera sabio, pero buscaba respuestas en el lugar adecuado. Tal vez no tuviera sentido común, pero estaba seguro de que existía Alguien más grande que él. ¿Puede Dios usarnos a pesar de nuestras limitaciones? ¡Por supuesto! Lo que nos falta en capacidad humana lo podemos encontrar en Dios. Él ha utilizado las cosas sencillas de este mundo para confundir muchas veces a los sabios. Él llamó a Moisés, un hombre con temor de hablar en público, a dirigir una nación. El Señor ascendió a David, un muchacho pastor, a la posición de rey. Envió a su propio Hijo a nacer en una pequeña población y a estar en un pesebre; solo una ilustración más de procedencia humilde conectada con el destino. Aunque no podemos comenzar a compararnos con el Salvador, somos instrumentos en las manos del Padre. No son nuestras capacidades las que dan forma al mundo; es Dios, quien encierra los vientos en sus puños y ata las aguas en un paño. ¡Él es majestuoso y todopoderoso! ¿Has permitido que tus limitaciones te alejen del destino que Él tiene para ti? Entonces ponte en manos del Dios todopoderoso, porque Él es quien hace cosas grandiosas.

SEÑOR, ¿quién encierra los vientos en sus puños y ata las aguas en su manto? Tú, Padre precioso. Tú calmas la tempestad con tu voz. Eres el creador de las estrellas. Ordenas a los ángeles y organizas el cambio de estaciones. Eres tú quien me creaste y me diste propósito en la vida. Mira mi corazón, Padre, y hazme un instrumento dispuesto en tus manos.

CÓMO SATISFACE POR COMPLETO VOLVERNOS DE NUESTRAS LIMITACIONES HACIA UN DIOS QUE NO TIENE NINGUNA LIMITACIÓN. AÑOS ETERNOS YACEN EN SU CORAZÓN. PARA ÉL NO PASA EL TIEMPO, SE QUEDA; Y QUIENES ESTÁN EN CRISTO PARTICIPAN CON ÉL EN TODAS LAS RIQUEZAS DEL TIEMPO ILIMITADO Y DE LOS AÑOS SIN FIN.
A. W. Tozer (1897-1963)

Ciertamente más rudo soy yo que ninguno, ni tengo entendimiento de hombre. Yo ni aprendí sabiduría, ni conozco la ciencia del Santo. ¿Quién subió al cielo, y descendió? ¿Quién encerró los vientos en sus puños? ¿Quién ató las aguas en un paño? ¿Quién afirmó todos los términos de la tierra? ¿Cuál es su nombre, y el nombre de su hijo, si sabes?
Proverbios 30:2-4

Las lecturas para hoy de *La Biblia en un año* son
**Miqueas 1:1 — 4:13; Apocalipsis 6:1-17;
Salmo 134:1-3 y Proverbios 30:1-4.**

LA
BIBLIA
EN UN AÑO

dificil

Algo difícil

*Oh hombre, él te ha
declarado lo que es
bueno, y qué pide
Jehová de ti: solamente
hacer justicia, y amar
misericordia, y
humillarte ante tu
Dios.*
Miqueas 6:8

Qué difíciles se vuelven los requisitos de Dios para quienes han roto la ley de su pacto y ahora preguntan qué deben hacer. ¡Qué desafío para nosotros hoy día! ¿Exige Dios que su pueblo triunfe, que construya una iglesia grande, que desarrolle una programación dinámica de radio o televisión, que logre una posición importante en la sociedad? Nada de esto está en la lista de lo que el Señor nos pide. Aunque los requisitos podrían parecer sencillos, son una clave importante para agradar a Dios: primero, hacer justicia; esto no solo significa tomar decisiones justas, sino también enfocarnos en nuestro trabajo particular, y llevarlo a cabo con fidelidad. Segundo, amar la misericordia. Dios espera que practiquemos amor inquebrantable, que ejerzamos y valoremos la amabilidad, y que actuemos con misericordia hacia los demás, del más grande al más pequeño. Tercero, caminar en obediencia y humildad ante el Señor. ¿Parece fácil? No en un mundo caído. Dios sabía que esto era difícil. Pero a través de sus actos de misericordia y de su amor inquebrantable, demostró qué es bueno, y en Jesús ofreció el modelo definitivo de cómo vivir. A través del Espíritu Santo morando en nosotros, nos da el poder de hacer lo que es justo, de amar misericordia y de humillarnos ante Dios.

*SEÑOR, no te interesan los espectáculos ni las
representaciones exteriores, los sacrificios complicados ni los
actos religiosos. Quieres desarrollar en mí las reacciones del
corazón que denoten humildad, misericordia, amor y
justicia. Forma esas actitudes en mí. Gracias por
mostrarme lo que es bueno por medio del ejemplo de tu Hijo,
quien cumplió perfectamente todos tus requisitos para que a
través de su Espíritu yo pueda morar en ti.*

QUE MI VIDA LLEVE TU GLORIA Y HONRA. SOMOS
EL COMBUSTIBLE, EL FUEGO ES EL AMOR DE DIOS;
SOMOS EL CANAL, LA CORRIENTE ES SU FLUJO
PERPETUO DE GRACIA.
Richardson Wright (1887-1961)

LA
BIBLIA
EN
UN AÑO

Las lecturas para hoy de *La Biblia en un año* son
**Miqueas 5:1 — 7:20; Apocalipsis 7:1-17;
Salmo 135:1-21 y Proverbios 30:5-6.**

Las oraciones del pueblo de Dios

Nuestras oraciones le importan a Dios. No es solo que «oramos al espacio» y luego nuestras oraciones se olvidan. Estos versículos nos dicen que nuestras oraciones son como perfume o dulce aroma de incienso que sube hasta el Señor; se levantan ante Él y conmueven su corazón. Él oye toda súplica y petición; todas las oraciones del pueblo de Dios están puestas ante Él. No son como cartas que se traspapelan. En un incensario de oro el Señor las guarda junto con nuestras alabanzas. Él contestará algunas de esas oraciones durante nuestra vida. También lograremos ver la respuesta a nuestras oraciones en la vida de alguien por quien hemos intercedido. Algunas de las cosas que hemos pedido a Dios que haga quizá no sucederán hasta que estemos viendo las cosas desde las puertas del cielo. Pero estas oraciones son poderosas; impactan y afectan la eternidad. Cuando estamos cansados y desanimados, ¡cómo anima saber que Dios atesora nuestras oraciones!

SEÑOR, cómo te agradezco que no solo oigas mis oraciones, sino que también las atesores, almacenándolas junto con las alabanzas en incensarios de oro en tu trono de gracia. Gracias por no olvidar mis peticiones. Gracias por lo que transmite este pasaje: mis oraciones, con todas las oraciones de los santos en toda la historia, son importantes para ti y son parte de tu plan eterno.

LA ORACIÓN ES DE IMPORTANCIA TRASCENDENTAL, PORQUE CONSTITUYE EL AGENTE MÁS PODEROSO PARA ADELANTAR LA OBRA DE DIOS … SOLAMENTE LOS CORAZONES Y LAS MANOS DE ORACIÓN PUEDEN HACER LA OBRA DEL SEÑOR … LA ORACIÓN TRIUNFA CUANDO TODO LO DEMÁS FALLA. LA ORACIÓN HA GANADO GRANDES VICTORIAS, Y CON TRIUNFOS EXTRAORDINARIOS HA RESCATADO A LOS SANTOS DE DIOS CUANDO TODA ESPERANZA SE HA DESVANECIDO.
E. M. Bounds (1835-1913)

Otro ángel vino entonces y se paró ante el altar, con un incensario de oro; y se le dio mucho incienso para añadirlo a las oraciones de todos los santos, sobre el altar de oro que estaba delante del trono. Y de la mano del ángel subió a la presencia de Dios el humo del incienso con las oraciones de los santos.
Apocalipsis 8:3-4

Las lecturas para hoy de *La Biblia en un año* son
**Nahum 1:1 — 3:19; Apocalipsis 8:1-13;
Salmo 136:1-26 y Proverbios 30:7-9.**

LA
BIBLIA
EN
UN AÑO

Una oración para tiempos difíciles

Oh Jehová, he oído tu palabra, y temí. Oh Jehová, aviva tu obra en medio de los tiempos, en medio de los tiempos hazla conocer; en la ira acuérdate de la misericordia . . .
Aunque la higuera no florezca, ni en las vides haya frutos, aunque falte el producto del olivo y los labrados no den mantenimiento, y las ovejas sean quitadas de la majada, y no haya vacas en los corrales; con todo, yo me alegraré en Jehová, y me gozaré en el Dios de mi salvación.
Habacuc 3:2, 17-18

A su alrededor Habacuc veía injusticia y violencia, sufrimiento y pecado. Había clamado por ayuda a Dios, pero esta no llegaba. Es más, el Señor le dijo que las cosas empeorarían, que levantaría a los crueles babilonios para que oprimieran aun más a los israelitas. El profeta clamó: *¿Cómo pueden escapar de este mal? ¿Por qué no haces algo al respecto?* Dios no cambió la situación como Habacuc había pedido; no expulsó a sus enemigos. Sin embargo, reveló su plan para frustrar finalmente a quienes confiaron en sí mismos y triunfaron debido a la corrupción. Cuando el Señor planteó la visión general y habló a Habacuc de la victoria venidera, el profeta se humilló y se asombró de la grandeza de Dios, puesto que había cambiado algo aun más importante: el corazón del profeta. Este no dejó de pedir la ayuda de Dios, pero ahora pedía con fe y con un corazón de adoración: Por malas que fueran las cosas, «me alegraré en Jehová, y me gozaré en el Dios de mi salvación». Pídele al Señor que levante en ti esa clase de corazón. . . pase lo que pase.

SEÑOR, «he oído tu palabra, y temí, aviva tu obra en medio de los tiempos, en medio de los tiempos hazla conocer». En nuestra época de profunda necesidad, empieza otra vez a ayudarnos como hiciste en años pasados. ¡Muéstranos tu poder para salvarnos! No importa lo que suceda, vea o no victorias u oraciones contestadas, que mi corazón se alegre en ti. En ti encuentro mi gozo, ¡porque tú eres mi fortaleza!

¿MIRAS A TU ALREDEDOR Y VES CONFUSIÓN, YA SEA EN EL MUNDO O EN TU PROPIA VIDA? ENCUÉNTRATE CON EL SEÑOR COMO HIZO HABACUC. HABLA CON ÉL —INCLUSO CLÁMALE— A CAUSA DEL MAL, DE LA INJUSTICIA O DE LA DESESPERANZA. PERMITE QUE EL SEÑOR TE AYUDE A RECORDAR LA OBRA CONCLUIDA DE CRISTO Y TU ESPERANZA FUTURA DE VICTORIA FINAL.
Lee Brase

Las lecturas para hoy de *La Biblia en un año* son **Habacuc 1:1 — 3:19; Apocalipsis 9:1-21; Salmo 137:1-9 y Proverbios 30:10.**

¿Es Dios justo?

justo

El mensaje de Sofonías era urgente. La ira del Señor era inminente, ¡y era el momento de orar! El profeta no intentaba alejar al pueblo de Dios, sino alejarlo del pecado. Algunos podrían leer la advertencia de Sofonías y decir que el Señor no es justo. Quizá eso es cierto. Si Dios fuera justo, nos daría lo que merecemos en vez de lo que necesitamos para encontrar nuestro camino de regreso a Él. No merecemos su misericordia, pero Él la extiende. No merecemos su amor, pero Él lo derrama en abundancia. No podemos ganar su bondad, pero Él nos la ofrece hasta que rebosa en nuestra vida, con el objetivo de llevarnos al arrepentimiento. No merecemos su gracia, pero Él nos brinda amor incondicional para sanar nuestro quebrantamiento. Israel merecía la ira de Dios, pero el profeta sabía que la oración conmovería la mano y el corazón del Señor. Era poco probable que el rebelde pueblo llevara a cabo una reunión de oración; por lo tanto, Sofonías a su vez invitó a los pocos justos a orar. La oración no solo cambia personas y sucesos, sino que también transforma a quienes oran. Las actividades terrenales se alteran cuando Dios contesta.

PADRE MISERICORDIOSO, ayúdanos a reunirnos y a suplicar tu misericordia. Perdónanos por sacarte de nuestra vida, solo para llenarlas con actividades sin sentido. Perdónanos por permitir que el mal penetre a nuestros corazones y en nuestras mentes. Abre los ojos de nuestra nación a nuestra desesperada necesidad de ti. Gracias por no darnos lo que merecemos, sino lo que necesitamos para hallar nuestro camino de vuelta a ti.

CREER EN DIOS ES CONOCER QUE TODAS LAS REGLAS SERÁN JUSTAS... ¡Y QUE HABRÁ SORPRESAS MARAVILLOSAS!
Hermana Corita (1918-1986)

Congregaos y meditad, oh nación sin pudor, antes que tenga efecto el decreto, y el día se pase como el tamo; antes que venga sobre vosotros el furor de la ira de Jehová, antes que el día de la ira de Jehová venga sobre vosotros. Buscad a Jehová todos los humildes de la tierra, los que pusisteis por obra su juicio; buscad justicia, buscad mansedumbre; quizá seréis guardados en el día del enojo de Jehová.
Sofonías 2:1-3

Las lecturas para hoy de *La Biblia en un año* son
Sofonías 1:1—3:20; Apocalipsis 10:1-11;
Salmo 138:1-8 y Proverbios 30:11-14.

LA BIBLIA EN UN AÑO

DICIEMBRE
20

Todos nuestros días

Tú me viste antes que yo naciera y fijaste cada día de mi vida antes que comenzara a respirar. ¡Cada uno de mis día fue anotado en tu libro!
Salmo 139:16

Mi madre estaba en Nevada realizándose un tratamiento contra el cáncer cuando nació el primer bebé de su único hijo varón. Los médicos le dijeron que no podía volar debido a la hinchazón que sufría su cerebro, y que de hacerlo no sobreviviría el viaje hasta Texas. A mamá siempre le había dado miedo volar, pero su mayor anhelo era ver a su nuevo nieto, a sus seis hijos y a los otros veintidós nietos, así como adorar en su iglesia una vez más. Un ministro anciano llegó esa noche al hospital donde ella se encontraba, y le leyó el Salmo 139. Cuando mamá oyó: «Fijaste cada día de mi vida antes que comenzara a respirar. ¡Cada uno de mis día fue anotado en tu libro!», supo que no debía preocuparse por cuántos días le quedaban, porque Dios lo sabía. Esas palabras la liberaron para salir del hospital, disfrutar un fabuloso vuelo, cargar a su nuevo nieto y celebrar cada día que le quedaba como un regalo del Señor, quien había ordenado cada momento. Esta experiencia me produjo una renovada sensación de la soberanía divina, ya sea que me encuentre en tierra o en el aire, en un jumbo después de los secuestros del 11 de septiembre o dentro de una avioneta sobre las nevadas montañas de Wyoming.

SEÑOR, te alabo por tu maravillosa soberanía. Me formaste en el vientre de mi madre, me viste antes de mi nacimiento y ya has registrado todos los días de mi vida. Trazaste el camino delante de mí, y preparaste todo momento antes de que hubiera pasado un solo día. No debo temer porque estás conmigo, detrás de mí, a mi alrededor. ¡Tal conocimiento es demasiado maravilloso!

EL TIEMPO ES TAN VALIOSO QUE SE NOS REPARTE SOLO EN LAS FRACCIONES MÁS PEQUEÑAS POSIBLES: UN PEQUEÑO MOMENTO A LA VEZ.
Proverbio irlandés

Las lecturas para hoy de *La Biblia en un año* son **Hageo 1:1 – 2:23; Apocalipsis 11:1-19; Salmo 139:1-24 y Proverbios 30:15-16.**

Amor no correspondido amor

Por lo general, el amor no correspondido desaparece. Sin embargo, el Señor soportó durante generaciones una relación de amor en un solo sentido. Su amor por los israelitas siguió ardiendo mucho tiempo después de que ellos lo abandonaran. Se fueron tras otros dioses, pero Dios permaneció fiel a su pacto. Finalmente se mantuvo a distancia; ya no mostraría su amor y su protección sobre un pueblo que se había olvidado de Él. No le llevó mucho tiempo al pueblo ver que sin el Señor no tenían nada. Pasaron varios años y entonces un día, por medio del profeta Zacarías, el Señor les envió a sus hijos una carta de amor, la cual explica en detalle las condiciones de la nueva relación de ellos. Él quería algo más que un amor no correspondido. El afecto es una calle de doble vía, y Dios convocó una reunión de corazones, nada más resultaría. Puedes ofrecer al Señor lealtad o hasta sacrificio, pero Él más que nada desea que lo ames. Él es fiel contigo. Te ama tanto que dio a su Hijo y te perdonó todos tus pecados. Lo que Dios desea es que correspondas a ese amor. Lo que quiere es tu corazón.

PRECIOSO PADRE, eres el Dios todopoderoso del universo, y sin embargo eres mi amigo. Permite que yo no contriste tu Espíritu, sino más bien que corresponda al amor que me has dado sin reservas. Te doy mi corazón, Señor. Gracias por caminar conmigo en mis tiempos difíciles. Me regocijo en la paz y el refugio de tu amor que solo llegan al conocerte.

ES MÁS QUE ADECUADO QUE EN NUESTROS CORAZONES ESTÉ DIOS, CUANDO EN GRAN MANERA EN EL CORAZÓN DE DIOS ESTAMOS NOSOTROS.
Richard Baxter (1615-1691)

En el octavo mes del año segundo de Darío, vino palabra de Jehová al Profeta Zacarías hijo de Berequías, hijo de Iddo, diciendo: Se enojó Jehová en gran manera contra vuestros padres. Diles, pues: Así ha dicho Jehová de los ejércitos: Volveos a mí, dice Jehová de los ejércitos, y yo me volveré a vosotros, ha dicho Jehová de los ejércitos.
Zacarías 1:1-3

Las lecturas para hoy de *La Biblia en un año* son
Zacarías 1:1-21; Apocalipsis 12:1-17;
Salmo 140:1-13 y Proverbios 30:17.

seguridad

Red de seguridad

*No dejes que se incline
mi corazón a cosa
mala, a hacer obras
impías con los que
hacen iniquidad; y no
coma yo de sus deleites.
Que el justo me
castigue, será un favor,
y que me reprenda será
un excelente bálsamo
que no me herirá la
cabeza; pero mi oración
será continuamente
contra las maldades de
aquellos.*

Salmo 141:4-5

Este es un clamor a Dios, no solo por una fe inflexible,
sino por integridad. David había probado la amarga
medicina de la transigencia, y no quería saber más de
ella. Sabía que el enemigo deseaba destruirlo. También sabía que él por poco se destruye en el pasado
cuando bajó la guardia. David estaba dispuesto a dejar que los justos lo reprendieran si esto impedía que
se desviara otra vez del camino.

Rendir cuentas entre creyentes puede brindar una
malla de seguridad. El hecho de responder ante otros
te hace responsable de tus acciones. En las etapas ini-
ciales de nuestra fe, el sometimiento mutuo es el botón
de «pausa» que nos hace pensar antes de actuar. Sin
embargo, los peligros de la tentación y la transigencia
no están reservados solo para nuevos creyentes. La
tentación puede estar tan cerca como la computadora
en tu hogar o una relación en el trabajo, pero Dios ha
prometido ayudarte a vencer la tentación. Pídele fortaleza para caminar en integridad, y pídeles a amigos
de buen testimonio que te ayuden a caminar en una fe
inflexible. Pídeles que crean en ti, que oren por ti y
que te expresen el excelente bálsamo de la verdad. ¡Y
luego haz caso!

*DIOS, gracias por los buenos amigos que me dirán la
verdad que es excelente bálsamo. Señor, no siempre quiero
oír lo que las personas tienen que decir, pero ayúdame a no
rechazar lo que debo oír, pues esto es bueno para mí. Quiero
que mi vida refleje una fe inflexible. Dame poder por tu
Espíritu para dar pasos certeros, para llevar una vida sin
transigencias.*

EL MEJOR ESPEJO ES UN BUEN AMIGO.
George Herbert (1593-1633)

Las lecturas para hoy de *La Biblia en un año* son
**Zacarías 2:1 — 3:10; Apocalipsis 12:18 — 13:18;
Salmo 141:1-10 y Proverbios 30:18-20.**

Señor, tú eres todo lo que *tengo*

Quizá alguna vez pensaste, como yo: *Si me gradúo en la universidad, me dedico a una carrera importante, consigo mucho dinero, me dan el ascenso que anhelo, me caso, tengo hijos fabulosos y me jubilo a los sesenta y cinco años con una considerable cuenta de ahorros, seré feliz.* Tal vez *serías* feliz. . . por un tiempo. Pero entonces te empiezas a preguntar: *¿Es eso todo?* La verdad es que solo Dios puede suplir nuestras más profundas necesidades debido a que Él mismo diseñó esos corazones.

Vivimos en un mundo que ofrece un sin fin de «cosas» como fuentes de satisfacción y felicidad. Sin embargo, hasta Salomón, quien lo tenía todo, dijo que el ojo no cesa de desear, que los sentidos nunca se satisfacen y que emprender grandes proyectos, amasar riquezas y disfrutar todo placer finalmente no tendrá sentido. Las cosas de este mundo no satisfarán nuestros verdaderos anhelos. Sin Dios siempre estaremos vacíos, porque Él nos diseñó para tener comunión con Él, y solo Él puede llenar nuestro vacío. Solo el alma que ha experimentado comunión y unidad con el Creador conocerá la verdadera realización y podrá decir: «Señor, tú eres todo lo que tengo en esta vida».

SEÑOR, abre mi corazón para percibir espiritualmente la verdad de que eres mi esperanza y de que en realidad mi corazón te anhela. Permíteme experimentar de tal modo el gozo de tu presencia, que no busque satisfacción ni placer en las cosas de este mundo. Déjame decir con el salmista: «Tú eres mi refugio; tú eres todo lo que tengo en esta vida».

LLAMASTE, LLORASTE, ACABASTE CON MI SORDERA, RESPLANDECISTE, BRILLASTE, ALEJASTE MI CEGUERA, DERRAMASTE TU FRAGANCIA, Y YO CONTUVE MI ALIENTO Y TE ANHELÉ.
Agustín de Hipona (354-430)

A ti clamo, Señor, y te digo: «Tú eres mi refugio; tú eres todo lo que tengo en esta vida».
Salmo 142:5, DHH

Las lecturas para hoy de *La Biblia en un año* son
Zacarías 4:1 — 5:11; Apocalipsis 14:1-20;
Salmo 142:1-7 y Proverbios 30:21-23.

DICIEMBRE
24

Grandes y maravillosas

Grandes y maravillosas son tus obras, Señor Dios Todopoderoso; justos y verdaderos son tus caminos, Rey de los santos. ¿Quién no te temerá, oh Señor, y glorificará tu nombre? pues solo tú eres santo; por lo cual todas las naciones vendrán y te adorarán, porque tus juicios se han manifestado.
Apocalipsis 15:3-4

Este cántico, entonado una vez por Moisés cuando los israelitas celebraban su liberación de Egipto, también aparece en el pasaje de hoy. Los redimidos están congregados después del triunfo sobre las fuerzas del mal. El Señor ha revelado sus hechos maravillosos, y está a punto de ejercer la gloriosa culminación de sus propósitos en la tierra. Entonces brota verdadera adoración para el Rey de las naciones: «Grandes y maravillosas son tus obras, Señor Dios todopoderoso». Imagínate siendo parte de esta celebración y pensando: *Esto está tardando mucho; tengo invitados a almorzar el domingo, y debo preparar la comida.* ¡Ni siquiera consideraríamos algo así! El Señor nos atraparía de tal forma en su gloria y majestad, que todo lo demás dejaría de ser importante.

En la época navideña tenemos tanto que hacer —familiares que llegan de otros lugares, regalos de último minuto por envolver, listas de actividades— que nos distraemos del verdadero propósito de la temporada: adorar al Rey de reyes. Dios es hoy tan digno de gloria, honra y poder como lo será en ese gran día descrito en Apocalipsis. Haz hoy todo a un lado si es necesario, y dedícale tiempo al Señor para honrarlo y adorarlo.

SEÑOR DIOS TODOPODEROSO, tus obras son grandes y maravillosas. ¡Eres Rey de las naciones y Señor de mi vida! Solo tú eres santo y digno de recibir gloria, honra y poder. Que las cosas que me distraen y mis excusas para no pasar tiempo contigo se desvanezcan a la luz de tu gloria. Llena mi corazón con una sensación de tu grandeza y majestad. Te adoro, ¡Cristo el Señor!

LA ADORACIÓN ES EL CAMINO DE LA REVERENCIA, Y LIMPIA EL POLVO DE LA TIERRA DE NUESTROS OJOS.
Anónimo

Las lecturas para hoy de *La Biblia en un año* son **Zacarías 6:1 — 7:14; Apocalipsis 15:1-8; Salmo 143:1-12 y Proverbios 30:24-28.**

El Señor se inclina *inclina*

Este salmo, que contiene alabanza a Dios por la victoria en la batalla, y una pregunta — ¿por qué el Señor se inclina a ayudar a la humanidad, ya que somos como un vapor y nuestros días como una sombra que pasa? — también contiene una oración para que el Señor intervenga divinamente: «Inclina tus cielos y desciende». Este clamor por liberación, un deseo de que nos rescate de enemigos y nos saque de aguas profundas, resuena a lo largo de los Salmos. Pero lo cierto es que el Señor *inclinó* los cielos y descendió cuando tomó forma de un bebé nacido en Belén. El Señor dio a su Hijo unigénito para que todo el que cree en Él no se pierda, sino que tenga vida eterna. Hoy en Navidad une tu voz a la alabanza de los creyentes en toda la historia y alrededor del mundo que celebran el nacimiento de Jesucristo, y agradécele y adórale por el sacrificio de su Hijo para sanarnos y salvarnos. Levanta tu corazón al Señor que se inclinó hasta nosotros, a Aquel que se interesa por nuestra vida aunque somos simples mortales, y quien nos ama con amor eterno.

SEÑOR, al celebrar hoy tu nacimiento, te alabo por venir a la tierra para que quienes creamos en ti podamos conocer tu perdón y experimentar tu amor. Eres Emanuel, ¡Dios con nosotros! Aunque como simples seres humanos somos semejantes a la vanidad y nuestros días son como una sombra que pasa, te inclinaste desde lo alto y nos llevaste de las tinieblas a tu luz admirable.

CRISTO MISMO VIVE EN EL CORAZÓN DEL MUNDO; Y SU MISTERIO TOTAL —DE CREACIÓN, ENCARNACIÓN, REDENCIÓN Y RESURRECCIÓN— PERSONIFICA Y ANIMA TODO EN LA VIDA Y TODO EN LA HISTORIA.
Michel Quoist (1921-1997)

Oh Jehová, ¿qué es el hombre, para que en él pienses, o el hijo de hombre, para que lo estimes? El hombre es semejante a la vanidad; sus días son como la sombra que pasa. Oh Jehová, inclina tus cielos y desciende; toca los montes, y humeen.
Salmo 144:3-5

Las lecturas para hoy de *La Biblia en un año* son **Zacarías 8:1-23; Apocalipsis 16:1-21; Salmo 144:1-15 y Proverbios 30:29-31.**

LA BIBLIA EN UN AÑO

DICIEMBRE
26

En el nombre del Señor

Clemente y misericordioso es Jehová, lento para la ira y grande en misericordia. Bueno es Jehová para con todos, y sus misericordias sobre todas sus obras. Te alaben, oh Jehová, todas tus obras, y tus santos te bendigan. La gloria de tu reino digan, y hablen de tu poder ... Tu reino es reino de todos los siglos, y tu señorío en todas las generaciones.
Salmo 145:8-11, 13

Este maravilloso salmo rebosa con atributos de Dios y revelaciones de su carácter: Él es misericordioso («sobre todas sus obras»). Es bueno, generoso, amoroso y todopoderoso, justo, vigilante, protector, cercano a nosotros, grande y bondadoso, e incluso fiel. Este pasaje también revela algunos de los títulos del Señor: Juez, Rey y Señor.

Piensa en el Salvador: Jesús es el Pan de vida, la Luz del mundo, nuestro Consejero, nuestro Buen Pastor. Estudiar y meditar en oración en los rasgos de carácter y en los nombres de Dios es uno de los aspectos más inspiradores y alentadores que puedes hacer por tu vida espiritual. Esto disipará tu ansiedad y estimulará tu fe; hará que confíes más en Dios. Conocer el verdadero carácter del Señor renovará y transformará tu mente con la verdad, disolverá dudas y dará vida a tu alma. Pronunciar en voz alta los atributos del Señor y pensar en cómo has experimentado diferentes aspectos de su carácter puede ser un acto poderoso de adoración. Aparta unos instantes para orar este salmo en voz alta. Pídele a Dios que se te revele con mayor claridad de la que has experimentado hasta aquí.

SEÑOR, ¡cuánta bendición tengo de conocerte! Eres misericordioso y justo, lleno de amor y compasión. Eres bueno para con todos, majestuoso y rico en gracia. ¡Y siempre cumples lo que prometes! Revélame más de ti. Quiero hablar a otros de la gloria de tu reino y dar ejemplos de tu poder. Ayúdame a contar tus obras maravillosas y a alabarte por siempre.

LAS CARACTERÍSTICAS DEL DIOS TODOPODEROSO ESTÁN REFLEJADAS PARA NOSOTROS EN JESUCRISTO. POR LO TANTO, SI QUEREMOS CONOCER CÓMO ES EL SEÑOR, DEBEMOS ESTUDIAR A JESUCRISTO.
Oswald Chambers (1874-1917)

Las lecturas para hoy de *La Biblia en un año* son **Zacarías 9:1-17; Apocalipsis 17:1-18; Salmo 145:1-21 y Proverbios 30:32.**

Nuestra mejor esperanza

Qué gran contraste expresa este salmo. Contrasta la fidelidad de Dios con la inestabilidad de las personas, su naturaleza inmutable con nuestra naturaleza inconstante y variable, la inseguridad de confiar en las personas con la seguridad de confiar en el Señor, ¡la injusticia de la humanidad con la justicia de Dios! Él rescata al indefenso, al oprimido y al hambriento. Libera prisioneros y da vista a los ciegos. Este es Aquel en quien debemos poner nuestra confianza. El Señor que cuida huérfanos, viudas y extranjeros es nuestro ayudador. Él es la mejor esperanza para todos aquellos que necesitan apoyo y ayuda, y tiene la victoria definitiva sobre los malvados. Gente poderosa no nos puede salvar. Por influyentes que sean, las personas morirán y toda su influencia se irá con ellas. Sin embargo, el poder y la autoridad del Señor permanecen a lo largo de todas las generaciones. En Él tenemos una fuente de seguridad eterna e inmutable. La gente nos desilusionará. Pero si ponemos nuestra esperanza en Dios, conoceremos verdadera bendición y gozo. Pasa tiempo agradeciendo al Señor por cuán fiel y verdadero es. Mientras hoy oras, deja que este salmo te llene de confianza y esperanza.

QUERIDO SEÑOR, perdóname por poner mi confianza en personas en vez de ponerla en ti. Tú creaste el cielo y la tierra, el mar y todo lo que en ellos hay. Eres inmutable y todopoderoso, brindas justicia a los oprimidos y ayudas a quienes están cargados. Cumples todas tus promesas. Pongo mi esperanza en ti, ¡y te alabo Señor!

SOLO EN DIOS HAY FIDELIDAD Y FE EN LA CONFIANZA QUE PODRÍAMOS DEPOSITAR EN ÉL, EN SU PROMESA Y EN SU GUÍA. TENER A DIOS ES CONFIAR EN QUE ÉL ESTÁ ALLÍ POR MÍ Y VIVIR CON ESTA CERTEZA.
Karl Barth (1886-1968)

Alaba, oh alma mía, a Jehová. Alabaré a Jehová en mi vida; cantaré salmos a mi Dios mientras viva. No confiéis en los príncipes, ni en hijo de hombre, porque no hay en él salvación. Pues sale su aliento, y vuelve a la tierra; en ese mismo día perecen sus pensamientos. Bienaventurado aquel cuyo ayudador es el Dios de Jacob, cuya esperanza está en Jehová su Dios.
Salmo 146:1-5

Las lecturas para hoy de *La Biblia en un año* son **Zacarías 10:1 — 11:17; Apocalipsis 18:1-24; Salmo 146:1-10 y Proverbios 30:33.**

LA BIBLIA EN UN AÑO

DICIEMBRE
28

admirable
Dios admirable

*Alabad a JAH, porque
es bueno cantar salmos
a nuestro Dios; porque
suave y hermosa es la
alabanza. Jehová
edifica a Jerusalén; a
los desterrados de Israel
recogerá. Él sana a los
quebrantados de
corazón, y venda sus
heridas. Él cuenta el
número de las estrellas;
a todas ellas llama por
sus nombres. Grande es
el Señor nuestro, y de
mucho poder; y su
entendimiento es
infinito.*
Salmo 147:1-5

Me gustaba observar cuando mi nieto Noé veía caer del cielo copos de nieve, cuando daba suaves palmadas a nuestro peludo perro negro, y cuando después cruzaba las manos e inclinaba su roja cabeza para agradecer a Dios por su sándwich de mantequilla de maní. Mi nieto es vivaracho, y su asombro es contagioso. Los niños se llenan de asombro, fascinación y sobrecogimiento. Sin embargo, muchos adultos hemos perdido nuestro sentido de asombrarnos y sobrecogernos. Por eso Dios nos brinda salmos como este. Estos nos sacan de nuestra existencia humana que da por sentado cosas como el arco iris, los copos de nieve y los amaneceres, y nos hacen volver otra vez al asombro infantil ante nuestro gran Dios que llena el cielo de nubes, que envía nieve blanca como lana y que lanza granizo como piedras. Él creó todo y posee todo poder; sin embargo, se interesa por los débiles y quebrantados. Él llama a las estrellas por su nombre, pero apoya a los humildes. Reina sobre toda la creación, pero se alegra en la devoción sencilla y sincera de quienes confían en Él. Su entendimiento va más allá de la comprensión humana. Seguramente un Dios como este puede inspirarnos asombro y sobrecogimiento. Medita hoy en la asombrosa grandeza de Dios, y encuentra tus propias palabras para cantar su alabanza.

DIOS ADMIRABLE, me asombra tu creación, tu poder y tu compasión. Te canto mi alabanza. ¡Tu entendimiento está más allá de lo que puedo comprender! ¡Tu poder es absoluto! ¡Cuán bueno es cantar alabanzas a mi Dios, cuán deleitoso y justo! ¡Alabado sea el Señor!

RECIBE CADA DÍA COMO UNA RESURRECCIÓN DE LA MUERTE, COMO UN NUEVO PLACER DE LA VIDA ... DEJA QUE TU GOZOSO CORAZÓN ALABE Y MAGNIFIQUE A UN CREADOR TAN BUENO Y GLORIOSO.
William Law (1686-1761)

LA BIBLIA EN UN AÑO

Las lecturas para hoy de *La Biblia en un año* son **Zacarías 12:1—13:9; Apocalipsis 19:1-21; Salmo 147:1-20 y Proverbios 31:1-7.**

¡Dios gana!

gana

La Biblia cuenta la historia de un celoso ángel llamado Lucifer (Satanás), quien se rebeló y buscó igualdad con Dios, así que el Señor lo expulsó del cielo. Puesto que Satanás no puede ser Dios, se opone a quienes son valiosos para el Señor. Su plan de juego es desviar de su destino a sus oponentes: los hijos de Dios. Él solo tiene dos juegos en el manual. Uno, cegar a los incrédulos a la verdad. Dos, distorsionar el enfoque de los creyentes y sacarlos de sus juegos. Satanás solo tiene una cantidad limitada de tiempo antes de que suene el silbato, por lo que juega sucio. Sin embargo, no importa cuántas veces hiera a un oponente o amague un disparo, el resultado final ya está centelleando en el tablero: ¡Dios gana!

Un día el Señor echará a Satanás definitivamente del juego, pero hasta entonces es fundamental cómo juguemos. Las almas están en riesgo. Si trabajamos unidos, podemos fortalecernos y reclutar más jugadores, mientras dependemos de nuestro victorioso Señor y Rey. Reconoce a tu verdadero oponente; no son personas ni circunstancias, sino más bien se trata de un enemigo que sabe que ya está derrotado. Dispara al arco, mantén tu enfoque en el premio del supremo llamamiento en Cristo, ¡regocijándote todo el tiempo en que el Señor ya ganó!

El diablo que los engañaba fue lanzado en el lago de fuego y azufre, donde estaban la bestia y el falso profeta; y serán atormentados día y noche por los siglos de los siglos. Y vi un gran trono blanco y al que estaba sentado en él, de delante del cual huyeron la tierra y el cielo, y ningún lugar se encontró para ellos.
Apocalipsis 20:10-11

DIOS SOBERANO, estás en el trono y ya has vencido al enemigo. Tuya es la victoria. A medida que se acerca la finalización de este año, y viene un año nuevo, que pase menos tiempo preocupándome por un enemigo derrotado y más tiempo preocupándome de quienes necesitan la verdad. Ayúdame a recordar que el tiempo es limitado, y que mi participación en el juego de la vida es fundamental.

LLÉNATE DE VALOR. DIOS ES MÁS FUERTE QUE EL DIABLO. ESTAMOS EN EL LADO GANADOR.
John Jay Chapman (1862-1933)

Las lecturas para hoy de *La Biblia en un año* son **Zacarías 14:1-21; Apocalipsis 20:1-15; Salmo 148:1-14 y Proverbios 31:8-9.**

LA BIBLIA EN UN AÑO

Luz del cielo

Las doce puertas eran doce perlas; cada una de las puertas era una perla. Y la calle de la ciudad era de oro puro, transparente como vidrio. Y no vi en ella templo; porque el Señor Dios Todopoderoso es el templo de ella, y el Cordero. La ciudad no tiene necesidad de sol ni de luna que brillen en ella; porque la gloria de Dios la ilumina, y el Cordero es su lumbrera. Y las naciones que hubieren sido salvas andarán a la luz de ella; y los reyes de la tierra traerán su gloria y honor a ella.
Apocalipsis 21:21-24

El cielo no necesitará del sol ni de la luna porque el Cordero será la luz. Esa luz producirá nueva comprensión e iluminará nuestros corazones y mentes de un modo que nunca podríamos conocer en la tierra. Abrigará nuestros espíritus mientras caminemos libremente en la presencia de Dios. Las calles de oro palidecerán en comparación con la belleza de la luz. En nuestro estado terrenal solo vemos un rayito, ¡y con todo es suficiente para cambiar por completo nuestra vida! La luz del Cordero te acerca a un Padre celestial; revela tu necesidad de algo y Alguien mayor que tú, como cuando cegó físicamente a Saulo pero le abrió los ojos espirituales a la verdad. Esa es la luz que ilumina la Palabra de Dios y te da sabiduría que viene de lo alto. Es la luz que te llama por nombre y te habla de tu valor ante el Salvador. Nadie puede resistir la incontrolable luz de Dios, pero en el cielo la disfrutaremos. Alaba al Señor por la luz que nos guía, ¡pero adóralo porque el Cordero es la luz!

PRECIOSO CORDERO, no me puedo imaginar cómo será ver completamente esa luz por primera vez y disfrutarla al fulgor de tu gloria. Tu luz ha cambiado mi vida, dándome sabiduría y ayudándome a salir de lugares siniestros. Esa luz ha iluminado tu Palabra, me ha consolado y me ha enseñado. ¡Cómo será caminar un día en una ciudad donde el Cordero es la luz!

LA OTRA NOCHE VI LA ETERNIDAD
COMO UN GRAN ANILLO DE LUZ PURA Y SIN
FINAL.
Henry Vaughan (1622-1695)

Las lecturas para hoy de *La Biblia en un año* son
**Malaquías 1:1 — 2:17; Apocalipsis 21:1-27;
Salmo 149:1-9 y Proverbios 31:10-24.**

Fin de año en *alabanza*

Qué manera de terminar el año: alabando al Señor por sus proezas y su grandeza sin igual. Este salmo, al que también se le conoce como el último aleluya, nos invita a unirnos a las alabanzas al Señor en el lugar santo. No se trata de una alabanza de mediana intensidad; es alabanza total con instrumentos musicales —pandereta, instrumentos de cuerdas, lira, címbalos— danza y alabanza de todo el mundo. Cuando ofrecemos alabanza a Dios, estamos haciendo aquello para lo que Él nos creó, aunque no seamos los mejores músicos o bailarines. Todos podemos levantar nuestras voces cantando himnos, coros y cánticos nuevos al Señor. ¿Cómo ha bendecido Dios a tu familia, a tus amigos o a la iglesia este año? ¿Qué proeza ha logrado el Señor? ¿Qué progreso has tenido en una esfera en la que has luchado? ¿Qué oraciones ha contestado el Señor? ¿Qué nuevos atributos o aspectos de Dios descubriste o experimentaste en el año pasado? Levanta la voz o cualquier instrumento que ejecutes, y alaba al Señor por estos aspectos específicos mientras oras este salmo en voz alta.

Alabad a Dios en su santuario; alabadle en la magnificencia de su firmamento. Alabadle por sus proezas; alabadle conforme a la muchedumbre de su grandeza. Alabadle a son de bocina; alabadle con salterio y arpa ... Todo lo que respira alabe a JAH. Aleluya.
Salmo 150:1-3, 6

SEÑOR, me uno a quienes te adoran en tu morada celestial por tus proezas. Te alabo por tu grandeza sin par. Te alabo con todo el corazón por cómo me has sustentado en el año que está finalizando, por tu fidelidad, tu amor y tu provisión. Gracias por cómo estarás conmigo cada día en el nuevo año. ¡Que todo lo que respira te alabe, Señor!

PARA EL OÍDO DE DIOS TODO LO QUE ÉL HA CREADO ES MÚSICA EXQUISITA, Y EL HOMBRE SE UNIÓ EN EL CÁNTICO DE ALABANZA HASTA QUE CAYÓ; LUEGO ENTRÓ LA FRENÉTICA DISCORDIA DEL PECADO. COMPRENDER LA REDENCIÓN LLEVA DE NUEVO AL HOMBRE POR EL CAMINO DE LA NOTA MENOR DEL ARREPENTIMIENTO A ENTONARSE OTRA VEZ CON LA ALABANZA.
Oswald Chambers (1874-1917)

Las lecturas para hoy de *La Biblia en un año* son
**Malaquías 3:1 — 4:6; Apocalipsis 22:1-21;
Salmo 150:1-6 y Proverbios 31:25-31.**

LA BIBLIA EN UN AÑO

ÍNDICE
de referencias bíblicas

CHERI FULLER es conferencista motivadora y destacada autora de veintinueve libros, entre ellos varios éxitos de librería como *Cuando las madres oran, Cuando las parejas oran, La mamá que debes ser, Maternidad 101:Inspiración y sabiduría para convertirse en una excelente mamá,* y muchos otros. El ministerio de Cheri, Families Pray USA, inspira, motiva y capacita a padres, hijos, adolescentes e iglesias para que influyan en el mundo por medio de la oración. Ha enseñado a orar a los niños y ha dirigido el «curso de oración» en su iglesia. Además, ha guiado reuniones de oración para niños y para familias, y también ha dirigido grupos de oración llamados *Moms in Touch* [Madres en Contacto].

La señora Fuller diserta en conferencias y actividades durante todo el año. En esas ocasiones transmite la visión del poder y el regalo de la oración e invita a orar. Con frecuencia recibe invitaciones a numerosos programas nacionales de radio y televisión, como por ejemplo *Focus on the Family, At Home—Live!, Moody Midday Connection* y muchos otros. Sus artículos se publican en revistas como *Enfoque a la Familia, ¡Pray!, Family Circle, ParentLife* y *Guideposts,* entre otras. Además, colabora con las revistas *Today's Christian Woman* y *PrayKids!*

Como educadora, posee una maestría en literatura inglesa. Ella y su esposo tienen tres hijos adultos y cinco nietos, y viven en Oklahoma. Su página Web, www.cherifuller.com, ofrece material sobre la oración, anima a madres y a familias e informa sobre su ministerio y la programación de sus conferencias. Para más detalles sobre compromisos de conferencias o congresos, tenga la bondad de contactarse en los Estados Unidos con:

Servicios de conferencias al (810) 982-0898 o a Speakupinc@aol.com.